本成果受广东省重点决策咨询基地"广东工业大学新工科教育研究中心"、广东工业大学高等教育（本科）教学成果奖培育项目"'思政美育+'工科大学通识教育协同育人新格局构建"、广东工业大学本科教学工程项目教材建设"中国优秀传统文化概论"、广东工业大学本科教学工程项目课程建设"中华诗词之美"和"《中国传统文化》课程群教研室"的资助。

| 光明社科文库 |

吴保初年谱长编

刘文珠　叶凤　周密◎著

光明日报出版社

图书在版编目（CIP）数据

吴保初年谱长编 / 刘文珠，叶凤，周密著 . -- 北京：光明日报出版社，2024.3
ISBN 978 - 7 - 5194 - 7414 - 0

Ⅰ.①吴… Ⅱ.①刘… ②叶… ③周… Ⅲ.①吴保初—年谱 Ⅳ.①K825.2

中国国家版本馆CIP数据核字（2023）第158511号

吴保初年谱长编
WUBAOCHU NIANPU CHANGBIAN

著　　者：刘文珠　叶凤　周密	
责任编辑：李　晶	责任校对：郭玫君　乔宇佳
封面设计：中联华文	责任印制：曹　净

出版发行：光明日报出版社
地　　址：北京市西城区永安路106号，100050
电　　话：010-63169890（咨询），010-63131930（邮购）
传　　真：010-63131930
网　　址：http://book.gmw.cn
E - mail：gmrbcbs@gmw.cn
法律顾问：北京市兰台律师事务所龚柳方律师
印　　刷：三河市华东印刷有限公司
装　　订：三河市华东印刷有限公司

本书如有破损、缺页、装订错误，请与本社联系调换，电话：010-63131930

开　　本：170mm×240mm
字　　数：449千字　　　　　　　　　印　张：25
版　　次：2024年3月第1版　　　　　印　次：2024年3月第1次印刷
书　　号：ISBN 978 - 7 - 5194 - 7414 - 0
定　　价：99.00元

版权所有　　翻印必究

图1　吴保初小照

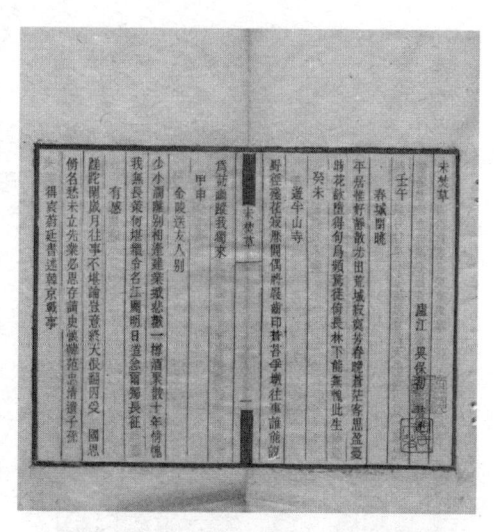

图2　《未焚草》光绪二十四年版卷端

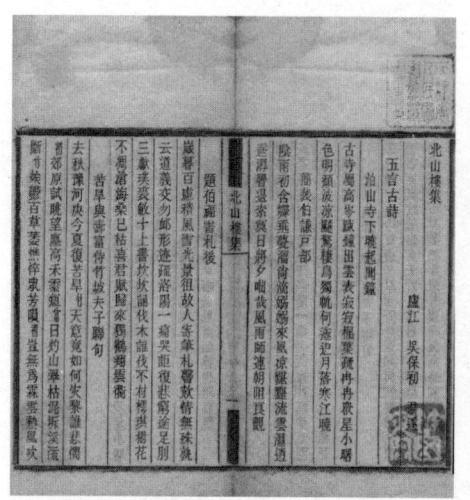

图3　《北山楼集》光绪二十五年版卷端

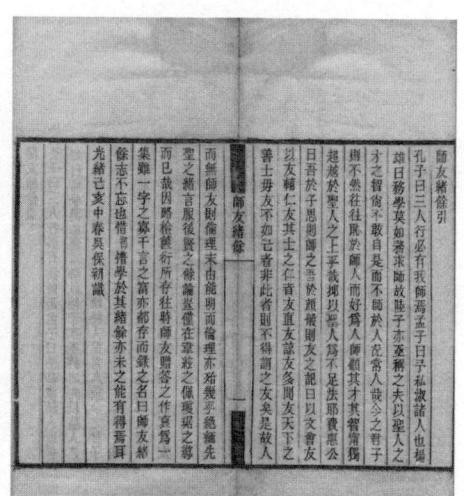

图4　《师友绪余》光绪二十五年版卷端

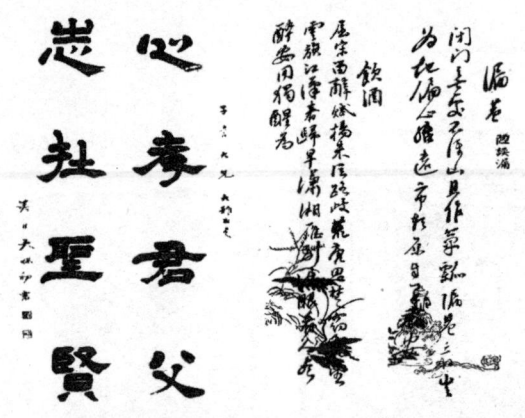

图5 吴保初联语及诗稿①

庐江。
边款：君遂索刻。时壬辰十月，缶。②

吴保初君遂。
边款：君遂耆古，拟汉印奉正，缶。③

君遂。④

吴保初。⑤

---

① 吴保初. 隶书楹联[M]//吴保初. 北山楼集：卷三. 陈诗，辑. 铅印本. 民国二十七年：1；吴保初. 简札墨迹[M]//吴保初. 北山楼集：卷三. 陈诗，辑. 铅印本. 民国二十七年：4.
② 邹涛，沈乐平. 吴昌硕全集：篆刻卷一[M]. 上海：上海书画出版社，2015：128.
③ 邹涛，沈乐平. 吴昌硕全集：篆刻卷二[M]. 上海：上海书画出版社，2015：350.
④ 其石. 名印拾遗（五十五）[N]. 金钢钻，1933-04-26（2）.
⑤ 其石. 名印拾遗（四十）[N]. 金钢钻，1933-03-16（2）.

保初。①

边款：君遂索刻，臂痛不能应，乞季仙为之，尚无恶态。

名印二字左右易刻，秦玺中往往见之。壬辰八月，缶庐记。②

吴保初印。

边款：拟鉴印为君遂。缶庐。③

吴君遂。④　　吴保初印。⑤　　吴君遂。⑥

---

① 邹涛，沈乐平. 吴昌硕全集：篆刻卷二 [M]. 上海：上海书画出版社，2015：351.
② 其石. 名印拾遗（六十四）[N]. 金钢钻，1933-06-06（2）.
③ 其石. 名印拾遗（四十二）[N]. 金钢钻，1933-03-19（2）.
④ 上海书画出版社. 吴昌硕印谱 [M]. 上海：上海书画出版社，1985：125.
⑤ 李洪啸. 罗振玉印谱 [M]. 长春：吉林文史出版社，2012：87.
⑥ 李洪啸. 罗振玉印谱 [M]. 长春：吉林文史出版社，2012：87.

保初唯印。①  　　一文不值何消说。②  　　吴君遂家收藏。
边款：君遂精鉴别，富收藏，
刻此用充清秘。吴俊。③

吴（押）。④  　　北山楼文房。⑤  　　君遂。⑥

早岁君王记姓名。⑦  　　吴君遂富且贵。⑧  　　编愁苦以为膺。⑨

---

① 上海书画出版社. 吴昌硕印谱［M］. 上海：上海书画出版社，1985：125.
② 吴保初《答周彦升》，转引自夏冬波. 吴保初书法来源探微［J］. 书画世界，2021（3）：29.
③ 其石. 名印拾遗（四十五）［N］. 金钢钻，1933-03-24（2）.
④ 上海书画出版社. 吴昌硕印谱［M］. 上海：上海书画出版社，1985：76.
⑤ 卢辅圣. 近现代书画家款印综汇：上册［M］. 上海：上海书画出版社，2002：246.
⑥ 邹涛，沈乐平. 吴昌硕全集：篆刻卷二［M］. 上海：上海书画出版社，2015：351.
⑦ 吴保初《吴保初致大姐家书》，转引自夏冬波. 吴昌硕与吴保初交游考述［J］. 书法研究，2018（2）：108.
⑧ 吴保初《吴保初致大姐家书》，转引自夏冬波. 吴昌硕与吴保初交游考述［J］. 书法研究，2018（2）：108.
⑨ 吴保初《吴保初致大姐家书》，转引自夏冬波. 吴昌硕与吴保初交游考述［J］. 书法研究，2018（2）：108.

保初之印。① 保初死罪。② 彦复。③

图 6　吴保初用印

【按】吴氏另有藏印"初""保初私印""君遂所得书画碑板（缶庐治石）""保初""庐江吴保初章""庐江吴保初厥字君遂""合肥龚心铭并弟心钊庐江吴保初安吉吴俊同时鉴定金石文字之印"等。

---

① 吴保初《吴保初致大姐家书》，转引自夏冬波．吴昌硕与吴保初交游考述［J］．书法研究，2018（2）：108．
② 吴保初《吴保初致大姐家书》，转引自夏冬波．吴昌硕与吴保初交游考述［J］．书法研究，2018（2）：108．
③ 刘江．吴昌硕篆刻及其章法［M］．杭州：西泠印社出版社，1999：22．

前 言

吴保初（1870—1913），一作葆初，字彦复、一字君遂，号善臣、北山、北山楼主人。移津后更名瘿，号悲盦、瘿公、婴公、瘿庐。室名北山楼，人称北山先生。笔名囚龛、囚盦（庵）、读有用书室主人。安徽庐江县沙湖山人。吴长庆仲子。以荫授主事，服阕，分兵部学习。后补刑部山东司主事，任贵州司主稿、秋审处帮办。与陈三立、谭嗣同、丁惠康合称"清末四公子"。工诗文，善书法，精篆刻。著有《未焚草》《北山楼集》；辑有《师友绪余》；拓有《瘿庐藏泉》；刊有郑孝胥《课读浅言》、周家禄《朝鲜三种》、文廷式《云起轩诗录》。

吴氏先世本籍安徽泾县茂林，至明金宝迁于庐江岱鳌山，遂定居。

吴保初出身于武将世家，并以文学名。祖廷香，以书生拜武将。吴廷香自幼聪慧颖异，束发读书时即为乡先辈所称许。道光二十九年（1849年）李嘉端视学皖江，喜廷香，称其"斯真文行两得者"①。咸丰二年（1852年）夏，吴廷香与合肥王世溥同应制壬子科试②，被取为优贡生③。时王世溥长子尚辰随侍其旁，吴廷香极赏其才，王尚辰后与吴保初为三世之交。其后，诏举孝廉方正，得乡人推举应诏④。然未及入都，太平军已攻克安庆，乱民四起。吴廷香上书安徽巡抚李嘉端，倡办团练⑤。徐子苓劝曰："君与余皆书生，众方乐祸，乱将

---

① 李嘉端. 吴征士传 [M] //刘凤桥，徐晓飞. 清及近现代名人书法与辨伪. 沈阳：万卷出版公司，2004：64.
② 吴廷香. 序 [M] //王尚辰. 谦斋诗集：谦斋初集. 木活字本. 庐州：王氏，光绪二十三年：1.
③ 李嘉端. 吴征士传 [M] //刘凤桥，徐晓飞. 清及近现代名人书法与辨伪. 沈阳：万卷出版公司，2004：64.
④ 张裕钊. 庐江吴征君墓表 [M] //王达敏，校点. 张裕钊诗文集：第五卷. 上海：上海古籍出版社，2007：116.
⑤ 吴廷香. 上巡抚李嘉端论团练书 [M] //钱鑅. 庐江县志：卷十四（艺文·详檄）. 木活字本. 庐江：庐江县署，清光绪十一年：27-33.

益大，且其事多非口舌之所能为，欲因是以尼其出。"吴廷香笑曰："若实怯脱人，卒如若言，乱将谁拯？"① 遂筹资募勇，以计屡退太平军。吴廷香师事方东树，并与戴钧衡、马三俊以学问文章、风节干济相砥砺，为桐城派文人。其曾讲学于近思轩，即后之北山楼。吴保初云："吾家北山楼，曾文正公开府江南时贻金为先君子所筑，即先大父京卿公所尝讲学近思轩旧址也。"② 又曾讲学于会辅堂，"阐明圣学，语精而确。"③ 吴廷香经术湛深，诗古文词奇而有法④。其著述甚富，然多佚于兵燹。吴长庆搜罗其诗文，刊有《吴征士遗集》。

吴保初父长庆，吴廷香怜其羸弱多疾，不甚责以举业。然少敏慧，且胜笃嗜学。尤喜《易》，以为万物之理悉具其中。尝危坐终日，索解其义。吴长庆十岁解属对，吴廷香授其五言诗，曾以"豫让吞炭"命题，吴长庆有"舌烂心犹在，身亡志不灰"之句⑤。又得父授唐人歌诗，吴长庆勤苦精思至搔发即应手而脱。少随廷香教授旁里，归即彻夜诵读于闸山龙化庵⑥。父卒，吴长庆投笔从戎，誓雪父恨。率庆军从曾国藩、李鸿章等讨太平军、捻军，屡建奇功。吴长庆少时数应童子试不第⑦，功成后尝美陆逊以武将归里举业事，曾欲弃官应乡试⑧。吴长庆通贯诸经史，尤嗜《易》《春秋》。袁昶谓其："吴军门喜看《大学衍义》《周易折中》，亦奇士也。"⑨ 虽军务烦冗，仍手不释卷，日作一文，辑有《经史粹语》。

于先辈影响下，吴保初亦自幼喜文事。吴氏一生依其主要行迹大略可分为五个时期：十六岁以父荫主事前为读书庐江时期，十六岁至二十九岁为供职京师时期，三十岁至三十六岁为谢职归里时期，三十七岁至四十二岁为旅居津门

---

① 徐子苓. 庐江征士吴君墓志铭[M]//徐子苓. 敦艮吉斋文存：卷二. 刻本. 徐源伯，光绪十二年：50.
② 吴保初. 北山楼集：自序[M]//吴保初. 北山楼集一卷. 木活字本. 光绪二十五年：1.
③ 钱鑅. 庐江县志：卷八（人物）[M]. 木活字本. 庐江：庐江县署，清光绪十一年：19.
④ 钱鑅. 庐江县志：卷八（人物）[M]. 木活字本. 庐江：庐江县署，清光绪十一年：19.
⑤ 陈诗. 庐州诗苑：卷五[M]. 铅印本. 庐江：陈氏，民国十五年：6.
⑥ 张謇. 清建威将军广东水师提督三等轻车都尉世袭云骑尉瑚敦巴图鲁谥壮武吴公行状（代黄侍郎体芳作）[M]//李明勋，尤世玮. 张謇全集：第六册（艺文杂著）. 上海：上海辞书出版社，2012：49.
⑦ 张謇. 清建威将军广东水师提督三等轻车都尉世袭云骑尉瑚敦巴图鲁谥壮武吴公行状（代黄侍郎体芳作）[M]//李明勋，尤世玮. 张謇全集：第六册（艺文杂著）. 上海：上海辞书出版社，2012：49.
⑧ 黄云，林之望，汪宗沂. 续修庐州府志：卷四十八（武功传三）[M]. 刻本. 庐州：庐州府署，清光绪十一年：21.
⑨ 孙之梅，整理. 袁昶日记：上册[M]. 南京：凤凰出版社，2018：247.

时期，四十二岁之后为赴沪养疴时期。

第一时期，吴保初从父吴长庆随军转徙，而后于庐江读书。吴氏生于江苏宿迁吴长庆驻军之地，幼年随父转徙于扬州、金陵。七岁吴长庆驻军浦口后，侍母王太夫人侨居于金陵周河厅。八岁时，张謇入长庆之幕，由此开启一生之交谊。十二岁，吴长庆被擢为浙江提督，入京陛见期间与宝廷定交，宝廷后为吴氏之师。维时法越战起，中法亦将交战，吴氏与兄保德奉母归庐江沙湖山，与兄随唐隆勤读书于北山楼。其后长庆奉命移屯山东登州防海。十三岁，袁世凯率旧部投奔吴长庆，吴长庆留其随营读书，并予帮办营务处差，待其甚厚。十四岁，吴氏有第一首诗《春城闲眺》。未几，朝鲜壬午兵变，吴长庆奉命援护朝鲜。

第二时期，吴保初以父荫主事，服阕后供职京师。十六岁，父长庆平定朝鲜后积劳而致重病，遂与兄保德随母自庐江至金州侍疾，刲膺疗父。然医药罔效，长庆卒于金州营次。其后李鸿章为长庆上请恤折，上谕赏其主事。十九岁，吴氏服阕，入京后分兵部学习，开启为期十载的仕宦生涯。起先吴氏志在科举，曾补硃缺，皆未任。二十七岁，经妾许君男之劝，就刑部山东司主事之缺。次年，又兼贵州司主稿、秋审处帮办。官刑部期间，吴氏力平裕董氏携子讹诈案，以及干赏儿纠众行劫案，不畏权势，上书堂官，据理力争，平反冤狱。二十九岁，吴氏上《陈时事疏》，刑部尚书刚毅初允上陈，既而悔之阻拦。吴氏原有升御史以发撼襟袍之志，然因此龃龉，又兼妾许君男之劝，遂辞官归里养亲。

吴氏受学于郑孝胥，十八岁时得郑氏授《学诗微旨》，十九岁时曾刻郑氏之《课读浅言》。二十岁，师事宝廷，由此与其长子寿富结为挚友。吴氏喜为诗，又嗜搜罗古物，常与陈浏游于海王村，寿富劝其勿沉溺于诗古文辞与金石书画。吴氏又喜交游，与文廷式、黄绍箕等常相往还，寿富劝其继承先志潜心读书，勿以交游废学。二十六岁，甲午战起，寿富曾致书保初，约城破同死："设不幸，老弟与富安归乎？亦与此城同其存没耳。"[1] 二十七岁寿富卒后，保初卖马车为寿富购金。吴氏与张謇亦交谊深厚，吴氏得《学诗微旨》后，曾附诗作请教于张謇，张謇复书云："大稿读竟，长体亦颇学太夷，甚善甚善。《学诗微旨》太夷具有深思也，愿足下益因藉藉之质，厚殖根本。"[2] 张謇会试后，吴氏邀其迁居同住，又曾至贡院小所为张謇探讯，三更始归。吴氏与梁启超亦结识于此期。梁氏曾邀其与寿富入强学会小会。知梁氏因被排挤未能入官书局后，吴氏

---

[1] 吴保初. 师友绪余一卷 [M]. 木活字本. 光绪二十五年：15.
[2] 刘凤桥, 徐晓飞. 清及近现代名人书法与辨伪 [M]. 沈阳：万卷出版公司, 2004：14.

亦曾为其设法筹谋。其后亦应梁氏之请，为其于京师推广《时务报》。

第三时期，吴保初挂冠归里后往来于庐江、武昌、扬州与沪渎，为挽救危亡做出种种尝试。三十岁，戊戌事败，杨深秀、谭嗣同、杨锐、林旭、刘光第、康有溥被收监问斩。二杨、刘、林康皆为吴氏旧识，吴氏冒险作诗《读〈东林传〉》为六君子讼冤。次年又辑往日师友赠答之作为《师友绪余》，其中化名收录康、梁之书札，后为家人潜割叶，由此与家人失和。吴氏遂赴扬州，从长姊吴保华处借资，应朱克柔之邀赴武昌谒张之洞。游鄂期间，与陈衍、沈曾植、周家禄等常相往还，多有唱和之作。然因舆论时政不洽，吴氏两月余即返扬州，后移居沪渎。居沪期间，与孙宝瑄、汪康年、章炳麟、丁惠康、宋恕、夏敬观、严复、欧阳柱、山根虎臣、馆森鸿等相往还。三十二岁，吴氏参与唐才常所召开之中国议会，并为十干事之一，欲救亡图存。后又参与拒俄约集议，知张之洞探询集议主持者后，投函《同文沪报》，直指鄂督张之洞两面三刀，为食人之狗彘。后张之洞指拿吴氏，幸得张謇解救。三十四岁，吴氏上疏请慈禧还政、请革李连英与荣禄等以除秽政。继又参与蔡元培等人之上海女学会、中国教育会，姚锡光之协助亚东游学会，吴氏亦与之。

第四时期，吴保初旅居津门。三十七岁，吴氏游日，约一月而归，与高田早苗、松平康国等有交往。后应袁世凯之邀离沪赴津参谋教育，继又任电话局总办，皆为闲职。三十九岁，杨士骧移督直隶后，仍延为幕宾。次年，直隶议改新官制，屡有劝吴氏重入仕途者，未听之。杨士骧卒后，那桐摄直督，亦延吴氏为幕宾。端方移督后，吴氏因与之有龃龉，又加母王太夫人病卒，故离津，而后移居京师。此期，吴氏因曾电邀陈三立北游观政，同游半山寺、鸡鸣寺，二者多有酬唱。并于袁世凯开缺后赴彰德，参与洹上唱和。吴氏因亦常与严复、朱祖谋、罗振玉、罗惇曧、方尔谦等论诗古文辞，以及品鉴古物，拓有《瘿庐藏泉》四卷。

第五时期，吴保初赴沪养疴。吴氏前患中风，门人陈诗曾为其询宋恕之前所用电机之名称型号、药饵及治法，而后痊愈。居京未久，风疾复发，遂赴沪依长女吴弱男、长婿章士钊而居。就此屏绝人事，抑郁消沉。中华民国二年（1913年）病卒，年四十五。卒后，章炳麟为撰墓表，康有为撰墓志，沈曾植书丹。陈诗搜罗其佚稿，刊刻行世。

吴保初工诗，为同光体诗人。宋恕谓其"得陶韦杜甫之髓，意境尤高，悱恻而清峭①"。《光宣诗坛点将录》评其"高淡近韦柳，劲婉似荆公"②。其论诗于《诗经》后首推陶潜，云："继《三百篇》而后，则亦惟陶柴桑。"③ 吴氏亦擅属文，康有为称其"文似汉人"④。

　　吴保初善书，行楷得褚遂良之神韵，草书具赵孟頫之秀逸⑤。杨逸《海上墨林》云其"书橅褚赵，蕴藉如其人"⑥。吴氏亦精篆刻，陈浏谓其刻石"天姿秀发，气魄雄厚"⑦。吴氏又嗜收藏，金石碑版、书画古泉，皆为所藏，尤以昌化石雄于世。

　　吴保初身为"清末四公子"之一，以文学才志名于世。其交游甚广，往来皆为一时名士。又爱重文人，拔擢后辈，颇为时人推崇，于晚清文学史有重要地位。

---

① 宋恕. 宋跋［M］//吴保初. 北山楼集：卷一. 铅印本. 民国二十七年：1.
② 王培军. 光宣诗坛点将录笺证：上册［M］. 北京：中华书局，2008：454.
③ 吴保初. 北山楼集：题记［M］//吴保初. 北山楼集一卷. 木活字本. 光绪二十五年：2.
④ 孙文光，点校. 北山楼集［M］. 合肥：黄山书社，1990：145.
⑤ 吴保初. 北山楼文［M］//吴保初. 北山楼集：卷三. 陈诗，辑. 铅印本. 民国二十七年：2.
⑥ 印晓峰，点校. 海上墨林［M］. 上海：华东师范大学出版社，2009：122.
⑦ 寂叟. 海王村游记［M］//孙殿起. 琉璃厂小志［M］. 上海：上海书店，2011：365.

绪　论

一、吴保初研究现状

（一）钩稽生平行迹

中国台湾作家高阳与大陆王忠和所作同名历史人物传记《清末四公子》，两书分别有《吴保初传》与《将门孺子最风流——吴保初》一章，叙述吴保初生平，然均较为简略，其中所载人物姓名与事件所发生时间亦有错漏，且带有较强的主观色彩，对与吴保初相关人物的评价褒贬鲜明，不甚客观。夏冬波传记《淮军名将吴长庆》，以吴保初之父吴长庆为研究对象，附带简要介绍其家庭成员，内容翔实，对本谱的撰写有较大帮助。

丁放的《晚清政治风云中的吴保初》主要论述吴保初于晚清政坛的三次上疏，拔擢维新人士与保护革命党人之行为。范泓的《吴保初上疏》主要分析吴保初上疏失败之症结。吴保初嗣孙吴业新的《回忆姑父章士钊和姑母吴弱男》一文提供了可信的相关记载。总体来看，有关吴保初生平的研究有待深入。

（二）论述诗文成就

孙文光的《吴保初和他的〈北山楼集〉》是目前对吴氏研究最为全面的学术论文。在简述吴氏行实之余，亦对其诗文进行总体评价。认为与当时崇尚雅洁但难以展现时代风貌的桐城派，提倡骈文的刘师培，文章古朴却难以普及的章炳麟，以及艺术性较弱更适于报章的康梁"新民体"相较，吴氏之文既不为桐城派所局限，亦非魏晋之附庸，"合骈散于一冶，以适用为指归"，兼富"排比铺陈之美"。认为其诗主要受龚自珍及江西诗派的影响，"忧愤深广，寄意渊微"而"峭折坚劲"[①]，且能书写时代心声，极富个人特色。凤文学的《一疏惊天劾大珰感吟诗每有神——读吴保初的两首诗》主要结合时事背景赏析吴保

---

① 孙文光. 吴保初和他的《北山楼集》[J]. 江淮论坛，1990（1）：97-100.

初诗作《自题批麟草后》与《玄海滩》。由此可见，吴氏相关诗文的研究亦较缺乏。

(三) 考述亲友交游

对于吴保初亲属的研究，主要关注其父广东水师提督吴长庆，及其子女吴炎世、吴弱男、吴亚男。关于吴长庆，有新史料，如叶渡和魏三纲的《新发现的〈吴长庆闵泳翊等笔谈卷〉》，为1883年朝鲜与英国之间海关税则交涉之事提供了新数据；有探究吴长庆与袁世凯关系之文，如夏冬波的《吴长庆与袁世凯》、张华腾的《吴长庆与袁世凯关系述论》等，对两者关系的梳理比较清晰。关于其子女，夏冬波的《吴氏三兄妹》《同盟会女会员吴弱男》，王珣与叶宋敏的《皖籍留日女性吴氏姐妹与清末民国初年中日女子教育》对吴保初子女情况做以简要介绍；郭延礼和郭蓁的《中国近代三位女性戏剧翻译家：吴弱男、薛琪瑛和沈性仁》与康晓倩的《20世纪初女性翻译文学家杰出人物述略》主要关注吴弱男在戏剧翻译上的成就。

对于其友朋的研究，主要集中于章炳麟、张謇、吴昌硕与陈诗四人。关于章炳麟，吴竞的《对章太炎在东吴大学时"赴学寻问"的江苏巡抚的考辨》、杨天石的《何震揭发章太炎》、章念驰的《太炎先生寓沪记》与孙风华的《章太炎"三入牢狱"前后的抗争》等文，主要从章炳麟《苏报》案发，被捕入狱前后，吴保初两次通知章太炎躲避清兵追捕，并在章入狱后竭力营救等事着眼。关于张謇，有夏冬波的《吴保初与张謇的文墨交游》介绍二人诗文交往情况。关于吴昌硕，朱琪的《吴昌硕对近代印坛的影响》一文，从陈浏的《说印》中对吴昌硕收取吴保初高额润笔费却用了数枚佳石等恶评入手，探究陈浏与吴昌硕交恶的根源；夏冬波的《吴昌硕与吴保初交游考述》《吴昌硕五首山水题画诗及衍流》《吴昌硕为吴保初刻印探秘》等较为详细地考述了两者的交游。关于陈诗，主要有史哲文《论晚清民国耆宿陈诗主要交游与诗风嬗变》，交代其幼时学王士禛，后师从吴保初，学诗于吴保德，并由保初结识文廷式、郑孝胥等人，由此得以转变诗风。另有孙浩宇的《清末〈盛京时报〉刊载日人汉诗考》，提及与吴保初有交往的日本诗人山根虎臣。吴保初交游甚广，但目前仅有对此四人的研究，仍待挖掘。

(四) 释读书札墨迹

程道德、佟鸿举的《严复致吴彦复书札》收录作者所藏严复与吴保初论王安石诗之信，信中文字与严复文集中的记载有出入，有历史文献价值与文学书法价值。方继孝《吴保初旧藏友人墨迹》收录郑孝胥、夏曾佑、蒋智由、汪康年、英敛之、刘师培和方地山等人致吴氏的信札与书扇。韩戾军《碑学兴盛的见证》收录黄绍箕致吴氏的两通信札，信中内容显露出彼时文人对碑派书家作品及金石佳拓之珍爱。此类研究中所附的新发现的信札照片，为年谱的撰写提供了可贵的文献。尤其艾俊川《从强学会到〈时务报〉：〈师友绪余〉中的梁启超》一文，录示所藏《师友绪余》初排初印本，补足津图藏本被删除之页，为本谱重要资料来源。

（五）考证相关史实

对吴保初相关史实的研究主要分为两方面：一是对庚子国会的研究，如胡珠生的《自立会历史新探》与桑兵的《论庚子中国议会》，主要使用当时新发现的《井上雅二日记》、近人书札以及自立会的相关史料，考述了唐才常于上海英租界愚园所召开的两次"中国议会"的详情，明确了国会的时间地点、与会人员和其所属派系以及各派所持主张，考论翔实。二是关注上海女学会，如夏晓虹的《中国女学会考论》，通过梳理与中国女学会紧密相关的中国女学堂的数据，以及《女学报》现存零散史料，认为经元善受《法国时报》通讯《巴黎新开女学会》的影响，始有创办女学会的构想。并钩稽出中国女学堂、中国女学会、上海女学会、世界女子协会一脉相承之关系。庚子国会与上海女学会两事，吴保初均参与其中，对吴氏之研究颇有参考价值。

综上所述，目前学界对吴保初的研究较为缺乏。已有的相关论文多泛泛而论，有实质性内容的研究成果较少，且部分论文中的记载亦有疏漏，故有必要对其深入考察。

二、研究意义与价值

（一）钩稽本事

除了为人熟知的《陈时事疏》《请还政疏》，以及遮蔽伙助章炳麟等事之外，吴保初还曾助梁启超于京师推广《时务报》，参与中国议会、中国教育会、上海女学会、协助亚东游学会。他如因掩护汪康年而为日人殴打欺侮事，其妹吴保兰遭刘声木家暴虐待致死事，及他书未见记载或少有提及之事，本谱均作详细著录。

（二）订讹正误

本谱对诸家著述疑误之处进行考证。如近人著录吴保初之公历生年皆为1869年，然吴氏实生于同治八年十二月初九日，比照公历已是1870年1月10日。又如吴保初《题范无错诗集》一诗，陈诗所编三卷本《北山楼集》系于光绪三十二年。然其原稿云："客腊，无错恒化于虐，余既作诗哭之……岁暮怀人，弥更于色。因率成一绝，聊附末简云。除夕作。"① 范当世卒于光绪三十年十二月初十日，时吴保初有诗《哭范无错》。据"客腊""除夕作"等语，知《题范无错诗集》实作于光绪三十一年十二月三十日。

（三）拾遗补阙

除《未焚草》《北山楼集》《师友绪余》外，吴保初之著作尚有相当一部分散置于报刊、笔记及其师友之诗文集、日记与论著。本谱广泛搜集相关著述，辑补其诗文联语及其亲友之往还投赠之什，有补缺挂漏之效。其中辑自《选报》《时报》者尤多，并辑得其笔名囚盫（庵），此笔名前人似未提及。光绪二十八年正月二十日（1902年），孙宝瑄记云："昨见叔雅，知太炎于十四日到海上，在囚庵家宿一夜，次日附日本舟东渡。会有满人来君遂处，探太炎消息，其仆悉举以告，君遂其危哉！"② 此"囚庵"疑即吴保初。

此外，本谱亦充分利用原件照相之尺牍文献，释读书札并编入年谱，由此补充史实、澄清讹传。如《吴宓诗话》曾言彭嫣虐待吴保初二女事，云："记当时闻祖母、姑母言彭嫣如何虐待瘿公夫人所遗之二女弱男、亚男云云。"陈寅恪对此进行辨驳，云："吴瘿公与彭嫣恒居津。此当另是一人，宓恐误记。"③《中国尺牍文献》所收一通吴保初致周家禄的信函可说明此事，函云："而金陵一切布（部）署未定……内子则日夜鞭挞两小女，遍体鳞伤，毫无人理。两女屡有书来乞救命。"④ 由此观之，此人当为吴保初之妻黄裳。

总之，为吴保初撰写年谱，不仅有助于对其诗文词进行进一步研究，对吴氏相关人物的研究亦有所助益，且能呈现出晚清部分文人群体的生活风貌，对理解社会转型中传统士人之心态有重要意义。

---

① 吴保初：简札墨迹［M］//吴保初. 北山楼集：卷三. 陈诗，辑. 铅印本. 民国二十七年：5-6.
② 童杨. 孙宝瑄日记：中册［M］. 北京：中华书局，2015：513.
③ 吴宓. 读散原精舍诗笔记［M］//吴学昭，整理. 吴宓诗话. 北京：商务印书馆，2005：286.
④ 上海图书馆. 中国尺牍文献：下册［M］. 上海：上海古籍出版社，2013：249.

凡 例

一、吴保初门人陈诗有《吴北山先生年谱》连载于上海《时报》，对本谱帮助甚大，然所述较简，且多有误记。本谱旨在缕述吴氏生平。谱前叙吴氏家族世系；正谱依年编排吴氏行实；谱后述吴氏身后之事；《附录》列吴氏传志、挽诗挽联，以及未编入年谱之手札墨迹、诗文词、杂事等，以资参阅。

二、本谱纪年首列清、中华民国纪年，次列干支，并附以公元纪年。谱内具体日期采用农历，公历月日后附于括号内。具体日期不可考者，系于当月、当季、当年末。

三、谱内各年之下，附以诗文词编年。编年多据吴保初自署，或有未署者，依门人陈诗所署为定。倘有讹误，则加以按识并作调整。谱中择要征引相关诗文，以明谱主行迹。

四、谱主吴保初，文中称先生。其余所涉人物，则皆径称其名。未考订姓名者，据所引文献称其字、号，并择其未为人熟知者于首次出现处附以小传。

五、随谱择要列出与谱主相关之国内外大事。

六、本谱据吴保初《未焚草》《北山楼集》《师友绪余》及其相关人物之日记、手札、诗文、字画、扇面，兼报刊、档案等文献编成。所征引之文献皆于页下注明出处，以便检核。陈诗之《吴北山先生年谱》，本谱简称《陈谱》。

七、已收入《未焚草》《北山楼集》之诗文词仅列其题，载于报刊、存于他人诗文集、日记、论著者则全文录入。

八、所录文献，仅保留密切相关者，其他略去，以免烦冗。引文之自注以夹注形式附于相应语句后。

九、诸条之下以【按】领起按语，考辨前人记述之疑误处，推定年月不详之文献，以及补充相关文献。

十、所征引之文献，倘遇繁体、错字、倒文，则于其后〔〕内订正；脱字于［］内补充；衍字置于〈〉内，以表删除；残字示以□；疑有讹误但难以确定之字，后附〔?〕，其他异体字、异形字等，为存文献原貌，不作修改。

目 录
CONTENTS

谱 前 ··· 1
  家族世系 ··· 1
  吴保初姓名字号 ··· 2

正 谱 ··· 6
  卷一　读书庐江 ··· 6
    同治八年己巳（1869 年）　一岁 ································· 6
    同治九年庚午（1870 年）　两岁 ································· 6
    同治十年辛未（1871 年）　三岁 ································· 7
    同治十一年壬申（1872 年）　四岁 ······························· 7
    同治十二年癸酉（1873 年）　五岁 ······························· 7
    同治十三年甲戌（1874 年）　六岁 ······························· 7
    光绪元年乙亥（1875 年）　七岁 ································· 7
    光绪二年丙子（1876 年）　八岁 ································· 7
    光绪三年丁丑（1877 年）　九岁 ································· 8
    光绪四年戊寅（1878 年）　十岁 ································· 8
    光绪五年己卯（1879 年）　十一岁 ······························· 8
    光绪六年庚辰（1880 年）　十二岁 ······························· 8
    光绪七年辛巳（1881 年）　十三岁 ······························· 10
    光绪八年壬午（1882 年）　十四岁 ······························· 11
    光绪九年癸未（1883 年）　十五岁 ······························· 14
  卷二　供职京师 ··· 14
    光绪十年甲申（1884 年）　十六岁 ······························· 14

1

光绪十一年乙酉（1885年）	十七岁	23
光绪十二年丙戌（1886年）	十八岁	25
光绪十三年丁亥（1887年）	十九岁	29
光绪十四年戊子（1888年）	二十岁	35
光绪十五年己丑（1889年）	二十一岁	40
光绪十六年庚寅（1890年）	二十二岁	42
光绪十七年辛卯（1891年）	二十三岁	43
光绪十八年壬辰（1892年）	二十四岁	47
光绪十九年癸巳（1893年）	二十五岁	51
光绪二十年甲午（1894年）	二十六岁	55
光绪二十一年乙未（1895年）	二十七岁	60
光绪二十二年丙申（1896年）	二十八岁	70
光绪二十三年丁酉（1897年）	二十九岁	82

卷三　谢职归里 …………………………………………… 97

光绪二十四年戊戌（1898年）	三十岁	97
光绪二十五年己亥（1899年）	三十一岁	114
光绪二十六年庚子（1900年）	三十二岁	124
光绪二十七年辛丑（1901年）	三十三岁	139
光绪二十八年壬寅（1902年）	三十四岁	165
光绪二十九年癸卯（1903年）	三十五岁	192
光绪三十年甲辰（1904年）	三十六岁	201

卷四　旅居津门 …………………………………………… 220

光绪三十一年乙巳（1905年）	三十七岁	220
光绪三十二年丙午（1906年）	三十八岁	230
光绪三十三年丁未（1907年）	三十九岁	234
光绪三十四年戊申（1908年）	四十岁	242
宣统元年己酉（1909年）	四十一岁	250
宣统二年庚戌（1910年）	四十二岁	256

卷五　赴沪养疴 …………………………………………… 266

宣统三年辛亥（1911年）	四十三岁	266
民国元年壬子（1912年）	四十四岁	267
民国二年癸丑（1913年）	四十五岁	269

谱　后 ··· 275
　逝后二年民国四年乙卯（1915年）······························· 275
　逝后五年民国七年戊午（1918年）······························· 275
　逝后六年民国八年己未（1919年）······························· 276
　逝后二十四年民国二十六年丁丑（1937年）················ 277
　逝后二十五年民国二十七年戊寅（1938年）················ 277
　逝后二十六年民国二十八年己卯（1939年）················ 278

附　录 ··· 279
　附录一：吴保初传志资料 ··· 279
　附录二：吴保初手札与师友函稿 ··································· 285
　附录三：挽诗挽联与友朋题赠补辑 ······························· 335
　附录四：诗文集补辑与编年未详诗词 ··························· 344
　附录五：相关资料选辑 ··· 352

主要参考文献 ··· 365

后　记 ··· 372

谱　前

家族世系

迁庐江一世祖金宝。

吴氏先世居安徽泾县茂林，明金宝迁居庐江岱鳌山。

二世祖晏安。

三世祖泮宗。

四世祖桓孙，泮宗第五子。县学生。

明清鼎革之际，生子五。长子琴，迁居泾县茂林乡以奉先祀。林、通、法、富，仍居庐江。

五世祖通，桓孙第三子。

六世祖好昌，通长子。

七世祖玳祥，好昌长子。

八世祖尚禄，玳祥次子。

隐居尚德，康熙年间在乡中举。

九世祖元景（1678—？），太学生。

十世祖一鹏（1697—1740），字云凌。从九品。

十一世祖盛恭（1714—1753），太学生。

高祖之枢（1745—1809），试名定邦，字斗垣。邑武庠生。以长庆赠建威将军。

富节笃义，舍宅为祠。乾隆五十年（1785年）大旱，倾产出粟以饷饿者，所活甚多，家道中落。嘉庆初年，迁居庐江东顾山之阳。与妻且耕且织，俱享大年。生子五。

妻陈氏，以长庆赠一品夫人。

1

曾祖道轼，试名鸣盛，字和亭。之枢长子。邑武庠生。以长庆赠建威将军。豁达尚义，闾里称贤。晚年以五弟道辅之长子廷香为嗣。道辅，字爱梁，之枢第五子。武庠生。早卒。

妻刘氏，以长庆赠一品夫人。

祖良臣（1806—1854），名廷香，字奉璋，号兰轩。道轼嗣子，道辅长子。优贡生。举孝廉方正。赠四品卿，赏云骑尉世职。以长庆赠建威将军。

妻张氏，以长庆赠一品夫人。

父长庆（1829—1884），字家善，号小轩、筱轩，谥武壮。袭云骑尉世职。历官直隶正定镇总兵、浙江提督、广东水师提督。赏世袭三等轻车都尉。瑚敦巴图鲁。诰授建威将军。

原妻俞氏。诰封一品夫人。

继妻王氏。诰封一品夫人。安徽庐江人。父王华，兄王占魁，皆武举人。少得父兄指授，亦娴刀槊。硕健果毅，有丈夫风概。性情威严，知书达理。家世殷盛，奁资丰厚，又善治家理财，家产大增。

兄保德（1863—1915），字念祖，号子恒。长庆长子。附生。袭云骑尉，兼袭三等轻车都尉。

妻熊氏。

长姊保华（1856—1913），字玉如，号佩琼。长庆长女。适庐江刘翰翔。

二姊保善（1865—1897），字君淑。长庆次女。适合肥李经钰。

妹保兰（1876—1897），长庆第三女。适庐江刘体信。

【按】据《陈谱》同治八年条①与所附《吴氏世系逸表》②，及光绪《庐江县志》整理。

吴保初姓名字号

先生姓吴氏，讳保初，一作葆初。

陈诗《吴北山先生家传》：北山先生，讳保初，字彦复，号君遂，晚号瘿

---

① 陈诗. 吴北山先生年谱 [N]. 时报：文艺周刊，1919-10-05（14）.
② 陈诗. 吴北山先生年谱（续）[N]. 时报：文艺周刊，1920-02-10（14）.

公，氏吴，安徽庐江人。①

《谕旨恭录》三月：刑部安徽司主事，著〔着〕吴葆初补授。②

李鸿章《致刘秉璋函》：吴小轩（吴长庆，号小轩）夫人送其十九龄之子（吴葆初）作京官，殊不解事。③

字彦复，一作燕甫。

郑孝胥《字说》：保初之字曰彦复。《尔雅·释训》："美士为彦。"《说文》曰："美士有文，人所言也。"复，通作復。《说文》曰："行故道也。"《易·復卦》："反復其道。"《尔雅·释言》："復，返也。""士患文汨其质，义取復初，故美以善復。"④

刘光第《致刘庆堂函（第五十三函）》（十一月初四日）：前月刑部主事吴某荫生、提督吴长庆之子，号燕甫。……断不敢代奏。⑤

一字君遂。

章炳麟《清故刑部主事吴君墓表》：君讳保初，字彦复，一曰君遂，安徽庐江人也。⑥

陈衍《吴保初传》：吴保初，安徽庐江人也，字彦复，一字君遂。⑦

陈浏《笺庐江吴保初兵部》：兵部为武壮次子，改官刑部时，字曰君遂。⑧

《吴昌硕全集（篆刻卷二）》：吴保初君遂。边款：君遂耆古，拟汉印奉正。缶。⑨

初号善臣。

光绪《庐江县志·选举·仕籍》"国朝·京秩"条：吴保初，号善臣。⑩

---

① 吴保初. 北山楼文 [M] //吴保初. 北山楼集：卷三. 陈诗，辑. 铅印本. 民国二十七年：1.
② 谕旨恭录 [N]. 申报，1895-04-07 (1).
③ 刘声木. 李文忠公尺牍 [M] //刘园生. 刘秉璋年谱. 上海：上海古籍出版社，2017：177.
④ 吴保初. 师友绪余一卷 [M]. 木活字本. 光绪二十五年：1.
⑤ 《刘光第集》编辑组. 刘光第集 [M]. 北京：中华书局，1986：276.
⑥ 孙文光，点校. 北山楼集 [M]. 合肥：黄山书社，1990：146.
⑦ 陈衍. 石遗室文集：卷一 [M] //陈步. 陈石遗集. 福州：福建人民出版社，2001：434. 是文原为旧式句读，今改.
⑧ 陈浏. 浦雅堂骈文 [M] //李兴盛，齐书深，赵桂荣. 陈浏集：外十六种. 哈尔滨：黑龙江人民出版社，2001：22.
⑨ 邹涛，沈乐平. 吴昌硕全集：篆刻卷二 [M]. 上海：上海书画出版社，2015：350.
⑩ 钱鏴. 庐江县志：卷七（选举）[M]. 木活字本. 庐江：庐江县署，清光绪十一年：45.

《北山楼集·隶书楹联》：善臣吴保初书。①

张謇《致吴善臣书》：善臣仁兄世大人足下。謇顿首。吴二少爷。姚家巷中间。②

辞官后号北山，人称北山先生。

陈浏《笺庐江吴保初兵部》：挂冠后自号北山。③

陈诗《吴北山先生家传》：先生著有《北山楼诗文词集》，人称之曰北山先生。④

王逸塘《今传是楼诗话》"三五一"条：庐江吴公木，一字公穆，名炎世，北山先生之嗣子也。⑤

移津后更名瘿。

吴保初《致严道治书》：伯平先生。吴瘿顿首。⑥

陈浏《笺庐江吴保初兵部》：世所称吴瘿者也。⑦

号瘿公、婴公、瘿庐、悲盦。

陈诗《尊瓠室诗话》：先生旋出游鄂，游沪，游京、津，贫依故人为食客，终不复仕，自号瘿公。⑧

陈三立《鹤柴承吴彦复遗言，以家藏黄瘿瓢画轴见寄别墅，感怆赋此》：淝上吴公子，少壮慕奇节。……乃拾瘿瓢画，付余溪上宅。……况闻获兹轴，爱其兴寄别。遂自署瘿公，向往比芳洁。……印证九原心，张壁向凄恻。⑨

陈浏《匋雅》：婴公比部，昔唯以石雄于世，藏瓷甚不多，而品格殊妙。⑩

---

① 吴保初. 隶书楹联［M］//吴保初. 北山楼集：卷三. 陈诗，辑. 铅印本. 民国二十七年：1.
② 刘凤桥，徐晓飞. 清及近现代名人书法与辨伪［M］. 沈阳：万卷出版公司，2004：14.
③ 陈浏. 浦雅堂骈文［M］//李兴盛，齐书深，赵桂荣. 陈浏集：外十六种. 哈尔滨：黑龙江人民出版社，2001：22.
④ 吴保初. 北山楼文［M］//吴保初. 北山楼集：卷三. 陈诗，辑. 铅印本. 民国二十七年：2.
⑤ 张寅彭，李剑冰，校点. 今传是楼诗话［M］//张寅彭. 民国诗话丛编：第三册. 上海：上海书店出版社，2002：403.
⑥ 吴保初 信札一通［EB/OL］. 雅昌艺术网，2015-09-20.
⑦ 陈浏. 浦雅堂骈文［M］//李兴盛，齐书深，赵桂荣. 陈浏集：外十六种. 哈尔滨：黑龙江人民出版社，2001：22.
⑧ 林建福，校点. 尊瓠室诗话：卷三［M］//张寅彭. 民国诗话丛编：第二册. 上海：上海书店出版社，2002：130.
⑨ 陈三立. 散原精舍诗续集卷中［M］//李开军，校点. 散原精舍诗文集：上. 增订本. 上海：上海古籍出版社，2014：416-417.
⑩ 陈浏. 匋雅. 卷上［M］//全国图书馆文献缩微复制中心. 中国古代陶瓷文献辑录：第一册. 北京：全国图书馆文献缩微复制中心，2003：272-273.

陈浏《匋雅》：吴婴公尝诵洪北江咏苹果句曰："绿如春水初生日，红似朝霞欲上时。"以况瓷之苹果绿，最为神妙。①

袁克文《致婴公书》：颥肃叩请婴公世丈道安。②

孙宝瑄《赠吴保初诗扇》：录咏物新诗三首以奉瘿庐一粲。忘山。③

陈诗《陈伯严先生招同吴瘿庐师游鸡鸣寺，即送瘿师之津门》④。

吴保初《读十月廿一廿二日哀诏志恸二首》陈诗识语：北山先生自赋此诗后即改号悲盦。⑤

室名北山楼，故又号北山楼主人。

吴保初《未焚草·自序》：光绪戊戌长至日再记于北山楼。⑥

吴保初《藿隐诗草·序》：光绪戊戌中秋日同里吴保初君遂书于北山楼。⑦

袁克文《吴丈泉痴》：丈自颜所居曰"北山楼"。⑧

吴宓《读散原精舍诗笔记》：吴保初，彦复，君遂，又号北山楼主人。⑨

朱祖谋《好事近》：彭嫣词，为北山楼主人赋。⑩

笔名囚氒、囚盦、读有用书室主人。

囚氒《题菊饮唱和诗卷》（逃名淮海似投荒）⑪。

囚盦《感事》（阵云无际莽萧森）⑫。

读有用书室主人《论阴挠新法之害（未完）》⑬。

读有用书室主人《论阴挠新法之害（续第六十七期）》⑭。

---

① 陈浏. 匋雅：卷上 [M] //全国图书馆文献缩微复制中心. 中国古代陶瓷文献辑录：第一册. 北京：全国图书馆文献缩微复制中心，2003：182-183.
② 刘凤桥，徐晓飞. 清及近现代名人书法与辨伪 [M]. 沈阳：万卷出版公司，2004：49.
③ 刘凤桥，徐晓飞. 清及近现代名人书法与辨伪 [M]. 沈阳：万卷出版公司，2004：73.
④ 陈诗. 尊瓠室诗：卷二 [M] //徐成志，王思豪，编校. 陈诗诗集. 合肥：黄山书社，2010：100.
⑤ 吴保初. 北山楼诗续集 [M] //吴保初. 北山楼集：卷二. 铅印本. 民国二十七年：7.
⑥ 吴保初. 自序 [M] //吴保初. 未焚草. 木活字本. 光绪二十四年：2.
⑦ 吴保初. 序 [M] //徐成志，王思豪，编校. 陈诗诗集. 合肥：黄山书社，2010：8.
⑧ 袁克文. 辛丙秘苑 [M]. 上海：上海书店出版社，2000：56.
⑨ 吴宓. 读散原精舍诗笔记 [M] //吴学昭，整理. 吴宓诗话. 北京：商务印书馆，2005：286.
⑩ 刘凤桥，徐晓飞. 清及近现代名人书法与辨伪 [M]. 沈阳：万卷出版公司，2004：20.
⑪ 囚氒. 题菊饮唱和诗卷 [N]. 选报，1902-04-18（国风集）.
⑫ 囚盦. 感事 [N]. 选报，1901-11-11（国风集）.
⑬ 读有用书室主人. 论阴挠新法之害（未完）[N]. 时务报，1898-07-19.
⑭ 读有用书室主人. 论阴挠新法之害（续第六十七期）[N]. 时务报，1898-07-29.

正　谱

卷一　读书庐江

同治八年己巳（1869年）　一岁

十二月初九日（1870年1月10日），生于江苏宿迁。

《陈谱》：十二月九日，先生生于宿迁县，先生父武壮公驻军地也。①

《北山吴保初历略》：同治八年己巳冬十二月九日生于苏宿迁，盖武壮驻军之地也。幼时随父转徙扬州、金陵。武壮起家儒生，治戎之暇，耽学好士，不恤其家。母王太夫人，庐江富家女。奁赠颇丰，夙善持生。勤劬不懈，粗足自赡。②

【按】关于吴保初之生年，通常记为同治八年己巳，即1869年。然比照公历，十二月初九日已入1870年。

同治九年庚午（1870年）　两岁

是年，吴长庆驻军扬州，祖母张太夫人卒。

《陈谱》：是岁，武壮公移军驻扬州五台山。未几，先生祖母张太夫人卒。③

《清史列传·吴长庆》：九年，移驻扬州，丁母忧。④

---

① 陈诗. 吴北山先生年谱（续）[N]. 时报：文艺周刊，1919-10-12（14）.
② 北山吴保初历略 [N]. 益世报（北京），1926-10-24（8）.
③ 陈诗. 吴北山先生年谱（续）[N]. 时报：文艺周刊，1919-10-12（14）.
④ 王钟翰. 清史列传：第十四册 [M]. 点校本. 北京：中华书局，1987：4399.

同治十年辛未（1871年）　三岁
六月廿八日（8月14日），爱新觉罗·载湉生。

同治十一年壬申（1872年）　四岁

同治十二年癸酉（1873年）　五岁

同治十三年甲戌（1874年）　六岁

光绪元年乙亥（1875年）　七岁
正月初四日（2月9日），光绪帝爱新觉罗·载湉即位。
三月，吴长庆筑鹅鼻嘴炮台，时驻军浦口。
张謇《啬翁自订年谱》：三月，闻慈安嘉顺太后崩。鹅鼻嘴炮台之筑，任工程者，庆军统领提督庐江吴公小轩（长庆）也，夙以儒将著称于淮军，平生轻财礼士，孙先生于吴公为父执。①
八月，吴长庆补直隶正定镇总兵。
张謇《啬翁自订年谱》本年八月：吴公补直隶正定镇总兵。②
是年，吴长庆驻军浦口后，先生侍母王太夫人侨居金陵周河厅。
《陈谱》：是岁，武壮公移屯浦口，先生侍母侨居南京城内周河厅。③

光绪二年丙子（1876年）　八岁
闰五月，张謇入吴长庆幕。
张謇《啬翁自订年谱》：闰五月，由通赴浦口，吴公亦以不与优行试为疑，诘焉。余乃告以学官须先具贽而后举，却以未举义不当先贽之故。吴公首肯者再，乃为特筑茅屋五间于其后堂，为读书兼治文书之所。④
六月，吴长庆查办建平教案。
张謇《啬翁自订年谱》六月：总督侯官沈幼丹尚书（葆桢）檄吴公带兵查办建平教案。时江皖民间，盛传纸人剪辫事，疑天主教堂为之，故有仇教之狱。

---

① 李明勋，尤世玮. 张謇日记 [M]. 上海：上海辞书出版社，2017：995.
② 李明勋，尤世玮. 张謇日记 [M]. 上海：上海辞书出版社，2017：995-996.
③ 陈诗. 吴北山先生年谱（续）[N]. 时报：文艺周刊，1919-10-12（14）.
④ 李明勋，尤世玮. 张謇日记 [M]. 上海：上海辞书出版社，2017：996.

吴公以余乡试近,留未俱行。①

《张謇日记》六月十六日:吴公返,因建平客民格杀教民事,恐酿他变,命往弹压。午后传令拔三营,于十八日前往。噫!民人受教匪之害,不知所措,迫而激成众怒,亦人情也,可以叛论哉?②

光绪三年丁丑(1877年)　九岁
二月,吴长庆赴天津。

张謇《啬翁自订年谱》二月:吴公有天津之行,畏皇偕。③

光绪四年戊寅(1878年)　十岁
四月,吴长庆赴江浦捕蝗。

张謇《啬翁自订年谱》:四月,江北蝗再见,吴公仍以兵法部勒督捕。④

《张謇日记》四月十八日:统帅去江浦捕蝗。⑤

光绪五年己卯(1879年)　十一岁

光绪六年庚辰(1880年)　十二岁
正月,吴长庆擢浙江提督。

张謇《啬翁自订年谱》正月:吴公升授浙江提督,专使赠葬费百金。⑥

四月,吴长庆赴京陛见。

张謇《啬翁自订年谱》:四月,吴公有陛见之行,余与杨子青(安震)、彭苎亭(汝枟)偕,张先生以事去山东,肯堂以事至扬州,同发。⑦

五月,吴长庆入觐。

张謇《啬翁自订年谱》:五月,吴公入觐。……法兰西寇越南,复侵我领海,海疆戒严。⑧

光绪《续修庐州府志·武功传三》:光绪六年,授浙江提督。自江南防营入

---

① 李明勋,尤世玮.张謇日记[M].上海:上海辞书出版社,2017:996.
② 李明勋,尤世玮.张謇日记[M].上海:上海辞书出版社,2017:84.
③ 李明勋,尤世玮.张謇日记[M].上海:上海辞书出版社,2017:997.
④ 李明勋,尤世玮.张謇日记[M].上海:上海辞书出版社,2017:998.
⑤ 李明勋,尤世玮.张謇日记[M].上海:上海辞书出版社,2017:133.
⑥ 李明勋,尤世玮.张謇日记[M].上海:上海辞书出版社,2017:1000.
⑦ 李明勋,尤世玮.张謇日记[M].上海:上海辞书出版社,2017:1000.
⑧ 李明勋,尤世玮.张謇日记[M].上海:上海辞书出版社,2017:1000.

觐，奏对时，天语褒奖："闻卿向来办事认真，不愧忠良之裔。"①

吴长庆赴京陛见期间，与宝廷定交。

寿富《报书》：方武壮公之与家君定交也，家君退告于知交曰："中兴名将，勇悍有余，行止每多躁急，气度高朗，未有吴公若者。他日国家有事，成功者不在他人，必在吴公。"富时读书座隅，窃听而心识之。其后武壮公建功东藩，家君典试闽海，相隔几万里，犹书札相往还也。②

【按】陈诗《庐州诗苑·尊瓠室诗话》云："武壮与宝竹坡侍郎定交，乃庚辰事。"③ 故系于此。

夏，与兄保德奉母王太夫人归安徽庐江沙湖山。

《陈谱》：是夏，先生与兄保德奉母归里，居邑南乡沙湖山。是秋，有法越战事，武壮公移军戍山东登州防海。④

《北山吴保初历略》：庚辰，武壮移屯登州，乃与兄保德奉母归里。⑤

【按】归里时间有出入，以陈诗所记为是。

少，与兄保德从唐隆勤读书。

今古庐江编纂委员会《今古庐江》"乐桥唐祚肇祖孙塾师"条：因其祖父唐祚肇是吴廷香（吴长庆之父）的业师，唐隆勤与吴长庆少时一起读书，是"总角之交"，吴长庆聘请他教授两个儿子吴保德、吴保初。⑥

【按】唐隆勤，字绍业，号广斋。安徽庐江人。同治四年（1865年）

---

① 黄云，林之望，汪宗沂. 续修庐州府志：卷四十八（武功传三）[M]. 刻本. 庐州：庐州府署，清光绪十一年：21.
② 吴保初. 师友绪余一卷 [M]. 木活字本. 光绪二十五年：7.
③ 陈诗. 庐州诗苑：卷五 [M]. 铅印本. 庐江：陈氏，民国十五年：6.
④ 陈诗. 吴北山先生年谱（续）[N]. 时报：文艺周刊，1919-10-12（14）.
⑤ 北山吴保初历略 [N]. 益世报（北京），1926-10-24（8）.
⑥ 今古庐江编纂委员会. 今古庐江 [M]. 合肥：黄山书社，2013：238.

岁贡①。五品衔候选训导②。光绪《庐江县志》云："唐肇，字鳌戴，号卢亭。邑庠生。学有根柢，隐居教授。著有《卢亭古文存》若干卷。年登大耋，道光己酉重游泮水。子向远，孙隆勤，均世其业而通经史。"③ 光绪《续修庐州府志》云："唐肇，字鳌戴，号卢亭。庐江人。诸生。学有根柢，隐居教读，淡于进取，授徒五十载。有手钞〔抄〕《五经说》及《卢亭古文存》若干卷。年登大耋，两举宾筵不应。道光己酉，重游泮水，卒。子向远，孙隆勤，均世其业。（采访册）"④

冬，吴长庆奉命帮办山东防务。

张謇《啬翁自订年谱》：冬，吴公奉朝命帮办山东防务，公留军六营于浦口、下关、吴淞，移军六营驻登州、黄县。余偕，过扬州……始识闽县郑苏戡（孝胥），与为友。⑤

光绪七年辛巳（1881年）　　十三岁

四月，袁保庆嗣子袁世凯率旧部数十人，赴吴长庆山东登州军幕。

张謇《啬翁自订年谱》：四月，项城袁慰廷（世凯）至登州，吴公命在营读书，属余为是正制艺。公语余曰："昔赠公以团练克复庐江，为贼所困，命赴袁端敏公军求救。端敏以询子侄，子文诚公以地当强敌，兵不能分，主不救，侄笃臣以绅士力薄，孤城垂危，主救。迁延时日，而庐江陷，赠公殉，嗣与文诚绝不通问，而与笃臣订兄弟之好。端敏后命随营读书以示恤，义不应命，今留慰廷读书，所以报笃臣也。"慰廷为笃臣嗣子，先是以事积忤族里，众欲苦之，故挈其家旧部数十人赴吴公，以为吴公督办海防，用人必多也，而防务实无可展布，故公有是命，旋予帮办营务处差。⑥

六月，张謇观先生家藏帖《玉版十三行》。帖钤"保初私印"（白文方印）。

---

① 黄云，林之望，汪宗沂. 续修庐州府志：卷三十一（选举表二）[M]. 刻本. 庐州：庐州府署，清光绪十一年：36.
② 黄云，林之望，汪宗沂. 续修庐州府志：卷七十（列女传·完节四）[M]. 刻本. 庐州：庐州府署，清光绪十一年：57.
③ 钱鑅. 庐江县志：卷八（人物）[M]. 木活字本. 庐江：庐江县署，清光绪十一年：86.
④ 黄云，林之望，汪宗沂. 续修庐州府志：卷四十五（文苑传）[M]. 刻本. 庐州：庐州府署，清光绪十一年：27.
⑤ 李明勋，尤世玮. 张謇日记[M]. 上海：上海辞书出版社，2017：1000.
⑥ 李明勋，尤世玮. 张謇日记[M]. 上海：上海辞书出版社，2017：1001.

张謇《〈玉版十三行〉观款》：庐江吴氏藏帖，辛巳六月张謇敬观。①

光绪八年壬午（1882年）　十四岁

春，有诗《春城闲眺》。

五月廿八日（7月13日），朝鲜"壬午兵变"，请清廷出兵。

六月廿五日（8月8日），吴长庆赴天津，与张树声商议援护朝鲜事。

《张謇日记》：二十五日。偕延陵诣津。延陵，振轩督部所引与商朝鲜事者也。②

张謇《啬翁自订年谱》：六月二十四日，丁提督至登州，持北洋大臣张总督振轩（树声）书，告日本干涉朝鲜内乱事。次日，吴公往天津，与偕。吴公奉督师援护朝鲜之命，五日即回防，属余理画前敌军事。时同人率归应乡试散去，余丁内艰独留，而措置前敌事，手书口说，昼作夜继，苦不给，乃请留袁慰廷执行前敌营务处事。③

七月初四日（8月17日），未刻，吴长庆乘威远船率军赴朝鲜。

《张謇日记》：四日。巳刻登"威远"轮船，未刻开行。同发者"镇东"，继发者"日新"。因添煤，小泊烟台。风雨夜作。④

张謇《啬翁自订年谱》七月：四日，从吴公乘威远船自登州行至烟台，会镇东、日新、泰安、拱北四船同发于烟台，大风，泊威海卫。⑤

七月初七日（8月20日），辰刻，吴长庆至朝鲜南阳府境海内。

《张謇日记》：七日。辰刻至朝鲜南阳府境海内，"泰安""拱北"同。与金谈。⑥

七月初九日（8月22日），黎明登岸。

《张謇日记》：九日。黎明登岸，住马山。⑦

张謇《啬翁自订年谱》七月：九日黎明登岸，慰廷颇勇敢。⑧

七月十三日（8月26日），吴长庆入城。

《张謇日记》：十三日。延陵入城。晚，罢应以申刻出城答拜，因见执，即

---

① 2384 张謇题跋《玉版十三行》[EB/OL]．西泠印社拍卖有限公司，2014-12-13．
② 李明勋，尤世玮．张謇日记[M]．上海：上海辞书出版社，2017：175．
③ 李明勋，尤世玮．张謇日记[M]．上海：上海辞书出版社，2017：1001．
④ 李明勋，尤世玮．张謇日记[M]．上海：上海辞书出版社，2017：175．
⑤ 李明勋，尤世玮．张謇日记[M]．上海：上海辞书出版社，2017：1001．
⑥ 李明勋，尤世玮．张謇日记[M]．上海：上海辞书出版社，2017：175．
⑦ 李明勋，尤世玮．张謇日记[M]．上海：上海辞书出版社，2017：175．
⑧ 李明勋，尤世玮．张謇日记[M]．上海：上海辞书出版社，2017：1001．

夕送南阳，军益戒严。与振帅讯。雨。①

张謇《啬翁自订年谱》七月：十三日，吴公入京，晤王生父李昰应，午后昰应至军，因宣示朝旨，执送南阳军，传登兵船赴天津。②

七月十六日（8月29日），吴长庆自攻利泰院，别遣将攻枉寻里。

《张謇日记》：十六日。寅刻，延陵自攻利泰，别遣将攻枉寻。辰刻收伍，禽〔擒〕执百数十人，由国王令捕盗将讯别首从，诛十人。攻剿创死者数十人。与振帅讯。③

张謇《啬翁自订年谱》七月：十六日，因国王密请，督军攻剿枉寻里、利泰院二处，廛宇连属，乱军所在也。阵斩数十人，禽〔擒〕一百余人。④

七月二十日（9月2日），吴长庆移军枉寻里东庙。

《张謇日记》：二十日。移军枉寻里东庙。庙祀关壮缪，以居城之东，曰东庙，宏壮匹南庙，朝人祀壮缪盖极虔云。是夜因事彻旦。⑤

七月廿四日（9月6日），吴长庆谒李熙。

《张謇日记》：二十四日。延陵谒王，王以馔馈慰廷及予，有谢笺。云养来商迎还闵妃。妃遭乱创，逸阴竹族人舍。⑥

张謇《啬翁自订年谱》七月：二十四日，吴公谒国王李熙。王馈飧余与慰廷，别赠余三品官服。⑦

七月廿六日（9月8日），吴长庆率兵迎闵妃。

《张謇日记》：二十六日。延陵以兵百同迎闵妃。妃素英武，能佐王治其国，而昰应所深恶者。⑧

张謇《啬翁自订年谱》七月：二十六日，公遣兵迎还王妃。⑨

八月十二日（9月23日），吴长庆启行赴天津。

《张謇日记》：十二日。启行，宿水原府。⑩

八月十七日（9月28日），吴长庆抵天津。

---

① 李明勋，尤世玮. 张謇日记 [M]. 上海：上海辞书出版社，2017：176.
② 李明勋，尤世玮. 张謇日记 [M]. 上海：上海辞书出版社，2017：1002.
③ 李明勋，尤世玮. 张謇日记 [M]. 上海：上海辞书出版社，2017：176.
④ 李明勋，尤世玮. 张謇日记 [M]. 上海：上海辞书出版社，2017：1002.
⑤ 李明勋，尤世玮. 张謇日记 [M]. 上海：上海辞书出版社，2017：176.
⑥ 李明勋，尤世玮. 张謇日记 [M]. 上海：上海辞书出版社，2017：176-177.
⑦ 李明勋，尤世玮. 张謇日记 [M]. 上海：上海辞书出版社，2017：1002.
⑧ 李明勋，尤世玮. 张謇日记 [M]. 上海：上海辞书出版社，2017：177.
⑨ 李明勋，尤世玮. 张謇日记 [M]. 上海：上海辞书出版社，2017：1002.
⑩ 李明勋，尤世玮. 张謇日记 [M]. 上海：上海辞书出版社，2017：181.

《张謇日记》：十七日。氐〔抵〕天津。①

八月十八日（9月29日），李鸿章欲以庆军属马建忠，命吴长庆回天津。张謇力劝吴长庆引退，并请其解职住京。吴长庆初韪之，旋以袁保龄、周馥之言而止。

《张謇日记》十八日：往为延陵陈进退之策，坚劝乘势止足，譬谕再四，初亦然之，至是乃更变计，以袁、周为之画计也。甚矣，知进退存亡而不失其宜者，难其人也。②

张謇《啬翁自订年谱》八月：李相欲以庆军属马建忠，而命公回天津，余力劝公引退，并请奏解本职，住京，公初韪之，旋以袁子九、周玉山之言而止。③

八月廿五日（10月6日），李鸿章不允东征公费，吴长庆始悔前未引退。

《张謇日记》：二十五日。合肥不允东征公费，庐江始悔不用引退之言，然余犹以为兆之见端而已。④

九月初二日（10月13日），吴长庆赴京师受赏，后得三等轻车都尉世职。

《张謇日记》：二日。延陵行。⑤

《张謇日记》九月十二日：十二日。与子钦诣海楼。知筱公得轻车都尉世职，此外得赏者纷如也。⑥

编年诗

1.《春城闲眺》

编年文

1.《瘗鹍鸰铭（并引）》

【按】诗前并引云："客有遗鹍鸰者，蓄之有年，驯扰而慧。岁在壬午，奄然物化，长厪于怀也。既瘗用铭。"⑦

---

① 李明勋，尤世玮. 张謇日记 [M]. 上海：上海辞书出版社，2017：181.
② 李明勋，尤世玮. 张謇日记 [M]. 上海：上海辞书出版社，2017：181.
③ 李明勋，尤世玮. 张謇日记 [M]. 上海：上海辞书出版社，2017：1002.
④ 李明勋，尤世玮. 张謇日记 [M]. 上海：上海辞书出版社，2017：181.
⑤ 李明勋，尤世玮. 张謇日记 [M]. 上海：上海辞书出版社，2017：182.
⑥ 李明勋，尤世玮. 张謇日记 [M]. 上海：上海辞书出版社，2017：183.
⑦ 吴保初. 北山楼文 [M] //吴保初. 北山楼集：卷三. 陈诗，辑. 铅印本. 民国二十七年：45.

光绪九年癸未（1883年）　十五岁

是年，独游南京半山寺，有诗《游半山寺》。

【按】吴诗云："争墩往事谁能说，为访幽踪我独来。"① 陆游《入蜀记》云："半山者，王文公旧宅，所谓报宁禅院也。自城中上钟山，此为中途，故曰半山，残毁尤甚。"② 顾祖禹《方舆纪要》卷二十《南直二·应天府》"庄严寺"条云："又半山寺，在旧城东七里，东距钟山亦七里，其地名白荡，积水为患。宋元丰中，王安石居此，乃凿渠决水通城河。寻舍宅为寺，赐额曰保宁禅寺。"③

编年诗
1.《游半山寺》

卷二　供职京师

光绪十年甲申（1884年）　十六岁

正月十五日（2月11日），吴炎世生。谱名世清，谱字丽生、小字金生。留日后更名炎世，又字公默、公木、公穆。吴保德次子。后先生无子，遂乞为嗣子。

四月，吴长庆自统庆军三营附海镜兵轮移屯奉天金州，余者三营交与袁世凯留防朝鲜汉城，至金州已病重。

张謇《啬翁自订年谱》四月：吴公调防奉天金州，促往。因由沪至烟台，附海镜兵轮，行至金州，则公已病甚。公自朝鲜分其军三营界慰廷留防后，自统三营至奉，不两月，慰廷自结李相，一切更革，露才扬己，颇有令公难堪者，移书切让之。④

---

① 吴保初. 未焚草[M]. 木活字本. 光绪二十四年：1.
② 陆游. 渭南文集卷第四十四：入蜀记第二[M]//中华书局. 陆游集：第五册. 北京：中华书局，1976：2418.
③ 贺次君，施和金，点校. 读史方舆纪要：卷二十[M]. 北京：中华书局，2005：977.
④ 李明勋，尤世玮. 张謇日记[M]. 上海：上海辞书出版社，2017：1003.

四月，中法议和。

五月初七日（5月31日），吴长庆病重。

《张謇日记》：七日。卯刻氐〔抵〕柳树湾。乘车诣金州。见筱公，则病甚。病之由误于诒子，事之坏亦误于诒子，可叹也。金州荒凉特甚，麦裁如江南三月中旬时。①

五月上旬，先生与兄保德随母自庐江至金州侍疾。后刲膺疗父。

吴保初《奏折稿》：据学习行走主事吴保初禀称，窃保初现年十九岁，系安徽庐州府庐江县人。于光绪十年五月初旬在籍。闻生父前广东水师提督吴长庆在金州海防营次病势危笃，保初即附轮舟星夜驰抵防所，侍奉汤药。方冀日渐有效，可以尽心营务，永报国恩。不意从前积劳过深，病势日益增剧，竟于五月二十一日在防病故。②

《陈谱》：五月，先生闻父寝疾，随母王太夫人航海往省视，刲臂肉和药以疗。③

李鸿章《吴保初剜肉疗亲片》（光绪十年六月初二日）：再，据庆军营官记名提督黄仕林等呈称，吴长庆次子文童吴保初，年甫十六，闻父病，星夜自庐江本籍驰至金州省视，昕夕侍奉，寝食俱废。闰月初见长庆病笃，医药罔效，夜分人静，潜祷于神，割心膛肉两片，和药以进。旁人窥其神色惨沮，衣有血痕，再四坚询，始以实告。迨长庆病殁，保初号泣失声，悲感行路。该提督等目击情形，同声矜叹，不忍听其湮没，呈请奏恳旌表前来。臣查该文童吴保初天性肫笃，间关跋涉，剜肉疗亲，出自童年，尤堪嘉悯。相应奏恳恩施，准其旌表，以彰孝行，伏乞圣鉴，敕部施行。谨附片具奏。④

张謇《啬翁自订年谱》闰五月：公次子保初刲膺疗父，不效，二十一日公卒。⑤

《北山吴保初历略》：年十六，闻武壮旋师金州病笃，航海往视，割臂肉以疗，卒不起。⑥

康有为《吴彦复墓志》：父长庆，以提督驻兵金州。彦复年十六，渡海刲股

---

① 李明勋，尤世玮. 张謇日记［M］. 上海：上海辞书出版社，2017：200.
② 1247 吴保初 撰并书 吴保初墨迹［EB/OL］. 雅昌艺术网，2017-11-26.
③ 陈诗. 吴北山先生年谱（续）［N］. 时报：文艺周刊，1919-10-12（14）.
④ 顾廷龙，戴逸. 李鸿章全集：第十册（奏议十）［M］. 合肥：安徽教育出版社，2008：498.
⑤ 李明勋，尤世玮. 张謇日记［M］. 上海：上海辞书出版社，2017：1003.
⑥ 北山吴保初历略［N］. 益世报（北京），1926-10-24（8）.

捄父疾。①

陈诗《吴北山先生家传》：甲申，武壮移屯金州，寝疾。先生年十六，渡海省视，刲臂肉以疗。②

陈诗《尊瓠室诗话》：年十六，父遘疾金州，先生往省，刲膺肉和药以疗。③

五月十三日（6月6日），吴长庆病象屡变。

《张謇日记》：十三日。筱公病象屡变，窃为忧之。是时复有希冀此间之三营者，乘人之危，一至此耶。今世士大夫如此者，固亦指不胜屈，欲世不乱，得乎？④

五月十六日（6月9日），吴长庆病危。

《张謇日记》：十六日。筱公病危甚，为之戚然。与彦升商筱公遗疏稿，有云："某自亡父殉难，以一云骑尉，蒙朝廷高厚之恩，至有今日，遭际至隆，死何足惜。弟值此强邻环伺，丑虏窥边，和议虽成，后患方炽，不能驰驱戮力，捐躯效命于疆场，而遽先犬马填沟壑，不及见廓清四夷之一日，是可悲耳。死如有知，誓必为厉鬼杀贼，以报君父。"⑤

五月十七日（6月10日），吴长庆病略有转机。

《张謇日记》：十七日。筱公病少有转机，服二加龙骨牡蛎汤也。⑥

闰五月十二日（7月4日），吴保德从吴长庆之命归里应拔贡试，张謇与人阻拦，未成。

《张謇日记》：十二日。写字。延陵命其子归应拔贡试，子欣然往，与人阻之，不克。⑦

张謇《啬翁自订年谱》：闰五月，吴公命长子保德归应拔贡试，阻之不克。⑧

闰五月十三日（7月5日），张謇再阻吴保德应拔贡试，仍未成。

---

① 孙文光，点校. 北山楼集［M］. 合肥：黄山书社，1990：145.
② 吴保初. 北山楼文［M］//吴保初. 北山楼集：卷三. 陈诗，辑. 铅印本. 民国二十七年：1.
③ 林建福，校点. 尊瓠室诗话：卷三［M］//张寅彭. 民国诗话丛编：第二册. 上海：上海书店出版社，2002：129.
④ 李明勋，尤世玮. 张謇日记［M］. 上海：上海辞书出版社，2017：200.
⑤ 李明勋，尤世玮. 张謇日记［M］. 上海：上海辞书出版社，2017：200.
⑥ 李明勋，尤世玮. 张謇日记［M］. 上海：上海辞书出版社，2017：200.
⑦ 李明勋，尤世玮. 张謇日记［M］. 上海：上海辞书出版社，2017：201.
⑧ 李明勋，尤世玮. 张謇日记［M］. 上海：上海辞书出版社，2017：1003.

《张謇日记》：十三日。写字。再阻延陵子考拔，仍不克，益思王子翔不可负道学名之语矣。①

闰五月二十日（7月12日），吴长庆病危。

《张謇日记》：二十日。写字。延陵病剧，与虞臣、曼君同至榻前省视，则瘦削益非三数日以前，舌本蹇涩，目精惨脱，以手示喉，仍嗽米饮，盖至是已滴水不入矣。②

闰五月廿一日（7月13日），辰刻，吴长庆卒于金州营次。

《张謇日记》：二十一日。辰刻闻延陵濒危，亟往省视，已属纩矣。悲夫！十载相处，情义至周，遂终于此，固其命也，而感念旧义，悼痛何如。是夕有以阴阳家言促敛者，虽以会典三日大敛之说力争，不获，叹恨而已。为各营官禀北洋，述延陵生平大端，及其次子保初刲膺疗父事。为作哀启彻夜。③

闰五月廿六日（7月18日），先生母王太夫人欲绝食殉义，张謇力劝阻之。

《张謇日记》：二十六日。与曼君同撰延陵行状。延陵夫人将殉义，不食数日，力劝阻之。④

【按】行状题作《清建威将军广东水师提督三等轻车都尉世袭云骑尉瑚敦巴图鲁谥壮武〔武壮〕吴公行状（代黄侍郎体芳作）》⑤。

六月初二日（7月23日），直隶总督李鸿章为吴长庆上请恤折，并奏请黄仕林接统庆军⑥、曹克忠任广东水师提督⑦。

李鸿章《为吴长庆请恤折》：奏为统兵大员积劳在营病故，谨胪陈事迹，请旨优恤，恭折仰祈圣鉴事。窃广东水师提督吴长庆前于奉天金州防次患病，经臣迭次奏蒙赏假，在营调理。兹接该提督咨称，日来病势增剧，自分此身万无生理，伏念长庆束发从戎，受恩至渥，图报未能，一死诚不足惜，第当此时局

---

① 李明勋，尤世玮. 张謇日记 [M]. 上海：上海辞书出版社，2017：201.
② 李明勋，尤世玮. 张謇日记 [M]. 上海：上海辞书出版社，2017：202.
③ 李明勋，尤世玮. 张謇日记 [M]. 上海：上海辞书出版社，2017：202.
④ 李明勋，尤世玮. 张謇日记 [M]. 上海：上海辞书出版社，2017：202.
⑤ 李明勋，尤世玮. 张謇全集：第六册（艺文杂著）[M]. 上海：上海辞书出版社，2012：49-54.
⑥ 李鸿章. 黄仕林接统庆军片 [M]//顾廷龙，戴逸. 李鸿章全集：第十册（奏议十）. 合肥：安徽教育出版社，2008：498.
⑦ 李鸿章. 曹克忠拟任广东水师提督片 [M]//顾廷龙，戴逸. 李鸿章全集：第十册（奏议十）. 合肥：安徽教育出版社，2008：499.

多艰，遽填沟壑，赍志无已。所有恭谢天恩遗折、片各一件，咨请代为奏递。并据庆军营官黄仕林等禀报，吴长庆于闰五月二十一日辰刻出缺等情。……方今时事多艰，将材难得，如吴长庆者可为干城腹心之选，报国丹忱，赍恨入地，悼痛曷任。当此鼓鼙思将之时，定有帷盖推恩之举。合无仰恳天恩，敕部照提督军营病故例，从优议恤；并将战功事迹宣付史馆立传，以彰忠荩。至于建祠、予谥诸旷典，出自逾格仁慈，非臣下所敢擅请。而该提督勋绩卓越，实非寻常将领可比，今以死勤事，未便湮没，不以上闻。除将遗折各件据咨转奏外，所有吴长庆在营积劳病故，吁请优恤缘由，理应恭折具陈，伏乞皇太后、皇上圣鉴训示。再，吴长庆长子附生吴保德、次子文童吴保初均年已及岁，合并声明。谨奏。①

同日，李鸿章上《吴保初剜肉疗亲片》②。

六月初五日（7月26日），上谕赏给主事，俟服阕后，分部学习行走。其后先生于营中手录谕旨。

中国第一历史档案馆《光绪朝上谕档》642条：光绪十年六月初五日内阁奉上谕：李鸿章奏统兵大员积劳在营病故胪陈事迹请旨优恤一折。广东水师提督吴长庆，前因痛父殉难，矢志剿贼，随同李鸿章转战江苏、浙江、山东、直隶、河南等省，叠克名城。嘉兴之役，战绩尤多。该军驻扎江南，办理水利江防，百废具〔俱〕举。光绪八年率营驰赴朝鲜，戡定乱民，劳勚卓著。前因在防患病，叠经赏假调理。兹闻溘逝，轸惜殊深。著〔着〕照提督军营病故例从优议恤。任内一切处分，悉予开复。应得恤典，该衙门察例具奏。该提督战功事迹，著〔着〕宣付国史馆立传。加恩予谥，并准于立功地方建立专祠。伊子吴保初，著〔着〕赏给主事，俟服阕后分部学习行走，用示眷念勋臣至意。钦此。③

《德宗景皇帝实录》光绪十年六月上：予故广东水师提督吴长庆照军营例优恤，并将战迹宣付国史馆立传，加恩予谥。准于立功地方建立专祠，赏伊子吴保初主事，寻谥武壮。现月。④

---

① 顾廷龙，戴逸. 李鸿章全集：第十册（奏议十）[M]. 合肥：安徽教育出版社，2008：497-498.

② 顾廷龙，戴逸. 李鸿章全集：第十册（奏议十）[M]. 合肥：安徽教育出版社，2008：498.

③ 中国第一历史档案馆. 光绪朝上谕档：第十册（光绪十年）[M]//中国第一历史档案馆. 光绪宣统两朝上谕档. 影印本. 桂林：广西师范大学出版社，1996：193.

④ 清历朝实录馆臣. 德宗景皇帝实录：卷一八七[M]//中华书局. 清实录：第五十四册. 影印本. 北京：中华书局，1987：616.

吴保初《奏折稿》：光绪十年六月初五日内阁奉上谕：李鸿章奏统兵大员积劳在营病故胪陈事迹请旨优恤一折。……用示眷念勋臣至意。钦此。由营恭录转行钦奉在案。①

《陈谱》：闰五月，武壮公卒于军，先生持丧归。直督李文忠公鸿章具以闻，朝旨褒嘉，授先生主事。②

康有为《吴彦复墓志》：朝旨褒孝，授主事。③

陈诗《吴北山先生家传》：武壮既卒，直督李文忠公鸿章具以闻，朝旨褒嘉，授先生主事。④

光绪《庐江县志·选举·仕籍》"国朝·京秩"条：以父荫恩赏主事，见《荫袭》。⑤

光绪《庐江县志·选举·荫袭》"国朝"条：以父长庆军功荫主事，见《仕籍》。⑥

陈诗《尊瓠室诗话》：武壮既卒，有司以闻。德宗念武壮朝鲜靖乱勋，悯先生纯孝，特授主事。⑦

《北山吴保初历略》：恤典，以劳荫一子，得授主事。⑧

六月初八日（7月29日），获赐旌表。后有诗《有感》。

《光绪十年六月初八日京报全录》：发抄。李鸿章奏请将剜肉疗亲之已故提督吴长庆次子吴保初旌表，奉旨：着照所请，礼部知道。钦此。⑨

《德宗景皇帝实录》光绪十年六月上：旌表剜肉疗亲，孝子安徽故广东水师提督吴长庆之子吴保初。折包。⑩

钱鏐《吴孝子事实》：吴保初，字善臣。优贡生。廷香孙，广东水师提督吴长庆次子。长庆于光绪十年春在奉天金州防营患病，保初时年十六，驰往省视，

---

① 1247 吴保初 撰并书 吴保初墨迹［EB/OL］.雅昌艺术网，2017-11-26.
② 陈诗.吴北山先生年谱（续）［N］.时报：文艺周刊，1919-10-12（14）.
③ 孙文光，点校.北山楼集［M］.合肥：黄山书社，1990：145.
④ 吴保初.北山楼文［M］//吴保初.北山楼集：卷三.陈诗，辑.铅印本.民国二十七年：1.
⑤ 钱鏐.庐江县志：卷七（选举）［M］.木活字本.庐江：庐江县署，清光绪十一年：45.
⑥ 钱鏐.庐江县志：卷七（选举）［M］.木活字本.庐江：庐江县署，清光绪十一年：97.
⑦ 林建福，校点.尊瓠室诗话：卷三［M］//张寅彭.民国诗话丛编：第二册.上海：上海书店出版社，2002：129.
⑧ 北山吴保初历略［N］.益世报（北京），1926-10-24（8）.
⑨ 光绪十年六月初八日京报全录［N］.申报，1884-08-06（11）.
⑩ 清历朝实录馆臣.德宗景皇帝实录：卷一八七［M］//中华书局.清实录：第五十四册.影印本.北京：中华书局，1987：616-617.

疾已不可为，医药罔效。保初乃于夜静祷神，割心膛肉两片，和药以进。家人窥其神色惨沮，衣有血痕，坚询始知。长庆病殁，号泣失声，哀感行路。直隶总督李鸿章为闻于朝，奉旨准其旌表。割肉疗亲，事所经见。尤难者，祖廷香以守城殉节，忠矣；父长庆以杀贼复仇，因为戮力王家，建功海外，孝而忠矣。乃保初于童年又有挚行，是殆天地之正气钟于一门，故能忠孝传家，世济其美。保初因父荫恩赏主事，异日建树当有大过人者，此特其见端耳。①

【按】据《有感》"翻因受国恩""忠清遗子孙"句②推测，似作于授主事、得旌表后。

六月十七日（8月7日），吴长庆驻扬州时，李鸿章曾批以空饷，以致庆军账目亏空。黄仕林邀三营僚友于吴长庆灵前算账，诸人归过于袁鸿与张詧。

《张謇日记》：十七日。黄松亭邀同三营僚友算账于筱公灵前。③

《张謇日记》：二十一日。叔兄送饷交前营，遂短七八千金（盖合肥批弥空之款自在扬州，以所存饷作抵，始合六七两月饷数也）。

《张謇日记》二十四日：反复思此事之不当横决，而其时为帅夫人效忠者欲扬州之万金不动，此间所提之存饷七八千金亦不动，筱帅所亏之七千余金，一切取偿于米余饷余，不足则勒罚司会计者以足其数，不谐则兴大狱。而吴良儒自天津、烟台返，横以先后所存谦益堂薪水目之公项而私顿（公项出入有定数可稽清，公项出入之数则可断所存之公私，而一切不省），因以为柄，益指恕堂手讹舛之账为侵蚀之证，而诬叔兄为扶同，并及于余与曼君，冀一网打尽。此则诸吴与群小之心事而出诸口者，其实帅夫人若黄松亭析利校财，皆有各据之势，特借司会计者以为用。……余因再往三营，仍求帅夫人、诸吴以核账为此事定盘针。盖其时人人以筱帅去世，叔兄不在金州，一切过失皆丛于恕堂，而以为叔兄必知情，非两人赔累若干，必不足以平群小之气。而赔累之数，非听其严加指驳，必不足以定（时有纷纷欲两人赔三二千金者）。……余于筱公则可谓无负。④

《张謇日记》：二十六日。三营僚友复集诸吴争相辩说不休，就账中驳出恕

---

① 钱鏴. 庐江县志：卷十五（艺文·杂文）[M]. 木活字本. 庐江：庐江县署，清光绪十一年：32.
② 吴保初. 未焚草 [M]. 木活字本. 光绪二十四年：1.
③ 李明勋，尤世玮. 张謇日记 [M]. 上海：上海辞书出版社，2017：204.
④ 李明勋，尤世玮. 张謇日记 [M]. 上海：上海辞书出版社，2017：204-205.

堂所误者二百余金，叔兄所误者十余金，而诸吴必以两人别有所藏为周内，群小和之，波澜大起。恕堂窘辱万分，叔兄屡愤，余力劝阻之。是日不果定议而罢。①

张謇《啬翁自订年谱》闰五月：军事在朝鲜者，由吴提督兆有继统，在金州者，由黄提督仕林继统，宾客星散。……皖人某甲，又以公有幕客各赠薪水三月之遗示，不及候代任，亟向粮台索取，且欲例外多取，粮台不可，则群怨袁恕堂（鸿）。……叔兄谓其无他私弊，众因迁怒叔兄，势甚汹汹。②

六月二十日（8月10日），先生母王太夫人令吴氏将领立提存饷。

《张謇日记》：二十日。帅夫人命吴长纯、长泰、建寿立提存饷七千余金而去。③

六月廿八日（8月18日），核账之事有定议。

《张謇日记》：二十八日。吴韵清、吕宾秋重来与诸吴核账，因遂定议，除恕堂、叔兄赔出二百余金外，仍以叔兄所存烟台薪水，科以未经先事声明，并与充抵。筱公实空七千六百余金，帅夫人已允诺。此事虽恕堂有疏舛之咎，叔兄被牵连之冤，然非韵清、宾秋二人之持正不阿，亦不能遂了斯议也。④

《张謇日记》：三十日。铭山来，说帅夫人允诺事，由其力居多云。⑤

七月十三日（9月2日），吴长庆灵柩附"高升"归里。

《张謇日记》：十三日。帅柩附"高升"而南。帅有归柩由陆之遗命，此则帅夫人意也。⑥

十二月初一日（1885年1月16日），吴长庆下葬，王尚辰应先生之求赠诗轴。

王尚辰《嘉平朔日赴庐江送吴小轩葬》跋：甲申嘉平朔日，冒雪赴庐江送小轩葬。仲夷二世讲弱冠有志趣，屡索余诗，因录四十年来凡与太仆暨武壮往还之什以应之。溯颜向之心期，交深同气；慨纪群之世谊，泣下沾膺。惟愿谨守楹书，恪遵庭诰，庶免银根之消，克承堂构之艰。鄙人南睇圣山，窃喜故人之有贤子孙也。谦斋王尚辰志。⑦

---

① 李明勋，尤世玮. 张謇日记[M]. 上海：上海辞书出版社，2017：205.
② 李明勋，尤世玮. 张謇日记[M]. 上海：上海辞书出版社，2017：1003.
③ 李明勋，尤世玮. 张謇日记[M]. 上海：上海辞书出版社，2017：204.
④ 李明勋，尤世玮. 张謇日记[M]. 上海：上海辞书出版社，2017：205.
⑤ 李明勋，尤世玮. 张謇日记[M]. 上海：上海辞书出版社，2017：205.
⑥ 李明勋，尤世玮. 张謇日记[M]. 上海：上海辞书出版社，2017：206.
⑦ 王尚辰《嘉平朔日赴庐江送吴小轩葬》，转引自夏冬波，杨壁玉. "庐阳三怪"王尚辰诗轴赏析[J]. 文艺生活（艺术中国），2021（1）：92.

【按】《"庐阳三怪"王尚辰诗轴赏析》云："'仲夷'未及见，盖吴保初又一名号也。"①

冬，得袁世凯书，有诗《得袁蔚廷书述韩京战事》。

【按】据首联"历历朝鲜事，防边岁又终"② 系于此。

是年，随母王夫人拜见刘秉璋。刘问以经句，先生《五经》未熟，刘勖以速求学。

刘体仁《异辞录》：及文庄督蜀，请假回无为州宅，吴王夫人率其次子彦复来见，寓于余家。文庄视彼事如家事，责善难免过甚，偶问彦复经句，声色俱厉。彦复时年十六，急自辩曰："《五经》素未熟读。"文庄谓吴王夫人曰："嘻！筱轩日与文士游，其子未习《五经》，辱莫大焉。"又勖彦复曰："勉之，速求学，未为晚。"③

是年，始为诗。

《陈谱》：是岁，始为诗，欲延闽县郑解元孝胥授经，不果。④

【按】吴保初后受学于郑孝胥。寿富《报书》（光绪十四年）云："家君退而告于富曰：'彦复精英内蕴，举止安详，闻其受学于苏龛。故人有子，吾无憾矣。'"郑孝胥《孤桐属作弱男贤侄四十生日诗》云："武壮人豪绝爱才，北山师我晚堪哀。"⑤ 吴保德曾欲延周家禄为保初之师，周氏复书婉拒，并举荐朱铭盘、张謇。周家禄《与吴子恒（保德）》云："往岁同舟南下，曾几何时，风景不殊，举目辄异。存没之感，其能已于怀邪？九月，江阴舟次遇鲍元贞。到馆，仍读手书。眷逮之厚，感喟交中；延揽之殷，益用为愧。家禄近年奔走四方，心力学力一时俱退，不复能殚精举业，固不敢抗颜为介弟师。且春营之馆阅时未久，亦不便遽议去留。窃念武壮宾僚散在江介，曼君、季直尤号多才。如不以冒昧为嫌，请荐贤自代，

---

① 夏冬波，杨壁玉．"庐阳三怪"王尚辰诗轴赏析［J］．文艺生活（艺术中国），2021（01）：93．
② 吴保初．未焚草［M］．木活字本．光绪二十四年：2．
③ 刘笃龄，点校．异辞录［M］．北京：中华书局，1988：95．
④ 陈诗．吴北山先生年谱（续）［N］．时报：文艺周刊，1919-10-12（14）．
⑤ 苏戡．孤桐属作弱男贤侄四十生日诗［J］．甲寅周刊，1927，1（38）：23．

何如?"①

编年诗
1.《金陵送友人别》
2.《有感》

【按】宝廷评《有感》云:"沉著且实话,所谓一人有一人诗也。"②

3.《得袁蔚廷书述韩京战事》

光绪十一年乙酉（1885年）　　十七岁
二月,吴学庄节录《文心雕龙》之《才略》《隐秀》,寄与先生。
吴学庄《致吴善臣书》:右书《文心雕龙》(《才略》《隐秀》)二篇。善臣仁兄大人两正。乙酉小春仲威吴学庄偶作于莫因循斋。③

【按】原稿无标题,据称谓拟目。内容详见《附录三》。

吴学庄,字仲威。室名莫因循斋。安徽庐江人。吴赞诚子。与吴保初家有姻亲之好。
春,有诗《春日遣怀》。
春,有诗《寄友》二首。

【按】据"寒梅开满院"④ 系于此。

秋,有诗《登皖江浮图》。

【按】据"苍茫万里秋"系于此。诗题下注云:"相传英果敏公公子震

---

① 周家禄. 寿恺堂集三十卷补编一卷：卷二十八 [M] // 《清代诗文集汇编》编纂委员会. 清代诗文集汇编：第七六二册. 影印本. 上海：上海古籍出版社,2010：189.
② 宝廷. 评语 [M] // 吴保初. 未焚草. 木活字本. 光绪二十四年：1.
③ 刘凤桥,徐晓飞. 清及近现代名人书法与辨伪 [M]. 沈阳：万卷出版公司,2004：72.
④ 吴保初. 未焚草 [M]. 木活字本. 光绪二十四年：2.

格为塔神。"①

秋，有诗《中庭》。

【按】据"秋风一夜满江城"② 系于此。

冬，有诗《旅夜书怀》。

【按】据"风雪岁云暮"③ 系于此。

冬，有诗《送陈静潭归里》《送程超然归龙眠》《寒夜》。
十二月廿二日（1886年1月26日），郑孝胥临《礼器碑》，后作跋并示先生。

郑孝胥《临〈礼器碑〉跋》尾：近代作分书者，类有二病：取神韵则失之卑媚，务朴古则失之简率。要须洞晓法度，而能径下无疑，操之欲熟，积久自能贯通耳。④

【按】郑孝胥《乙酉日记》十二月廿二日条云："晨，作大卷，录《说文》，临《礼器碑》。"⑤ 故系于此。

编年诗

1. 《春日遣怀》
2. 《寄友》二首
3. 《登皖江浮图》
4. 《中庭》

【按】宝廷评云："意不深而有味，但嫌近熟也。"⑥

---

① 吴保初. 未焚草 [M]. 木活字本. 光绪二十四年：2.
② 吴保初. 未焚草 [M]. 木活字本. 光绪二十四年：2.
③ 吴保初. 未焚草 [M]. 木活字本. 光绪二十四年：3.
④ 吴保初. 师友绪余一卷 [M]. 木活字本. 光绪二十五年：4.
⑤ 劳祖德. 郑孝胥日记：第一册 [M]. 北京：中华书局，2013：87.
⑥ 宝廷. 评语 [M]//吴保初. 未焚草. 木活字本. 光绪二十四年：1.

5. 《旅宿》
6. 《旅夜书怀》

【按】宝廷评云："居然唐人风格，然少新意，偶效之则可。首首如此，则成假唐诗矣，须防之。"①

7. 《送陈静潭归里》

【按】陈澹然答诗《留别》（小别无多日）②。

8. 《送程超然归龙眠》
9. 《寒夜》

光绪十二年丙戌（1886年）　十八岁
春，同友人游胡氏山馆，有诗《同友人游胡氏山馆，怀先武壮公幕中诸君子》。

【按】据"一年芳草暮"系于春季。此诗吴保初自刻《未焚草》系于丙戌③，陈诗编《北山楼诗》系于乙酉④。

春，有诗《残夜怀人》。

【按】据"苍茫春色晚"⑤系于此。

六月廿六日（7月27日），郑孝胥有《学诗微旨》。
闽县郑太夷夫子《学诗微旨》：刘勰曰："诗者，持也，持人情性。"持之为义，盖至微矣。夫诗以言志，志之所发，征之于文。学者无励志之诚，则思缘文以自饰。莫不寄怀于忠爱，见意于孝恭。联昆弟，则有枌杜之情；赠友朋，

---
① 宝廷. 评语［M］//吴保初. 未焚草. 木活字本. 光绪二十四年：1.
② 吴保初. 未焚草［M］. 木活字本. 光绪二十四年：3.
③ 吴保初. 未焚草［M］. 木活字本. 光绪二十四年：4.
④ 吴保初. 北山楼诗［M］//吴保初. 北山楼集：卷一. 铅印本. 民国二十七年：1.
⑤ 吴保初. 未焚草［M］. 木活字本. 光绪二十四年：4.

则有臭味之好。指天誓日，沾沾自鸣。迹其所为，或乃大憝〔戾〕，将欲市声于远道，矫诬于来世，礼义名教，供其作伪。人心之坏，莫甚于斯。夫志可伪为也，若情与性，则不可以伪为也。志者，言之而后见；情与性者，不俟言而自见者也。饰文见志，可以愚浅。夫识者据其意表，而情性胥呈，固难遁形于一览矣。故处今日，监世风之敝，探诗教之原，未责其工，务袪其弊。自持之义，所欲深念，悬为大戒。盖有四焉：一曰强情。情见乎辞，不容助长，故至哀无文。非惟文不能陈，实亦理不暇及。近世诗文作者，于终天之戚，罔极之痛，动积篇帙，述哀叙忠。兹所谓求深反浅，比于不情者也。何则？诗之为道，主于自娱。虽郁伊缠结，而抒怀写虑，排解实深。故必居之优柔，出以婉笃。若乃楚痛惨迫，五中瞀乱，方复釐〔厘〕析心虑，雕缀词章，诚何心哉？非所闻也。二曰出位。古之诗人，或身际艰虞，或目睹离乱，伤不辰之遇，痛致败之由。虽愤尤当代，而讳深所尊，剥肤之迫，非得已也。乃至近世，妄论得失，缪肆刺讥，指斥庙堂，詆诃乡士，习成薄俗，目为隽才。《易》曰："君子思不出其位。"子曰："不在其位，不谋其政。"夫以旁观之论，证当局之差，固已多疏，宁能悉当？况未登仕籍，或托迹下僚。君臣之分方疏，朝端之谋不与。昔贾生上书，痛哭流涕，后世犹或讥之，以为长干进之风，非至慎之道矣。三曰不称。夫君子之辞，必当情实，拟人之义，贵于其伦。近世酬应之作，尤足怃笑，贡谀阿好，相续于篇。大贤林立，奇士接踵。诗虽小道，义不浮夸。虽颂扬之章，犹病谄上。徒事标榜，遂涵伪真。接人不忠，职是之咎。一言以为智，一言以为不智，良可不慎也。四曰自卑。知命乐道，儒者之操，必可贵而可贱，斯内重而外轻。虽贫无恒产，贱为匹夫，不形于微辞，不损于素志，衡门涧阿，所以媺〔美〕也。今乃营遂奔竞，视若固然。稍与蹉钝，怨尤交作。功名荡其虑，富厚中其怀，嗟贫叹老无复士。即就令踵迹鲍谢，比肩李杜，识者羞之，况其降焉者乎？凡此四端，沿而莫察，诗教之靡，宁知所终。如或本无邪之旨，守立诚之训，不阿附于往哲，不诡随于时世，使吾之情性穆然有太古之风。虽复留连风月，兴怀今昔，揽山川之胜，摅悲欢之绪。不废八音之听，而无轨于元始；备陈五色之文，而不溺其素质。风雅之衰，复振于今日；先王之泽，长流于人心。庶几善持之义，或有所当焉尔。光绪丙戌六月二十六日。①

【按】疑此时吴保初已从郑孝胥学。此后吴保初曾致书张謇，并寄呈诗作及郑孝胥之《学诗微旨》。张謇复书云："大稿读竟，长体亦颇学太夷，

---

① 郑孝胥. 学诗微旨 [M]//吴保初. 未焚草. 木活字本. 光绪二十四年：1-3.

甚善甚善。《学诗微旨》太夷具有深思也，愿足下益因菁菁之质，厚殖根本。暇更诣谈，不具。善臣仁兄世大人足下。謇顿首。吴二少爷。姚家巷中间。"①

八月，致书张謇。
《张謇日记》八月：二十二日。返。得庐江吴善臣主事讯，意甚恳切。②

【按】疑张謇有复书，即上条按语所附之书。

八月廿二日（9月19日），先生除丧后得咨。
吴保初《奏折稿》：伏查保初于光绪十年五月二十一日丁忧之日起，扣至光绪十二年八月二十二日给咨事。③
《陈谱》：是秋，先生除丧。④
秋，送吴保德赴湖北。有诗《送大兄子恒之鄂》一首、《寄大兄》二首。

【按】据《寄大兄》其一"寒雨秋风易断魂""不知何日到荆门"⑤ 系于此。

秋，有诗《晓晴》《秋夜》《夜泊》《泊山寺下晓起闻钟》《偶至田家作》《夜归》。

【按】据《晓晴》"愁窥秋草色"，《秋夜》"暗虫鸣秋风"⑥，《夜泊》"木叶缀疏疏"，《泊山寺下晓起闻钟》"寂寂枫叶疏"⑦，《偶至田家作》"秋风将落叶"，《夜归》"嘒嘒虫鸣秋"⑧ 系于此。

冬，娶黄天麟之女黄裳为妻。

---

① 刘凤桥，徐晓飞. 清及近现代名人书法与辨伪［M］. 沈阳：万卷出版公司，2004：14.
② 李明勋，尤世玮. 张謇日记［M］. 上海：上海辞书出版社，2017：244.
③ 1247 吴保初 撰并书 吴保初墨迹［EB/OL］. 雅昌艺术网，2017-11-26.
④ 陈诗. 吴北山先生年谱（续）［N］. 时报：文艺周刊，1919-10-12（14）.
⑤ 吴保初. 未焚草［M］. 木活字本. 光绪二十四年：5.
⑥ 吴保初. 未焚草［M］. 木活字本. 光绪二十四年：5.
⑦ 吴保初. 未焚草［M］. 木活字本. 光绪二十四年：6.
⑧ 吴保初. 未焚草［M］. 木活字本. 光绪二十四年：6.

《陈谱》：冬，黄夫人来归。黄夫人名裳，合肥韫之礼部先瑜女也。①

陈诗《尊瓠室诗话》：德配黄恭人（裳）乃合肥韫之太史（先瑜）孙女，亦喜吟咏，有《紫蓬山房诗集》（紫蓬山在合肥）。②

【按】黄裳，祖黄先瑜，父黄天麟，兄黄琛。光绪《续修庐州府志·文苑传》云："黄先瑜，字韫之。合肥人。咸丰壬子进士。由庶吉士加赞善衔，改官礼部主事。以治乡兵御贼有功，加五品衔，并戴花翎。邑有浪波塘，岁久湮塞，环塘数百顷田恒苦旱，独力修浚，乡里至今利赖之。晚年主讲庐阳书院，博洽群书，于后学多所成就。著有《带草堂诗文集》行世。子天麟，字石卿。优廪生。性豪爽有奇气。幼随父治乡兵御贼，临事必前驱，故余人乐为效命。事定后，力举行保甲。所居石塘桥，数十里内奸匪屏息。修复南冈集义渡，行人称便。见事勇为倾倚，不惜解乡里忿争，片言立息，讼日希，里人罕有至公庭者。为文克承家学，著有《匣剑集稿》。（采访册）"③

编年诗

1. 《同友人游胡氏山馆，怀先武壮公幕中诸君子》
2. 《感怀》

【按】此诗吴保初自刻《未焚草》系于丙戌④，陈诗编《北山楼集》系于甲申⑤。

3. 《残夜怀人》
4. 《中夜》
5. 《送大兄子恒之鄂》
6. 《送内兄黄琛南游楚》

---

① 陈诗. 吴北山先生年谱（续）[N]. 时报：文艺周刊，1919-10-12（14）.
② 林建福，校点. 尊瓠室诗话：卷三 [M]//张寅彭. 民国诗话丛编：第二册. 上海：上海书店出版社，2002：130.
③ 黄云，林之望，汪宗沂. 续修庐州府志：卷四十五（文苑传）[M]. 刻本. 庐州：庐州府署，清光绪十一年：21.
④ 吴保初. 未焚草 [M]. 木活字本. 光绪二十四年：4.
⑤ 吴保初. 北山楼诗 [M]//吴保初. 北山楼集：卷一. 铅印本. 民国二十七年：1.

7. 《寄大兄》二首
8. 《晓晴》

【按】郝同麓评《晓晴》云："唐音。"①

9. 《秋夜》
10. 《夜泊》
11. 《泊山寺下晓起闻钟》
12. 《偶至田家作》
13. 《夜归》
14. 《旅夜》

光绪十三年丁亥（1887年）　十九岁

春，与陈浏计偕赴京为官，始定交。

陈浏《钵庵忆语》：彦复初官武部，后改比部，庐江吴武壮公（长庆）之次子也。武壮驻军浦口，有功德于民，与先君子甚相得，使余以弟子之礼见，并欲延余在幕中读书。余时家中殷实，又惑于某塾师之言，尼而止之。余之蹉跎老大，得以其闲情逸致、长与骨〔古〕董为缘者，此亦一原因也。丁亥春，余又与彦复计偕入都，遂订交焉，倡〔唱〕和酬酢，殆无虚日，时时为海王村之游。当其时，余家既中落。武壮公殁后，亦家无余财。余挽武壮诗有"生平挥金数百万，凿楹藏书付孤儿"之句，指彦复昆季也。彦复贫而嗜古，西华葛帔，浩然弥哀。②

【按】吴长庆曾邀陈浏随其父陈宝善赴朝鲜，陈因故未往。陈浏《复庐江吴先生书》云："昨奉大札，命浏随家君遵海而上，径入三韩。家君以祖母高年，难遂远游之志；沉疴新愈，弗胜跋涉之劳。重以挽粟飞刍，则地形匪其所习；撞车毁堞，则武事乖其所长。以浏能耐鞍鞯，许供鞭策，俾酬宿诺，薪附末光。亦既料检书囊，指挥行李矣。讵有伧夫者出而阻挠，加之恐吓。其意以为时近秋闱，寓楼亦已赁就，资粮扉屦，皆寒舍供之，

---

① 吴保初. 补辑诸家评语 [M]//吴保初. 未焚草. 木活字本. 光绪二十四年：3.
② 陈孝威. 钵庵忆语 [M]//肖亚男，整理. 近现代"忆语"汇编. 南京：凤凰出版社，2018：234-235.

其子弟姻旧，可安坐而食。惟浏身为主者，去则末由沾润。乃谓浏鄙夷科第，厌弃诗书，不守儒素，妄希非分。为之傅者必当龚行大罚，横施夏楚。伦乃咆哮憨跳，狼奔豕突。维时家三叔方有讼累，而产未析炊。伦又昌言此举不中止者，即当煽动仇家，恣意扳噬。吾叔汹惧，力哀之于家君，而浏之壮图竟成泡幻矣。"①

陈浏（1863—1929），字亮伯、字孝威，号寂园叟。江苏江浦人。曾官户部主事。与吴保初为两世之交。有《寂园丛书》行世。

春，有诗《春夜遣怀》《将赴都门留赠家山亲故》《留别霍骞甫水部》。

霍翔（1846—1908），字骞甫，号仙渚。安徽庐江人。光绪五年（1879年）举人。吴长庆表侄。时官水部郎中。著有《漱艺山房诗存》。霍翔亦有赠诗（子之先将军）②。

春，母王太夫人送先生赴京为官。途中有诗《舟次黄陂》《舟行》。

李鸿章《致刘秉璋函》：吴小轩（吴长庆，号小轩）夫人送其十九龄之子（吴保初）作京官，殊不解事。③

三月廿六日（4月19日），抵沪。将渡海赴京。入京后分兵部学习。

《入都》：庐江吴保初，厥字彦复。征君兰轩之孙，武壮公之次子也。甲申，武壮公上嘉其功，颁赐恤典，并赐其嗣子以主事。兹闻服阙〔阕〕，随侍太夫人入都，以供厥职。现于廿六日抵申，日下即拟渡海云。④

《陈谱》：是春，入都服官，分兵部学习。⑤

《北山吴保初历略》：年十九，服阕入都，官兵部，为闲曹。⑥

陈诗《吴北山先生家传》：既除丧，入都分兵部学习。⑦

陈诗《尊瓠室诗话》：服阕入都，分兵部学习，为闲曹。⑧

---

① 陈浏.浦雅堂骈文[M]//李兴盛，齐书深，赵桂荣.陈浏集：外十六种.哈尔滨：黑龙江人民出版社，2001：20.
② 吴保初.师友绪余一卷[M].木活字本.光绪二十五年：31-32.
③ 刘声木.李文忠公尺牍[M]//刘园生.刘秉璋年谱.上海：上海古籍出版社，2017：177.
④ 入都[N].申报，1887-04-23（5）.
⑤ 陈诗.吴北山先生年谱（续）[N].时报：文艺周刊，1919-10-12（14）.
⑥ 北山吴保初历略[N].益世报（北京），1926-10-24（8）.
⑦ 吴保初.北山楼文[M]//吴保初.北山楼集：卷三.陈诗，辑.铅印本.民国二十七年：1.
⑧ 林建福，校点.尊瓠室诗话：卷三[M]//张寅彭.民国诗话丛编：第二册.上海：上海书店出版社，2002：130.

四月十六日（5月8日），已至京师。

李鸿章《致刘秉璋函》：吴小轩（吴长庆，号小轩）夫人送其十九龄之子（吴保初）作京官，……手此复颂勋祺，余不一不一，四月十六日。①

四月廿八日（5月20日），李鸿章复曹德庆书，言及购买吴长庆本籍专祠基址与先生当差事。

李鸿章《复江南狼山镇总兵曹德庆》：

赓堂仁弟军门麾下：顷接惠缄，恍亲英采。……吴武壮本籍专祠，一时基址尚未购定，既称吴公祠右地基系春帆中丞祠产，或可婉商互易，即另觅亦匪难得，统希裁酌办理。渠二子既克象贤，老怀殊慰，惟少年质美未学，阅历不深，全在一二执友遇事时加训戒，以夹持之力为策励之功，庶不至沾染世习耳。保初虽尚诚笃，年少学浅，遽行当差，亦非善策。②

秋，陈浏来访，有诗《喜陈孝威见过》二首。

【按】据《喜陈孝威见过》其一"燕山秋欲晚"，及其二"槐市秋萧瑟，仙郎忽见过"③ 系于秋季。

秋，有诗《寄马静斋》。

【按】据"秋至孤兴发"④ 系于此。

十月廿八日（12月12日），长女吴弱男（原名俊格）生。

《陈谱》：十月，长女俊格生于京师，后易名弱男。⑤

十二月初六日（1888年1月18日），郑孝胥携先生所刻之《课读浅言》拓本示陈宗濂。

郑孝胥《丁亥寄椽琐纪》初六日：吴彦复取余《课读浅言》刻石于京师，携拓本示幼莲。⑥

---

① 刘声木. 李文忠公尺牍［M］//刘园生. 刘秉璋年谱. 上海：上海古籍出版社，2017：177.

② 顾廷龙，戴逸. 李鸿章全集：第三十四册（信函六）［M］. 合肥：安徽教育出版社，2008：205.

③ 吴保初. 未焚草［M］. 木活字本. 光绪二十四年：9.

④ 吴保初. 未焚草［M］. 木活字本. 光绪二十四年：9.

⑤ 陈诗. 吴北山先生年谱（续）［N］. 时报：文艺周刊，1919-10-12（14）.

⑥ 劳祖德. 郑孝胥日记：第一册［M］. 北京：中华书局，2013：131.

【按】郑孝胥《课读浅言》述其由五经而数代之史而小学而百家的为学之道。原文录如下："五经"不熟而欲学文，犹贾而无赀〔资〕也。才高者能兼诵《周礼》、《仪礼》、公谷二氏传、《尔雅》。中人但熟"五经"，已足以进取矣。《论语》《孟子》尤立身接物之要书，非徒为举业而已，须常玩味。《易经》《诗经》《书经》《春秋左传》《小戴礼记》《论语》《孟子》，取注疏一部置坐隅，别取读本，日诵数页。熟后翻阅注疏，随意记古义数条。竢一经毕，更取他经，周而复始。经者理义之薮，史者事变之府。览其成败，足以增智；鉴其得失，足以辅志，盖不可缓也。能读全史固佳，但多而旋忘，不如专致力于数代之史。夫读史尤贵谛悉，不可曰但观大意。此浅疏厌学者所以自文，皆宜戒之。《史记》《前汉》《后汉》《三国志》《南史》《北史》《旧唐书》《资治通鉴》，日阅一卷，初学阅十页为度。所喜处随意用朱笔点数行，取其易记尔。《通鉴》可常看之，不拘多寡页数。古者初学，必自识字始，故《说文》谓之小学。"五经"既熟之后，此岂可缓哉？虽难骤晓，积久自能贯通耳。《说文解字》《说文释例》，日阅数十字，释例置旁参览。近日桂、段二家书，俟后涉览可矣。百家博衍，其视诸经，众星之拱辰，百川之趋海也。自经以降，理驳文庞，学文者皆有取焉。所以穷其变，次亦得以猎其辞。或有笃嗜，不置游艺之乐欤？《国语》《国策》《家语》《大戴记》《韩诗外传》《荀子》《管子》《韩非子》《老子》《庄子》《列子》《孙武子》《淮南子》《屈子》《文选》《文心雕龙》《世说》《水经注》《史通》，每取一部，日阅数页，喜处自加朱点。应览者甚多，姑登人所共晓者，余竢嗜学者自推之耳。明张溥有《汉魏六朝百三家集》，可供翻阅。唐宋大家文集，咸宜并观。旁及乐府歌诗，虽性不近，亦不容屏废也。大抵为学欲约，约者博之基也。用功欲简，简者久之业也。精神常使有余，则以逸而知味。即有小作辍，亦不害于恒心易继故也。至于不循径途，泛取披览，都无制度，旁佚四出，因而致倦，弗能成业。掷精力于无用之地，役志气于难就之程。觉而悔之，或已无及。又或饰外骛远，不乐范围，摽〔剽〕窃涂泽，以欺世自诬。动恃聪明，思为绝迹飞举。偶然弋一日之名，垂老卒无立足。后生艳之，相寻不已。此则务外之咎，非吾党之用心也。太夷曰：余述此篇，盖约守之法。谓由此可以言学，非谓止此已足也。乃有畏难而病其多者，试思并此不读，何以自齿于学者之林乎？"①

---

① 吴保初. 师友绪余一卷[M]. 木活字本. 光绪二十五年：2-4.

陈宗濂（1847—1894），字幼莲。福建闽县人。光绪八年（1882年）进士。官工部主事、江南候补道。著有《围炉集》。

是年，入京后拜见宝廷。

寿富《报书》（光绪十四年）：

去岁左右入京来见，家君退而告于富曰："彦复精英内蕴，举止安详，闻其受学于苏龛。故人有子，吾无憾矣。"富时侍听，窃窥家君喜色盈于眉宇，当时甚思一见左右而无因也。①

是年，尚古斋收昌化十二方。后先生之僮洪自成擅自定价赊去。

陈浏《钵庵忆语》：吴彦复之昌化十二方，海内所希，盖有特别之精神而又活泼飞动者也。今昌化之价昂贵极矣。吴石出自某邸，丁亥年为尚古斋所得。银丝嵌檀罩，极精，乾隆朝贡品也。石则纯庙以前物，凡四副，每副三方，一对章，一长方式之引首，……彦复有黠僮洪自成，今为某军偏将，时方与尚古斋之高伙昵，高啖以利，且同狭斜游，遽代彦复作主，定价三百五十金而赊去，许以六个月内付款，其实尚古斋所得只三百金耳。余嗒焉若丧。余时初入京，阮囊奇涩，内子每以余之嗜奇好古、不善治生为病。及见是石，自愿脱金钏为寿。余以嗜奇好古而致损其奁物，坚不肯从，遂为洪所掩。彦复因此亦大受窘迫。洪为彦复罪人，乌知实为彦复功臣哉？否则甲午、庚子两役，余又安能保其所有哉？②

【按】陈浏对昌化石及赊金数目之记述不一。《寂园说印》云："吴石出自怡邸，丁亥年为尚古斋所得。银丝嵌檀罩，极精，康熙朝贡品也。石在朱明以前，……遽以三百金为彦复赊去，许以六个月内付款，其实尚古斋所得不及三百金。"③

编年诗

1.《春夜遣怀》

【按】宝廷评云："长排难作，既要有次序而顺欲铺叙，又嫌平板须有开合操纵，且须中有警句，乃不寂寞。此作虽不出色，尚平顺，亦不易得

---

① 吴保初. 师友绪余一卷［M］. 木活字本. 光绪二十五年：7.
② 陈孝威. 钵庵忆语［M］//肖亚男，整理. 近现代"忆语"汇编. 南京：凤凰出版社，2018：226-227.
③ 江浦寂园陈浏. 寂园说印［N］. 金刚钻，1934，1（6）：5-6.

于初学也。"①

2.《将赴都门留赠家山亲故》

【按】宝廷评云:"颇入情,诗真则佳。"又云:"宛转入情。"②

3.《留别霍骞甫水部》
4.《舟次黄陂》

【按】宝廷评"溪花"一联云:"上句平稳而新,下句则但平稳耳。"又云:"'逗'字新,不知何意,岂谓舟行渐近耶?凡用新字,须使一看即知,乃不入于生硬怪癖一路。"③

5.《舟行》
6.《简裴伯谦户部》

【按】宝廷评云:"风格颇具韦柳。"④ 裴景福评所赠五古云:"风格逼近魏晋。"⑤

7.《送内兄黄琛南旋里并示诸友》

【按】宝廷评云:"平正,在初学已难。"⑥

8.《寄友人都门土宜》
9.《喜陈孝威见过》二首
10.《寄马静斋》

---

① 宝廷. 评语 [M]//吴保初. 未焚草. 木活字本. 光绪二十四年:1.
② 宝廷. 评语 [M]//吴保初. 未焚草. 木活字本. 光绪二十四年:1.
③ 宝廷. 评语 [M]//吴保初. 未焚草. 木活字本. 光绪二十四年:2.
④ 宝廷. 评语 [M]//吴保初. 未焚草. 木活字本. 光绪二十四年:2.
⑤ 吴保初. 补辑诸家评语 [M]//吴保初. 未焚草. 木活字本. 光绪二十四年:4.
⑥ 宝廷. 评语 [M]//吴保初. 未焚草. 木活字本. 光绪二十四年:2.

光绪十四年戊子（1888年）　　二十岁

春，入宝廷门下。始识寿富。

《陈谱》：是春，先生从前礼部右侍郎宗室宝公廷学诗，宝公授以韦柳之学。先生有《苦旱与寿富侍竹坡师联句诗》，载《偶斋诗集》中。竹坡，宝公字。偶斋，其集名也。寿富，字伯茀，竹坡先生长子也。先生有好古癖，喜诣海王村搜罗古物。父执望江倪豹岑中丞文蔚诫之曰："少年当务远大，毋玩物丧志也。"寿伯茀素讲宋儒之学，亦贻书规之曰："昔欧阳公好古，德业不以之而增；吕夷简不好古，相业不以之而损。"先生皆敬从其言，笃志修学。①

寿富《报书》（光绪二十四年）：今岁左右执贽家君门下，始得与左右相晤，诚如家君言。②

陈诗《吴北山先生家传》：尝学诗于礼部侍郎宗室宝宗伯廷，与其子寿富以道义文学相切磋。③

陈诗《尊瓠室诗话》：因得师事父执宝竹坡少宗伯（廷）讲论诗法，与宗伯子寿富为至友。所交皆一时名流，酬酢往还，饫闻故实，学术乃有根柢。④

【按】 宝廷曾指点吴保初之诗云："学韦柳先学其自然，此韦柳学陶体也。次学其清秀，此韦柳学小谢体也。非惟韦柳，王孟亦陶谢兼学。五言四韵古诗多学小谢，间有学陶者，须分别观之。柳诗中有写怨者，则兼学骚也。学小谢每以写景胜，多用对句。陶少对句，然时亦有较谢深厚，不如谢之易动人也。足下学韦柳少写景，故难出色。写情更难于写景。学韦须淡古，较柳尤难。"⑤

寿富（1865—1900），字伯福，一字伯茀，号菊客。满洲镶蓝旗。宝廷长子。光绪二十四年（1898年）进士，选庶吉士。二十三年（1897年），与吴保初于北京发起知耻学会。后任京师大学堂分教习，赴日考察学校章程。二十六

---

① 陈诗. 吴北山先生年谱（续）[N]. 时报：文艺周刊，1919-10-12（14）.
② 吴保初. 师友绪余一卷 [M]. 木活字本. 光绪二十五年：7.
③ 吴保初. 北山楼文 [M] //吴保初. 北山楼集：卷三. 陈诗，辑. 铅印本. 民国二十七年：2.
④ 林建福，校点. 尊瓠室诗话：卷三 [M] //张寅彭. 民国诗话丛编：第二册. 上海：上海书店出版社，2002：129.
⑤ 宝廷. 评语 [M] //吴保初. 未焚草. 木活字本. 光绪二十四年：1.

年（1900年），八国联军攻陷北京，拒降自缢。著有《日本风土志》《搏虎集》等。

春，有诗《春日闲居上竹坡师》。

夏，有诗《苦旱与寿富侍竹坡师联句》。

【按】据"去秋豫河决，今夏复苦旱"① 系于此。

秋，寿富中举，先生有诗《伯福登第投诗为贺》。

【按】据"凉飙何熠熠，凛然天地秋"② 系于此。寿富得诗后，复以《答启》并和诗一首。《答启》云，"富启：前奉佳章，适以多事，未即裁答。不罪不罪。左右天资英迈，工艺多能，退食余暇，托情风什。虽汉称扬马，魏重应刘，摛藻选声，未能多让。齐梁以下，靡得而言焉。况金天司令，秋气感人，睹日月之不留，伤美人之迟暮。杀青托素，歌也有怀。宜乎商音振金石，逸响感飞走。凄动风筹，清逾桐滴。行云为之不归，征鸿闻而自落也。夫水仙逸调，同之者钟期；广陵妙音，闻之者向秀。自非二子，罕得而预。何者？知音妙侣，自古为难，苟非其人，未肯相示也。左右杼轴从心，珠玑在握，猥以不才，使得寓目。瑶函初启，异彩忽腾。目眩心摇，如狂如醉。谨竭庸陋，式酬琳琅。茧鄙贻羞，益彰来美。"③ 和诗云："商飙动西陆，鸿雁起中洲。偶际扶摇力，遂为凌空游。戢戢云中侣，都非泽畔俦。翱翔岂不乐，念侣心悠悠。佳人居南国，品望重琳璆。清姿凤麟耀，高韵金石流。胡为入林者，取材不见收。旁观咸叹息，当局反无尤。始悟超群才，淡泊固寡仇。努力勤磨砻，圣世正旁求。海鹏翼未举，终当横九州。"④ 此诗一题《答贺登第诗》⑤。

冬，南归。有诗《戊子岁晚南归》。

---

① 吴保初. 未焚草 [M]. 木活字本. 光绪二十四年：10.
② 吴保初. 未焚草 [M]. 木活字本. 光绪二十四年：10.
③ 吴保初. 未焚草 [M]. 木活字本. 光绪二十四年：10-11.
④ 吴保初. 未焚草 [M]. 木活字本. 光绪二十四年：11.
⑤ 吴保初. 师友绪余一卷 [M]. 木活字本. 光绪二十五年：14.

【按】据"天涯霜雪滞归人"① 系于此。

是年，致书寿富，请教轩额。寿富复书《论轩额札》。

寿富《论轩额札》：昨奉手示，未能即覆〔复〕，罪罪。承示轩额，命参末议。窃谓轩额之盛，始自曹魏，古未有也。当时有以此坐浮华废弃者，然鄙意则谓古者器用，多有箴铭，轩额之题，于斯为近，目为浮华，苛哉论也！降及后代，此风大畅。或擢粹于经子，或撷华于风月。取法前言，寄情微物。虽标新领异，变化万千，大约不出此二端矣。若其妍媸，有如饰首，好尚各异，不容强同。变革有宜，可参其当。以仆言之，但有废置，无去取也。夫四科共师孔氏，造诣殊能；五岳同列名山，峰峦异秀。言其志则趋向有躁静，言其地则居处有华朴。一彼一此，宁可强诸？至于废置，有可言焉。其一曰时。时过则废，如尊阁名"陟岵"是也。夫弁髦加首，既丧而除；刍狗被文，既祭则弃。当武壮公远戍，足下家居，定省有疏，音容莫接，兴怀古什，借喻风人，取以名阁，谁曰不宜？今足下祥琴已鼓，武壮公墓门久合，言其思则在追远，言其责则在显亲。名与时乖，义无取焉。如此之类，请从割爱。其二曰地。地移则废，如"种蕉""盟鸥"等额是也。风云变态，江山异宜，草木敷荣，南北殊性，赏心寓目，举步不同。题额写心，当从其实，或废或置，请自裁焉。其三曰志。志者，毕生不废，如尊额名"横经""慎独"者是也。人之有志，如射有的，的不以射不中而异方，志不以力不副而改向。素丝一染，不可复移，为黄为朱，可不慎欤！且行不践言，古人所戒；实不副名，君子所耻。一落楮墨，便为课程，终身服膺，必求其至。与其悔终，何如慎始？此父兄不能强命，友朋不能代谋者也。如此之类，请自慎择。左右虚怀下问，谋及孤陋，故谨呈鄙怀，仰答雅意。是否有当，尚祈教我，幸甚。富白。彦复足下。如"雪宫""君子馆"等额，皆帝王官额。私家颜额，则自魏始盛，见《国志》。②

【按】是书即寿富《报书》所云之"前者覆〔复〕书"，参见下条。

是年，得寿富书与赠诗。寿富劝先生勿沉溺于诗古文辞与金石书画，当继承先志，节制用度，潜心读书，勿以交游废学。

寿富《报书》：

---

① 吴保初. 北山楼诗续集［M］//吴保初. 北山楼集：卷二. 铅印本. 民国二十七年：8.
② 吴保初. 师友绪余一卷［M］. 木活字本. 光绪二十五年：5-6.

彦复足下：前者覆〔复〕书，久不得报，深恐以愚直获罪左右。适家君有西山之游，因于初九日随侍入山，十五日归。始知左右两番惠书，辞意恳恳，不惟不以为罪，反推为畏友，告以衷曲，何左右之虚心而善受也。有人若此，虽凤所不识者，犹将竭其愚诚以为高深之助，况吾良友乎？虽新交者，犹将不避交浅言深之讥，况吾两世之旧谊乎？今谨陈鄙怀，以副左右。受善雅量，辞多愚直，尚祈宽恕，幸甚。方武壮公之与家君定交也，家君退告于知交曰："中兴名将，勇悍有余，行止每多躁急，气度高朗，未有吴公若者。他日国家有事，成功者不在他人，必在吴公。"富时读书座隅，窃听而心识之。其后武壮公建功东藩，家君典试闽海，相隔几万里，犹书札相往还也。不幸武壮公遘疾津门，遂成大渐，而犹于弥留之际作书与家君决。家君每言于知交，感公交谊之厚，惜公壮志未伸，未尝不涕泣交集也。去岁左右入京来见，家君退而告于富曰："彦复精英内蕴，举止安详，又闻其受学于苏龛。故人有子，吾无憾矣。"富时侍听，窃窥家君喜色盈于眉宇，当时甚思一见左右而无因也。今岁左右执贽家君门下，始得与左右相晤，诚如家君言。既而得读大作，又皆清古不俗，退而自喜得获良友。然而犹有不满意于左右者，左右非他，殉节京卿公之孙，中兴名将武壮公之子也。京卿公以儒生致命，武壮公以复仇从戎，克平群盗，底定东藩。两世盛德，励精以图，犹恐难继。今左右惟欲致力于诗古文辞，游艺于金石书画，虽公子之高致，无乃沉溺于不急乎？窃谓文章之于人，犹采色之于画。画工作绘，必先钩〔勾〕勒而后设色；君子为学，必先经济而后文章。苟无其质，润色何施？昔人谓"一为文人，便无足观"，岂欲尽驱天下为野人哉？诚恶其无本也。至于金石，今世士大夫每多好之，以为高雅。若富则不然，以为凡事无问雅俗，但问其有用否耳。金石款识，其有用者，可补订经史之舛阙〔缺〕。然皆其鳞甲，非其紧要。若谓置之几案，足以为目娱，是异于车马衣服者几何哉？吕文穆不好古，相业不以之损；欧文忠好古，德望不以之增。是以太昊颛顼，不如授时推步之精也；兑戈垂矢，不如枪炮之力于用也。富尝谓古之可好者，惟有先王大法圣贤遗经耳。然不善行之，犹能病世，况乎古人之器哉！善好古者得其神。左右好古，何不取古名臣大儒遗事，则而效之？久之将与古人神融迹合，又何必求古人于区区金石故纸中哉！夫今世之所谓公子者，惟知修饰边幅狎伍倡优耳。左右洒然，能不为彼而为此，岂不胜于若辈万万？而富犹苛责于左右者，盖以中兴名将多浮冒勇饷，掳略〔掠〕城邑。故承平以后，邑中之拥钜〔巨〕富者，非昔日之统领，即昔日之材官。而其子弟又皆自少随营，幸得一胜，皆滥列保案。以黄口孺子，既不忧贫，又不忧贱，宜其骄纵若是也。武壮公儒服临戎，而不使左右读书于戎马间，以希得一职。又闻公清廉自矢，不为左右营数世之产。武壮公所以遗子孙者，既不与他人等，则左右之所以承先志者，又岂但不可与他公子等哉？富闻之，古之欲有为者，必自读书始。左右之年二十矣，屈指以计，可以键户读书，祇〔只〕十年耳。一届三十，日与老近，精力就衰，欲如今日，胡可得耶？来教乃谓困于家务，迫于公事。不知此时若不强为，他日家务公事扰人，将必更甚，是终身无为学之日矣。且是二者，富能为左右筹之。夫所谓米盐琐事，虽圣人不免。苟得其要，一贤内助佐之有余；不得其要，虽终日持筹无当也。昔人谓谋生亦儒者一事，盖谓一家尚不能理，又安能理天下耶？古今名臣大儒，起于寒贱者十之八九，起于富贵者十之二三。武壮公虽以清白遗子孙，左右尚不至自出谋食。若左右以家务弛学，古今之家无恒产者，更难乎为学矣。左右家计，不在谋生，而在节用。节用之道，省不急之务，去无益之费而已。今之不能节用者，大约皆以交戚奢华，耻于寒素之不类。以左右之胸襟，富敢断必无此鄙见。使以寒素家风，守先人余业，又何忧家计之不足哉！天下事，好事者事日多，省事者事日少。富之告左右以节用者，岂欲教左右为守钱虏哉？诚以能节用，则无不急之务以分心，留此有用之日月以读书耳。若夫公事，左右虽名登仕版，而实在末僚。一月之中，六日在署，不为旷官；夙夜在公，不为尽职。以仕而学，斯正其时。今日闲曹冷官，尚谓不能兼营，他日责有专司，左右又将何如哉？左右所谓二者，富以为皆不足妨学。妨学者，大半皆在交游耳。知己良友，隔日一晤，不见其密；十日一晤，便觉其疏。晤言一室，携手同行，皆须终日。有二三知己，此往彼来，即可一月无宁日，况人之知己，不祇〔只〕二三耶？富之废学，正坐于此。近虽悔之，无如何也。凡此数端，皆富之闻于父师，未能力行者。以左右虚怀下问，故妄为陈之。采葑采菲，左右节取可也。往者武壮公遘疾，左右割臂疗亲。夫割臂至痛，左右能以幼年行之者，以非此不足生武壮公耳。医亲继志，其重相等。凡此数端，皆非割臂之难。愿左右毅然自克，宏此远谟，幸甚幸甚。富顿首。死罪死罪。《赠诗》：夭夭柔棘，珍禽是止。肃肃嘉宝，胡焉至只。翩翩公子，美秀而文。渊澄秋沚，和霭春云。凌跞顾盼，奕奕有神。精华内蕴，清光照人。维此公子，南邦之秀。京卿之孙，武壮之胄。桓桓武公，皇家之雄。智勇且惠，作镇于东。岁在壬午，朝鲜不靖。强邻外窥，奸宄内骋。天子命公，统我六师。或柔或惩，无使潜滋。汤汤东海，汹汹岛夷。金口慎进，公曰勿迟。既历东藩，罪人斯得。藩人知生，邻邦失色。天子曰咨，兹我御侮。既定厥艰，振我师旅。东人曰咨，公我父母。公其勿归，奠我东土。公居东土，既历三年。东人望公，如神如天。嗟尔东人，岂知我公。我公之显，移孝作忠。我公之考，既读既农。遭遇时难，儒服从戎。卿旅孑孑，盗贼矗矗。

食竭援孤，临危授命。维时我公，乞籴外乡。既闻凶耗，气愤神僵。计日复仇，持刀划肉。苦战裹创，以杀代哭。既歼渠魁，遂佐中兴。受兹宠禄，辅我皇清。岂曰策勋，维孝是旌。公居东土，乃遘凶疾。天子命公，暂归宁谧。东人失公，如丧其元。倾国出祖，涕泣成川。失公何依，留公不可。疾若可代，天其丧我。既归津门，公疾转笃。维时公子，省疾幕府。思瘳公疾，至孝邻愚。割臂和药，血染襟裾。昊天不吊，丧我虎臣。九重震悼，士卒声吞。东人闻耗，如丧考妣。作庙报公，以享以祀。公神在天，公德在民。肯构肯堂，责在后昆。瞻彼南山，有桥有梓。苟其继之，我公不死。人亦有言，廓充维德。推此孝思，何事不克。陈辞进戒，敢告仆夫。刍荛可采，庶几是图。①

【按】此函未署年月日。据函中所叙"去岁左右入京来见""今岁左右执赘家君门下"及"左右之年二十矣"诸语，则此函应撰于光绪十四年（1888年）。函内所提"前者复书"，即寿富《论轩额札》。

编年诗

1. 《春日闲居上竹坡师》
2. 《苦旱与寿富侍竹坡师联句》
3. 《伯福登第投诗为贺》
4. 《戊子岁晚南归》

光绪十五年己丑（1889年）　二十一岁

正月初一日（1月31日），游海王村。有诗《游海王村》。

【按】据"万方已毕朝元日，士女纷纷访道场。"② 系于此。

二月十一日（3月12日），上午，访郑孝胥。

郑孝胥《己丑北上日记》十一日：季直来，吴彦复来，章幼叔来。午后出，至英古斋，遂访弼臣，不遇。③

二月十四日（3月15日），赴黄绍箕之约，座有文廷式、张謇、王仁东、郑

---

① 吴保初. 师友绪余一卷 [M]. 木活字本. 光绪二十五年：6-12.
② 吴保初. 未焚草 [M]. 木活字本. 光绪二十四年：12.
③ 劳祖德. 郑孝胥日记：第一册 [M]. 北京：中华书局，2013：136.

孝胥等。黄绍箕出示所藏《龙藏寺》与《隋河东舍利塔》拓本。

郑孝胥《己丑北上日记》十四日：午后，赴仲弢之约，在坐者芸阁、季直、旭庄、彦复等。仲弢出示《龙藏寺》佳拓及《隋河东舍利塔》，尤佳。①

【按】其后吴保初曾致书黄绍箕，请借《龙藏寺》拓本一观。黄绍箕复书云："昨奉手书，因事忙未及即复为歉。敝藏龙藏寺碑旧本，谨奉请与润兄同观，三五日求即掷还，并望题跋数行或署观款是幸。日内鄙人亦拟稍稍翻临也。闻费屺怀得明初拓本以赠可庄，较近拓多字二百余，又远在此本之上，惜不得一见耳！复请彦复仁兄大人侍安，弟绍箕顿首。"②

黄绍箕（1854—1907），字仲弢、穆琴，号鲜庵。浙江瑞安人。黄体芳子。光绪六年（1880年）进士。时任翰林院编修。著有《广艺舟双楫评论》《中国教育史》《鲜庵遗集》等。

王仁东（1852—1918），字旭庄，一字刚侯，号完巢老人。福州闽县人。光绪二年（1876年）举人。官至江南盐巡道。著有《完巢剩稿》。

六月初七日（7月15日），次女吴亚男（原名廉格）生。

《陈谱》：是岁六月，次女廉格生于京师，后易名亚男。③

秋，归省。过天津、桐城。有诗《夜发行次天津》《桐城道中》。

《陈谱》：是秋，乞假归省。④

吴保初《夜发行次天津》：偶因归省赋南游，梦里魂飞故国楼。⑤

【按】《桐城道中》据"到处秋山红树多"⑥系于此。

冬，至京师。

《陈谱》：冬，复入都。⑦

十二月廿七日（1月17日），郑孝胥来访。

---

① 劳祖德.郑孝胥日记：第一册[M].北京：中华书局，2013：136-137.
② 韩戾军.碑学兴盛的见证[J].书法，2008（9）：34-35.
③ 陈诗.吴北山先生年谱（再续）[N].时报：文艺周刊，1919-10-19（14）.
④ 陈诗.吴北山先生年谱（再续）[N].时报：文艺周刊，1919-10-19（14）.
⑤ 吴保初.未焚草[M].木活字本.光绪二十四年：12.
⑥ 吴保初.未焚草[M].木活字本.光绪二十四年：12.
⑦ 陈诗.吴北山先生年谱（再续）[N].时报：文艺周刊，1919-10-19（14）.

郑孝胥《己丑北上日记》廿七日：复过吴彦复。①

编年诗
1.《游海王村》
2.《夜发行次天津》
3.《寄大兄》
4.《桐城道中》

光绪十六年庚寅（1890年）　二十二岁

闰二月廿九日（4月18日），上午，郑孝胥来访。

郑孝胥《庚寅日记》廿九日：晨。写大卷一开。坐车出城，回拜吴翘士、王秀瑄、曾小丹、吴子修、张季直，又往吴彦复、戚懋斋。②

三月初二日（4月20日），访郑孝胥。

郑孝胥《庚寅日记》初二日：吴彦复来。③

五月初四日（6月20日），上午，访郑孝胥。

郑孝胥《庚寅日记》初四日：晨，作白折。吴彦复来。新补四馆徐步青来坐。午后，往谒宝侍郎。④

九月初八日（10月21日），下午，赴童抱芳之约，座有林开謩、郑孝胥、吴绍春诸人。

郑孝胥《庚寅日记》初八日：饭后，梦华来。既去，诣福隆堂赴童茂先之约，在坐者二王、高、顾、贻书、彦复、吴绍春也。⑤

童抱芳（1859—1932），字茂倩，私谥宪文。安徽合肥人。诸生。官陆军部主事。著有《存吾春馆诗集》。

林开謩（1863—1937），字贻书。福建长乐人。历官河南学政、江西提学使、徐州兵备道等。

吴绍春，安徽人。

秋，送张华奎赴四川。有诗《送张霭青之蜀》二首。

---

① 劳祖德. 郑孝胥日记：第一册［M］. 北京：中华书局，2013：154.
② 劳祖德. 郑孝胥日记：第一册［M］. 北京：中华书局，2013：172.
③ 劳祖德. 郑孝胥日记：第一册［M］. 北京：中华书局，2013：172.
④ 劳祖德. 郑孝胥日记：第一册［M］. 北京：中华书局，2013：180-181.
⑤ 劳祖德. 郑孝胥日记：第一册［M］. 北京：中华书局，2013：199.

【按】据其二"秋风剑阁程"① 系于此。

张华奎（1849—1896）②，一名云瑞，字霭青，一作霭卿。安徽合肥人。淮军将领张树声长子。光绪十五年（1889 年）进士。十七年署川东道。历官刑部主事③、户部员外郎④、川东道、建昌道、成绵道等。

十一月十三日（12 月 24 日），宝廷卒，年五十一。

十二月十六日（1891 年 1 月 25 日），有诗《嘉平十六夜》二首。

十二月十九日（1891 年 1 月 28 日），苏轼诞辰，祁世长招饮赋诗。有诗《嘉平十九日，坡公生日，祁尚书招饮赋诗》。

祁世长（1825—1892），字子禾、子和。号念慈、敏斋。谥文恪。山西寿阳人。父祁寯藻。咸丰十年（1860 年）进士。曾督学安徽。官工部尚书。著有《思复堂集》《翰林书法要诀》《校士日记》《祁子和先生日记》等。

编年诗

1.《送张霭青之蜀》二首
2.《嘉平十六夜》二首
3.《嘉平十九日，坡公生日，祁尚书招饮赋诗》

光绪十七年辛卯（1891 年）　　二十三岁

三月廿五日（5 月 3 日），先生由京至南京。

《江督辕门抄》三月：二十五日，兵部主事吴保初由京来，均回。⑤

春，归省，过天津。有诗《行次津门作》。

《陈谱》：是春，先生乞假归省，有《行次津门作》一首。⑥

袁世凯《致二姊函》（光绪十七年六月初一日）：吴武壮之长子保德，甚荒唐，近与其母分居；其次子保初少好，亦不喜与人往来，寄信总不复。前有人

---

① 吴保初. 未焚草 [M]. 木活字本. 光绪二十四年：13.
② 朱彭寿. 清代人物大事纪年 [M]. 北京：北京图书馆出版社，2005：1373，1664.
③ 李慈铭《荀学斋日记》光绪八年九月十三日丙申条云："是日顺天乡试揭晓，阅题名录。……南官卷二名：一张树声子刑部主事张华奎，一云南按察使新阳人李德莪子兵部主事李传元。"见李慈铭. 荀学斋日记：丁集上 [M] // 越缦堂日记：第十三册. 影印本. 扬州：广陵书社，2004：9601.
④ 黄云，林之望，汪宗沂. 续修庐州府志：卷三十（选举表一）[M]. 刻本. 庐州：庐州府署，光绪十一年：55.
⑤《江督辕门抄》，金陵官报 [N]. 申报，1891-05-11（4）.
⑥ 陈诗. 吴北山先生年谱（续）[N]. 时报：文艺周刊，1919-10-12（14）.

赴京，嘱往探看，适已出京。其族弟吴长纯在旅，前保一升官。容询其家究何情形？①

冬，赴京师。有诗《晚泊荻港寄大兄》《寄杨讱庵大令》。

《陈谱》：冬，复入都，有《晚泊荻港寄大兄》诗……《寄杨讱庵大令》诗……。杨名沛霖，江西建昌人。以孝廉选授庐江令。治尚威猛，明于折狱，讼庭为之草芜。三十年庐令，一人而已。察吏严，频出微行，手擒剧盗，走及奔马。岁旱，督民筑塘，民始怨咨。既去官，岁大稔，颂声作矣。杨治狱不拘滞文法，以杖毙狱囚，为仇家所讦。对簿金陵，遣戍黑龙江。庚子赦归，终于家。②

赴京途中，复过天津，谒李鸿章，晤范当世，范氏赠诗。

《陈谱》：先生过天津，以诗谒合肥。合肥不怿曰："君旧家子，不务经济，乃学小诗耶？"通州范明经当世，时在节署，授公子经迈书，赠先生诗云："寰海九州疑有路……我欲娱君五百杯。"盖纪实也。③

【按】范当世所赠诗题作"吴彦复，武壮之子也。余两度客武壮所，未尝受其一钱，而未始不互相重，彦复以此仍世交余。彼因于京曹，而过此南归，又不得已而来此，终无所得。迫于岁莫〔暮〕，特索吾诗以行，走笔奉送"。据"过此南归""又不得已而来""岁莫〔暮〕"诸语，及"嗟尔何因去复来"④句，知时为岁暮，吴保初复过天津，而后赴京。《师友绪余》亦收录此诗，题作《赠行诗》。诗下范氏自注云："诗所谓'五百杯'，非虚辞也。君谓濒行尚当辞相国而过我，则拟就寓斋设菊花锅取酒以相慰乐，而付诗及联，何图遂当去哉！吾虽为馆羁，不能往送，而自谓公此来独能爱乐公者，乃我耳。惘然不尽，还希不吝手答以酬我。当世顿首。"⑤

范当世（1854—1905），初名铸，字无错，号肯堂、伯子。江苏南通人。廪贡生。曾入吴长庆幕。历主河北武邑观津书院、通州东渐书院、三江师范学堂等。有《范伯子诗集》《文集》。

---

① 骆宝善，刘路生. 袁世凯全集：第二卷 [M]. 开封：河南大学出版社，2013：445.
② 陈诗. 吴北山先生年谱（再续）[N]. 时报：文艺周刊，1919-10-19（14）.
③ 陈诗. 吴北山先生年谱（再续）[N]. 时报：文艺周刊，1919-10-19（14）.
④ 马亚中，陈国安，校点. 范伯子诗文集：上 [M]. 修订本. 上海：上海古籍出版社，2015：106.
⑤ 吴保初. 师友绪余一卷 [M]. 木活字本. 光绪二十五年：38.

约十二月，江云龙至京，客先生寓。

十二月初二日（1892年1月1日），大雪，江云龙作《元旦雪赋（并序）》以赠先生。

江云龙《元旦雪赋（并序）》：单阏岁尽，余来京师，客吴驾部。主人孜孜好学，时以德业相责问。自愧质知浅暗，不能有所启益。元旦大雪，乃假主客问答之词，稍伸其意焉。岁既俴，酒微醺。修烛不炖，炉火自温。主人乃习静坐，谢宾友，观夜气之潜生，闭元关而固守。夜如何其？阳回子初。大雪飒飒，飘于阶除。主人揖寓客而言曰："天道杳冥，元阴郁律。值岁星之一周，羌滕六之全集。萧萧瑟瑟，瀌瀌奕奕。下愚穷于管窥，滞于冰释。彼齐宫宾孟氏之居，程门肃杨子之立，皆宠以师位，资其启迪。今子朝夕与居，得毋有所裨益乎？"客曰："余不敏，乌足以益君？多君好学深思，敢证以余之旧闻。昔者余亦尝窥天道，穷幽渺。日月不淹，冉冉将老。继乃悔用心过当，反求诸身。洗心涤虑，去故即新。而知人身一天地也，可以穷造化而洞乾坤。当夫息心观变，神藏智敛。譬彼长宵，茫茫不旦。既而应物作则，阳开阴合。动中规矩，有神无迹。乃如雪之随气，化为喷薄，遇方圆而圭璧。喜昭质之无亏，成自来之清白。然不可不知所警也，脱有物以中之，必溃化为滓泥。睹京洛之尘黑，用惕惜乎素衣。元者，善之长也；雪者，洗也。元旦一雪，殆洗吾人旧染之污，而复其本体乎？"主人悚息而起曰："圣人之心，炯炯不夜。颜子洪炉，一点而化。聆子玉音，敢不心写。"[1]

【按】单阏，十二地支卯年之别称。《师友绪余》刊于光绪二十五年，则作序时间应在此之前。又函中称"余来京师，客吴驾部"，光绪十三年至二十三年（1887—1897），吴保初居京为官。故函中之"单阏岁尽"，当指光绪十七年（1891年）辛卯岁暮。

十二月三十日（1892年1月29日），张謇欲赠先生茶参。

《张謇日记》：三十日。壬辰：黄漱兰（茶腿）、沈子培（茶腿）、濮子泉（茶腿）、吴彦复（茶参）、余寿平（茶腿）、王勖臧（茶腿）、袁爽秋（茶腿）。[2]

冬，陈浏将远行，时先生病愈。先生有诗《酬陈孝威刑部》。

---

[1] 吴保初. 师友绪余一卷[M]. 木活字本. 光绪二十五年：23-24.
[2] 李明勋，尤世玮. 张謇日记[M]. 上海：上海辞书出版社，2017：337.

吴保初《酬陈孝威刑部》：病起临前轩，炉温寒无却。……闻君将远行，百忧纷交作。①

【按】据"雪意晚来重"② 系于此。陈浏原作云："与世久相厌，暂然归心作。以我蒿莱人，五年在京洛。饥寒常切肌，坐受微官缚。时复想邱园，息肩于耕凿。尚哉颜子风，而我无负郭。郁郁缁尘高，中多王侯宅。云取富与贵，舍此将安适。吾生盖有涯，胡令苦自役。形敝神且夭，念之我心怵。吾子素耽静，来为上都客。马瘦不足刍，清俸亦何薄。仆也恋师门，与君尤莫逆。海上初识面，春明共晨夕。我今别子去，百忧纷填积。恐彼修名坏，不患生事迫。大海波涛深，华夷之所隔。一朝混沌开，万里犹咫尺。强者十数邦，其居近宫掖。西邻傥失欢，祸变处肘腋。孤抱杞人意，贱齿焉敢惜。重臣慎言战，迁镐事乃集。洵知投鼠忌，匪阙纵横策。四洲莽无垠，睇眄以谓窄。武陵有渔父，眷尔投高迹。人生多艰患，从来自古昔。"③

编年诗

1.《行次津门作》
2.《简张君直观察》

【按】题下注云："时闻其令叔翰轩军门归道山。"据"父执近来都丧逝，中兴耆旧已无多"④，知翰轩亦为淮军将领。本年下世之张氏淮军将领有张树屏一人，翰轩或为其又一字号。张树屏，字建侯。安徽合肥人。张树声胞弟。曾统淮军树字营副营，官至山西大同镇总兵。二月初八日病殁，四月初一日李鸿章为其上请恤折⑤。

3.《晚泊荻港寄大兄》
4.《寄杨讱庵大令》

---

① 吴保初. 未焚草 [M]. 木活字本. 光绪二十四年：15.
② 吴保初. 未焚草 [M]. 木活字本. 光绪二十四年：15.
③ 吴保初. 未焚草 [M]. 木活字本. 光绪二十四年：15-16.
④ 吴保初. 未焚草 [M]. 木活字本. 光绪二十四年：14.
⑤ 李鸿章. 为张树屏请恤折 [M] // 顾廷龙, 戴逸. 李鸿章全集：第十四册（奏议十四）. 合肥：安徽教育出版社，2008：76-78.

5.《吊孙君异》

孙点（1855—1891），字君异，号圣与、玩石、三梦词人。安徽来安人。拔贡生。曾入山东学政张百熙幕。光绪十三年（1887年），经王韬介绍，与王惕斋同渡日本。十四年（1888年），调充驻日使馆随员，随黎庶昌复至日本。十七年（1891年）四月于归国船中，蹈海而亡①。著有《历下志游》《嘤鸣馆集》《梦梅华馆集》《梦梅华馆日记》等。

6.《酬陈孝威刑部》

7.《送徐又穆》

徐方泰，字阶平，号又穆。安徽庐江人。同治十二年（1873年）拔贡生。官至湖南道州知州。著有《鸿渐轩诗集》。

光绪十八年壬辰（1892年）　二十四岁

三月初八日（4月4日），张謇会试入场，会试总裁翁同龢、祁世长、霍穆欢、李端棻②。

三月十七日（4月13日），张謇出场次日，先生邀其同住。

《张謇日记》：十七日。彦复邀住其下斜街寓宅。止潜、叔衡、子培来索观文稿。③

三月十八日（4月14日），张謇迁至先生寓所。

《张謇日记》：十八日。迁寓吴宅。吴子修来（庆坻）。④

春，有诗《偶忆》四首、《游南顶》四首、《调朱子俊农部》四首。

【按】据《偶忆》其一"刻意伤春春不知"⑤，《游南顶》其一"东风瞥见惊鸿影"⑥，《调朱子俊农部》其一"何处东风控紫骝"⑦系于此。

---

① 李鸿章《致李经方》（光绪十七年五月十二日）云："昨接四月望日七号书，慰悉一切……孙点蹈海而死，可惨已极。余四月十六出海，大雾竟日不迷……仪叟书。"见顾廷龙，戴逸.李鸿章全集：第三十五册（信函七）[M].合肥：安徽教育出版社，2008：207.
② 李明勋，尤世玮.张謇日记[M].上海：上海辞书出版社，2017：340-341.
③ 李明勋，尤世玮.张謇日记[M].上海：上海辞书出版社，2017：341.
④ 李明勋，尤世玮.张謇日记[M].上海：上海辞书出版社，2017：341.
⑤ 吴保初.未焚草[M].木活字本.光绪二十四年：16.
⑥ 吴保初.未焚草[M].木活字本.光绪二十四年：17.
⑦ 吴保初.未焚草[M].木活字本.光绪二十四年：17.

四月十一日（5月7日），至贡院小所为张謇探讯，三更始归。

《张謇日记》十一日：彦复为至贡院小所探讯，三更始归，知已报罢。于是会试四次，合戊辰以后，计凡大小试百四十九日在场屋之中矣。前己丑既不中于潘文勤师，而今之见放又直常熟师主试，可以悟命矣。①

七月初六日（8月27日），张謇得先生讯，知有安溪选本，明人制义目。

《张謇日记》：六日。得吴彦复讯，有安溪选本明人制义目。②

七月，吴俊为先生临《石鼓横披》。

吴俊《临石鼓横披》：彦复先生法家正腕。壬辰七月，昌硕吴俊。③

八月初十日（9月30日），郑孝胥与吕增祥论书，戏作诗一首④。修改后请先生正句。

郑孝胥《论书》：作书无难易，要自习之久。苟怀世人誉，俗笔终在手。古今祇〔只〕此字，点画别谁某。必随人作计，毋怪落渠后。但当一扫尽，逸兴寄指肘。行间驰真气，莫复搏土偶。时贤争南北，扰扰吾无取。狂奴薄有态，或者进猿叟。达哉临川言，妄凿妍与丑。⑤

【按】"或者"，初作"差可"⑥。诗下云："彦复正句。孝胥。"⑦ 此诗后题作《作书久不能进愤然赋此》⑧。

八月十五日（10月5日），乘太古轮船赴沪，舟中遇张謇。

《张謇日记》：十五日。之芦泾港附太古轮船，舟中遇吴彦复。⑨

八月，携昌化鸡血石十二方请吴俊刻印。吴俊臂痛难为，乞夫人施酒代为奏刀。

朱宣《名印拾遗》（六十四）保初：款镌两旁，一曰："君遂索刻，臂痛不能应，乞季仙为之，尚无恶态。"一曰："名印二字左右易刻，秦玺中往往见之。

---

① 李明勋，尤世玮. 张謇日记 [M]. 上海：上海辞书出版社，2017：343.
② 李明勋，尤世玮. 张謇日记 [M]. 上海：上海辞书出版社，2017：351.
③ 朱关田. 吴昌硕纪年书法绘画篆刻录 [M]. 杭州：浙江古籍出版社，2014：23.
④ 劳祖德. 郑孝胥日记：第一册 [M]. 北京：中华书局，2013：322-323.
⑤ 吴保初. 师友绪余一卷 [M]. 木活字本. 光绪二十五年：4.
⑥ 劳祖德. 郑孝胥日记：第一册 [M]. 北京：中华书局，2013：323.
⑦ 72 郑孝胥书札 [EB/OL]. 中国书店北京海王村拍卖有限责任公司，2017-05-20.
⑧ 黄珅，杨晓波，校点. 海藏楼诗集：上 [M]. 增订本. 上海：上海古籍出版社，2013：21-22.
⑨ 李明勋，尤世玮. 张謇日记 [M]. 上海：上海辞书出版社，2017：352.

壬辰八月，缶庐记。"①

陈诗《北山楼诗续·书后二》（三首其二）夹注：先生官京师日，买昌化鸡血图章十二方，吴仓石为镌之，载于《缶庐印谱》。②

【按】陈浏称此次刻印时，吴俊干没吴保初之昌化石。《寂园说印》云："嗣携至上海，浼吴昌硕大令为之奏刀，先给润笔甚丰，昌硕又干没其田黄、田白约数十方，彼时已值千余金。"③

施酒（1848—1917），字季仙。浙江吴兴人。吴俊室。善刻印。吴长邺《我的祖父吴昌硕》记云："夫人偶有刻印，先生略加指点，成就也亦可观。"④

秋，有诗《得大兄书却寄》二首。

【按】据其二"莼鲈好待秋风起，归买吴江一苇航"⑤句系于此。

十月，吴俊为先生刻印"庐江"，边款"君遂索刻。时壬辰十月，缶。"⑥
十一月十五日（1893年1月2日），张謇得先生讯。
《张謇日记》：十五日。得彦复讯、东甫讯。⑦
十二月，吴俊致书先生，为先生作山水画数幅，并《题画诗》五首。
吴俊《述吴游书》：
君遂先生足下：俊与君别后，因严桥公掣肘，东西奔走，如穷人无所归者四十余日。现事虽寝，而俊已积劳抱病矣。卧床呼头痛者又十余日，幸腰臂之患未增剧，可告知己一快。腊月初，大雪奇寒，时犹阻风叶榭。叶榭者，浦东荒村。无聊步雪中，遇萧秀才号芦汀者，邀至其家，煮鲈鱼下酒，出其诗令读。诗尚风调，如十六七女郎与姑姑姊姊闲话光景。秀才自谓与俊曾相识，强作画。俊倚醉握管，藉〔借〕舒闷气，成袁安卧雪一帧。题句相赠云："袁安一卧传千古，画出草堂墨沈香。我似穷猿悲失木，狂吟踏雪不辞僵。"可谓无佛处称尊

---

① 其石. 名印拾遗（六十四）[N]. 金钢钻, 1933-06-06（2）.
② 陈诗. 书后二 [M] //吴保初. 北山楼集：卷二. 铅印本. 民国二十七年：11.
③ 江浦寂园陈浏. 寂园说印 [N]. 金刚钻, 1934, 1 (6)：6.
④ 吴长邺. 我的祖父吴昌硕 [M]. 上海：上海书店出版社, 1997：56.
⑤ 吴保初. 未焚草 [M]. 木活字本. 光绪二十四年：18.
⑥ 邹涛, 沈乐平. 吴昌硕全集：篆刻卷一 [M]. 上海：上海书画出版社, 2015：128.
⑦ 李明勋, 尤世玮. 张謇日记 [M]. 上海：上海辞书出版社, 2017：358.

矣。归坐舟中，篷背雪沙沙不止。颇忆与吾君遂先生谭诗而不得，复剪烛画山水小幅数纸，画皆有诗，另纸录奉一笑。月苦霜寒，书毕兴复不浅，惜床头无宝刀一啸耳。俊顿首。《题画诗》："古木幽斋静隔尘，春寒风景一翻新。孟郊贫死诗谁好，敢抱空山无一人。""世味轻如岭上云，不知有汉不知秦。商量漫著搜山屐，坐着梅边赏别春。""无多景物慰萧寥，卜得贫居鄙吝消。怪石动如山鬼立，元章不拜自高超。""墨磨人处好生涯，纸阁芦帘阅岁华。饮水不愁饥欲死，平生能事写梅花。""长松一线袅飞泉，峰削云孤地势偏。何日俗尘风涤尽，呼龙苕上去耕烟。"①

【按】《吴昌硕全集（绘画卷一）》有《雪景山水立轴》，款云："光绪壬辰岁杪，于役浦东，阻风叶榭，大雪三日夜。衝〔冲〕寒登高阜，眺龙华浮屠，拟作《苦寒行》，而诗思不属，写此自嘲，亦自砺也。画之工拙，有所不计。秋盦以篆籀作钩〔勾〕勒，昌硕仿之。"② 此与书中所云"腊月初，大雪奇寒，时犹阻风叶榭。叶榭者，浦东荒村。"相合，故是书当作于光绪十八年十二月。

是年岁暮，挈眷出都。
吴保初：壬辰岁晏，风雪载途，予挈病妇出都，淹泊沪渎。客邸岑寂，怫郁无聊。因忆向者师友往还投赠之作，动积筐箱，年来奔走，散佚尤多，莫可收拾。昔仅录行篋所存，捐成一帙，以置案头。偶一披览，足针膏肓。溯念前游，徒觇梦寐。驹光递遭，归心如焚。畏我朋友，靡忒惭惶已。君遂记。③

【按】据"壬辰岁晏"系于此。此札为"跛己室"红八行笺。跛己室，或吴保初又一室名。

冬，有诗《送叶曙卿军门》六首。

【按】其二有"几日从容夺建昌"④ 句。李鸿章《复译署》（光绪十七年十一月初五日戌刻）云："顷接叶志超初一来咨：二十七派赴建昌马步队

---

① 吴保初. 师友绪余一卷 [M]. 木活字本. 光绪二十五年：35-36.
② 邹涛. 吴昌硕全集：绘画卷一 [M]. 上海：上海书画出版社，2018：81.
③ 刘凤桥，徐晓飞. 清及近现代名人书法与辨伪 [M]. 沈阳：万卷出版公司，2004：34.
④ 吴保初. 未焚草 [M]. 木活字本. 光绪二十四年：19.

在建属五官营迎剿教匪，……生擒百余，格杀大头目傅连信、彭太和二名，……夺器械、马匹无算。"① 则吴保初得知消息当不早于十一月初一日，故系于此。

叶志超（1838—1899），字曙青。安徽合肥人。淮军将领。

编年诗
1. 《偶忆》四首
2. 《游南顶》四首
3. 《调朱子俊农部》四首
4. 《得大兄书却寄》二首
5. 《题王勷悼亡诗后》
6. 《酬童茂倩》

【按】童挹芳原作（客邸周旋久）②。范当世评云："颇得宋人宗派。"③ 陈诗《尊瓠室诗话》云："茂倩先生晚号茂先，张靖达公树声甥也。尝与吴北山师同官兵部，赠诗云：'道广门成市，官闲马借人。'语殊典切。"④

7. 《送叶曙卿军门》六首
8. 《吊竹坡师》

【按】郑孝胥有诗《追怀宝侍郎》（沧海门生来一见）⑤。

光绪十九年癸巳（1893年）　二十五岁
春，有诗《简吴仓石》。

---

① 顾廷龙，戴逸. 李鸿章全集：第二十三册（电报三）[M]. 合肥：安徽教育出版社，2008：242.
② 吴保初. 未焚草 [M]. 木活字本. 光绪二十四年：18-19.
③ 吴保初. 补辑诸家评语 [M]//吴保初. 未焚草. 木活字本. 光绪二十四年：3.
④ 林建福，校点. 尊瓠室诗话：卷三 [M]//张寅彭. 民国诗话丛编：第二册. 上海：上海书店出版社，2002：127.
⑤ 吴保初. 未焚草 [M]. 木活字本. 光绪二十四年：20.

【按】据吴俊答诗《答吴彦复保初》"问讯春江水"① 系于此。

四月中旬（5月26日—6月4日），访世交王尚辰，王作《唐多令》以赠之。

王尚辰《唐多令》：癸巳首夏中旬，喜彦复过访小园，赋此招饮，兼写余怀。……咸丰癸丑中夏，令祖太仆公下榻园中留诗。②

【按】是词原稿注云："癸巳首夏中旬，彦复世讲过访小园，赋《唐多令》一阕志感并招饮。谦斋王尚辰。时年六十有九。"③

四月十五日（5月30日），王尚辰为《未焚草》作跋，评其诗"取径既正，措词亦雅，不染近世恬俗之习。加以学术，炼以境遇，定可追步古人。"并勖先生"勉修厥躬，仰承先志，勿第为文人以自画也。"自识云："光绪癸巳四月望日谦斋王尚辰跋于遗园有天真室，时年六十有九。"④

五月上旬及前数月内，吴俊致书先生，请借四百银捐升知县。

吴俊《致吴保初书》：弟碌碌无可短长，以酸寒尉〔慰〕终身，即亦已矣。乃不自知其酸寒，而人视之者代为酸寒；二三知己竭力怂恿，劝以加捐县令。盖弟捐有县丞，且乐为之助，现集款已至千五百之谱。查县丞捐升知县，须〔需〕实银二千五百余两。刻托徐子静观察，由厦门炮台捐上兑，再打八三折，只须〔需〕实银两千有奇。凤蒙雅爱，当亦以此举为然。唯是七级浮图〔屠〕，尚赖大功德为之结顶，可否慨借朱提，数唯四百；计完赵璧，期在三年。倘蒙许我，敬乞五月中旬赐汇沪寓。因急上兑，局促如是。⑤

【按】据称谓拟目。光绪十九年《苏省官报》载："十月初六日，……五品顶戴试用知县吴俊卿，浙江人。自严家桥厘卡来禀，知捐升知县到省

---

① 吴保初. 未焚草［M］. 木活字本. 光绪二十四年：20；吴俊卿. 缶庐诗：卷三［M］. 刻本. 光绪十九年：17.
② 王尚辰. 跋［M］//吴保初. 未焚草. 木活字本. 光绪二十四年：1.
③ 吴保初上款：清末合肥诗坛耆硕 王尚辰 致吴保初信札 一通一页 HXTX789［EB/OL］. 孔夫子拍卖网，2016-09-18.
④ 王尚辰. 跋［M］//吴保初. 未焚草. 木活字本. 光绪二十四年：1.
⑤ 沈尹默等. 中华艺林丛论·艺术类（二）：第二册［M］. 台北：文馨出版社，1976：791；王家诚. 吴昌硕传［M］. 天津：百花文艺出版社，2007：76-77.

藩辕牌示照得。"① "十一月二十九日，吴俊卿销严家桥厘卡差，并禀知奉委津局差。"② 则吴俊于是年十月已捐知县。吴保初与其相识在光绪十八年七八月，故书札所称之"五月中旬"应为十九年五月中旬。吴俊又云："因急上兑"，则此书应作于五月上旬及前数月内。

七月十八日（8月29日），先生与孟河营都司董贵友至南京请咨。
《金陵官报》七月十八日：兵部主事吴保初、孟河营都司董贵友来省请咨。③

九月初九日（10月18日），郑孝胥登国会楼，十一日补作七古《九日大阪登高》④，后请先生正句。

郑孝胥《九日大阪登高》：霜风连朝作重阳，……倒海浣此功名肠。癸巳九日大阪登高。彦复正句。孝胥。⑤

秋，与李经达同舟归庐江。

李经达《寄吴彦复武部》：

江表威仪列戟门，西华葛陂旧承恩。少年便作溪山计，京洛应留泥雪痕。客邸茱萸聊解醉，归途榆柳自成村。寻秋记上新亭堠，流涕征南故垒存。

郎官列署重时英，犹有同舟共济情。敢向南冠居逐客，剧怜青鬓负儒生。寒雅落日金台戍，旅燕西风白下城。九陌黄尘双袖底，羡君篛笠课山耕。⑥

【按】《清及近现代名人书法与辨伪》收录原函，"榆柳"，作"松菊"；"记"，作"曾"。诗下云："白下归舟，喜握彦复武部回棹。留皖一夕，便归潜川。登高有怀，率成二律应教。姻愚弟拙农李经达初稿。癸巳秋末寄笺。"⑦《陈谱》云："是夏，先生乞假归省。"⑧ 恐误。

---

① 苏省官报［N］. 申报，1893-11-21（9）.
② 苏省官报［N］. 申报，1894-01-18（10）.
③ 金陵官报［N］. 申报，1893-09-04（9）.
④ 劳祖德. 郑孝胥日记：第一册［M］. 北京：中华书局，2013：376；黄珅，杨晓波，校点. 海藏楼诗集：上［M］. 增订本. 上海：上海古籍出版社，2013：29.
⑤ 2098 张謇（1853—1926）郑孝胥（1860—1938）行书 跋文七言诗［EB/OL］. 西泠印社拍卖有限公司，2015-07-05.
⑥ 李经达. 滋树室遗集：卷二［M］. 刻本. 光绪三十年：14-15.
⑦ 刘凤桥，徐晓飞. 清及近现代名人书法与辨伪［M］. 沈阳：万卷出版公司，2004：32.
⑧ 陈诗. 吴北山先生年谱（再续）［N］. 时报：文艺周刊，1919-10-19（14）.

秋，归里。陈诗求书，作隶书楹联。
《北山楼集·隶书楹联》：心孝君父；志在圣贤。子言大兄，大雅正之。善臣吴保初书。①

【按】陈诗识云："隶书四言联，乃光绪癸巳秋吴北山先生自都门乞假归里，诗乞书者，迄今四十六年矣。偶检旧簏，欣得墨迹，爰付景印，以广流传。人往风微，不禁感慨系之也。"②

十一月十八日（12月25日），四川布政使龚照瑗将使英，奏调先生为随员。
《随使名单》：龚星使于去腊十六日由天津起程，到山海关，坐兵轮至申，均列前报。其奏调参随各员之折子，于十八日到总理衙门。兹将名单录后：……特用主事吴保初……附贡生金维梫。附海军衙门游历人员……五品衔兵部主事凤凌。③

同日，朱铭盘卒。
郑肇经《曼君先生纪年录》光绪十九年：十一月十八日公以积劳病瘵，卒于金州军中。直督王公文韶奏准照知府阵亡例赐恤，荫一子，俟及岁后以金州判用。④

狄葆贤《平等阁诗话》：泰兴朱曼君孝廉铭盘，……甲午夏，客死于旅顺，年四十许。有贤姬赵氏携藐孤抱遗文归，张季直殿撰为之刊行。……君与海州邱履平咸为吴武壮座上客，吴公子君遂主政尝述曼君赠履平一律云："苦道欲归去，家山无寸田。谁能临碧海，长目对青天。相见亦无语，能饥恐得仙。不须论兵法，零落十三篇。"邱名心坦，即袁太常诗中所谓"海州大侠"者也。⑤

【按】狄葆贤所述朱氏卒年当误。

---

① 吴保初.隶书楹联［M］//吴保初.北山楼集：卷三.陈诗，辑.铅印本.民国二十七年：1.
② 吴保初.隶书楹联［M］//吴保初.北山楼集：卷三.陈诗，辑.铅印本.民国二十七年：1.
③ 随使名单［N］.申报，1894-02-19（9）.
④ 郑肇经.曼君先生纪年录［M］//北京图书馆.北京图书馆藏珍本年谱丛刊：第一七七册.影印本.北京：北京图书馆出版社，2010：119.
⑤ 吴忱，杨焄，点校.平等阁诗话：卷一［M］//张寅彭.清诗话三编：第十册.上海：上海古籍出版社，2014：7027.

冬，有诗《郊居》。

【按】据"自起开门看雪山"① 系于此。

是年，方希孟来访，未遇。

方希孟《淮上访吴彦复不遇，因同令兄子衡小饮话旧，留示一律》：尊公勋烈已千秋，兄弟今看气万牛。交谊早知陈纪美，声名近觉马良优。谈深红烛留金焰，坐久寒樽倒玉筹。谁识三韩遗恨在，为君垂泪向幽州。②

【按】《息园诗存》此诗系于癸巳。

方希孟（1838—1913），字峄民，号天山逸民。安徽寿州人。廪贡生。著有《息园诗存》《西征续录》。

编年诗
1.《简吴仓石》
2.《郊居》

光绪二十年甲午（1894年） 二十六岁
二月廿三日（3月29日），遇姚永概。

姚永概《慎宜轩日记》：二十三日。晴。往候挚丈、肯唐，遂同挚丈回看章定庵，饭于肯唐寓。遇庐江吴保初（壮武〔武壮〕公之子）。往谒外舅，话别。③

二月，先生挈家赴京师。

《陈谱》：二月，先生复携家入都供职。④

春，龚照瑗请霍翔函招先生以随员使英，先生却之。有诗《戏作简霍虞部兄》《简龚仰蘧公使》。

---

① 吴保初. 未焚草［M］. 木活字本. 光绪二十四年：20.
② 方希孟. 息园诗存九卷：卷六［M］//《清代诗文集汇编》编纂委员会. 清代诗文集汇编：第七三九册. 影印本. 上海：上海古籍出版社，2010：772.
③ 姚永概. 慎宜轩日记：上册［M］. 合肥：黄山书社，2010：567.
④ 陈诗. 吴北山先生年谱（再续）［N］. 时报：文艺周刊，1919-10-19（14）.

【按】吴保德有《送彦弟随龚仰蘧方伯使英》诗，陈诗注云："甲午春，合肥龚方伯照瑗，以川藩拜使英之命，倩霍骞甫主政致函招北山师偕往。北山师欲得参赞乃行。龚使报书谓参赞无虚席，欲以随员相屈。北山师赋诗却之，有'剡疏推毂到蓬莱'及'终童慷慨弃缤回'之句。先生此诗，盖未得龚报书时作。"①

四月廿四日（5月28日），张謇以一甲一名引见。廿五日，授翰林院修撰。廿八日朝考。②

约七月，妻黄裳病不育，买礼部右侍郎李文田婢女许君男为妾。君男本名金兰。

吴保初《许君男哀辞（有序）》：国家甲午之役，……时则余方子身游京师，踽踽凉凉，出入空馆，客邸感疾，偃息呻吟。友人劝纳一姬，侍医药；且妻病，久不育，疾即愈，为子息计，亦宜尔。维时国家有倭患，人心皇皇，南人从宦辇下，挈眷去者数千家。其间售衣物，减婢媪，以轻行李者，又所在多有。许君男，北产也。年六岁，为匪人劫置车中，持刀矛夜行昼伏，逾数十百里抵京师，鬻李侍郎家。侍郎家属归广州，姬年十四，以为累，遂归余。余初与友戏曰，北人好旗装，异日买妾，命名当曰"君男"。及姬来归，诘其名，曰君男，余甚怪之。盖实名金兰，音相似耳，遂以"君男"名。时同客京师者，合肥张君子开、江君潜之，通州张君季直，各以诗词贺。……追维甲午，姬来归时，余四壁外无他物，兼之倭氛正恶，警报日至，余与姬日夜听风雨坐危城中，椎髻牛衣，相对涕泣。则真所谓同患难共贫贱之人，而孰料其竟以患难贫贱终哉！③

《陈谱》：原名金兰，既来归，先生避大父字，为易全名，且寓宜男意也。④

【按】陈浏《题照》称吴保初"南中妇病已三年"⑤。吴保初买妾事，张謇曾致函托汪康年为其查探。张謇《致汪康年函（一）》云："吴彦复无子，而夫人未来，遂有纳妾之议。昨相一人，媒媪言戴少怀编修处侍婢。

---

① 孙文光, 点校. 北山楼集 [M]. 合肥: 黄山书社, 1990: 167.
② 李明勋, 尤世玮. 张謇日记 [M]. 上海: 上海辞书出版社, 2017: 379.
③ 吴保初. 北山楼文 [M]//吴保初. 北山楼集: 卷三. 陈诗, 辑. 铅印本. 民国二十七年: 32.
④ 陈诗. 吴北山先生年谱（四续）[N]. 时报: 文艺周刊, 1919-11-04 (14).
⑤ 吴保初. 师友绪余一卷 [M]. 木活字本. 光绪二十五年: 43.

而知其隐者,以为顺德先生处婢也,名金兰,年十五岁。媒媪反复百出,情词闪烁可疑,谨托足下详询细考,如校古书者条件见答,无任均感,幸勿厌为虫豸细事也。穰卿仁兄有道足下。弟謇顿首。金兰是否口吃?是否有脾气?"①张謇《致汪康年函(二)》云:"顷托查探之事,前途以公言定行止。究竟顺德处实得若干数?并祈示及,必望即复,至荷至荷!据情节看去,似乎中饱太多,顺德处不如此也。穰卿仁兄大人安。弟謇顿首。汪老爷李宅。"②这两函未署年月日。函中"戴少怀编修"指戴鸿慈,"顺德先生"指李文田,"金兰"即许君男。两函所述乃吴氏意欲买妾,张謇托汪康年查探金兰究为何家婢女,并函询其实际售价事。又张謇七月廿三日记吴氏"时新纳姬"③,故推知此事当不迟于七月廿三日。

七月廿三日(8月23日),张謇题诗于先生昌化石匣。
《张謇日记》二十三日:题彦复昌化石(君遂藏昌化石甚富,属题匣,时新纳姬,因系诗嘲之):"几年京国吴公子,买石挥金肯就贫。亦幸尚饶花乳艳,不愁壁立对佳人。""才能摹印偏工懒,日日高春尚爱眠。只恐他年韩约素,人间无限印文传。"④

【按】陈浏《题照》有"骏马名姬得贤主"⑤句,"名姬"即指许君男。

秋,仍以主事任兵部武选司行走。
《大清缙绅全书·京师兵部》光绪二十年秋[03-051]:(主事武选司行走)吴保初(彦复)安徽庐江人(荫生)。⑥
秋,有诗《寄家山诗》四首、《偶作》(连朝愁淫霖)一首。

【按】据《寄家山诗》其三"秋深未寄衣",《偶作》"秋风黄叶飞"⑦

---

① 上海图书馆. 汪康年师友书札:第二册[M]. 上海:上海古籍出版社,1986:1802.
② 上海图书馆. 汪康年师友书札:第二册[M]. 上海:上海古籍出版社,1986:1802-1803.
③ 李明勋,尤世玮. 张謇日记[M]. 上海:上海辞书出版社,2017:382.
④ 李明勋,尤世玮. 张謇日记[M]. 上海:上海辞书出版社,2017:382.
⑤ 吴保初. 师友绪余一卷[M]. 木活字本. 光绪二十五年:43.
⑥ 大清缙绅全书[M]. 刻本. 北京:松竹斋,光绪二十年:49.
⑦ 吴保初. 未焚草[M]. 木活字本. 光绪二十四年:23.

系于此。

十月，请赴东北军次征倭，被阻未成。

【按】勒深之有《君遂请赴东北军次作诗赠之》二首，其二有"飘飒西风十月天，拂衣好去莫留连"①句，又有诗《题照》（长安大道惊若狂），诗有"任子拜恩今十载"②句，诗下注云"君请赴征倭军，为人所沮，未果行。"③吴保初任子得官在光绪十年，既云"十载"，则时为光绪二十年。陈浏《题照》有"银鞍金勒骄春风，请缨苦要赴辽东"④句，亦指此事。

冬，有诗《寄内》。

【按】据"严霜瘁枯枝"系于此。又据"祸变生东夷""败绩屡奏闻""请缨岂无路，绝裾诚所悲""脱能赋归来，与君陈相思"⑤诸语，知为吴保初请缨后与黄裳之诀别诗。

是年，寿富致书先生，约城破同死。
寿富《论倭乱札》：
彦复老弟左右：日来心如悬旌，而戚友无当路者，欲得确息，如捉风影。得来示，不禁为之流涕也。迩来财匮于上，民穷于下，诸小纷然自利自私。固早虑及此，然何其速也！本朝深仁厚泽，以礼待士，以仁养民，子孙竟食报如此。呜呼！谁为厉阶，至此极也！皇上日来刻励求治，诸臣袖手，毫无天良，竟使皇上富有四海而孤立无偶，此富之日夜痛心泣血而不敢告人者也。富与老弟两家世受国恩，富托天潢，老弟勋裔，不能振先人之烈，为朝廷分万一忧。负罪邱山，夫复何言！若天悔祸，东藩徐复，当思所以报国恩继先绪。设不幸，老弟与富安归乎？亦与此城同其存没耳。心乱如麻，欲言不知所以，日内当走谈也。富顿首。⑥

---

① 吴保初. 师友绪余一卷 [M]. 木活字本. 光绪二十五年：41.
② 吴保初. 师友绪余一卷 [M]. 木活字本. 光绪二十五年：41.
③ 吴保初. 师友绪余一卷 [M]. 木活字本. 光绪二十五年：42.
④ 吴保初. 师友绪余一卷 [M]. 木活字本. 光绪二十五年：43.
⑤ 吴保初. 未焚草 [M]. 木活字本. 光绪二十四年：23-24.
⑥ 吴保初. 师友绪余一卷 [M]. 木活字本. 光绪二十五年：14-15.

【按】吴保初《哭伯福学士》自注云："甲午之役，约城破同死，今君竟践言矣。余以丁酉罢归，殊觉负君地下也。"① 寿富此函亦有"设不幸，老弟与富安归乎？亦与此城同其存没耳"之语，故此函当作于光绪二十年。

编年诗
1. 《戏作简霍虞部兄》
2. 《简龚仰蘧公使》
3. 《偶作》（入世既无补）

　　【按】此诗一题《寄家山诗》，为《寄家山诗》四首其四。②

4. 《感旧》

　　【按】据首联"僦居永光寺，卜宅在西街"③，知吴保初赁居永光寺西街。

5. 《晓起》
6. 《赋得万人如海一身藏》
7. 《送陈静潭舍人落第出都》

　　【按】陈澹然，光绪十九年恩科举人，官中书。据《张謇日记》，本年会试为三月初八日至十六日④，故所作时间当不早于三月十七日。

8. 《闻东事有感》
9. 《即事》
10. 《寄家山诗》四首
11. 《偶作》（连朝愁淫霖）
12. 《寄内》

---

① 吴保初. 北山楼诗 [M] //吴保初. 北山楼集：卷一. 铅印本. 民国二十七年：16.
② 吴保初. 未焚草 [M]. 木活字本. 光绪二十四年：23.
③ 吴保初. 未焚草 [M]. 木活字本. 光绪二十四年：23.
④ 李明勋，尤世玮. 张謇日记 [M]. 上海：上海辞书出版社，2017：376-377.

光绪二十一年乙未（1895年）　二十七岁

二月，分月选官，签掣刑部安徽司主事。先生素志科举，未任。

秦国经《清代官员履历档案全编》"光绪二十一年二月分月官"条：主事：吴保初，安徽人，年二十八岁。由特用五缺主事，今签掣刑部安徽司主事。①

秦国经《清代官员履历档案全编》"光绪二十一年二月等月分月官主事吴保初等十一员履历"条：臣吴保初，安徽庐江县人，年二十八岁。由特用五缺主事，今签掣刑部安徽司主事缺。敬缮履历，恭呈御览。谨奏。②

《光绪二十一年二月分选单》：主事：刑部安徽司吴保初，安徽人。③

二月，江云龙为公题照，有《倭患日深吴彦复刑部保初属题小象此寄愤书》诗，诗云："乙未春仲，倭寇日深，为彦复题此以寄愤。潜之记。"④

【按】诗有"一再请缨遭唾弃，慷慨悲歌走燕市"⑤之句，指吴保初请缨征倭未成之事。

二月，梁启超入京会试。

三月初四日（3月29日），引觐乾清宫。补授刑部安徽司主事，未任。有诗《三月四日引觐乾清宫口占》。

三月初五日（3月30日），阅朝报，感而赋诗。有诗《恭阅朝报感赋》。

《谕旨恭录》三月：初五日奉旨：荫生锡霖著〔着〕以文职用，……刑部安徽司主事著〔着〕吴葆初补授。⑥

【按】《恭阅朝报感赋》首联云："早渥恩言分夏部，又蒙明诏补秋曹。"夏部，即兵部；秋曹，即刑部。与"刑部安徽司主事著〔着〕吴葆初补授"之事相合。

---

① 秦国经. 清代官员履历档案全编：第二十八册［M］. 影印本. 上海：华东师范大学出版社，1997：174.
② 秦国经. 清代官员履历档案全编：第二十八册［M］. 影印本. 上海：华东师范大学出版社，1997：175.
③ 光绪二十一年二月二十五日京报全录［N］. 申报，1895-03-31（11）.
④ 吴保初. 师友绪余一卷［M］. 木活字本. 光绪二十五年：26.
⑤ 吴保初. 师友绪余一卷［M］. 木活字本. 光绪二十五年：26.
⑥ 谕旨恭录［N］. 申报，1895-04-07（1）.

《陈谱》：是岁三月，先生补授刑部山东司主事，有《三月四日引觐》诗，有"圣人南面终忧勤，神农憔悴舜霉黑"之句。时边氛正恶，帝忧形于色，故诗语恭纪〔记〕之。①

陈诗《尊瓠室诗话》：岁乙未三月，补授刑部贵州司主事。引觐，赋诗纪〔记〕恩，有"圣人南面终忧勤，神农憔悴舜霉黑"之句。②

【按】以谕旨为是。

三月，康有为、梁启超等公车上书。
三月，赠朱桂秋诗《赠伶人》。

【按】据"花飞三月燕山暮，忽忆樱桃街里人"③系于此。徐慕云《梨园影事》云："朱莲芬能昆善书，有名士风，潘文勤最赏之。其子小八字桂秋，仪观华彩，有太原公子褐裘而来之象。幼唱老生，惜早即世。乙未丙申间，屡与吴彦复过其樱桃斜街寓焉。"④据此，此伶人当为朱延禧之子朱桂秋。

三月，送黄体芳归里。有诗《送黄漱兰先生归瑞安》。

【按】黄绍箕《潞舸词十阕·跋》云："光绪乙未三月，绍箕奉家大人出都，由潞河南下趋汴，期以仲秋旋里。"⑤《黄体芳先生年谱》云："三月，由子绍箕侍奉出都南归。从潞河乘舟南下，经汴梁、凤阳、金陵、上海，至腊月抵里。"⑥故此诗当作于三月。

黄体芳（1832—1899），谱名淳颖，字漱兰。浙江瑞安人。同治二年（1863年）会元，选翰林院庶吉士。初授编修，累官至内阁学士、兵部左侍郎。光绪

---

① 陈诗. 吴北山先生年谱（三续）[N]. 时报：文艺周刊，1919-10-26（14）.
② 林建福，校点. 尊瓠室诗话：卷三 [M] //张寅彭. 民国诗话丛编：第二册. 上海：上海书店出版社，2002：129.
③ 吴保初. 未焚草 [M]. 木活字本. 光绪二十四年：24.
④ 徐慕云. 梨园影事：下册 [M]. 第二版. 上海：华东印刷公司，1933：61.
⑤ 谢作拳，点校. 黄绍箕集：上 [M]. 北京：中华书局，2018：465.
⑥ 俞天舒. 黄体芳集 [M]. 上海：上海社会科学院出版社，2004：414.

二十一年（1895年）初冬，应张之洞聘，长金陵文正书院。后张调任，遂辞归。与宝廷、张佩纶、张之洞有"翰林四谏"之目。著有《潄兰诗葺》。

春，补授刑部山东司主事，先生经妾许男之劝就缺。

陈诗《吴北山先生家传》：乙未春，补授刑部山东司主事，明法励职。①

《北山吴保初历略》：乙未，补刑部山东司主事。②

吴保初《许君男哀辞（有序）》：姬来未几，署中报余补刑部。余因前出数缺皆未就，犹豫未决。姬曰："知君志科目，然觊区区不可必得之数，而顾以孤君恩，窃为君不取也。"于是，因检平日所为科目文字及卷折等，悉付一炬，令姬瘞之老墙阴下。姬长跽贺曰："君此后当益务显扬之大者，以报君亲，则君之志遂矣，君益勉乎哉。"时，廉俸所入甚微，又扣成塞倭款，故资用乏绝。姬乃日典其簪珥衣物，以供无米之炊，或忍饥累日不食，未尝出怨言。姬虽稚幼，勇于为善，举止端重如成人，不苟言笑，见人能为之事己不能为，辄自力苦学，务底于成而后已，其好胜自强类如此。平居虽极褴褛，与亲友眷属之豪奢者处，未尝以不若人为憾，盖其能甘贫守分又如此。虽余读书明理，自顾不及也。汤文清谓士惟忍于饥寒之苦，而后能存节义之闲，西山所以有饿夫也，孰料弱女子而亦能知此耶！③

【按】《缙绅全书·京师刑部》光绪二十一年夏："山东司。……主事吴保初，安徽庐江县人（荫生）。"④李经达得知先生补授后寄诗志喜。《吴彦复改官刑曹却寄志喜》云："久闻执戟卫明光，又佐云司肃上方。天上郎官占列宿，江皋渔隐忆同航。秋盟鸡黍宵听雨，夜吮狼毫牍有霜。早晚治平传日下，为君兴颂汉庭张。"⑤陈诗《题李郊云观察〈滋树室遗集〉》自注云："光绪乙未，北山师改官刑曹，先生寄诗有'早晚治平传日下，为君兴颂汉庭张'之句。"⑥

---

① 吴保初. 北山楼文[M]//吴保初. 北山楼集：卷三. 陈诗，辑. 铅印本. 民国二十七年：1.
② 北山吴保初历略[N]. 益世报（北京），1926-10-24（8）.
③ 吴保初. 北山楼文[M]//吴保初. 北山楼集：卷三. 陈诗，辑. 铅印本. 民国二十七年：33.
④ 缙绅全书[M]. 刻本. 北京：善成堂，光绪二十一年：55.
⑤ 李经达. 滋树室遗集：卷三[M]. 刻本. 光绪三十年：4.
⑥ 陈诗. 鹤柴诗存：卷三[M]//徐成志，王思豪，编校. 陈诗诗集. 合肥：黄山书社，2010：138.

未几,任帮办主稿,多得左绍佐指导。

《陈谱》:于时刑部尚书为薛公允升,秋谳正主稿为应山左郎中绍佐,皆老吏,娴习法律者也。先生未几遂为帮主稿,以法律鸣,盖得于笏卿指导为多矣。笏卿,绍佐号也。①

左绍佐(1846—1928),字季云,号笏卿,别号竹笏生。湖北应山人。光绪六年(1880年)进士。历官刑部主事、军机章京。著有《蕴真堂集》《竹笏斋词钞》《竹笏日记》等。

春,有诗《春夜》《赠伶人》。

八月十五日(10月3日),中秋江亭宴集,全中基赠诗《乙未中秋江亭宴集赠诗》二首。②

【按】全中基,字洛人。朝鲜人。官主事。《唐烜日记》光绪二十二年(1896年)七月廿一日记云:"入署。有朝鲜国人欲行叩阍呈递封奏被获,送部收禁提讯,供称系高丽内务制造库主事,今年正月初八日由国城航海来都,名全中基。其折内称'去年日本构难,王妃愤郁而卒,其国王现寓俄使公馆,不能回宫,俄人名为保护,实怀叵测,恳请天朝救援'等语,词意极为恳挚,人亦彬雅可观。……行礼部片复称'该员曾在礼部呈递数次,均经驳斥掷还,现高丽国归自主,馆舍已经撤遣,无从安置'云云,仍送回本衙门。"③日记所记全中基来京日期当误。

九月初九日(10月26日),于钓鱼台观试马,怀梁启超。有诗《九日钓鱼台观试马怀任公》。

【按】据首联"簪萸时节一登台,迤逦黄花夹路开",知是日为九月初九日重阳节。富察敦崇《燕京岁时记》"九月九"条云:"京师谓重阳为九月九。每届九月九日,则都人士提壶携榼,出郭登高。南则在天宁寺、陶然亭、龙爪槐等处,北则蓟门烟树、清净化城等处,远则西山八刹等处。赋诗饮酒,烤肉分糕,洵一时之快事也。"④"钓鱼台"条云:"钓鱼台在阜成门外三里许,有行宫一所,南向。每届重阳,长安少年多于此处赛马,

---

① 陈诗. 吴北山先生年谱(三续)[N]. 时报:文艺周刊,1919-10-26(14).
② 吴保初. 师友绪余一卷[M]. 木活字本. 光绪二十五年:46-53.
③ 赵阳阳,马梅玉,整理. 唐烜日记[M]. 南京:凤凰出版社,2017:32-33.
④ 富察敦崇. 燕京岁时记[M]. 北京:北京古籍出版社,1981:79-80.

俗称曰望海楼。"①

九月十九日（11月5日），京师强学会已成立，后更名强学书局②。

九月廿四日（11月10日），晚，访郑孝胥。

郑孝胥《乙未日记》廿四日：傍晚，……谈至二鼓乃返。……吴保初来。③

九月廿五日（11月11日），上午，访郑孝胥。

郑孝胥《乙未日记》廿五：沈子封、吴保初来。午后，……文芸阁来。④

九月廿六日（11月12日），访郑孝胥，携旧纸乞书，言左绍佐极喜郑诗，欲得一见。

郑孝胥《乙未日记》廿六日：吴彦复来，携旧纸乞书。……吴彦复言，有鄂人，左笏卿比部绍佐，极喜余所为诗，以为取径太高。闻余来，欲一见。左寓北半截胡同。⑤

九月廿七日（11月13日），携《吴昌硕印谱》及《缶庐诗》送郑孝胥。

郑孝胥《乙未日记》廿七日：归寓已曛黑，吴彦复送《吴昌硕印谱》及所著《缶庐诗》，诗浅俗，印尚可，然未尽典雅也。⑥

九月三十日（11月16日），下午，访郑孝胥。

郑孝胥《乙未日记》三十日：午后，……吴彦复来。⑦

秋冬间，与寿富过梁启超强学会。

梁启超《饮冰室合集》：乙未秋冬间，余执役强学会。君与吴彦复翩然相过，始定交，彼此以大业相期许。其后君复有知耻学会之设，都人士咸以为狂，莫或应也。⑧

十月初一日（11月17日），访郑孝胥。

郑孝胥《乙未日记》十月朔：吴彦复来。⑨

---

① 富察敦崇. 燕京岁时记［M］. 北京：北京古籍出版社，1981：80.
② 林辉锋. 强学会成立时间考证补：兼谈强学会与强学书局的关系［J］. 中山大学学报（社会科学版），2011，51（6）：76-83.
③ 劳祖德. 郑孝胥日记：第一册［M］. 北京：中华书局，2013：524.
④ 劳祖德. 郑孝胥日记：第一册［M］. 北京：中华书局，2013：524.
⑤ 劳祖德. 郑孝胥日记：第一册［M］. 北京：中华书局，2013：524.
⑥ 劳祖德. 郑孝胥日记：第一册［M］. 北京：中华书局，2013：525.
⑦ 劳祖德. 郑孝胥日记：第一册［M］. 北京：中华书局，2013：525.
⑧ 梁启超. 饮冰室诗话［M］//梁启超. 饮冰室合集：第三册. 北京：中华书局，2015：13.
⑨ 劳祖德. 郑孝胥日记：第一册［M］. 北京：中华书局，2013：526.

十月初四日（11月20日），约郑孝胥于初六日巳刻至平则门吴宅。

郑孝胥《乙未日记》初四日：吴彦复约初六巳刻在平则门。①

十月初六日（11月22日），郑孝胥来，观刘文清行书手卷。午后，左绍佐、祁师曾、张华轸与左文襄之子来。

郑孝胥《乙未日记》初六日：晨，入城，至平则门吴彦复宅，观刘文清行书手卷一。午后，客始至：左笏卿，祁君月，即祁子和之子，张次卿及左文襄之子。日斜，出城答拜姜筠，高燮曾等。②

【按】祁师曾，一名颂威，字君月。祁世长次子祁友慎之长子，当为祁世长之孙，郑孝胥恐误记。张謇有《为祁君月师曾题张石公钱献之石经题名册》③。

张华轸，一名云霖，字次青，一作次卿，张树声次子。

十月初十日（11月27日），访郑孝胥。

郑孝胥《乙未日记》初十日：吴保初来。沈子培来。张次青来。王梧冈来。子培劝余书所见以待时用。④

十月十四日（11月30日），下午访郑孝胥。

郑孝胥《乙未日记》十四日：午后，……吴彦复来。⑤

十月十六日（12月2日），下午，访郑孝胥，未晤。

郑孝胥《乙未日记》十六日：午后，诣廉孙。……于晦若来，吴彦复来，皆未晤。⑥

十月十七日（12月3日），下午，访郑孝胥。

郑孝胥《乙未日记》十七日：午后，……吴彦复来。⑦

十月十八日（12月4日），同祁师曾、姚益堂邀郑孝胥看相，郑却之。

郑孝胥《乙未日记》十八日：祁君月、姚益堂、吴彦复来，邀余同往看相，云有善相者，谈前事尽验。相芸阁，云当至尚书，相张巽之，云当为太守。余

---

① 劳祖德. 郑孝胥日记：第一册［M］. 北京：中华书局，2013：526.
② 劳祖德. 郑孝胥日记：第一册［M］. 北京：中华书局，2013：526.
③ 徐乃为，校点. 张謇诗集：上册［M］. 上海：上海古籍出版社，2014：121.
④ 劳祖德. 郑孝胥日记：第一册［M］. 北京：中华书局，2013：528.
⑤ 劳祖德. 郑孝胥日记：第一册［M］. 北京：中华书局，2013：529.
⑥ 劳祖德. 郑孝胥日记：第一册［M］. 北京：中华书局，2013：529.
⑦ 劳祖德. 郑孝胥日记：第一册［M］. 北京：中华书局，2013：529.

笑曰，公等闻柳子厚之说乎？其《咸宜篇》曰："兴王之臣，多起污贱，众曰幸也。末世公卿，或为皂隶，众曰不幸。余咸宜之。"今吾侪纵为末世公卿，岂足幸哉。余信柳说者，故不往也。祁固邀至同丰堂饭。姚益堂欲呼伶人，众沮之，姚愤然欲去，强挽乃已。余饭毕先去。祁与徐仁铸熟，言徐颇究时务。①

十月二十日（12月6日），访郑孝胥。

郑孝胥《乙未日记》二十：吴彦复来。②

十月廿六日（12月12日），访郑孝胥。

郑孝胥《乙未日记》廿六日：病酒，甚委顿。吴彦复来。③

十月廿九日（12月15日），访郑孝胥。

郑孝胥《乙未日记》廿九日：来客甚多，吴彦复、祁君月皆来。④

十一月初四日（12月19日），访郑孝胥，携刘墉卷归。

郑孝胥《乙未日记》初四日：吴彦复来，携石庵卷去。⑤

刘墉（1719—1804），字崇如，号石庵，谥号文清。山东诸城人。乾隆十六年（1751年）进士。官至体仁阁大学士。为《四库全书》纂修副总裁之一。刘氏工书，有"浓墨宰相"之称。有《刘文清公遗集》行世。

十一月十三日（12月28日），下午，应祁师曾之邀，晤郑孝胥、徐仁铸、吴士鉴。

郑孝胥《乙未日记》十三日：午后，赴祁君月之招，晤徐研甫、吴𬘘斋（子修之子）、吴彦复。⑥

徐仁铸（1863—1900），字研甫。直隶宛平人。光绪十五年（1889年）进士。官湖南学政。有《涵斋遗稿》行世。

吴士鉴（1868—1933），字公䇦，号𬘘斋。浙江钱塘人。光绪十八年（1892年）一甲第二名进士。官翰林院侍读、江西学政。有《含嘉室诗集》《含嘉室文存》《式溪词》行世。

十一月十四日（12月29日），下午，访郑孝胥。

郑孝胥《乙未日记》十四：午后，文芸阁、吴彦复、汪述庭来。⑦

---

① 劳祖德. 郑孝胥日记：第一册[M]. 北京：中华书局，2013：530.
② 劳祖德. 郑孝胥日记：第一册[M]. 北京：中华书局，2013：530.
③ 劳祖德. 郑孝胥日记：第一册[M]. 北京：中华书局，2013：531.
④ 劳祖德. 郑孝胥日记：第一册[M]. 北京：中华书局，2013：532.
⑤ 劳祖德. 郑孝胥日记：第一册[M]. 北京：中华书局，2013：533.
⑥ 劳祖德. 郑孝胥日记：第一册[M]. 北京：中华书局，2013：534.
⑦ 劳祖德. 郑孝胥日记：第一册[M]. 北京：中华书局，2013：534.

十一月十六日（12月31日），下午，访郑孝胥。

郑孝胥《乙未日记》十六日：午后，为子培书绢始讫，凡四千余字。汪述庭、祁君月、吴彦复来。①

十一月廿一日（1896年1月5日），上午，访郑孝胥，郑将赴扬州。

郑孝胥《乙未日记》廿一日：检装。于晦若、吴彦复、陈玉苍来。王梧冈来，并送路菜。午后，入吏部领照。②

十二月初九日（1896年1月23日），京师强学书局被查封。

十月至十二月，寿富致先生《论强学会条规书》，先生此后将其转呈梁启超。

《论强学会条规书》：

君遂执事：日者蒙以《条规》见示，适有客在座，匆匆奉复，未尽所怀。今更申其议，伏望垂察。当事诸君过于持重，诚有使人郁郁处。梁君毅然另为约束，岂非丈夫？惟寿富不无过虑者，以为斯议果成，局中先分疆界。势既为二，人必左右袒。一出一入，是非以生。同室操戈，势所必至。当斯会之始，举国非笑，谓为不成。今幸规模粗具，然非之者尚十四五，观望者亦十二三。若局事蒸蒸日上，将必天下向风；若局事或有二三瓦解，亦可立待。同舟以济，尚恐难成。若更参差，息驾何所？此事成败，大局所关。设不幸所言或中，谋者未成，成者先废，将毋大失梁君之本意乎？夫公议者，胜人而不为人所胜者也。梁君所欲为者，本皆会中应有之义，若并此不能，尚何名为强学？今若邀集同志，平心与之徐商，使是非大明，人人开悟，当局诸君将必舍己相从。若其不从，是违公议。违公议者，公议亦违之。当局者将不自安，尚何局事之能持？则梁君之议，当行之于合会，又何烦别为约束乎？寿富闻之，非常之功，惟忍乃济；迈俗之议，阅久自明。今者惟忧人力之不厚，人心之不坚，与其别白是非，另生枝节，何如相忍以济，培其本根？若力厚势成，是非大定，则亦贤者持柄，愚者退听耳。斯时肩荷大事者，非梁君辈其谁？若不出此，将必是非互腾，尽失本意。势分力薄，奏功无期。在会者思去，局外者不前。人心忧疑，大事去矣。寿富不幸，生逢斯世，有死国之义，无戡乱之才。惟冀风气宏开，人才日出，上安君父，下遂私图。故当斯举之兴，闻而起舞。今知局事如此，不胜悯惧。以与执事相知久，故敢贡其私意，伏惟恕其狂瞽。幸甚。寿富

---

① 劳祖德. 郑孝胥日记：第一册[M]. 北京：中华书局，2013：535.
② 劳祖德. 郑孝胥日记：第一册[M]. 北京：中华书局，2013：536.

顿首。①

【按】此书原稿见程道德主编《中国近现代文化名人遗墨》上册②。据下条暂系于此。

十月至十二月，梁启超来书，邀先生与祁公、寿富入强学会小会。

梁任厂《论强学会书》：

君遂先生有道：承示并寿君书，敬读。两公忧时之心，如将见之，钦佩靡似。寿君所言，字字金玉。此事措手之难，如久病之人，病根盘穴腑脏，以全力去病，病去而人死矣。办事之人过于持重，犹可徐导之也，其有一二借持重之名而因以图其私窟，则疾不可为也。要之其初心，惟可以图利之事乃始为之，一切当行之事，悉置不问。有倡是说，未启口而先拒之，若稍与辨〔辩〕论，则以词色加人，日日扬言于众曰：此局惟彼一人创之，局事亦惟彼一人主之。一切来者，若皆攀附彼之声气，诸事末从干预。夫此局之创，非出其手，此间知之者想亦不尠〔鲜〕，而其间一二通达大体之人，皆困于簿书，不能营办琐事，令此间局面若惟一人独主，以至于此，奈何。以公议去之，非不可行，然同室操戈，大局必散，此病去人死之说也。同人皆有必欲保全之意，而彼有不惧决裂之心，此千古小人所以胜君子之技，匪今斯今，可为浩叹。别院整顿之举，同志主持者尚有其人，弟人微言轻，亦不欲过问。小会之举，自为约束，虽大局无恙，亦当为之。何以故？入会者甚众，大率当官人多、读书人少，虽有善心，未必能俛〔俯〕焉学诵，会虽成而学不克有进，其势必有稍密之功课以待官闲而好学者。小会之与大局，原属并行不悖，未尝有冰炭于其间也。今之时流，于一切致用实学类能言其一二，而不能深通以尽其故，此人才之所以不成而国之所以弱也。我辈同志，率受此病，故严定功课，各执专门，互相挟持，务底有成，此小会区区之意也，虽无大局之波澜，亦将行之。执事以为如何？今此间与小会者，日来所课，尚不荒殖，他日可望成就一二。知公拳拳，拟奉邀入会，俾得亲近，有所就诲。并约祁、寿两公，想不见弃。顷所云云，以公相爱之深，忧世之切，故敢贡其一二，局中矛盾，路人所笑，本未尝一以

---

① 吴保初. 师友绪余一卷[M]. 木活字本. 光绪二十五年：15-16.
② 程道德. 中国近现代文化名人遗墨：上册[M]. 北京：中国方正出版社，2007：44.

告人，尚幸秘之。启超顿首。①

【按】艾俊川系此书于十月至十二月，姑从之。

编年诗

1. 《古意》
2. 《春夜》
3. 《小鬟》
4. 《赠伶人》
5. 《三月四日引觐乾清宫口占》
6. 《恭阅朝报感赋》
7. 《送黄漱兰先生归瑞安》
8. 《书事》
9. 《直夜》
10. 《哭永山（谥壮愍）》

永山（1868—1894），字松岩。汉军正白旗。吉林将军富明阿仲子，黑龙江将军寿山之弟。以荫授四品衔三等侍卫，归东三省练军，后为黑龙江驻防。光绪二十年（1894年）十一月十八日，甲午中日之役，于凤凰城力战阵亡。事上闻，谥壮愍，予建祠奉天。

11. 《夜梦故人朱曼君感怆赋此》

【按】陈诗《庐江诗隽》收录此诗，按语云："先生此诗，因甲午旅顺陷，曼君旅榇未归而作。"② 郑肇经《曼君先生纪年录》："翌年甲午，中日战事将起，旅顺地处冲要，姬赵氏携藐孤，抱遗文，抚柩仓皇南归。张季直为公经纪丧事，并安其家属生计。"③ 左绍佐评《夜梦朱曼君》云："老韵。"④

---

① 梁任厂《论强学会书》，转引自艾俊川. 从强学会到《时务报》：《师友绪余》中的梁启超 [J]. 中国出版史研究, 2021 (1)：123-124.
② 孙文光, 点校. 北山楼集 [M]. 合肥：黄山书社, 1990：24.
③ 郑肇经. 曼君先生纪年录 [M] //北京图书馆. 北京图书馆藏珍本年谱丛刊：第一七七册. 影印本. 北京：北京图书馆出版社, 2010：119.
④ 吴保初. 补辑诸家评语 [M] //吴保初. 未焚草. 木活字本. 光绪二十四年：4.

12.《送勒今晦归西江》

【按】此诗吴保初自系于乙未,陈诗《江介隽谈录》谓勒深之南归在丙申冬:"新建勒省旃明经(深之),一字符侠,又字今晦,乃闽抚少仲中丞(方锜)子也。为人豪放,不矜矩矱,以拔贡试京兆不第,居京师累年。征歌纵酒,一食万钱,无所顾惜,家本不丰,卒以此致困。丙申冬南归,遂杜门不出。戊戌岁以反胃疾卒于里闬,年四十许。善诗,专学唐人。尤长乐府,多肖张文昌。儵忱〔恍〕绵丽,清旷幽邈,均能极其才思。"① 以吴氏自署为是。

勒深之(1853—1898),字今晦、省旃。江西新建人。闽抚少仲中丞勒方琦之子。光绪十一年乙酉(1885年)拔贡。著有《阃三宝斋诗》《蕉鹿吟》《梦余草》。

13.《偶占》
14.《晓色》
15.《散步出平则门望西山》
16.《望西山翠微峰》

【按】富察敦崇《燕京岁时记》云:"西山八刹在阜成门八里庄西北二十里,名翠微山,又名卢师山,又名平坡山。"② 阜成门,即元朝所建之平则门,明正统四年改称。

17.《九日钓鱼台观试马怀任公》

光绪二十二年丙申(1896年)　二十八岁
正月十二日(2月24日),拟建官书局。
正月廿一日(3月4日),工部尚书孙家鼐掌其事。
二月十六日(3月29日),与沈曾桐、杨锐、吴德潚、吴樵、陆映庚、张元济、夏曾佑诸人于全浙馆举办小会。

---

① 陈诗. 江介隽谈录 [M] //王培军,庄际虹. 校辑近代诗话九种. 上海:上海古籍出版社,2013:70-71.
② 富察敦崇. 燕京岁时记 [M]. 北京:北京古籍出版社,1981:80.

夏曾佑《日记》：十六日。阴。与子封、叔峤、彦复、云子、季清、铁桥、映庚、菊生举行小会于全浙馆。①

夏曾佑（1863—1924），字穗卿，号碎佛，署别士。浙江杭州人。光绪十六年（1890年）进士。历任礼部主事、天津育才学堂总办、安徽祁门知县等。参与创办《时务报》《国闻报》《国闻汇编》等。著有《中国古代史》。主编出版《京师图书馆善本简明书目》。

杨锐（1857—1898），字叔峤。四川绵竹人。光绪二年（1876年）举人。十一年（1885年）考授内阁中书。参与发起强学会。张之洞门人。著有《说经堂诗草》。

沈曾桐（1853—1921），字子封，号同叔。浙江嘉兴人。沈曾植弟。光绪十二年进士，选庶吉士，授翰林院编修。湖北考官、广东提学使。强学会列名发起人。

吴德潇（1847—1900），字季清，一字筱村。四川达县人。历官浙江山阴、钱塘、衢州府西安县令知县。任西安时，为劣绅胥吏诬以庇护教士而杀之。

吴樵（1866—1897），字铁桥，名以梗，又缺樵。吴德潇子。光绪二十二年（1896年）应陈宝箴之请赴湖南长沙协助筹办矿务。生平详见谭嗣同《吴铁樵传》。

陆映庚，浙江富阳人。

张元济（1867—1959），字菊生。浙江海盐人。光绪十八年（1892年）进士。历官刑部贵州司主事、总理各国事务衙门章京，后因参与戊戌变法被革职。光绪二十七年（1901年），与蔡元培筹办《外交报》。光绪二十八年（1902年），入商务印书馆。编印《四部丛刊》《百衲本二十四史》等。

二月十七日（3月13日），文廷式被革职。

中国第一历史档案馆《光绪朝上谕档》155条：光绪二十二年二月十七日内阁奉上谕：御史杨崇伊奏词臣不孚众望请立予罢斥一折。据称翰林院侍读学士文廷式遇事生风，常于松筠庵广集同类，互相标榜，议论时政，联名执奏，并有与太监文姓结为兄弟情事等语。……文廷式著〔着〕即革职；永不叙用，并驱逐回籍，不准在京逗留。此系从轻办理，在廷臣工务当共知儆戒，毋得自蹈愆尤。钦此。②

---

① 杨琥. 夏曾佑集：下册［M］. 上海：上海古籍出版社，2011：684.
② 中国第一历史档案馆. 光绪朝上谕档：第二十二册（光绪二十二年）［M］//中国第一历史档案馆. 光绪宣统两朝上谕档. 影印本. 桂林：广西师范大学出版社，1996：52.

《翁同龢日记》二月十七日：昨杨崇伊参文廷式折呈慈览，今发下，谕将文廷式革职永不叙用，驱逐回籍。①

二月廿一日（4月3日），孙家鼐奏官书局开办章程②。

二月，送文廷式出都。有诗《文芸阁学士获严谴作诗送之》《再送芸阁》。

【按】据《文芸阁学士获严谴作诗送之》"草长莺飞二月中"③ 系于此。文廷式评送其出都云："兴寄高迈。"又云："天才英逸。"④ 文廷式《别后札》云："彦复仁兄足下：城阘相隔，过从遂疏。获谂以来，三蒙垂顾，尤复惠以佳章，过相奖饰。虽非所任，敢不勉旃。行期匆促，未及诣别，尤深惭悚。弟虽无状，然于出处之际，无所固必，惟离索之感，极不能忘。风雨如晦，望同志君子勿替素心耳。吾兄质厚气清，同辈凤推。江海阻修，愿崇明德，不尽欲言。途中得诗一首，录呈郢政。万望为道自爱。廷式顿首。《潞河舟次》：春色在杨柳，北风犹峭寒。城阴连岸暝，浦浪激云宽。蔬少厨人计，钟残旅梦安。箧书留谏草，未折寸心丹。"⑤《潞河舟次》一题《潞河舟次书寄》⑥。

三月十一日前（4月23日前），梁启超来书作别，言因被排挤而未入官书局，及其将离京之事。

梁任厂《作别札》：

君遂贤兄先生：重闉辽隔，阙侍数月，鄙怀歉仄，匪可言喻。汉功昆明，楚客泽畔，大局之忧，与君同之。书局复开，仆以婞直见挤，人情本当尔尔，亦何足云。顷归意甚速，欲得一言以为宠，谨奉纨扇，想不见弃。伯福亦久未见，并思得赠言，不审君能为我代致之否？行期在二十间，日内当图良觌，以罄所怀。启超顿首。⑦

三月十一日（4月23日），孙家鼐寿辰，先生前往贺寿，提及梁启超事。

寿富《再答》：鄙意以为今日某大臣过访相左，或是谢寿，老弟未可造次上

---

① 陈义杰，整理.翁同龢日记：第五册［M］.北京：中华书局，2006：2887.
② 官书局开办章程［N］.时务报，1896-09-07.
③ 吴保初.未焚草［M］.木活字本.光绪二十四年：28.
④ 吴保初.补辑诸家评语［M］//吴保初.未焚草.木活字本.光绪二十四年：4.
⑤ 吴保初.师友绪余一卷［M］.木活字本.光绪二十五年：45-53.
⑥ 吴保初.未焚草［M］.木活字本.光绪二十四年：28.
⑦ 梁任厂《作别札》，转引自艾俊川.从强学会到《时务报》：《师友绪余》中的梁启超［J］.中国出版史研究，2021（1）：124.

书也。原件奉缴。①

【按】孙家鼐生辰为三月十二日②。

三月，孙家鼐两度过访，未遇。
吴保初《上孙尚书书》：两蒙高轩枉过，有失迎迓，罪甚罪甚！③
寿富《论留任公书》：老弟谓渠两次过访，似为任公之事。设如所度，讵不大佳？但恐仍是老弟爱才之心耳。④
三月，作《上孙尚书书》，举荐梁启超。

【按】书云："方今天子下诏征贤，……近日朝廷以书局属公，实欲公之造就人才，以待国家异日之用。"知彼时光绪帝下诏征纳贤才，孙家鼐时官工部尚书，并主京都官书局。吴保初认为梁启超"奇才淑质，独出冠时；综贯百家，凌跞一代"，向孙家鼐举荐，请其折节往拜，延梁入局。又云："梁君行期甚急，愿公速图之，不胜大愿"，查《梁启超年谱长编》，梁启超于三月离京赴沪，同黄遵宪、吴德潇、邹凌瀚、汪康年创办《时务报》⑤，故此书所作时间当不迟于三月。

孙家鼐（1827—1909），字燮臣，号蛰生、容卿、淡静老人。谥号文正。安徽寿州人。咸丰九年（1859年）一甲一名进士。光绪四年（1878年）为光绪帝师。历任提督湖北学政、内阁学士、顺天府尹，署工、礼、户、吏、刑五部尚书，学务大臣、太子太傅等。

三月，《上孙尚书书》书成后，先生呈与寿富。次日，寿富复书，劝先生细思详酌，并请先生亲探孙家鼐意图后再做打算，不可造次上书。
寿富《论留任公书》：
君遂老弟足下：日昨为风所中，头晕骨痛，大有伤寒意。任公事似须细思

---

① 寿富《再答》，转引自艾俊川. 从强学会到《时务报》：《师友绪余》中的梁启超［J］. 中国出版史研究，2021（1）：131.
② 朱彭寿. 清代人物大事纪年［M］. 北京：北京图书馆出版社，2005：1215.
③ 吴保初. 北山楼文［M］//吴保初. 北山楼集：卷三. 陈诗，辑. 铅印本. 民国二十七年：4.
④ 寿富《论留任公书》，转引自艾俊川. 从强学会到《时务报》：《师友绪余》中的梁启超［J］. 中国出版史研究，2021（1）：131.
⑤ 丁文江，赵丰田. 梁启超年谱长编［M］. 上海：上海人民出版社，2009：52.

详酌。老弟爱才之心，实为近今所罕，但惜不在高位，在高位者又无此副心肝，此时事所以难也。某大臣奉旨管理书局，当广求异材，以开风气，方于时事有益。乃不出此，尽散股分，惟奏举二十二人办理局务，则其有先入之言已可见矣。任公去岁在局，职司掌笔，本为局中不可少之人。今乃不在二十二人之列，此必有以好事狂妄谮任公者，盖所以必欲谮之者，实恐任公分其权也。老弟身往力荐任公，某大臣若以爱才为心，当殷殷下问，如恐失之。乃言者殷然，听者漠然，是其心不重任公，并不重老弟之言，明矣。老弟谓渠两次过访，似为任公之事。设如所度。讵不大佳？但恐仍是老弟爱才之心耳。故欲老弟亲往探之，若果为此，上书不晚；设不为此，渠疑任公倩老弟营求，于事无济，于己于人皆有损。君子爱人以德，老弟爱之，当保全其名节，详筹其出处。任公才识，安往不得，某大臣不知求任公，任公乃求某大臣耶，必不然矣。迩年营求之风炽，在上位者动以营求轻天下士，故士之自立者，往往矫情以震之，盖不得已也。夫任公留京，于任公毫无益处，于书局则大有益。若令某大臣疑任公营求，必轻视之，必不留任公。不惟不能留任公，转使某大臣疑任公为营求之士，是老弟爱之适以害之也。兄之呶呶为此者，既重任公，又重老弟，诚不欲任公与老弟为人所轻也，望详度之。原书文字甚佳，姑存兄处，如某大臣诚有求才意，即当奉还。兄富白。①

寿富《再答》：今日大人先生之心最难测度，恐其以老弟为卓如游说，则老弟无置身地矣。设更以卓如倩老弟游说，则并卓如无置身地矣。此事所关不小，望更细心酌之。鄙意以为今日某大臣过访相左，或是谢寿，老弟未可造次上书也。原件奉缴。②

【按】此书其后是否上与孙家鼐，俟考。陈诗《吴北山先生家传》云："先生尤善知人，丙申邂逅新会梁启超于京师，时工部尚书寿州孙文正公家鼐，方领自强书局，先生与有雅故，致书荐启超，……孙公于是礼聘启超，为订章程。启超旋游湘，后卒以才名显。"③ 光绪二十四年六月二十九日，

---

① 寿富《论留任公书》，转引自艾俊川. 从强学会到《时务报》：《师友绪余》中的梁启超[J]. 中国出版史研究，2021（01）：131.
② 寿富《再答》，转引自艾俊川. 从强学会到《时务报》：《师友绪余》中的梁启超[J]. 中国出版史研究，2021（1）：131.
③ 吴保初. 北山楼文[M]//吴保初. 北山楼集：卷三. 陈诗，辑. 铅印本. 民国二十七年：2.

孙家鼐奏请梁启超拟译书局章程①，陈诗或误并二事为一。《陈谱》云："是岁，士夫设强学会于京师，先生预焉。御史常熟杨崇伊阿谀孝钦，排斥正士，疏请封强学会。敕改为自强书局，以工部局尚书孙家鼐领局事。先生有上孙尚书荐广东举人梁启超书。"②强学会之设在光绪二十一年，当误。

三月，梁启超离京赴沪，先生赠其述德碑文。有诗《送任公之申江》。梁启超赠先生书自作词十三阕。

梁任厂《别后书》：出都时承惠述德碑文，谢谢。

梁启超跋云：丙申三月将出都，濒行，君遂兄长索拙著，以近为词应之。启超记。③

三月，有诗《晚春》《万寿寺》。

【按】据《万寿寺》"何处春归三月暮"④ 系于此。

春，听妓二喜弹曲《阳关》《归去来》，有诗《听雏妓弹琴》。

【按】据"春风走马踏尘红"系于此。题下注云："某妓名二喜，山东人。年甫二七，颇具贞静之德，庄子所谓'尘垢'云云者耶！善鼓琴，为余弹《阳关》《归去来》二曲，类多悲怨莫诉，作诗悯之。"⑤ 陈乃赓步韵作诗，题下注云："雏妓某色仅中人，惟好尚甚洁，酷嗜鼓琴。彦复诗以张之，声价大高。余偶偕友往访，述此以报彦复，即次其韵。"诗云："楼上花枝红复红，春情梦逐晓云空。美人薄命泥中絮，名士知音爨下桐。自古胭脂生北地，从今抬举有东风。寻常黄四娘家物，收入吟囊便不同。"⑥

春，有诗《和陈虞臣刑部游白云观原韵》。

---

① 谕旨恭录［N］．昌言报，1898-09-16．
② 陈诗．吴北山先生年谱（三续）［N］．时报：文艺周刊，1919-10-26（14）．
③ 梁任厂《别后书》，转引自艾俊川．从强学会到《时务报》：《师友绪余》中的梁启超［J］．中国出版史研究，2021（1）：125．
④ 吴保初．未焚草［M］．木活字本．光绪二十四年：31．
⑤ 吴保初．未焚草［M］．木活字本．光绪二十四年：27．
⑥ 吴保初．未焚草［M］．木活字本．光绪二十四年：28．

75

【按】陈乃赓原作云："嵯峨天半起层楼，鸡犬淮南此尚留。几日茶云西郭外，何年笙鹤北山头。尘红愿共香车碾，峦翠遥从画槛收。我欲抽身谢人海，白云闲处共悠悠。"① 左绍佐亦和其原韵，《同和陈虞臣刑部游白云观韵》云："西山晴翠接飞楼，楼上飞云去复留。闻说神仙皆碧眼，可容士女问丹头。香车宝马春相伴，雾阁烟窗不夜收。我欲吹笙携弄玉，□□鸾鹤思悠悠。"②

春，有诗《简诸曹长》。

【按】据"辜负春风陌上花"③ 系于此。陈诗《皖雅初集》收录此诗，题作《简署中左舜〔筠〕卿绍佐、周节生汝钧、陈虞臣乃赓诸君子》。左绍佐和韵云："官事无多早放衙，晚晴脱帽看檐花。曾推物理思行乐，苦念人生亦有涯。闷睡抛床书历乱，醉吟拈墨字欹〔倚〕斜。近来鱼市都相识，拨剌鲜鳞喜可赊。"④ 周汝钧和韵："讼庭无事懒趋衙，小院春阴日种花。未熟世情多枘凿，几曾学海觅津涯。客来有酒谈常纵，夜坐联吟月易斜。自笑头颅已如许，名山坛席愿空赊。"⑤ 陈乃赓和韵："夹道槐衙复柳衙，江南寒食正飞花。匆匆物候春三月，渺渺家山海一涯。世事惊看棋劫换，乡心苦逐旅程赊。几时归结西湖伴，醉踏裙腰一道斜。茶熟香清趁午衙，闲来同对讼庭花。群公高踞吟坛席，贱子惭窥学海涯。物外啸歌空寄托，判余朱墨恣横斜。白云楼上风流在，老辈当年兴未赊。"⑥

五月，梁启超致书先生，言创《时务报》事，并寄《公启》三十本及照片一张。

梁任厂《别后书》：

君遂兄长足下：国门分携，倏已两月。抟沙易感，怀思可知。自顷入洛，游谒虽众，而落拓寡聊，含沙屡遇，相知相爱，惟在足下。纵复重闽辽隔，合并

---

① 吴保初. 未焚草 [M]. 木活字本. 光绪二十四年：28.
② 吴保初. 未焚草 [M]. 木活字本. 光绪二十四年：28；吴保初. 师友绪余一卷 [M]. 木活字本. 光绪二十五年：54.
③ 吴保初. 未焚草 [M]. 木活字本. 光绪二十四年：29.
④ 吴保初. 未焚草 [M]. 木活字本. 光绪二十四年：29.
⑤ 吴保初. 未焚草 [M]. 木活字本. 光绪二十四年：29.
⑥ 吴保初. 未焚草 [M]. 木活字本. 光绪二十四年：29-30.

苦稀，而感念之情，靡时云已。去秋迄今，事变累易，横流无极，魑魅喜人。业每败于垂成，病即加于小愈，凡兹陈迹，君所共见，太息之外，更无他言。弟顷居海上，与黄公度观察、汪穰卿进士创一《时务报》，冀以开广风气，欲助见闻。此间为南北总汇之区，视首善之晦盲，似有差别。顾事变太速，岁不我与，聚室而移王屋，捧土以塞孟津，绵力薄材，恐无所补，得寸得尺，竭吾心所能至而已。黾勉图功，经费支绌，惟赖报章风行，乃可支持。今邮上公启三十本，乞斟酌其可否与同志共维持之。此局若定，或可为他日学会、议院一切之基也。顷已布告各省同志，请其相助，惟皖省未得其人，若君所知有可以语于此者，便望相告，铭感奚如。近学想益进。数年以后，人血满地，恐更无从容弦诵时，望及时交勉之而已。君智慧才力，独出冠时，惟冠盖京华，销〔消〕磨太甚，尚望稍节酬应，以劭大业。狠托相爱，不敢以谀词进，想弗嗔之。出都时承惠述德碑文，谢谢。照象〔相〕一躯，敬呈左右，聊寄远思。伯福所学成就想益远大，格于例、伤于贫，不能行其志，奈何。此次匆促，未及致书，相见时为弟问讯也。启超顿首。①

【按】梁启超离京在三月，书云："国门分携，倐已两月"，故系于五月。

六月，有诗《桐花馆》。

【按】据"正好清阴六月天"② 系于此。

约七月，得梁启超书并《公启》后，作《蕲同人阅时务报小启》，推广《时务报》。

【按】据《蕲同人阅时务报小启》"秋风动袿，端忧多暇"暂系于此。小启云："兹购得三十分〔份〕，以次递传，足供百人浏览。限三日专足走取原报外，不索分文；其有愿自购者，有愿助款者，各听其便。"③

---

① 梁任厂《别后书》，转引自艾俊川. 从强学会到《时务报》：《师友绪余》中的梁启超[J]. 中国出版史研究, 2021（1）：124-125.
② 吴保初. 未焚草[M]. 木活字本. 光绪二十四年：31.
③ 吴保初. 北山楼遗集[M]//吴保初. 北山楼集：卷三. 陈诗, 辑. 铅印本. 民国二十七年：5.

八月十五日（9月21日），赴江亭宴集，与集者有左绍佐、全中基、李钰等百数十人。有诗《中秋江亭宴集，为朝鲜全洛人、李秋冈作》。

吴保初《中秋江亭宴集，为朝鲜全、李两君作》题下自注：是日集者约百数十人，公卿杂遝〔沓〕，名流接轸，亦都门一盛事也。江亭，即陶然亭。左君笏卿误方音以"陶然"为"桃源"，且云："何处桃源，但流水潺潺，晚烟斜照。"余曰："虽然，人影散乱，夕阳在天，归路厌厌，几不知人间何世已。"君遂并记之。①

阕名《中秋江亭雅集小启》：在昔少昊执矩，耿含生之精；纤河鼓轮，荡诸有之性。舒敛异趣，今昔增感，验之秋月，则有然矣。若乃人海杂遝〔沓〕，软尘坐飞；晨星阔稀，清酒斟酌。将以令节，畅兹雅游。凉风始来，烟燧暂息。广集学侣，旁招寓公。形忘主宾，序有少长。素襮晨举，华筵夕张。胜地写心，谅符元赏。况吾党殊形共气，俯仰六合，浮沉一身。丝竹中年，仿谢公之陶写；风月今夕，接徐令之雅谈。吹律则阳回，析凝则冰释。微云点缀，谓滓太虚；清光可娱，何假灯烛。人生行乐，又一时也。嗟乎！登高能赋，是为大夫；落叶而悲，便成秋士。此之所集，与彼殊致。其诸君子亦有乐于是欤？②

陈诗《江介隽谈录》"江亭韵事二则"条：吴北山先生云：光绪丙申中秋，辇毂胜流，江亭（陶然亭）醵饮，为真率之会。是日到者无虑百数十人。有召客小启云："在昔少昊执矩，耿含生之精；纤河鼓轮，荡诸有之性。舒敛异趣，今昔增感，验之秋月，则有然矣。若乃人海杂遝〔沓〕，软尘坐飞；晨星阔稀，清酒斟酌。将以令节，畅兹雅游。凉风始来，烟燧暂息。广集学侣，旁招寓公。形忘主宾，序有少长。素襮晨举，华筵夕张。胜地写心，谅符元赏。况吾党殊形共气，俯仰六合，浮沉一身。丝竹中年，仿谢公之陶写；风月今夕，接徐令之雅谈。吹律则阳回，析凝则冰释。微云点缀，谓滓太虚；清光可娱，何假灯烛。人生行乐，又一时也。嗟乎，登高能赋，是为大夫；落叶而悲，便成秋士。此之所集，与彼殊致。诸君子其亦有乐于是欤？"此简俊迈似六朝，不署名字，未识谁何手笔也。北山先生又云：是日江亭秋集，左笏卿比部（湖北人）误方音以陶然为桃源，喑曰："何处桃源？但流水潺潺，晚烟斜照。"左固诗人，不谓信口吐属，幽秀迺〔乃〕尔，颇肖词中隽句也。③

---

① 吴保初. 未焚草［M］. 木活字本. 光绪二十四年：32-33.
② 吴保初. 未焚草［M］. 木活字本. 光绪二十四年：32.
③ 陈诗. 江介隽谈录［M］//王培军，庄际虹. 校辑近代诗话九种. 上海：上海古籍出版社，2013：6.

【按】富察敦崇《燕京岁时记》云："陶然亭在正阳门外西南黑窑厂慈悲庵内，康熙乙亥工部郎中江藻建。"①

八月，送李钰赴辽东怀仁。有诗《李秋冈翰林将之辽东，以诗十章留别，依韵和之》十首。

【按】据其十"飘飒西风八月天"② 系于此。魏元旷《丙申重九记》云："高丽织造主事全中基，以其国破君房间关至中国，三叩帝阍乞师。中国方新败，力不足以庇属国，大臣不肯以其书上闻。中基留年余不归，且以干纪系司寇者再。冬寒患病，冻饿荒寺中。玉山洪贞一闻而哀之，稍资赠焉。明年丙申，有进士李秋冈者复来，观察全之所为，终不效，亟旋怀仁，而全仍留。"③ 全中基，字洛人。李钰，字秋冈。④ 洪嘉与，字贞一。

秋，有诗《寄大兄》《再寄大兄》。

【按】据《再寄大兄》"万里秋风传雁足"⑤ 系于此。《再寄大兄》诗下自注云："曹武惠王为宋良将第一，临终，真宗问以后事。对曰：'臣无可言。臣子璨、玮，材器过人，皆堪为将。'"⑥

十二月，除夕将近，左绍佐属先生共和苏轼《馈岁》《别岁》《守岁》诗韵，周汝均、陈乃赓同和。有《和东坡岁暮韵》三首。

吴保初《和东坡岁暮韵》题下自注：东坡官于岐下，岁暮思归而不可得，因念蜀中风俗，遂作《馈岁》《别岁》《守岁》诗三首，以寄子由。今笏卿曹长见余所作小诗，阿其所好，谬加褒美。自顾何人，适增惭恧。慨徂年之遂往，哀吾道兮终穷。将宅心于虹霓之端，共逍遥于陆沉之署。近届除夕，笏卿哦东坡之作，属共和之。和者为广州周君节生、浙东陈君虞臣、湖北左君笏卿，以

---

① 富察敦崇. 燕京岁时记 [M]. 北京：北京古籍出版社，1981：80.
② 吴保初. 未焚草 [M]. 木活字本. 光绪二十四年：35.
③ 魏元旷. 潜园文集：卷十二 [M] // 魏元旷. 魏氏全书. 民国二十二年：2.
④ 杨焄, 校点. 蕉庵诗话：卷一 [M] // 张寅彭. 民国诗话丛编：第二册. 上海：上海书店出版社，2002：4.
⑤ 吴保初. 未焚草 [M]. 木活字本. 光绪二十四年：31.
⑥ 吴保初. 未焚草 [M]. 木活字本. 光绪二十四年：31-32.

及下走初也。①

陈乃赓（1866—1902）字容甫，号虞臣。浙江杭州府海宁州盐官镇人。肄业杭州诂经精舍。光绪十五年己丑（1889年）举于乡，光绪十八年壬辰（1892年）第三甲进士，授刑部贵州司主事。光绪二十二年丙申（1896年）丁父忧回籍，遂绝意仕进。长于词曲，著有《黄堂梦传奇》八卷。

是年，先生任贵州司主稿、秋审处帮办。上书堂官，平反裕董氏之狱。有《上本部堂官说帖》。

《陈谱》：是岁，先生任贵州司主稿、秋审处帮办，平反裕董氏之狱。裕氏，天潢别支，直隶布政使裕长、福州将军裕禄、都察院左都御史裕德兄弟，贵显当世，与从弟裕善不相能。裕善，宗子也，应袭公爵。裕长等争之，假事逐裕善，客死于外。遗妾董氏携子如格来归，复讼而逐之。先生廉得其情，斥裕长等不义。义持律而争于堂官，董氏乃得直。有《上堂官说帖》，载文集中。②

陈诗《吴北山先生家传》：既任贵州司主稿、秋审处帮办，平反裕董氏之狱。裕氏，天潢别支，直隶布政使裕长，福州将军裕禄、都查〔察〕院左都御史裕德兄弟，贵显当世，与从弟裕善不相能。裕善，宗子也，应袭公爵，裕长等争之，假事逐裕善，客死于外。遗妾董氏携子如格来归，复讼而逐之。先生廉得其情，斥裕长等不义，持律而争于堂官，董氏乃得直。③

《北山吴保初历略》：满人格〔裕〕禄、裕德等，恃其贵盛，与从弟裕善不相能。裕善，宗子也，应袭公爵。裕德等争之，假事逐裕善，客死于外。遗妾董氏携子如格来归，复讼而逐之。君廉其情，斥裕德等不义。持律而争于堂官，事遂平反，董氏乃得直。④

陈诗《尊瓠室诗话》：既莅任，考律经年，得兼秋审处帮办主稿。明法励职，不畏强御，不侮寡弱。有豪贵宗室裕长、裕禄、裕德等，因争袭公爵，假钱债事，迫逐其从兄理藩院候补员外郎裕善客死于外，遗妾董氏携子如格来归，裕长等复讼而逐之。先生廉得其情，援律力驳，如格等乃得住京，不销旗档。⑤

---

① 吴保初. 未焚草[M]. 木活字本. 光绪二十四年：35-36.
② 陈诗. 吴北山先生年谱（三续）[N]. 时报：文艺周刊，1919-10-26（14）.
③ 吴保初. 北山楼文[M]//吴保初. 北山楼集：卷三. 陈诗，辑. 铅印本. 民国二十七年：1.
④ 北山吴保初历略[N]. 益世报（北京），1926-10-24（8）.
⑤ 林建福，校点. 尊瓠室诗话：卷三[M]//张寅彭. 民国诗话丛编：第二册. 上海：上海书店出版社，2002：129.

编年诗

1. 《听雏妓弹琴》
2. 《和陈虞臣刑部游白云观原韵》
3. 《文芸阁学士获严谴作诗送之》
4. 《再送芸阁》
5. 《戏赠姬人许君男》
6. 《晚春》
7. 《简诸曹长》
8. 《送任公之申江》

【按】寿富同作云："飞絮乱晴烟，飞花扑绮筵。春风一回送，飘泊去南天。夫子青云器，高吟白马篇。空劳贾生哭，不荐弥〔祢〕衡贤。长揖辞京国，扬舲指媚川。海云愁望阙，岭树引归船。宝剑终腾匣，明珠暂伏渊。江湖闲岁月，好自惜华年。"①

9. 《送人》
10. 《听伶人采芝弹琵琶》
11. 《万寿寺》
12. 《黛色》
13. 《桐花馆》
14. 《客去》
15. 《寄大兄》
16. 《再寄大兄》
17. 《中秋江亭宴集为朝鲜全洛人李秋冈作》

【按】左绍佐评云："近杜。"② 全中基和韵："孤臣奏跸犯轻囚，天眷应须到晚秋。况复圣朝布德泽，从知民物释危忧。高名北斗谁扶越，大义东方独事周。武壮遗芳千古在，人人共说泪横流。"③ 李鸿烈和韵二首，其一（是日英豪似楚囚），其二《滞雨独坐旅舍再和前韵》云："一岛南蛮未

---

① 吴保初. 未焚草 [M]. 木活字本. 光绪二十四年：30.
② 吴保初. 补辑诸家评语 [M] // 吴保初. 未焚草. 木活字本. 光绪二十四年：4.
③ 吴保初. 未焚草 [M]. 木活字本. 光绪二十四年：33.

尽囚，蹉跎身世似凉秋。天涯暮雨孤臣泪，海上西风逆旅忧。为国三年多苦楚，与君今日说尊周。有时倚剑空惆怅，又是前程岁月流。"① 成昌和韵（纵横方罥囚羁囚）。高式柽和韵（暂抛簪绂谢拘囚）②。

18.《李秋冈翰林将之辽东，以诗十章留别，依韵和之》十首

【按】寿富评云："数诗颇有苏意，传之东海无愧也。"③

19.《和东坡岁暮韵》三首

编年文

1.《上本部堂官说帖》

【按】光绪八年（1882年），理藩院候补员外郎裕善因欠债，携妾董氏逃走，逾限未归，故革职销档。十三年（1887年），生子如格，于固安县马庄镇改名行医。二十一年（1895年），裕善卒，董氏携子来京，求堂兄裕长等安置裕善骸柩，令如格归宗入旗。裕长族中有世袭公爵，为争爵位，直隶藩司裕长、福州将军裕禄、都察院左都御史裕德等擅威恃势，将裕董氏及其幼子如格呈送官厅，控其来历不明挟辞讹诈。裕长家丁张福每次上堂，挟其主之权势，以抗问官。裕长等人亦称，如董氏自寻死路，莫怪其以势凌人，威逼致死云云。裕善之父，曾为裕长之父守城殉难。吴保初时官贵州司主稿帮办现审山东司主事，认为裕长等人此举"忘祖父友于之笃，是谓无良""恃权争袭，是谓无耻""此案若惧势而迁移，权贵将愈横而得计"，故援同治五年本部奏定章程、户部则例及官员在逃被获向来办理成案拟稿上书，使裕善骸柩得以回归，如格得入旗档。

2.《上孙尚书书》
3.《蕲同人阅时务报小启》

光绪二十三年丁酉（1897年）　二十九岁
正月廿一日（2月22日），《知新报》于澳门创刊，康有溥总理其事。

---

① 吴保初. 未焚草［M］. 木活字本. 光绪二十四年：33-34.
② 吴保初. 未焚草［M］. 木活字本. 光绪二十四年：34.
③ 吴保初. 补辑诸家评语［M］//吴保初. 未焚草. 木活字本. 光绪二十四年：4.

三月初五日（4月6日），吴保兰不堪刘体信之家暴，于归省次日自尽身亡。

吴保初《哀妹文》：客岁之冬，家书纷纭。述妹苦状，眩疑悃悃。饥弗与食，寒夺其茵。捽发曳足，以溺注唇。鞭笞日下，血流赤殷。时亦小弛，詈语申申。谓汝速死，我昏〔婚〕高门。哀哀吾妹，遭此凶瘴。……桓桓刘公，国之大臣。为人尊章，胡乃不仁。纵子为虐，耳如不闻。匪为纵之，实使之然。昔与老父，如弟如昆。患难相依，始结婚姻。吾父薨殂，遂忘旧恩。不念死友，较富量贫。茕茕遗孤，竟难瓦全。……勉尽妇职，泪竭声吞。作书告哀，不鉴其悃。屏营伏首，不蒙哀怜。待其将死，遣归省亲。抵家一日，奄忽不存。①

【按】吴保初与保兰感情深厚，昔日保兰送保初离乡"涕泣不已"，并勖其"忠以报主，孝以侍亲。凡兹继述，在兄二人。"②

三月十一日（4月12日），闻吴保兰凶耗，作《哀妹文》。

吴保初《哀妹文》：维光绪二十三年三月十一日，保初供职京师，闻吾妹凶耗，肝肠崩摧，一恸几绝。③

李鸿章《致李经方》（光绪十九年三月十一日）：

方儿览：昨接二月二十七来禀，具悉。……昨吴保初奔告，伊妹嫁与仲良第三子，凶暴异常，竟被凌辱而死，骇人听闻。仲良岂亦纵容陵〔凌〕虐耶。……仪翁书。④

【按】刘秉璋，字仲良。安徽庐江人。淮军将领。第三子原名体信，字述之，后名声木，字十枝。著有《苌楚斋随笔》《桐城文学渊源考》等。此函上海图书馆历史文献研究所编《历史文献》第8辑《李鸿章致李经方

---

① 吴保初. 北山楼文［M］//吴保初. 北山楼集：卷三. 陈诗, 辑. 铅印本. 民国二十七年：6.
② 吴保初. 北山楼文［M］//吴保初. 北山楼集：卷三. 陈诗, 辑. 铅印本. 民国二十七年：6.
③ 吴保初. 北山楼文［M］//吴保初. 北山楼集：卷三. 陈诗, 辑. 铅印本. 民国二十七年：6.
④ 顾廷龙, 戴逸. 李鸿章全集：第三十五册（信函七）［M］. 合肥：安徽教育出版社, 2008：501-502.

书札》① 系于"光绪十九年三月十一日",《李鸿章全集·信函七》亦系于此,然吴保兰去世时间确为光绪二十三年,恐误。

春,有诗《送春》。
约四月,有文《宗室寿富告八旗子弟书后》。

【按】寿富《与八旗诸君子陈说时局大势启》曾刊于《时务报》第27期,光绪二十三年四月廿一日出版②。吴保初云:"此吾友伯福近著一篇持以见示者。"③ 则此文当在此前后数日内,故系于此。

六月廿九日（7月28日）,酉时,二姊吴保善逝。
李经方、李国松《合肥李氏宗谱·世系表》：蕴章公第四子。经钰,原名经适,字连之,号庚馀,别号逸农。府学廪生。光绪癸巳恩科江南乡试第三十二名举人,分部郎中。河南候补道加二品衔,诰授资政大夫。著有《友古堂诗集》。生于同治丁卯年正月十九日巳时,卒于民国壬戌年十二月二十五日午时。元配庐江吴氏,广东水师提督谥武壮长庆公次女,诰赠夫人,生于同治乙丑年七月初一日子时,卒于光绪丁酉年六月二十九日酉时,合葬夫茔。④
江藻《李母吴夫人家传》：盖母庐江吴氏,讳保善,字君淑。庐江人。广东水师提督谥武壮讳长庆之女,资政大夫河南候补道合肥李公讳经钰之配。初封安人,累赠夫人。家世贵盛,而俭简勤㑇恤。岁阑,则命仆人夜囊青钱东西行,睏艰窭家,自牖外投之,以为常。光绪丙申,合肥大水,城内居民水没半扉,屋宇倾圮,民多无所得食。资政公斥巨金,又电募万金将为赈。夫人曰：是不可久待。更命仆购饼饵数百金,载小舟广给之,活灾黎无数。……夫人幼敏慧,与兄弟共读。兄弟并以文章致声闻,而仲弟彦复,世所称北山先生者,尤驰名。夫人周旋其间,亦雅娴文事。……年二十归资政公。越十三年,光绪丁酉六月

---

① 上海图书馆历史文献研究所. 历史文献：第八辑. 上海：上海古籍出版社,2004：100-101.
② 宗室寿富. 与八旗诸君子陈说时局大势启[N]. 时务报,1897-05-22.
③ 吴保初. 北山楼文[M]//吴保初. 北山楼集：卷三. 陈诗,辑. 铅印本. 民国二十七年：7.
④ 李经方,李国松. 合肥李氏宗谱：卷十二[M]//安徽合肥李氏五修宗谱二十二卷. 铅印本. 民国十四年：70.

二十九日以疾卒,享年三十有三。子一,瓛,字伯琦。女一,适刘。①

李家孚《合肥诗话》:丁酉夏,先祖母吴太夫人弃养郡城,家君年才十一,长姑九龄,偕依外氏于庐江。先祖自丁酉迄己亥,亦行辙靡定矣。②

吴保初《许君男哀辞(有序)》:丁酉,余在京,先后数月内,叠闻吾姊妹之丧。③

孙佩兰《赠行诗》自注:君姊妹均于是年谢世。④

夏,仍官山东司主事。

《大清缙绅全书·京师刑部》光绪二十三年夏[03-054]:山东司。……主事吴保初(彦复)安徽庐江县人(荫生)。⑤

《爵秩全览》二十三年夏:山东司。……主事吴保初,安徽人。⑥

七月廿五日(8月22日),《萃报》于上海创刊。朱克柔任主笔。

九月初一日(9月26日),《时务报》刊寿富《知耻学会后叙》⑦及《知耻学会总章程》⑧。

九十月间,上《陈时事疏》,一名《批鳞草》。疏后云:"凛战栗屏营待命之至。伏祈大人鉴核施行。谨上,请代奏。"⑨并有诗《自题批鳞草后》三首。刑部尚书刚毅初允上陈,随即悔而阻之,令其修改。先生原有升御史以发摅襟袍之志,然因此龃龉,又加许君男劝说,遂辞官归里养亲。

《陈谱》:时朝廷以强邻日逼,下诏求言。九月,先生有《陈时事疏》,所言朝政时事,多他人所讳言者。尚书刚毅抑不达,先生怫然引疾归。士夫清议,翕然宗之,赋诗祖饯,都门称盛。先生十年辇毂,文章、诗学、书法皆大进矣。⑩

刘光第《致刘庆堂函(第五十三函)》(十一月初四日):

---

① 李经方,李国松.合肥李氏宗谱:卷十六[M]//安徽合肥李氏五修宗谱二十二卷.铅印本.民国十四年:9.
② 李家孚.合肥诗话:卷下[M]//贾文昭.皖人诗话八种.合肥:黄山书社,2014:602.
③ 吴保初.北山楼文[M]//吴保初.北山楼集:卷三.陈诗,辑.铅印本.民国二十七年:33—34.
④ 吴保初.未焚草[M].木活字本.光绪二十四年:40—41.
⑤ 大清缙绅全书[M].北京:荣禄堂,光绪二十三年:51.
⑥ 爵秩全览不分卷[M].刻本.北京:荣禄堂,光绪二十三年:40.
⑦ 宗室寿富.知耻学会后叙[N].时务报,1897(40):3-4.
⑧ 同人公拟,宗室寿富主笔.知耻学会总章程[N].时务报,1897(40):4.
⑨ 1959吴保初文稿《哭告国人书》《批麟草》二种(清)吴保初著[EB/OL].雅昌艺术网,2014-05-05.
⑩ 陈诗.吴北山先生年谱(三续)[N].时报:文艺周刊,1919-10-26(14).

庆堂仁弟大人阁下：……现在闻颐和园犹每天唱戏，皇上五日则须到园请安，于是即在园驻跸数日，共为欢乐。大臣等皆贿赂请托，日甚一日，绝不肯以国事为念。……前月刑部主事吴某（荫生、提督吴长庆之子，号燕甫）。递一条呈，乞堂官代奏，不过谏止办庆典之事，而各堂官变色伸舌，以为语有违碍，断不敢代奏。吴君遂具呈，力请开缺还家（兄有愧此人多矣）。①

【按】据刘光第函，上疏应在十月。但此函作于十一月初，有误记时间，实为九月的可能，故暂系于九十月间。

陈诗《吴北山先生家传》：丁酉秋，朝廷以强邻日逼，下诏求言，先生上疏言朝政时事，多他人所讳言者，尚书刚毅抑不达，先生怫然引疾归，士夫清议翕然宗之。赋诗祖饯，都门称盛。②

康有为《吴彦复墓志》：丁酉应诏直言，为尚书刚毅所格，遂弃官。③

吴保初《请还政疏》：臣不揣愚贱，前曾披沥上书，略言为政之要，在于人君躬率天下，而后可以易危为安，转乱致治。臣堂官刚毅抑不上陈，臣以去就与争，遂以省亲假归。迩来忽忽又三年矣。当假归时，臣堂官誉臣以清高，同列称臣以恬退，然臣本意非欲博清高恬退之名，盖窃冀区区愚虑，上达朝廷，收千虑一得之效，以报之于我皇上也。臣闻匹夫之言，圣人择焉，况臣之累世受恩，臣之休戚，实与我国家安危共之者乎？臣言既未上达，则臣虽归里，臣之心终未白，臣之恩终未报也。④

吴保初《潜志赋》：哀民墙之蠹隙兮，就帝阍而陈词。长官初俞以陈达兮，后悔遁而沮之。……予一再而信说兮，反齎怒予不速改。⑤

《北山吴保初历略》：甲午一役，国威外挫，言变法者群起。尚书刚毅、廖寿恒，抑不达。先生大怒，拂衣遽归。中朝知旧，多赋诗篇，以壮其行。遂隐而不出。⑥

---

① 《刘光第集》编辑组. 刘光第集［M］. 北京：中华书局，1986：276.
② 吴保初. 北山楼文［M］//吴保初. 北山楼集：卷三. 陈诗，辑. 铅印本. 民国二十七年：1.
③ 孙文光，点校. 北山楼集［M］. 合肥：黄山书社，1990：145.
④ 吴保初. 北山楼文［M］//吴保初. 北山楼集：卷三. 陈诗，辑. 铅印本. 民国二十七年：36.
⑤ 吴保初. 北山楼文［M］//吴保初. 北山楼集：卷三. 陈诗，辑. 铅印本. 民国二十七年：20.
⑥ 北山吴保初历略［N］. 益世报（北京），1926-10-24（8）.

夏敬观《北山楼集后序》：自以任子官刑曹，惧负朝廷，惭先德，尝草《陈时事疏》，言人所不敢言，尚书刚毅览之，不悦，抑不得上。先生知事不可为，遂弃官南归。①

吴保初《许君男哀辞（有序）》：一日，余自署归，姬曰："今何晏，得毋有冤狱耶！"余曰："有封事如获上，将冒斧锧死。"姬忽泣曰："吾昨见君起稿时，振笔疾书，既达旦，犹不休，心顾窃有疑，今果然耶！天子圣明，其果降祸于小臣耶！"夜间焚香告天，百叩而私祝，余见而叱之，泪应声落曰："君日日劳王事，亦可谓尽厥职矣；若更以进言获严谴，妾将何依？"既而曰："君果能死国，妾独不能死君耶！"奏既未获上，姬亟劝余归里养亲，余时宦情方隆，有难色。姬曰："妾苟能侍堂上一日养，死无憾！况君为朝廷所旌孝子者耶！"于是，遂以丁酉冬辞职携姬归。②

陈诗《吴北山先生家传》：诗尝从先生游，徜徉山泽，相与和歌，命酒看花，履舃恒满，得闻其逸事甚详。先生尝语人曰："予官刑部二年，依新例当外选直隶州，计可得太仓腴壤也。予志不求富，欲三年俸满，擢御史以发掘襟袍，乃竟以龃龉去，天也！"③

陈诗《尊瓠室诗话》：丁酉秋，朝廷下诏求言。先生陈时事疏，略谓：皇上宜亲贤正，远邪佞，乾刚独断，则万机咸理。若魁柄下移，则国非其国矣。尚书刚毅恶其言切直，抑不代达。先生忿诋之，遂挂冠归。一时僚友赋诗饮饯，都门称盛。先生原志三年俸满，冀保升御史，一施弹劾，以整朝纲。今乃遭臧仓之沮，天也。④

【按】吴保初曾委王嘉善向科房细询恩荫主事题员外后能否考御史，确有升御史之志。王嘉善复书云，"彦复仁兄大人阁下：昨奉手示，敬悉。伏谂起居佳胜为颂。承委之件，昨与科房细询一切，另单备陈，祈察阅是幸。道途泥泞，未克趋送，祈于省视后早为命驾是幸。此复，即请台安。愚弟王嘉善顿首。廿三日"。"恩荫主事题员外后（实缺须历俸三年），能考御

---

① 孙文光，点校. 北山楼集［M］. 合肥：黄山书社，1990：139.
② 吴保初. 北山楼文［M］//吴保初. 北山楼集：卷三. 陈诗，辑. 铅印本. 民国二十七年：33.
③ 吴保初. 北山楼文［M］//吴保初. 北山楼集：卷三. 陈诗，辑. 铅印本. 民国二十七年：2-3.
④ 林建福，校点. 尊瓠室诗话：卷三［M］//张寅彭. 民国诗话丛编：第二册. 上海：上海书店出版社，2002：129.

史（以曾经考试之故）。特赏主事题员外后，能考御史与否，尚须斟酌。主事出洋，只能保升外官（惟总署行走人员能保京官，外衙门则不能）。主事补缺后，须告修墓假，方能开缺（能否下场，须由礼部酌定）。一品难荫，如内用员外须中式（举人副科）能考御史。再，兄台今春未得实缺，或者彼苍有意留与下科中式，尚祈努力耳。出洋须涉历是幸。"①

十月初八日（11月1日），先生出都。左绍佐致作别札。寿富亦来书话别，勖以"慎言慎交，去奢去惰"。赠以宝廷遗墨、富寿《春明送别图》并泥印三方。泥印一镌"不无危苦之辞"，一镌"有福方读书"。江云龙赠联。

左绍佐《作别札》：

君遂足下：昨日告假，已开缺矣。初八日行期匆迫，未及细谈，系怀曷已。世境凄淡惨烈，天下岂复有桃源耶？早去者真令人健羡无极。漏船行风，终须有号呼长年之日。足下义思苦调，何能恝然长已不顾？惟益勖思葛亮、阳明作用，勿徒为陈东愤激一路，则鄙人之所祷祝而长钦者也。伯母高年，足下又有姊之丧，此时归奉晨昏，实亦时止时行之妙。但吾辈聚首未期，奉教之日浅，此为酷耳。如兄绍佐顿首。②

寿富《话别札》：序文一首呈政。别绪万端，恨不能工，谨以志别，不足为外人道也。前索先人遗墨，检稍整者奉上。外仲福画一纸附呈，泥印三方，聊以将意。悠悠此别，相见无期。时事多艰，兄又多病，今生能否再见，皆不可定。兴言及此，流涕无从。行矣，勉之！侍亲读书外，勿再为别事。"慎言慎交，去奢去惰"，愿以此八字为故人勖，想不忽视之也。兄富顿首。③

陈诗《予敝筐凤藏吴北山师所赍富仲弗笔政（寿）仿海忠介拤泥法镌"不无危苦之辞"六字小印一方，今闻李君伯琦亦藏有笔政镌"有福方读书"五字泥印为北山先生旧赐者，感赋奉简》注云：笔政于光绪丁酉绘《春明送别图》赠北山师，后毁于火。④

吴保初《师友绪余》：出都时伯福赠序一篇，潜之赠联云："家庭内肫肫一孺子，朝堂上落落大丈夫。"并跋语，及他友所赠诗画等均失之海上，无从刊

---

① 刘凤桥，徐晓飞. 清及近现代名人书法与辨伪 [M]. 沈阳：万卷出版公司，2004：27.
② 吴保初. 师友绪余一卷 [M]. 木活字本. 光绪二十五年：60.
③ 吴保初. 师友绪余一卷 [M]. 木活字本. 光绪二十五年：22.
④ 陈诗. 鹤柴诗存：卷五 [M] // 徐成志，王思豪，编校. 陈诗诗集. 合肥：黄山书社，2010：200.

人。今又检得笏卿一札,附录于此。君遂记。①

出都时,赠陈浏所藏汤鹏铁画两横幅,陈回赠以天然缺口之小红盂。

陈浏《钵庵忆语》:彦复有芜湖汤鹏所制铁画两横幅,尺寸宽博,山水人物,浑秀苍远,有非笔墨所能到。余亟涎之。已而彦复挈家出都,长路颠顿,不便携带,辄举以赠余。余报之以天然缺口之小红盂,盂为雍正六字楷书款,及今犹存北山楼中也。铁画经庚子大乱,幸亦尚未失去。不过乱头粗服,蹂躏于乱民之手,无复当时风韵矣。②

出都时有诗《国门》。

【按】诗有"从今膝下承欢去,清泪潸潸出国门"③句,知为吴保初辞官出都时之作。另有《江亭文昌集唐签诗》三首:"瑶台应有再来期,珠箔轻明拂玉墀。莫向樽前奏花落,残花犹发万年枝。""鸡犬相闻落照明,身闲不梦见公卿。邻翁意绪相安慰,骨肉团圆亦可荣。""帝城春榜谪灵仙,才子长沙暂左迁。早晚瑶阶归伏奏,雁行一半入祥烟。"④吴氏诸友为其送行并赠诗,收录于《未焚草》,附于《国门》下。其中江云龙三首,其一云:"海内兵戈定,朝堂岁月宽。君王寿神母,游子恋慈颜。疏拙臣之分,忧危世所患。剧怜麋鹿性,祇〔只〕合住深山。"其三云:"余亦山林客,金门独寙歌。鼠偷太仓粟,乌忆故园柯。记共寒衾语,宵长觉梦多。沙湖好烟雨,为我整渔蓑。"⑤是二首为点校本所无。鲍心增二首,全中基二首,张光烈一首,孙佩兰女士一首⑥,张謇一首(封书朝未叩重阍)⑦。张謇赠行诗题一作《送吴彦复刑部罢官归庐江》,诗下云:"彦复如弟。謇录稿。"⑧

出都时便道至北京前门外关帝庙求签。

陈诗《静照轩笔记(四)》"北京关帝庙灵签"条:北京关帝庙签诗极灵

---

① 吴保初. 师友绪余一卷 [M]. 木活字本. 光绪二十五年: 60.
② 陈孝威. 钵庵忆语 [M] // 肖亚男, 整理. 近现代"忆语"汇编. 南京: 凤凰出版社, 2018: 239.
③ 吴保初. 未焚草 [M]. 木活字本. 光绪二十四年: 39.
④ 吴保初. 未焚草 [M]. 木活字本. 光绪二十四年: 39.
⑤ 吴保初. 未焚草 [M]. 木活字本. 光绪二十四年: 39-40.
⑥ 吴保初. 未焚草 [M]. 木活字本. 光绪二十四年: 40-41.
⑦ 吴保初. 未焚草 [M]. 木活字本. 光绪二十四年: 41.
⑧ 刘凤桥, 徐晓飞. 清及近现代名人书法与辨伪 [M]. 沈阳: 万卷出版公司, 2004: 14.

验。先师吴彦复主政，光绪丁酉官刑部，以上书陈时事，为长官所抑，愤而弃官归。便道诣前门关帝庙求签，得诗语，有"雁行一半入祥烟"句。迨庚戌重游京师，而旧友杨漪春、刘裴村、杨叔峤、林暾谷、康幼博均死于戊戌之难，寿伯福、仲福昆季及英王铁珊又死于庚子之难，则此籤（签）诗亦验矣。①

过天津，赴上海。有诗《天津与童茂倩由灵光寺至紫竹林话别，时茂倩将之官曹部》②。

十月十七日（11月11日），上午，访郑孝胥，言因上《陈时事疏》为刑部尚书刚毅所抑而起争执，故挈眷出都，将归庐江。郑留午饭，用后乃去。

郑孝胥《丁酉日记》十七日：吴彦复来，自言在都因上条陈与刚子良执争不下，遂挈眷出京，将归庐江。留饭乃去。午后，诣总公司。③

十月十八日（11月12日），午后，郑孝胥来访，未遇。

郑孝胥《丁酉日记》十八日：午后，诣清远里庆泰栈访许公若。复至大方栈访吴彦复，不遇。④

十月二十日（11月14日），访张謇，逢郑孝胥。偕郑赴汪康年之约于万年春，座有叶意深、郭家骥、罗振玉。

郑孝胥《丁酉日记》二十日：过季直，逢吴彦复，同赴汪穰卿之约于万年春，坐有叶曼卿、郭秋屏、罗叔蕴。罗名振玉，农会报馆董事也。⑤

叶意深（1846—?），字曼卿。浙江慈溪人。光绪十五年（1889年）举人。授江苏后补知县。光绪十七年（1891年）随台湾巡抚邵友濂调赴台湾，任新竹、淡水、台湾县知县。光绪二十二年（1896年）奉调回苏。官金匮县知县。著有《中西药物名表》。

郭家骥（1870—1931），秋屏。直隶宛平人。毕业于京师同文馆法科。光绪二十年（1894年）调赴江宁，随张之洞筹办洋务。历官驻葡萄牙使馆代办、京师译学馆法文教习、外务部法文翻译官。任《时务报》法文翻译。著有《革雷得志略》。

十月廿三日（11月17日），上午，访郑孝胥。

郑孝胥《丁酉日记》廿三日：吴彦复来。午后，诣总公司。⑥

---

① 陈诗. 静照轩笔记：四［J］. 青鹤，1935，3（18）：1-2.
② 吴保初. 未焚草［M］. 木活字本. 光绪二十四年：42.
③ 劳祖德. 郑孝胥日记：第二册［M］. 北京：中华书局，2013：628.
④ 劳祖德. 郑孝胥日记：第二册［M］. 北京：中华书局，2013：628.
⑤ 劳祖德. 郑孝胥日记：第二册［M］. 北京：中华书局，2013：629.
⑥ 劳祖德. 郑孝胥日记：第二册［M］. 北京：中华书局，2013：629.

十一月初六日前（11月29日前），张元济来函，询先生行期，及可否于初六日午前诣谈。

张元济《致吴保初》：

彦复仁兄大人阁下：前日奉复一函，计荷詧〔察〕入。台从行期果定何日？弟拟初六日午前诣谈，想彼时尚未能首途也。译署传补，困于奔走，亟欲走访，故尔迟迟。乞假骡子，不知能邀俯允否？示悉为幸。敬请台安。弟张元济顿首。①

【按】此函未署年月日。据《张元济全集》系于11月。《张元济全集》编者注云："'译署传补'指作者于1897年10月中下旬入总理各国事务衙门（译署）任章京。同年吴保初因上疏言政，为尚书刚毅所嫉，辞职出京，侨寓沪渎。"《张元济年谱长编》亦系于11月②。11月即十月初七日至十一月初七日，吴保初十月中旬至上海，故函中所云"初六日"当为十一月初六日。

十一月十二日（12月5日），张元济致函汪康年，言先生报账糊涂。

张元济《致汪康年函（二十七）》：

穰卿我兄同年：十一月初二日寄奉一函，初四日又托盛萍旨带上一函并洋六十元五角，计先后可到。顷接初六日函，敬悉一切。条复于左：……一、彦复报账，既属糊涂，而报本又复残乱，弟亦不得已，勉如其请。《知新报》亦复如此，该馆无熟人，祈转达。报资统由彦复算付，弟不过代为分派耳，至恳。……弟元济顿首。十二日。③

【按】此函无标题，据称谓拟目。此函未署年份，据《张元济书札·致汪康年（26）》④系于光绪二十三年。

---

① 张元济. 张元济全集：第十卷［M］. 北京：商务印书馆，2010：401.
② 张人凤，柳和城. 张元济年谱长编：上册［M］. 上海：上海交通大学出版社，2011：60.
③ 上海图书馆. 汪康年师友书札：第二册［M］. 上海：上海古籍出版社，1986：1717-1719.
④ 张树年，张人凤. 张元济书札：中册［M］. 增订本. 北京：商务印书馆，1997：644-645.

冬，过芜湖诣袁昶，归庐江。

《陈谱》：是冬，先生归里，过芜湖，诣袁忠节公昶。袁问曰："君视余诗奚若？"先生答曰："渔洋诗，北人南像〔相〕；公诗，南人北像〔相〕者也。"袁大悦。①

袁昶（1846—1900），字爽秋。浙江桐庐人。曾官直隶布政使。著有《渐西村人初集》《安般簃诗续钞》《于湖小集》等，编有《渐西村舍丛刻》。

岁暮，至庐江。有诗《归省吟》。作楹联二副，一自署其门，一题吴保德书室。

吴保初《归省吟》：母喜不疑添蔬食，儿非制诰堕金鱼。②

陈诗《庐州诗苑·尊瓠室诗话》：光绪丁酉，吴北山师官刑部主事，应诏陈言，为尚书刚毅所遏，不得达，遂乞养归。岁暮，自署门联云："武壮封王惟有德，文中介弟号无功。"上句谓平南王孔有德，下句则自喻也。又题哲兄子恒先生书室联云："有子才如不羁马，知君身是后凋松。"上句谓子恒先生仲子世清字仲穆者，年方十四，学优才敏，挥洒千言。师无子，颇爱之，后遂乞继为嗣。③

《陈谱》：先生家居，尝题楹帖曰："武壮封王惟有德，文中介弟号无功。""文中"句，谓其兄子恒都尉隐居耽学也。④

【按】孔有德，明末清初将领。崇祯九年（1636年）被封为恭顺王，顺治六年（1649年）被封为定南王，顺治九年（1652年）卒，谥号武壮。王通，字仲淹，道号文中子。弟王绩，字无功。联语双关。

是年，与寿富办知耻学会。

孙雄《诗史阁诗话》：其子寿富，字伯福，官庶常。余丁酉居京时，见其《告八旗子弟书》中有句云：……所谓"大族"者即指八旗。亦若逆知庚子之变与去年革命之事者。当时八旗人士詈伯福者盈耳，指为妖妄者十人而九也。伯福既为书告八旗子弟，又与吴彦复君保初办知耻学会于宣武城南，奔走叫号，

---

① 陈诗. 吴北山先生年谱（三续）[N]. 时报：文艺周刊，1919-10-26（14）.
② 吴保初. 未焚草[M]. 木活字本. 光绪二十四年：42.
③ 陈诗. 庐州诗苑：卷五[M]. 铅印本. 庐江：陈氏，民国十五年：29.
④ 陈诗. 吴北山先生年谱（续）[N]. 时报：文艺周刊，1920-02-10（14）.

所至强聒。而一般士大夫率掩耳而走。①

是年,先生致书汪康年,请列名农会。

吴保初《报汪穰卿入农会书》:

穰卿吾兄先生左右:客岁损书,告以欲兴农学会报诸事,足征大君子解悬拯溺之苦心,钦佩无既。顷奉手书,并承津津奖假,道及农事,以未能备举一切为憾。噫!若左右之虚怀若谷,勇于为义,殆将欲大有造于我黄人也。不然,何若是其恳挚耶?在昔聪明圣德之后,神灵文思之君,明发动容,昃食兴虑,肃事戒典,宝兹稼穑,良以食为民天,农为邦本,本固邦宁,不可一日缓也。管子曰:"一夫不耕,或受之饥,一女不织,或受之寒,饥寒切肤,廉耻斯丧。"夫一人耕织而供百人之衣食,其事劳;百人耕织而不能供一人之衣食,其事更劳。今泰西以机器代耕,其事逸,其利溥。有斯民责者宜知所从矣。纵古今殊辙,南北异宜,厥理甚微,匪易穷究。若使耕获不愆,兴措获当,而舄〔舃〕卤可腴。要之牧民之吏,课农之官,各尽其能,所当然之职分,竭力提倡,料亦不至过难集事耳。今户部号为司农,农自为农,而所司者非农者也。勾〔钩〕稽簿领,量较锱铢,画诺盈廷,积牍山立,直一片糊涂帐〔账〕目而已。亦若兵部之不管兵,它皆仿此。是岂先王设官分治之本意也欤?至若州县亲民,下车伊始,未闻抚字之情殷,但见催科之计巧。是茕茕小氓,本待司牧之教养。今也牧民者既不能善导之,反桎之梏之,鱼之肉之,几何其不相率而死也。古者耕三余九,不虑凶荒。今则十室九空,朝不保夕。将使人血满地,群盗满山。虽无敌国外患,水旱风蝗,亦将有岌岌不可终日之势。若犹泄泄沓沓,不速兴农政,驱天下游手散卒而归之农,以挽救于万分一,吾恐南亩之旁有辍耕而叹者矣,及其为盗,陷之重辟,死非其罪,亦良可悲矣。且今之纡金曳紫者,其所为害国病民,何异盗贼哉!官盗于上,士盗于下,而横目蚩蚩,虽蹇饿不为乱,抵死不为非,相将以填委于沟壑,恐犹不免为他人吞噬弱肉而强食矣。吾闻之:泰西诸国,民间赋敛至重,且十倍于中国也,而民不怨,何也?国家有以厚其生路也。所以刑罚亦最轻,而民不肯犯,国家有以养其廉耻也。抑又闻之:劳心者治人,劳力者治于人,今之涂体沾足,服事南亩,乐岁终身苦,凶年不免于死亡,所谓劳力者不为不多矣。其余则营营于名利之内,有损于人而私利己,所谓劳心者是亦不为不多也。独惜劳心者之不惟无以治安劳力者之生,且有害于劳力者之生,以其不耕而食,不织而衣也。既无益于劳力者之生,而

---

① 杨焄,校点. 诗史阁诗话不分卷[M]//张寅彭. 民国诗话丛编:第二册. 上海:上海书店出版社,2002:183.

有害于劳力者之生，而劳力者久之，久之于是乎惫且死。劳力者惫且死，劳心者亦不能独生，理在则然矣。今左右与海内二三豪杰之士，兴农学会、出报章，所以开吾亚洲风气，则诚务本之至计，下走向所谓造福于我黄人匪浅也，岂虚誉哉！异日者，国跻富强，家崇礼义，人读诗书，保初则为太平之鸡犬，于愿足矣，岂有复有奢望乎？岂不荣于为今日之士大夫乎？翘首江乡，恨不能拂衣而去。家有薄田二顷，足供先人粢盛，暇更负耒耜以从诸君子游，效夏峰当日之故事，长为农夫以殁世焉可耳。敢乞将贱名先登农会，以为异日服事南亩之证。幸甚幸甚！匆匆奉复，敬请道安。小弟功吴保初顿首。①

【按】此函未署年月日，据陈诗所编《北山楼集》②系于此。标题从《北山楼集》所载之文，二者文字略有异。光绪二十二年（1896年）约秋末冬初，汪康年协助罗振玉、徐树兰、朱祖荣、蒋黼等创办务农会（后更名"农学会"）。《时务报》第十三册曾刊登《务农会公启》（光绪二十二年十一月初一日出版）。内有简章十条，第八条云："海内同志愿入会者，请将台衔住址开寄时务报馆，以便遇事公〔共〕同商酌。"末云："上虞罗振玉、会稽徐树兰、如皋朱祖荣、吴县蒋黼公启"③。次年三月二十一日，《知新报》刊登《务农会章》十二款④。四月二十四日，《农学》创刊。《汪穰卿先生传记》云："四月与同人设立务农会，发行农会报。"⑤ "是会由如皋朱阆樨（祖荣）、会稽徐仲凡（树兰）、上虞罗叔蕴（振玉）、吴县蒋斧（黼）诸君所创设，而先生力为之助。"⑥

是年，《时务报》刊正月至六月之捐款名单，先生共捐四百元。
《支收清册》：今将丁酉实收到之捐款开列于后（以助赀〔资〕之先后为次；起正月，讫六月）……吴彦复部郎助银二百元，续助银二百元。⑦

【按】《支收清册》列二十八人，吴保初位列第五，则其捐款或在年初。

---

① 上海图书馆. 汪康年师友书札：第一册［M］. 上海：上海古籍出版社，1986：335-337.
② 吴保初. 北山楼文［M］//吴保初. 北山楼集：卷三. 陈诗，辑. 铅印本. 民国二十七年：9-10.
③ 务农会公启［N］. 时务报，1896（13）：892.
④ 务农会章［N］. 知新报，1897（13）：4-6.
⑤ 汪诒年. 汪穰卿先生传记：卷二［M］. 北京：中华书局，2007：63.
⑥ 汪诒年. 汪穰卿先生传记：卷二［M］. 北京：中华书局，2007：203-204.
⑦ 支收清册［N］. 时务报，1897（37）：2.

编年诗

1. 《吾生》
2. 《简黄秀北》

【按】黄秀北评云:"池鱼笼鸟,有山林薮泽之思,足下其赋此耶?今日空气中水气孔多,室中尤多炭气,郁烦万状。得君诗殊觉清穆,又颇动人爱力,惜靡地化合耳。"黄秀北,上元人,任参赞。①

3. 《送春》
4. 《简全洛人狱中》二首

【按】鲍心增赠行诗二首②诗下自注云:"朝鲜全洛人流寓京师,琐尾可念,君屡厚赠之。"③ 全中基《赠行诗》二首其一有"救人重义不言功"④ 句。是年,全中基求援于京官。《翁同龢日记》本年正月十二日条云:"高丽织造主事全中基乞援,辞未见。"⑤ 丁仁长《鲍心增传》云:"犹忆丁酉之秋,余将出都,过从君,遇朝鲜人全中基于坐。中基者,愤其国见逼于倭,与其僚朴晚象乞师于我,赍疏叩阍未得报,而思呼助于京朝官者也。君谢不能,而深闵其忠,退则录三人笔谈之语以归余,时距庚子尚数年也。居无何,朝鲜见吞于倭,吾国亦奇变迭兴,驯至盗鼎之祸,余辈欲效全、朴之为而不获。"⑥

5. 《偶书》
6. 《定儿》
7. 《简伯福》
8. 《寄世清》
9. 《自题批鳞草后》三首

---

① 吴保初. 补辑诸家评语 [M] //吴保初. 未焚草. 木活字本. 光绪二十四年: 4.
② 吴保初. 未焚草 [M]. 木活字本. 光绪二十四年: 40.
③ 吴保初. 师友绪余一卷 [M]. 木活字本. 光绪二十五年: 56.
④ 吴保初. 未焚草 [M]. 木活字本. 光绪二十四年: 41.
⑤ 陈义杰, 整理. 翁同龢日记: 第五册 [M]. 北京: 中华书局, 2006: 2874.
⑥ 上海图书馆, 陈建华, 王鹤鸣, 等. 中国家谱资料选编: 传记卷 [M]. 上海: 上海古籍出版社, 2013: 875.

10.《国门》

11.《天津与童茂倩由灵光寺至紫竹林话别，时茂倩将之官京曹》

12.《海上》

13.《归省吟》

编年文

1.《哀妹文》

【按】李详《挽吴彦复》夹注云："彦复有《悼妹文》，不减黄鲁直《毁璧》。"①

2.《宗室寿富告八旗子弟书后》

3.《报汪穰卿入农会书》

4.《上本部堂官说帖》

【按】吴保初时任贵州司主稿帮办现审兼司务厅山东司主事，为干赏儿纠众行劫一案上书。案中要犯郭九与石永春拿人卖放，诬良为盗，刚毅瞻徇荣禄情面，欲开释郭、石等人，吴氏上书请重办："大人以为不顺其请，恐伤两衙门和气，司员则谓使无辜积怨已深，上干天地之和耳。今若原办，得赃之石永春不办，则民不堪命矣。长夜漫漫，亦复何有天日？大金吾势赫赫，而民命贱于草菅，是蚩蚩小氓，不死于朝廷之王法，而反死于捕役之人情也。……今大人若瞻徇提督荣禄情面，则必斫落小民之头颅矣，司员以为不顾荣禄情面，而办该衙门原办官，虽于荣禄情面稍有碍而无碍，何以言之？"②鲍心增赠行诗二首自注所云："君近平反冤狱，活死囚七八，以此忤权贵，弗恤也。"③即指此案。

5.《陈时事疏》

---

① 审言. 挽吴彦复 [N]. 亚细亚日报，1913-03-16（7）.

② 吴保初. 北山楼文 [M] //吴保初. 北山楼集：卷三. 陈诗，辑. 铅印本. 民国二十七年：11.

③ 吴保初. 师友绪余一卷 [M]. 木活字本. 光绪二十五年：56.

卷三　谢职归里

光绪二十四年戊戌（1898年）　三十岁

正月廿四日（2月14日），张元济致函汪康年，言当初声明先生所经手之报，账目由自己核算。

张元济《致汪康年函（三十一）》：

穰卿惠鉴：今年迭寄两函，计荷垂察。……各事条列于左：一、售报事得电，又商志先、叔峤，谓未知在京共销若干，又恐已经手者不愿交出。又恐更改售地，恐销数反减，无以对阁下。……吴彦复经手之件，当初声明帐〔账〕由彼算，合并陈明。……正月廿四日。①

【按】此函无标题，据称谓拟目。此函未署年份，据《张元济书札·致汪康年（29）》系于光绪二十四年②。

三月初五日（3月26日），张元济致函汪康年，言第五十期，先生移交一单，尚未寄到，请补寄三十本了结前账。又言先生经手各处，多有未取之报，故汪康年寄先生名下之报，前数期多有余存，各期多少不一。

张元济《致汪康年函（三十四）》：

穰卿、颂谷同年均鉴：前月廿二日发去一函，言报事既已由张君开局办理，祗〔只〕可设法维持，致免变动云云，计已达览。一昨又由志先处交到前月廿二日所发手书，敬悉一是。谨条复如左：……一、第五十期弟处经手四十分〔份〕，均已收到。自当派送，以了前事。惟吴彦复移交一单，应有数十分〔份〕，此时尚未寄来，应请补寄三十本，以便了结前账。吴君经手各处，弟多有令其来取而竟不来者，故尊处寄吴君名下之报，前数期多有余存，然每期亦多少不一，彦复交来时业已如此，故以后亦万难清晰。弟事太繁，办理不善，

---

① 上海图书馆.汪康年师友书札：第二册［M］.上海：上海古籍出版社，1986：1725-1727.
② 张树年，张人凤.张元济书札：中册［M］.增订本.北京：商务印书馆，1997：648-649.

亦祈原宥。……三月初五。灯下一点钟。①

【按】此函无标题，据称谓拟目。此函未署年份，据《张元济书札·致汪康年（29）》系于光绪二十四年②。

三月二十日（4月10日），姚延翰之妻绝食殉节。先生有诗《姚烈妇挽诗（并序）》《姚烈妇挽诗（代）》。

吴保初《姚烈妇挽诗（并序）》：烈妇年二十九岁，合肥王上舍克斋女也。年十九，归同里姚氏，为郡廪生姚延翰之妇，事翁姆以孝称。初，烈妇于归时，即里中黄贞烈于归绝粒殉节之日也，烈妇闻而悼之。一日，询其夫曰："贞烈之死何如？"其夫曰："可谓难矣。"至是绝粒誓以殉。或尼之曰："非夫志，奈何死？"烈妇曰："已心许之矣。"闭目不食数日。或又诘以"有姑在，奈何死？得毋虑贫乎？"应声曰："穆宗升遐，皇后及部臣皆从死，君臣夫妇，其义一也。不然，若毅皇后之富有四海，又何以死哉？"阻者默然。十三日，遂从容含笑而逝。时光绪二十四年三月二十日也。有司奏于朝，得旌如例。余善其父，故知之最详。颂以小诗，惜未能达其芳馨万一尔。③

【按】此诗《未焚草》署"兄保德"。长女吴弱男亦作有《姚烈妇挽诗》，诗云："志洁冰霜操，名争日月光。年年淝水曲，花发墓门香。"④

三月，有诗《和陈亮伯刑部原韵》。

【按】据"漂摇风雨三春感"系于此。陈浏原作云："贤路崎岖不可行，隔邻丝竹起商声。柴桑到处迎陶令，宣室何年诏贾生。寂寞岩阿招隐日，萧条江海送君情。怜余待漏隆宗外，永夜迢迢未肯明（隆宗，门名）。"⑤

---

① 上海图书馆. 汪康年师友书札：第二册[M]. 上海：上海古籍出版社，1986：1734-1737.
② 张树年，张人凤. 张元济书札：中册[M]. 增订本. 北京：商务印书馆，1997：665-667.
③ 吴保初. 未焚草[M]. 木活字本. 光绪二十四年：47.
④ 吴保初. 未焚草[M]. 木活字本. 光绪二十四年：49.
⑤ 吴保初. 未焚草[M]. 木活字本. 光绪二十四年：50.

春，寿富来书。

寿富《寄笺（一）》：

君遂我弟：屡荷辱书，迫于王事，匆匆未获一答。海天万里，破浪东发，秋风旅思，念子实多。雨雪言旋，岁云暮矣，劳生碌碌，可悲也夫！吾弟逍遥江湖，养亲课子，俯视尘世，应悯劳人。老母比来定更康健，山中著作，今又何如？兄穷寒归家，征尘未清，已入新岁。索居落落，殊无好怀。惟泪眼不枯，善恨犹昔，差堪告慰故人耳。江南草长，幽兴最宜，考槃寤歌，必以相告。努力加餐，凡百珍摄。寿富顿首。①

【按】此函未署年月日。函云："努力加餐，凡百珍摄"，吴保初本年所作之诗《喜伯福登第作诗简之》（三首其二）有"双鱼问讯加餐食，日日相思减带围"句，则作函时间不迟于光绪二十四年。函云："吾弟逍遥江湖，养亲课子"，则吴保初时已辞官归里，故不早于光绪二十三年岁暮。函中又有"已入新岁"语，故此函当为光绪二十四年年初之作。

春，有诗《效韦体》《诗冢》《偶书潜之太史绝句一首示儿辈，自续一首》，及《示侄辈》二首。

【按】《效韦体》据"空山芳杜春"② 系于此。《诗冢》据"葬诗今及落花时"系于此。题下自注云："余病诗久矣，近日捡得旧稿，拉杂而摧烧之。令姬人许君男瘗花坞中，筑诗冢云。"③《偶书潜之太史绝句一首示儿辈，自续一首》诗下自注云："昔王文成公童子时，其父携至京师，诸贵人见之，谓宜以第一流自待。文成问：'何为第一流？'诸贵人皆曰：'射策甲科为显官。'文成莞尔而笑曰：'恐第一流当为圣贤。'诸贵人乃皆大惭。余从宦辇下十年矣，簿书鞅掌，人事纷纭，惧先业之就湮，慨学殖之荒落。今乞假归来，见尔辈颇能立志向学，顾而乐之。案头有余纸，遂书以为勖，兼以志吾之喜乐而塞吾失学之悲。君遂并记。"④

春，朱克柔来书，言张之洞创办官报，欲广纳贤才，朱以公上达，张索阅

---

① 吴保初. 师友绪余一卷 [M]. 木活字本. 光绪二十五年：58.
② 吴保初. 未焚草 [M]. 木活字本. 光绪二十四年：42.
③ 吴保初. 未焚草 [M]. 木活字本. 光绪二十四年：46.
④ 吴保初. 未焚草 [M]. 木活字本. 光绪二十四年：43.

《陈时事疏》。朱克柔邀游武昌，定矿学会报事，并询吴长庆生平大略。先生有诗《寄朱强父武昌》二首及《简强父》（一作《简朱强父武昌》①）一首。

朱克柔《来书》：

君遂先生执事：去岁十月，春浦一面，公归田园，鄙人即赴鄂城之招。劳燕仓促，抑何缘之悭耶？自是遂倾想志度，不可去怀，鄙人之愚则然。人海苍茫，未审执事胸中亦复有鄙人否？伏维名山多福，春晖烂然，竹柏增翠，企望迺〔乃〕在天半。惟是神州多故，四夷交侵，王网明解，圣道隐裂。君国之感罔极，敷天之愤莫外。度执事三径虽乐，闻夙岁东方诸警电，宁遂得以拂衣人，不复依北斗望京华耶？南皮尚书顷创官报于武昌，以选古选今为网，以正人心、开风气为宗旨。命义至伟，英义奋集。惟如克柔不才，亦在礼罗之列，弥以为愧。尚书陈谊大公，冀得天下贤士君子之助，此意独可敬念。鄙人以其下问之切，乃独以执事志事，芳香上达。南皮之好贤，乃有识名恨晚意绪，属飞函敬索执事去岁未上疏稿一读，平生惬心大著能多赐数篇观之，尤盼，幸万勿愁弃。皖、鄂江轮颇迅利，或执事能即武昌一游，藉〔借〕以凭吊晴川、黄鹤，兼索中兴以来罗忠节、胡文忠诸公鄂中遗烈，此亦一壮游。鄙人别有赁舍在城，敬扫径悬榻，以待高贤莅止。去岁述《矿学会报》事，南北君子应者渐多，亦专俟公来，大定一切。公既自命豪俊人，鄙人自待亦复不薄，当勿以交浅言深致迟回也。尊考大夫功伟暨生平大略，祈示及一二，以识倾向。克柔顿首。②

【按】原函未署年月日。函中称"去岁十月，……公归田园，鄙人即赴鄂城之招。"及"属飞函敬索执事去岁未上疏稿一读。"吴保初光绪二十三年（1897年）上《陈时事疏》，为刑部尚书刚毅所阻，遂辞官归里。且光绪二十三年十月二十一日，梁鼎芬曾电邀朱克柔至武昌："上海新马路《萃报》朱强甫：南皮约君来鄂，有要事相商。能来否？速复。芬。"③ 与"鄙人即赴鄂城之招"事相合。故此函当作于光绪二十四年戊戌（1898年）。光绪二十四年春，王仁俊主办之《实学报》更名为《正学报》，并交由张之洞主持。据吴保初《寄朱强父武昌》其一"江汉春归一雁闻"，知其当于春季得朱克柔之函，故系于此。《陈谱》二十五年条云："是春，先生家

---

① 吴保初. 北山楼集：五言律诗［M］//吴保初. 北山楼一卷. 木活字本. 光绪二十五年：6.
② 吴保初. 师友绪余一卷［M］. 木活字本. 光绪二十五年：56-57.
③ 《张之洞电稿丙编》（1901年6月26日），转引自茅海建. 戊戌变法的另面："张之洞档案"阅读笔记［M］. 上海：上海古籍出版社，2018：46.

居。鄂省张文襄公属幕宾朱克柔函招先生赴鄂。"① 恐误系年。

朱克柔（1871—1902），字强父，一作强甫。浙江嘉兴人。诸生。梁鼎芬弟子。有《朱强甫集》行世。

春，读王守仁著述一月，遭专治程朱学之友攻讪。

吴保初《与江潜之书》：春间因检姚江书，穷一月力读之，恍然如梦之乍觉，始知天地间有所谓学，不待他求而后知。……乃不谓友人中之专治程朱学者诸君子，群起而攻。始犹愤愤，继乃置之。②

春，陈诗自上海归庐江，从先生游。

《北山楼集·隶书楹联》陈诗识语：诗从游则在戊戌春，时先生上书不达，引疾归田。并附记于此。戊寅暮春门人陈诗谨识。③

《陈谱》：有故人子陈诗，慕先生清德学业，来执贽门下学诗。先生大喜，语人谓犹昌黎之得张籍也。④

陈诗《尊瓠室诗话》：先生九月归里，余于戊戌春亦由海上归，乃师事焉。⑤

【按】光绪二十三年九月，吴保初尚在京师，陈诗恐误记。

春，有诗《子言不告而去，追呼莫及，作诗简之》四首。

【按】据其二"春阴酿雨初放晴"⑥ 系于此。

春，闻京师有新党、旧党之分，两党迭相攻轧。

吴保初《论阴挠新法之害（下）》：戊戌春，闻京师分新旧两党，日夕攻

---

① 陈诗. 吴北山先生年谱（四续）[N]. 时报：文艺周刊，1919-11-04（14）.
② 吴保初. 北山楼文 [M] //吴保初. 北山楼集：卷三. 陈诗，辑. 铅印本. 民国二十七年：27.
③ 吴保初. 隶书楹联 [M] //吴保初. 北山楼集：卷三. 陈诗，辑. 铅印本. 民国二十七年：1.
④ 陈诗. 吴北山先生年谱（三续）[N]. 时报：文艺周刊，1919-10-26（14）.
⑤ 林建福，校点. 尊瓠室诗话：卷三 [M] //张寅彭. 民国诗话丛编：第二册. 上海：上海书店出版社，2002：129.
⑥ 吴保初. 未焚草 [M]. 木活字本. 光绪二十四年：44.

轧，如水火冰炭，各不相能。①

春，有诗《步子言见赠原韵》。

【按】诗下自注云："时闻人话朱曼君逸事。"②陈诗原作为《呈彦复师》，据"词客春寒谱洞庭"③句系于此。

四月廿五日（6月13日），寿富为二甲第八十八名，获赐进士出身。五月十三日改庶吉士。先生有诗《喜伯福登第作诗简之》三首。寿富和诗（故人天末问平安）④。

《德宗景皇帝实录》光绪二十四年四月：丁未。上御太和殿传胪。授一甲三人夏同和为翰林院修撰，夏寿田、俞陛云为编修，赐进士及第。二甲李稷勋等一百四十六人赐进士出身，三甲王思衍等一百九十三人赐同进士出身。⑤

《德宗景皇帝实录》光绪二十四年五月上：乙丑。……引见新科进士。得旨：一甲进士三名夏同和、夏寿田、俞陛云业经授职外，……寿富……冯绍唐俱著〔着〕改为翰林院庶吉士。⑥

【按】吴保初诗下自注云："君曾绘《怀沙图》见示。"⑦

六月初一日（7月19日），《论阴挠新法之害（上）》刊于《时务报》，署"读有用书室主人"⑧。

【按】与《北山楼集》所载略有异文。

---

① 吴保初. 北山楼文［M］//吴保初. 北山楼集：卷三. 陈诗，辑. 铅印本. 民国二十七年：23.
② 吴保初. 未焚草［M］. 木活字本. 光绪二十四年：51.
③ 吴保初. 未焚草［M］. 木活字本. 光绪二十四年：51；陈诗. 藿隐诗草［M］//徐成志，王思豪，编校. 陈诗诗集. 合肥：黄山书社，2010：33.
④ 吴保初. 未焚草［M］. 木活字本. 光绪二十四年：50.
⑤ 清历朝实录馆臣. 德宗景皇帝实录：卷四一八［M］//中华书局. 清实录：第五十七册. 影印本. 北京：中华书局，1987：483.
⑥ 清历朝实录馆臣. 德宗景皇帝实录：卷四一九［M］//中华书局. 清实录：第五十七册. 影印本. 北京：中华书局，1987：494-495.
⑦ 吴保初. 未焚草［M］. 木活字本. 光绪二十四年：50.
⑧ 读有用书室主人. 论阴挠新法之害（未完）［N］. 时务报，1898-07-19.

六月十一日（7月29日），《论阴挠新法之害（下）》刊于《时务报》①。
夏，与陈诗联句。有诗《与子言联句》。

【按】据"山窗长夏开萝径"②系于此。

夏，有诗《偶检箧中破扇戏责以诗》《扇答》。

【按】据《扇答》"秋来应共班姬语，不到秋来已弃捐"系于此。诗下自注云："此扇曩时非复如此敝敝，亦未见其有扬仁宣郁之用，其弃捐也固宜，而又何怨乎？"③

七月初二日（8月18日），兄保德生日。先生有诗《大兄卅六初度作此侑觞》《步大兄卅六初度自寿原韵》。

七月十六日（9月1日），数月前先生祖母张氏之墓被盗毁，地方官已验明正犯，却曲为开脱。是日，先生与兄保德同往抚署呈控。

《盗棺上控》：安庆访事友人云，庐江县世袭三等轻车都尉吴保德，与弟刑部山东司主事保初，前日偕投抚署呈控。据称祖母张氏系诰封一品夫人，去世后已安窆矣。数月前被盗，毁墓开棺，劫去朝珠衣饰，并将头发拉脱，尸骸狼藉。报经县尊勘验后，重为收殓暂厝。一面饬差拿获匪人袁执富等，讯供已有端倪。嗣因前任臬宪□廉访，饬查原□情形，县尊意存规避，舞文蒙蔽，致将正犯详请开释。然当诣验时，棺盖相离丈余，骸骨暴露。地方官既已验明，何得一再蒙禀，曲为开脱云云。情词迫切，事非无因。想邓中丞嫉恶如仇，如果属实，必当严行查办也。④

八月初九日（9月24日），步军统领衙门奉旨搜捕杨深秀、谭嗣同、杨锐、林旭、刘光第、康有溥六人。次日，六人被刑部收监。

唐烜《唐烜日记》八月初九日：在署闻步军统领衙门奉旨，查拿康有为之党，指名搜索六人：御史杨深秀，四品卿衔军机章京杨锐、谭嗣同、刘光第、林旭及户部侍郎张荫桓，均交刑部治罪。张自四月间，都下讹言，奉旨拿问，

---

① 读有用书室主人. 论阴挠新法之害（续第六十七期）[N]. 时务报，1898-07-29.
② 吴保初. 未焚草 [M]. 木活字本. 光绪二十四年：52.
③ 吴保初. 未焚草 [M]. 木活字本. 光绪二十四年：53.
④ 盗棺上控 [N]. 申报，1898-09-03（2）.

103

不知因何而起，至是果然。①

唐烜《唐烜日记》八月初十日：是日闻昨日查拿诸人，均送刑部收监，杨侍御先为刑部员外郎，去冬始转御史，夏间为文仲弓侍御奏参，同宋伯鲁党附康有为，往来甚秘云云。近闻其上封事廿余首，力主变法。杨为己丑同年，且同出浙江张肖庵先生之门，洵为山右才子，素讲汉学，著述颇多，唯性情迂执，与朋友多落落寡合，不知何以阑入康党，殊所不解。刘为癸未科进士，分刑部广西司，性尤孤僻，每入署辄不上堂，谈及公事，亦颇谙悉。印、稿拉之同往终不肯，自以随行逐队谒上司为耻。自议新法后，湖南巡抚陈右铭（宝箴），列保通晓时务贤才，刘与杨锐均与焉。刘、杨皆四川人，素交好，杨与湖南巡抚有旧，常为刘游扬其才品，故并登荐剡。②

八月十三日（9月28日），杨深秀、谭嗣同、杨锐、林旭、刘光第、康有溥六人被斩。先生冒险作诗《读〈东林传〉》（一作《哭六君子》③），为之讼冤。

唐烜《唐烜日记》八月十三日：入署，到司堂后，闻书吏云有军机处司员来刑部，亲送交片，未稔何事，咸以为会讯官犯事。……正絮话间，忽秋审处满汉提调上堂，举止惊惶，嘱各司回公事者咸退，并厉声唤堂书吏速出。予回司向同人讥笑，秋谳诸君有何事而致作如是举措。方谈次，闻大门呵导声，司役报刚中堂到，则愈知为会商讯犯，别无他异也。然署门外人声喧噪，大门皂役拦阻闲杂人等，不许阑入，并向门外观者大声云"汝等候差事出来再看可也"，予始疑讶，忽鲍荟人同年到司具言，谕旨已到，除张、徐两人另候谕旨，刘、杨、谭、林四章京及杨、康六人，均即行处斩，始知所谓军机交片者，乃军机司员亲赍此旨来也。刚中堂派为监斩大臣，故先到。时步军统领崇公，已调京旗各营健卒，在署外巡缴，前门、顺治门一带，皆派兵防护不测。而刑部亦传齐五城司坊官，预备囚车、刽手、青衣等差各到。满汉提调分班赴南、北所监视缚犯出。南所三人，为谭及二杨，北所则刘、林、康广仁也。北监犯先绑讫，候南监三犯出，至提牢厅，跪听宣读上谕毕，即饬青衣带赴法场矣。④

《陈谱》：八月，闻政变，先生有《哭六君子》诗（圣朝不杀士，尼父吊三仁。西市诸君子，东林旧党人。涓涓流碧血，扰扰窜黄巾。未必逢天怒，阴霾

---

① 赵阳阳，马梅玉，整理. 唐烜日记［M］. 南京：凤凰出版社，2017：136.
② 赵阳阳，马梅玉，整理. 唐烜日记［M］. 南京：凤凰出版社，2017：136.
③ 吴保初. 北山楼诗［M］//吴保初. 北山楼集：卷一. 铅印本. 民国二十七年：10.
④ 赵阳阳，马梅玉，整理. 唐烜日记［M］. 南京：凤凰出版社，2017：136-137.

黯紫宸）。二杨、刘、林、康皆旧识，惟谭知名而已。①

【按】此诗前隔数题之《效韦体》及其后之《子言不告而去，追呼莫及，作诗简之》均作于春季，或因避祸而置于此。

陈诗《吴北山先生家传》：先生性笃于友朋，不避危难，当戊戌八月之变，方角巾乡里，有《哭六君子》诗云："圣朝不杀士，……阴霾黯紫宸。"盖二杨、刘、林、康皆旧识，故伤之也。"黄巾"句，庚子拳乱竟验。②

杨深秀（1849—1898），原名毓秀，字漪村，号莙莙子。山西闻喜人。光绪十五年（1889年）进士。历官刑部主事、郎中、山东道监察御史。参与创办关学会，列名保国会。著有《杨漪村侍御奏稿》《雪虚声堂诗抄》《闻喜县新志》。

刘光第（1859—1898），字裴邨。四川富顺人。光绪九年（1883年）进士。官刑部主事、军机章京行走。列名保国会。著有《衷圣斋文集》《介白堂诗集》。

林旭（1875—1898），字暾谷，号晚翠。福建侯官人。光绪十九年（1893年）举人。著有《晚翠轩集》。

康有溥（1867—1898），字广仁，号幼博。广东南海人。康有为弟。光绪二十三年（1897年）创办《知新报》。倡办女学堂，筹办上海大同译书局，参与创设不缠足会。有《康幼博茂才遗诗》行世。

八月十五日（9月30日），先生为陈诗《藿隐诗草》作序。

吴保初《序》：陈生诗，以诗名，盖欲以诗自鸣也。其贞白介特类东野之为人，故字曰鸣郊。鸣郊，吾通家故人子也，年长于余而以余为师。噫！余不为学，曶曶人方当师之不遑，而敢为之师乎？生既以他山相责，一日出其所作诗以质余。余凤好直言者也，妄为批抹，删其太半以归，有如石之投水。夫赠人以言，其本已浅，言或不当，则失之妄矣。不谓生之好受直言而并受妄言，遂悉举其所作，拉杂而摧烧之。嗟乎！何生之虚怀而善受也。客岁秋，余卒以直言被放罢官，归山中卧病，偃蹇寂寥无与语，所跫然空谷者，舍生其谁哉？风雨如晦，生亦时时来余斋，仍不复厌余直言，有所作辄以相质。余读其诗，洒然有出尘想，非复十年前见视之作矣。为之整比排印，抵掌吟耽，亦联比昌黎

---

① 陈诗. 吴北山先生年谱（三续）[N]. 时报：文艺周刊, 1919-10-26（14）.
② 吴保初. 北山楼文 [M] //吴保初. 北山楼集：卷三. 陈诗, 辑. 铅印本. 民国二十七年：2.

之赋两乌更相鸣焉已耳。光绪戊戌中秋日同里吴保初君遂书于北山楼。①

八月，吴保德为陈诗《藿隐诗草》作序，言其与先生对陈之诗观点有异。

吴保德《序》：陈生笃学能文，多闻强识，嗜诗尤酷。自汉、魏、六朝，下逮有明及国朝，诸老先生有诗集者，莫不广搜博访，必一得见乃已。或贫不能致，则担簦负笈，驰书献赞，乞假于藏书之家。得则钩深讽咏，寓目靡有遗忘。凡于古人之门径诣蕴，类能言之，故其诗出入于渔洋太鸿之间，上窥中晚，吐葩振采，刻意求新。家贫，饔飧不给而吟哦不辍，晏如也。境愈困，学愈力而诗愈工。韩子云"诗必穷而后工"，苏子云"非诗能穷人，穷者诗乃工"，此之谓欤！然余每病其诗辞胜于意，气短于才。吾弟曰："不然，兄所论者，以浩瀚崎嵚之作绳之，生固不逮。生寔〔实〕能穷而见志，诗以怡情，有内心有贞志者也，兄勿第以诗求之可耳。"十年来作诗千篇，存者十一，属为校理，书以归之，亦犹吾弟之字以鸣郊，生之以藿隐名斋，以斋名诗之意云尔。光绪戊戌八月同里吴保德子恒书于北山楼。②

十一月初十日（12月22日），作《未焚草》自序。自识云："光绪戊戌长至日再记于北山楼。"③

吴保初《未焚草·自序》：噫，余今兹春秋百八十甲子矣，友人金谋刊刻余诗以寿余，……光绪戊戌长至日再记于北山楼。④

十二月初九日（1899年1月20日），先生生日，有诗《三十初度自寿》。吴炎世有诗《祝大人寿》（蓬莱宫阙绮窗开）⑤。

十二月廿四日（1899年2月4日），有诗《祀灶诗是日迎春》二首。

【按】其一诗下注云："时姬人久病。"⑥

冬，陈诗客沙湖山宅，与吴炎世、李国璟饮酒谈诗。

陈诗《庐州诗苑·尊瓠室诗话》"吴炎世"条：予犹忆戊戌客君沙湖山宅，冬夜每与君及李君伯琦饮酒谈诗，辄至夜分，甚足乐也。顷者伯琦自吴门来，

---

① 吴保初. 序 [M]//徐成志，王思豪，编校. 陈诗诗集. 合肥：黄山书社，2010：8.
② 吴保德. 序 [M]//徐成志，王思豪，编校. 陈诗诗集. 合肥：黄山书社，2010：7.
③ 吴保初. 自序 [M]//吴保初. 未焚草. 木活字本. 光绪二十四年：2.
④ 吴保初. 自序 [M]//吴保初. 未焚草. 木活字本. 光绪二十四年：2.
⑤ 吴保初. 未焚草 [M]. 木活字本. 光绪二十四年：56.
⑥ 吴保初. 未焚草 [M]. 木活字本. 光绪二十四年：56.

偶述旧事，相与怃然。①

　　李国璂（1887—1958），号伯琦、漱荪，别号瘦生，晚号嚣嚣子。父李经钰，母吴保善。李家孚《合肥诗话》云："家大人次居长。早失怙，依外氏居。偕诸中表受业于吾乡张子开广文，时与外兄吴仲穆太守、陈子言先生赓和，为舅氏吴北山刑部所赏。"②

　　冬，寿富来书，先生有诗《题伯福书札后》《寄伯福》。

　　寿富《寄笺（二）》：来教敬悉，大稿拜领。山居清致，令人想煞。捧读见怀之作，甚为凄然。老弟天姿英迈，同人罕比，惟与时局甚不相宜。今能山居读书，养亲课子，虽老弟之能退，亦武壮公在天之灵实默相之。时局艰难，人情百变，深望此后挂口不谈时事，文字之间尤宜检点。兄凤不喜隐逸一流，以为欺世盗名养庸取巧，最为下品。惟夷齐、陶靖节不在此例〔列〕，盖不得已而隐也。老弟此番上书不成，拂袖归去，盖亦不得已者。自此与世隔绝，夫谁得而议之？人生最难得者，终身与猿鹤为邻，而不负君子之责。老弟今已得此，岂非天幸！从此弄月吟风，愈见硕人高致。兄于老弟爱之重之，故敢尽言。请检郭有道、陶靖节传，读之思之，师之至之，必有合也。兄不幸生逢多难，又在宗籍。老弟之境，实望之而不可得，自断此生永无展眉之日矣。言之凄然。兄富顿首。③

　　【按】据《题伯福书札后》"岁暮百虑积，风雪光景徂"④，《寄伯福》"园林雪初霁"⑤ 系于此。

　　冬，为陈诗《藿隐诗草》题诗。有诗《题陈子言诗集》，一作《题陈子言〈藿隐诗草〉》⑥。

　　【按】据"岁晏冰雪沍"⑦ 系于此。

---

① 陈诗. 庐州诗苑：卷五 [M]. 铅印本. 庐江：陈氏，民国十五年：31.
② 李家孚. 合肥诗话：卷下 [M] //贾文昭. 皖人诗话八种. 合肥：黄山书社，2014：611-612.
③ 吴保初. 师友绪余一卷 [M]. 木活字本. 光绪二十五年：58-59.
④ 吴保初. 未焚草 [M]. 木活字本. 光绪二十四年：55.
⑤ 吴保初. 未焚草 [M]. 木活字本. 光绪二十四年：55.
⑥ 吴保初. 北山楼诗续集 [M] //吴保初. 北山楼集：卷二. 铅印本. 民国二十七年：8.
⑦ 吴保初. 未焚草 [M]. 木活字本. 光绪二十四年：56.

冬，有诗《寒夜独吟》《冬夜书怀》。

【按】据《寒夜独吟》"风雪闪窗灯"① 系于此。

约二十一年至二十四年（1895年—1898年），张謇致函先生。

张謇《致吴彦复函》：

彦复仁兄世大人足下：年来颇觉足下气浮，得此次讯，乃益知心粗而胆犷。措辞自有体，行文自有法。

下走以事隶六部，盖以索贯钱之意，而于结总处另叙一次第办法。此是类叙之法。至于立言，则径达者有径达地位，备择者有备择地位，不能借他人之酒杯，浇自己之块垒。且方太重，则制方者先不下笔，药太苦，则吃药者愈不开口。此中亦不能无斟酌，此是措辞之体。

下走固言天下纷纷，当轴无人主张国是，其下建言者益苦也。请上亲政为第一义，三尺童子知之矣。然上方在群顽固之掌中，如足下诸公之所为，能便反掌而脱之乎？抑尚许天下人多其途以效策乎？五洲变法之速，无逾日本者。彼变法之人，皆有行法、立法之权者也。然尚二十年而小成，三十年而大效。其初变法之日，七局之首曰神祇，又有学习院、户山学校，何为者？足下与日本士大夫习，曷讨求当日之用意耶？而徒悻悻也。

尤可异者，谓拙议引梁云云，不知彼所云，乃要其后；而言拙议所云，乃推其前而言。文义至明，足下嫌无血腥，鄙不欲观可也。欲议人之文，而不就其文以审之，不可也。阅尺幅有迹之文尚未了了，以之办天下无穷之变，能尽当乎？足下与好骂人处久，一张口便如山膏之声。甚矣，其不可也。若最粗心者，江鄂犹未奏复，而谓奉旨允行，又若即坏在消纳于吏部，因并疵《周礼》之不当有六官，毋乃太犷乎！事有万变，宁非一端。口舌之争，夙以为耻。

重念武壮公生平之风义，故于足下，聊贡其怀，以报见爱之雅。愿施于人者，稍矜重而已。不复多云。世愚弟张謇顿首。②

【按】此函《张謇全集》注其撰写时间为"约清光绪二十一年至二十四年（1895年—1898年）"，吴保初书未见，姑系于此。

---

① 吴保初. 未焚草[M]. 木活字本. 光绪二十四年：54.
② 李明勋，尤世玮. 张謇全集：第二册（函电上）[M]. 上海：上海辞书出版社，2012：79.

是年，重读顾锡畴《纲鉴正史约》，作《通鉴正史约钞》。

吴保初《〈通鉴正史约钞〉自序》自序：有明顾氏，乃括三史之义，汇为一编，曰《正史约》。予少而爱之。近谢职归山中，与先生甲子之役，以文字忤时去国如一辙，一再展读，犁然于心。因摘录一二，间附己意，并采它说，约之又约，取易记尔。①

是年，先生致书江云龙。

吴保初《与江潜之书》：

潜之先生姻丈：两奉复书，伏承慰诲殷挚，感何可言！不肖自客岁谒告归省，山居多暇，恒怅怅念先生不置。春间因检姚江书，穷一月力读之，恍然如梦之乍觉，始知天地间有所谓学，不待他求而后知。无怪向者之徒以形迹求先生，而先生之不可见，今知不以形迹求先生，而先生仍不可见。今不可见者，先生之形迹，而向可见者，亦祇〔只〕先生之形迹。先生之学，又不在形迹间求也。若在形迹间求先生，先生固不可见，不以形迹求先生，先生或可见乎？然则，欲求见先生者，当求之于先生之学矣。先生之学，则亦姚江之学而已。不肖向见先生，不见先生之学，亦不复知有姚江也。今则求之姚江，知姚江之学而见先生矣。虽然可见者先生之学，不可见者学姚江之江先生耳。向则朝夕居稽，謦欬罔间；今则江海弯远，钻仰末繇，是今求先生于可见，反不若向之求先生于不可见也。嗟呼，别离之感，其能去诸予怀耶！而况姚江之学之亦不必不以形迹见也，若并其形迹而无之，则又适如人所诋排，堕入寂灭之境，归于无何之乡矣。以不肖之拳拳于先生，知先生亦必不恝然于不肖。虽然，不肖庐江鄙人也，早岁失学，壮不如人，皓首无成，老将至矣。方且愧悔踧踖，冀稍稍省览，以补救于万分一，匪有自树一帜，以鸣当世之意也。乃不谓友人中之专治程朱学者诸君子，群起而攻。始犹愦愦，继乃置之。不肖以为，古人之学虽殊途而同归，今人之学遂分门以别户。于是，为学宗旨先丧。为学之益未得，伪学之害已成，而专以攻讪为能矣。推其心，则或出于忌，或出于私，或出于虚矫，或出于固谬，虽未尝与之办〔辩〕，难以妄置一喙，然彼皆积学之士，亦良可悲矣。积学愈深，攻学愈力，其攻者，非不肖之为攻，因姚江而始并攻不肖也，不肖又何幸在百世下而为姚江受攻哉！是不肖但得姚江一线绪余，道高而毁来，虽日受攻不为恨；惟诚不解姚江之学何以数百年来攻之者不少息，而学姚江之学者，又因是招谤取侮，若此其甚？总之，为学无论程朱陆王，均

---

① 吴保初.北山楼文[M]//吴保初.北山楼集：卷三.陈诗，辑.铅印本.民国二十七年：26.

未可訾议，君子学之以入道，小人学之以藏身。窃揆程朱陆王之心，亦祇〔只〕引人以入孔孟之道，并无余地以藏金壬之身也，奚其争？贵无名，存其诚，道乃明，敢以质之先生。先生之学，姚江之学也。呜呼，不肖又乌足以知先生之学乎？不知先生由姚江之学而入于程朱，抑由程朱陆王而入乎孔孟之道，未可知也？不然，何以祇〔只〕见先生学姚江之学，而独不见先生受姚江之谤，乃适所以成其为先生之学矣乎！若是，则益叹先生之学，乃能学姚江之学，而不肖之所学者，祇〔只〕姚江之谤耳。而若而人之谤姚江而并攻不肖者，不唯可以免姚江之谤，恐亦未必能得程朱之真也，祇〔只〕见欺世自欺，适成其孔子之所谓乡愿而已。虽不与之深辨〔辩〕，彼色庄论笃之君子，又何时可以憬然而悟、废然而返乎？不肖憯不知学，了无心得，架上诸书，旋阅旋忘，乃骑驴觅驴，得兔失兔，引犬上堂，认贼作子诸弊，则犹尚如故也。近状略详伯福书，可取阅，幸垂教之，迩者赵盾当道，伏惟珍卫不宣。①

是年，乞吴炎世（世清）为嗣。

《陈谱》：是岁，先生家居，爱犹子世清早岁而才，乞以为嗣。②

是年，从张謇结识冒广生。

冒怀苏《冒鹤亭先生年谱》光绪二十四年：是年，先生赴上海，晤张季直，始识吴彦复（名保初），论谈诗文，亦甚融合。先生作《彦公以诗见投依韵奉答二首》，诗云："成佛丈人关慧业，过江名士籍诗才。诸公台省卿何有？贱子风尘座许陪。歌吹销沉千载去，鬓丝憔悴一鞭来。旅愁赖尔能派遣，三日车中口未开。""旧梦东京余录事，新诗南宋感题名。前程一夕添双泪，公案三生是此情。腹内车轮长夜转，胸中棋局几人平。逢君未忍全倾吐，请问清时鲁两生。"③

冒广生《序》：己亥庚子之间，余从张季直识吴彦复，复从彦复识陈子言。……子言父祖皆宦粤中，粤中世交若于晦若、若文道羲、若张鞠生、若汪穰卿之数子者，或仕或已，要其声闻皆足以襮于当世，子言独憔悴江海，行吟自若，藉非彦复，吾几失先友之后有能诗鸣之陈子言也。……既叹彦复之能取友，又以喜吾党之德不孤也。因为之序。光绪二十七年冬月如皋冒广生。④

---

① 吴保初. 北山楼文 [M] //吴保初. 北山楼集：卷三. 陈诗，辑. 铅印本. 民国二十七年：27-28.
② 陈诗. 吴北山先生年谱（三续）[N]. 时报：文艺周刊，1919-10-26（14）.
③ 冒怀苏. 冒鹤亭先生年谱 [M]. 上海：学林出版社，1998：98.
④ 陈诗. 据梧集 [M] //徐成志，王思豪，编校. 陈诗诗集. 合肥：黄山书社，2010：46.

【按】以年谱为是。

是年，先生妾许君男曾为不缠足会捐款。
《不缠足会今将丁酉六月至十二月收到捐款及支付实数开呈公鉴》：许君男女士助洋十元。①

编年诗

1. 《月山》
2. 《效韦体》
3. 《偶书潜之太史绝句一首示儿辈，自续一首》
4. 《示侄辈》二首
5. 《读〈东林传〉》（一作《哭六君子》）
6. 《子言不告而去，追呼莫及，作诗简之》四首
7. 《寄江潜之太史》
8. 《简袁蔚廷提刑》
9. 《石砚歌》
10. 《夜雨》
11. 《子夜读曲十二首，寄闲情也。兴至辄书，了无端绪》十二首
12. 《诗冢》
13. 《寄朱强父武昌》二首
14. 《简强父》（一作《简朱强父武昌》）
15. 《姚烈妇挽诗（并序）》
16. 《姚烈妇挽诗（代）》
17. 《喜伯福登第作诗简之》三首
18. 《和陈亮伯刑部原韵》
19. 《题马通伯书张武昌先生手札后》

【按】马通伯，即马其昶。张武昌，即张裕钊。

20. 《步子言见赠原韵》

---

① 不缠足会今将丁酉六月至十二月收到捐款及支付实数开呈公鉴[N]. 时务报, 1898(52): 1.

21. 《与子言联句》
22. 《病起口号》
23. 《偶检箧中破扇戏责以诗》
24. 《扇答》
25. 《大兄卅六初度作此侑觞》
26. 《步大兄卅六初度自寿原韵》
27. 《题〈栈云峡雨日记〉》

【按】《栈云峡雨日记》为竹添光鸿所著。

28. 《简静根方外》
29. 《山村即事示子言》
30. 《寒夜独吟》
31. 《赠金逸尘》

金家骅（1872—1901），字逸尘。庐江人。诸生。与兄金家骥齐名。著有《龙池山馆集》。生平详见金家骥《送怀堂集·季弟逸尘墓志铭》。

32. 《夜梦伯福短述》
33. 《得大姊书却寄》
34. 《冬夜书怀》
35. 《寄张季直》
36. 《题伯福书札后》
37. 《寄伯福》
38. 《题陈子言〈藿隐诗草〉》

【按】吴保德与吴炎世亦有题词。吴保德诗云："半栽绿竹半栽桑，石虎山前旧草堂。一卷歌词满筠箧，十年潦倒客桐乡。登龙老辈回瑶席，策蹇奚奴负锦囊。怪底诗才清若玉，卜居犹得近元常（光绪初年，有人于石虎岭下掘得一碑，署曰'钟太傅读书处'）。"①吴炎世诗云："粤水吴山客路长，曾从渔父咏沧浪。南溪风月今何似，春在方干旧草堂。""沙湖春水碧涟漪，黄绢吟成绝妙词。一卷清新开府集，故人珍重乞题诗。""画船撑

---

① 陈诗. 藿隐诗草：题辞 [M] //徐成志，王思豪，编校. 陈诗诗集. 合肥：黄山书社，2010：10.

破碧玻璃，料有新词续旧题。一树梅花冰雪里，避人诗卷手常携。"①

39.《三十初度自寿》
40.《祀灶诗是日迎春》二首
41.《自题〈未焚草〉后》

【按】陈诗亦题词二首，其一《题彦复师〈未焚草〉后》（石几横琴晚寒薄），其二《再题彦复师〈未焚草〉》（赤手何由叩玉扉）。②

编年文
1.《憨志赋》
2.《论阴挠新法之害（上）》

【按】是文就梁启超所提倡保种、保教、保国三义，认为"不保种无以存中国，不保教无以存种族，不保国无以存圣教"③，并指出保种需保教，保教需保国，保国需治人。继而直指当世"窃位蔽贤高拱肉食之巧于藏身"之大臣，"既曰无人，不思所以求之，不思所以养之，乃反桎之梏之黜之抑之，而日号于众曰：无治人，无治人，且复腾谤以卸责，面从以希荣"④。"日思所以瘠之、弱之、愚之之道""师彼红人黑人之为奴为隶为牛为马，思执鞭以从其后"⑤。

3.《论阴挠新法之害（下）》

【按】国事危急，吴氏认为中国实亡于"举国之人心涣散，万事瓦解，

---

① 陈诗.霍隐诗草：题辞［M］//徐成志，王思豪，编校.陈诗诗集.合肥：黄山书社，2010：10-11.
② 陈诗.霍隐诗草［M］//徐成志，王思豪，编校.陈诗诗集.合肥：黄山书社，2010：33，36.
③ 吴保初.北山楼文［M］//吴保初.北山楼集：卷三.陈诗，辑.铅印本.民国二十七年：22.
④ 吴保初.北山楼文［M］//吴保初.北山楼集：卷三.陈诗，辑.铅印本.民国二十七年：22.
⑤ 吴保初.北山楼文［M］//吴保初.北山楼集：卷三.陈诗，辑.铅印本.民国二十七年：22.

自利自私，捐廉弃耻"，亡于"谬托于守旧之持重者"①，亡于"大臣不爱才之一念"②。此等大臣把持枢要，"蔽贤窃位，自私自利"，百般阻挠新法，"必欲使新法之必不得行而后已，必欲吾华无有一线之生机而后已"，使中国"不待夫强邻敌国摧萌拉蘖蹂蹈而廓清，而先自穷治以自毙"③。

4. 《〈通鉴正史约钞〉自序》
5. 《与江潜之书》
6. 《未焚草·自序》
7. 《藿隐诗草·序》

光绪二十五年己亥（1899年）　三十一岁

二月下旬，搜检旧札，重阅寿富《报书》，感其良言，愧负良朋。

吴保初《师友绪余》：嗟乎！予幼孤失学，猥以先人余荫，游宦京师。喜日与华士侠客相驰逐，于学则益懵焉无闻，觉而悔之，亦已晚矣，矧仍复不知觉耶？《传》曰："学而优则仕，仕而优则学。"吾自幼入仕，是学不优而遽入仕也。既入仕而仍不学，是仕优而仍不知为学也。今既不仕，归来仍悠悠忽忽，是终身不知为学也。日者因检阅寿君此书，盖于今已十余年矣。古诗有云："置书怀袖中，三岁字不灭。"宁惟三岁哉？针膏伐墨，愧负良朋，溯念前游，汗流籍湜。然则虽终吾生不知为学，亦终吾生不忘寿君之高义与寿君之言论也。虽然，徒感君之义，佩君之言，则又岂君之志哉？则予之负君益多矣。己亥二月下浣。保初记。④

二月，为《北山楼集》作序。自识云："光绪己亥仲春。"⑤

二月，张文运为先生《北山楼集》作序。自识云："光绪己亥二月。"⑥

二月，《北山楼集》编成。

张文运《北山楼集·序》：君素工诗，至是裒其前后所作为《未焚草》，又

---

① 吴保初. 北山楼文 [M] //吴保初. 北山楼集：卷三. 陈诗，辑. 铅印本. 民国二十七年：23.
② 吴保初. 北山楼文 [M] //吴保初. 北山楼集：卷三. 陈诗，辑. 铅印本. 民国二十七年：25.
③ 吴保初. 北山楼文 [M] //吴保初. 北山楼集：卷三. 陈诗，辑. 铅印本. 民国二十七年：25.
④ 吴保初. 师友绪余一卷 [M]. 木活字本. 光绪二十五年：12-13.
⑤ 吴保初. 北山楼集：自序 [M] //吴保初. 北山楼集一卷. 木活字本. 光绪二十五年：1.
⑥ 张文运. 序 [M] //吴保初. 北山楼集一卷. 木活字本. 光绪二十五年：2.

就其中取若干首，半多感事忧时之言，以为此编，名曰《北山楼集》。余读之，清怨感人，渊衷如揭，盖真所谓古人之诗也，具古人之胸次者也，继自今，余又将读而好之矣。①

二月，辑往日师友赠答之作为《师友绪余》，并作《师友绪余引》。其后与康有为、梁启超往还之书札，以及言戊戌事者被删。

吴保初《师友绪余引》：因略检箧衍所存往时师友赠答之作，裒为一集。虽一字之寡，千言之富，亦都存而录之，名曰《师友绪余》，志不忘也。惜初懵学，于其绪余亦未之能有得焉耳。光绪己亥中春吴保初识。②

【按】《陈谱》云："己亥岁，先生尝取师友言论书札汇刊一集，曰《师友绪余》。家人惧祸，潜割叶，其涉于戊戌事诸篇。先生以其不完也，遂恝置之。后欲辑庚子以后友朋书札为一编，曰《寄雁录》，以迁徙南北，愁病交萦，竟未能就。"③天津图书馆藏本《师友绪余》第十八页至二十一页、第四十六页至五十三页均合为一页。

春，有诗《昼寝》。

【按】据"惠然春风来"④系于此。

五月初十日（6月17日），辰时，许君男病卒，年十九。葬于北山楼西畔之栖凤原。后有诗《哭许君男》二首、《葬许君男北山楼》一首、《自君男冢独行归家口占》一首、《夜梦许君男短述》一首。

吴保初《许君男哀辞（有序）》：盖自去春至今日，病二年，服药二百余剂，未尝不极人间久病之苦，兀坐四十余日，而终抵于死亡，良可悲矣！时光绪二十五年五月初十日辰时也。距生于光绪七年四月十六日子时，才十九岁耳。……姬没之前一夕，语余曰："妾得侍君死，何憾！妾之孤苦，妾不言，君能知之耶？妾命薄耳。妾死后，君毋悲！妾虽死，不足惜，独惜君之厚于妾，妾不能侍君以终耳。"顾视衣衾曰："妾服此遂长辞君去耶！"哭无泪，泪已竭。无何，去所衣新衣，复自觅平日所服之青布衣。甫易毕，即长逝。呜呼！死犹

---

① 张文运. 序［M］//吴保初. 北山楼集一卷. 木活字本. 光绪二十五年：1.
② 吴保初. 师友绪余一卷［M］. 木活字本. 光绪二十五年：1.
③ 陈诗. 吴北山先生年谱（续）［N］. 时报: 文艺周刊, 1920-02-10（14）.
④ 吴保初. 北山楼诗［M］//吴保初. 北山楼集：卷一. 铅印本. 民国二十七年：11.

自克俭，畏人言。服旧服以死，亦余之疏也。余虽令媪急更衣，然已非姬志，姬亦不及见矣。……姬死后，乡邻闻者，莫不扼腕叹息。呜呼，贤矣！既殓，余为卜葬于北山楼西畔之栖凤原，岁时一奠，使姬魂有依。①

七月中旬，赴扬州，省长姊吴保华。后从保华处借资赴鄂谒张之洞。

《陈谱》：先生以左袒戊戌诸君子故，与家人有违言。七月中浣，乘月策蹇赴扬州，有《晓过大凹山（即戴鼇山）》诗。……又赋五律一首，……皆状夜行之景。既致〔至〕扬州，省刘氏长姊。刘氏姊乃先生前母俞太夫人所出，名保华，字佩琼，为同邑孝廉刘子翼太守翰翔室。性慷爽，有父风，能诗词，娴内典。时□嫠居学佛。②

【按】《晓过大凹山，白云满路，未见有山也。仰视突兀云际，大石欲坠，始知身在山中，真奇境也》首句"常恐好诗山不识"自注云："孟郊诗云：'恶诗徒为官，好诗抱空山。'"周家禄评云："境奇语峭，一气呵成。"③

七月三十日（9月4日），郑孝胥得张继来讯，知先生至武昌谒张之洞。

郑孝胥《己亥日记》三十日：博泉来字，言吴彦复来谒南皮。④

【按】《陈谱》云："八月，先生从假资斧赴鄂谒张南皮。"⑤ 月份误。

张继（1882—1947），初名溥，字溥泉，一作博泉。河北沧县人。有《张溥泉先生全集》及《续编》行世。

七八月间，有诗《渡汉江谒郑太夷先生》。

八月初六日（9月10日），上午，访郑孝胥，饭后去。

郑孝胥《己亥日记》初六日：吴彦复来，留饭乃去。午饭后，……为武汉最胜处矣。⑥

---

① 吴保初. 北山楼文 [M]//吴保初. 北山楼集：卷三. 陈诗，辑. 铅印本. 民国二十七年：32-34.
② 陈诗. 吴北山先生年谱（四续）[N]. 时报：文艺周刊，1919-11-04（14）.
③ 吴保初. 简札墨迹 [M]//吴保初. 北山楼集：卷三. 陈诗，辑. 铅印本. 民国二十七年：1.
④ 劳祖德. 郑孝胥日记：第二册 [M]. 北京：中华书局，2013：734.
⑤ 陈诗. 吴北山先生年谱（四续）[N]. 时报：文艺周刊，1919-11-04（14）.
⑥ 劳祖德. 郑孝胥日记：第二册 [M]. 北京：中华书局，2013：735.

八月十七日（9月21日），偕周家禄访郑孝胥。

郑孝胥《己亥日记》十七日：周彦升、吴彦复来。①

八月，范当世赠诗。

范当世《赠吴彦复》：以行得官以言去，……逸民俦侣自成行。②

陈诗《尊瓠室诗话》：通州范肯堂明经当世，原名铸，字无错。文学桐城，诗肖宋人，以布衣名满天下。庚子有题吴北山师诗集云："以行得官以言去，……逸民俦侣自成行。"③

【按】此诗《范伯子诗文集》系于第十二卷（光绪二十五年己亥八月至广东不果，留滞上海作），从之。

约八月，先生于武昌遇周家禄，为其《奥籓朝鲜三种》作序并出资刊行。

吴保初《朝鲜三种序》：光绪己亥，遇海门周彦升广文于武昌，出所著《朝鲜三种》见示。保初读之，慨然曰："嗟乎！疆场之事，固有难言者乎？"壬午之役，王师东征，陆辇水粟，当时籍其土地而郡县之，固自易易。计不出此，乃令孤军远戍。饷绌兵单，奸人乘衅。未几，复有甲申十月之变。又未几，遵约撤兵，复有甲午之变，则谋国诸臣不能不执其咎矣。何以言之？倭之窥窬〔觎〕朝鲜非一日矣，壬午、甲申乱再作，而卒不获逞，若是者何哉？壬午则我师先至，甲申则先武壮公移军旅顺，犹留三营镇汉京，故倭衅之来，皆能迎其机而逆折之。然则倭不利吾军之驻朝鲜，与吾军驻朝鲜之有关于东方大局，昭昭然矣。乃乙酉议约，吴、续二使臣贸然徇倭使之请，中日各撤朝鲜兵，又申之以有事遣兵互先咨照之文，夫然后藩篱尽撤。迨甲午事起，倭兵入汉京，中国遂无一将一卒以御之矣。保初既痛甲午之役为中外交涉之大变，又窃悲先武壮公累疏请置重兵朝鲜防倭患，言不获用，赍志以没，而国威亦遂不振。今且遣使议约，俨然敌国矣。读广文书，追叙往事，相与感慨流涕，爰出赀〔资〕序而刊之，庶后之览者有感于斯文也。庐江吴保初。④

---

① 劳祖德. 郑孝胥日记：第二册［M］. 北京：中华书局，2013：736.
② 马亚中，陈国安，校点. 范伯子诗文集：上［M］. 修订本. 上海：上海古籍出版社，2015：211.
③ 林建福，校点. 尊瓠室诗话：卷三［M］//张寅彭. 民国诗话丛编：第二册. 上海：上海书店出版社，2002：131.
④ 吴保初. 朝鲜三种序［M］//周家禄. 奥籓朝鲜三种［M］. 刻本. 庐江：吴氏，光绪二十五年：1.

【按】《奥籍朝鲜三种》，周家禄著，郑孝胥署检，吴保初序并刊。内含《朝鲜世表》（奥籍史部五种之一）、《朝鲜载记备编》二卷（奥籍史部五种之二）与《朝鲜乐府》。周家禄另作有《党人表》，叙朝鲜党祸，后佚。周家禄《与沈子培书》记云："朝鲜党祸，由来已久，在东时曾戏草一《党人表》，属稿未竟而内渡。近年彦复索观，遍觅不得，不知阁〔搁〕置何处。"①

周家禄曾致书吴保初，请其点定。书云："君遂吾兄有道：初十日奉上月廿九日书，不胜欣慰。询之习于沪者，新马路在英界，而梅福里则农学报馆在也。罗君叔蕴如浑金璞玉，不露精采，自然宝贵，此间殆无其人。足下卜居其间，可谓有邻。天气沉阴，变象可畏。人心无主，中外扰扰。读史至汉哀平之间，未尝不感慨流涕。近仆咏史小乐府十首，惧干时忌，不敢录献。京邸近事，沪上得信较早，乞随时惠示。《朝鲜三种》书后遵加润色，仍祈点定，并将原稿寄下。如不惬望，将去年尊稿录副寄下，即当付刊。面戳〔籤（签）〕暨封面至今未写，请在沪觅写寄来。（面戳〔籤（签）〕写"朝鲜三种某某"题署字样，以小为雅。封面"朝鲜世表""朝鲜载记备编""朝鲜乐府"分写最佳，若不易求，或总写"朝鲜三种"字样亦可，但不免叠床架屋耳。）刻匠约月望断手，至今未来，疲玩极矣，容再督催。肃颂著安。小弟周家禄顿首。三月十七日。"②

九月，先生与陈衍、沈曾植常相往还。

陈声暨《侯官陈石遗先生年谱》"屠维大渊献（公元一八九九年）四十四岁（在武昌）"条：九月，吴彦复来访。彦复名保初，庐江人，前提督驻军高丽筱轩军门子，学诗于宝竹坡先生。来鄂常至乙盦丈处，家君《再答子培》诗所谓"屡简吴郎益旧题"者也。又有《次韵答子培》《冬述四首视子培》，拉杂说本年一年事。是秋，子培丈病痁，逾月不出户，乃时托吟咏。与家君寓庐密迩，有所作辄相夸示，或夜半缄笺抵家君，至冬已积稿百十首。③

陈衍《石遗室诗话》"一七"条：己亥彦复客武昌，所常过从者子培及余。

---

① 李吉奎，整理. 花随人圣庵摭忆：中册［M］. 北京：中华书局，2008：421.
② 文-怀-沙旧藏：著名诗人、文史学家 周家禄 致吴保初（君遂）毛笔书札一通两页（文怀沙亲笔题签，提及自己的居所，以及朝鲜三种书的原稿润色等，使用精美花笺纸）HXTX86355［EB/OL］. 雅昌艺术网，2018-11-23.
③ 陈声暨. 侯官陈石遗先生年谱：卷四［M］//陈步. 陈石遗集. 福州：福建人民出版社，2001：1982. 是文原为旧式句读，今改.

余答子培诗，所谓"屡简吴郎益旧题"也。彦复与余拉杂倡〔唱〕和者甚多，稿零落殆尽，有《读陈石遗诗集遂和其论诗原韵》云：余有一诗，题系《彦复屡以诗见枉，迄未有赠答，以二十字书其哭姬人诗卷后》云："事事肖吾师（谓竹坡先生），姬亡屡哭之。寻常诗已肖，尤肖哭姬诗。"盖喜纳姬，喜为诗，尤喜为长庆体之诗，师弟二人相同也。彦复答云："鲰生百不肖，惟哭肖吾师。哭肖诗不肖，吾师夙知之。"亦足解颐。①

狄葆贤《平等阁诗话》：己亥，吴君遂客鄂中，《题周彦升广文诗卷》云："梁园宾客今余几，白雪吟成调更高。莫道南华非僻典，就中坐窘令狐绹。"时沈子培部郎在鄂见之，戏署其稿曰："今日南华成僻籍，方城多事笑彭阳。"逾年，文芸阁学士在沪见之，笑曰："是南华误却方城尉。"②

【按】居鄂期间，吴保初有诗《赠沈子培部郎》，沈曾植有诗《武昌遇吴君遂刑部赋赠》："吴郎意气狎龙虎，未惜屈曲居世间。云鳞东西偶舒卷，仕已去来非等闲。落叶声乾旅怀积，锦衾梦冷丽情闲。藏书万卷足归隐，江汉风尘凋玉颜。"③

秋，送沈曾桐入京，访寿富。有诗《送沈子封太史入都兼问伯福近状》。

【按】据"秋雨留人似有情"④系于此。

秋，庐江县南沙溪桥为水冲塌。吴保德欲鸠工重建，李经钰捐金，孙学书董其事。桥名宏济，先生伐石作铭，以赞李氏。有《宏济桥铭（并序）》⑤。

李经钰（1867—1922），字连之，号庚余，别号逸农。安徽合肥人。光绪十九年（1893年）举人。官河南候补道。著有《友古堂诗集》。李家孚《合肥诗

---

① 张寅彭，戴建国，校点. 石遗室诗话：卷八［M］//张寅彭. 民国诗话丛编：第一册. 上海：上海书店出版社，2002：119-120.
② 吴忱，杨焄，点校. 平等阁诗话：卷一［M］//张寅彭. 清诗话三编：第十册. 上海：上海古籍出版社，2014：7024.
③ 钱仲联. 沈曾植集校注：上册［M］. 北京：中华书局，2001：241.
④ 吴保初. 北山楼诗［M］//吴保初. 北山楼集：卷一. 铅印本. 民国二十七年：13.
⑤ 吴保初. 北山楼文［M］//吴保初. 北山楼集：卷三. 陈诗，辑. 铅印本. 民国二十七年：35.

话》云:"公诗初宗渔洋,鼎革后忧伤憔悴,一法苏、黄。"①

居鄂期间,舆论时政不洽。

《陈谱》:居累月,酬酢甚欢。未几,舆论时政不洽,先生赋《避人》《不才》二诗。②

居鄂期间,张之洞来访。有诗《南皮尚书骑从见过》。

十月初七日(11月9日),访郑孝胥,晚饭后,登吉和号赴扬州。

郑孝胥《己亥日记》初七日:风雨。吴保初来,晚饭后,登吉和往扬州。③

居扬期间,纳妾王姹。

《陈谱》:遂赴扬州,纳姬王氏,名之曰□。后易名姹,字悄悄,扬州产也。④

陈衍《吴保初传》:保初妻既无伉俪情,其姊买王姹畀之。⑤

十一月廿二日(12月24日),张謇得先生扬州来书。

《张謇日记》二十二日:返,得彦复扬州来讯。⑥

十一月廿三日(12月25日),张謇复书。

《张謇日记》二十三日:答彦复讯。⑦

十一月,吴炎世游庠。

《陈谱》:十一月,世清游庠,年甫十六。⑧

十二月十二日(1900年1月12日),张謇致函先生。

张謇《致君遂函》:

君遂老弟足下:知弟夫人亦至沪,甚慰。合肥往为足下所言,此老更事多、耳目长,真是上策。顾其时足下安得有此急款耶?今既有之,自以入股为长,入股可分余利,存款无余利也。二千元约可得十四股。即交沪帐〔账〕房林、潘二君汇厂,股票并折亦即由帐〔账〕房交奉。又武壮公壬午冬曾由刘芝田中丞(讯由彦升带沪),汇借千金为下走奉亲之需。今十七年矣。老弟近状不丰,

---

① 李家孚. 合肥诗话:卷下 [M] //贾文昭. 皖人诗话八种. 合肥:黄山书社,2014:601-602.
② 陈诗. 吴北山先生年谱(四续)[N]. 时报:文艺周刊,1919-11-04(14).
③ 劳祖德. 郑孝胥日记:第二册 [M]. 北京:中华书局,2013:740.
④ 陈诗. 吴北山先生年谱(四续)[N]. 时报:文艺周刊,1919-11-04(14).
⑤ 陈衍. 石遗室文集:卷一 [M] //陈步. 陈石遗集. 福州:福建人民出版社,2001:435. 是文原为旧式句读,今改。
⑥ 李明勋,尤世玮. 张謇日记 [M]. 上海:上海辞书出版社,2017:473.
⑦ 李明勋,尤世玮. 张謇日记 [M]. 上海:上海辞书出版社,2017:473.
⑧ 陈诗. 吴北山先生年谱(四续)[N]. 时报:文艺周刊,1919-11-04(14).

义应归璧，唯为足下久计，故为入股于厂。寄去票折各二件。不敢私于足下，故兼及子恒也。伯福遗孤当共存之。唯兴居自玉。謇顿首。十二月十二日。①

【按】此函未署年份。据函中"壬午冬""今十七年矣"，知作函时间距光绪八年（1882年）壬午冬已有十七年，即光绪二十五年，故此函当作于光绪二十五年十二月十二日。《陈谱》二十六年条云："正月，先生挈家侨居上海。"② 当误。

是年岁暮，同吴保华赴沪，赁居梅福里。有诗《岁暮同大姊赴申江至润州客舍作》。

陈诗《庚申寒食谒吴北山师墓》夹注：光绪己亥岁暮，先生赁居梅福里，迄壬寅冬乃去。③

【按】《北山吴保初历略》："庚子春，作沪渎游。耽其风土人文，为留沪者六年。"④ 误。

是年，李经钰赠诗《沪上赠彦复并呈佩如令姊》并《题吴君遂比部悼姬诗后》。

李家孚《合肥诗话》：先祖考资政公讳经钰，……今谨录集中有关游辙行踪者以备后人之考证。……《沪上赠彦复并呈佩如令姊》云："天涯骨肉难为别，岁晚江湖共此行。野服已除朝士籍，诏书新锢党人名。心衰面改中年事，雪虐风饕旅舍情。太息细君今宿草，皖游重话泪交倾。"彦复先生，先祖母次弟。此己亥作也。⑤

李经达《题吴君遂比部悼姬诗后》：仙缘兜率问三生，露叶风华旧主盟。墨泪悲歌吴季子，秋江解佩许飞琼。山中已觉铅华梦，纸上犹余呜咽声。赢得千

---

① 李明勋，尤世玮.张謇全集：第三册（函电下）[M].上海：上海辞书出版社，2012：1623.
② 陈诗.吴北山先生年谱（续）[N].时报：文艺周刊，1919-11-11（13）.
③ 陈诗.鹤柴诗存：卷四[M]//徐成志，王思豪，编校.陈诗诗集.合肥：黄山书社，2010：162.
④ 北山吴保初历略[N].益世报（北京），1926-10-24（8）.
⑤ 李家孚.合肥诗话：卷下[M]//贾文昭.皖人诗话八种.合肥：黄山书社，2014：601-602.

金收骏骨，貂裘燕市画图成（君遂有《挟姬试马图》）。①

【按】此诗《滋树室遗集》系于己亥。

编年诗

1. 《昼寝》
2. 《与张聚三夜话》

张聚三，字永福。安徽庐江人。为父母庐墓六载，以孝闻名，光绪五年（1879年）获赐旌表。

3. 《哭许君男》二首
4. 《葬许君男北山楼》
5. 《自君男冢独行归家口占》
6. 《夜梦许君男短述》
7. 《送人入都》
8. 《挽孙敬亭茂才》
9. 《洛下》
10. 《和王谦斋丈见赠韵》
11. 《携世清晚眺》
12. 《晓过大凹山，白云满路，未见有山也。仰视突兀云际，大石欲坠，始知身在山中，真奇境也》
13. 《渡汉江谒郑太夷先生》
14. 《题周彦升广文诗卷》
15. 《送沈子封太史入都兼问伯福近状》
16. 《送沈子培部郎》
17. 《避人》
18. 《陋巷》
19. 《南皮尚书驺从见过》
20. 《和伯福太史见寄韵》
21. 《寄怀伯福再迭前韵》

【按】此诗原稿题作《怀寿伯福太史遂叠和其见赠原均却寄》，周家禄

---

① 李经达. 滋树室遗集：卷三 [M]. 刻本. 光绪三十年：36.

云："意清词腴，雅似唐人早朝诗。"①

22. 《同周彦升广文渡汉江》
23. 《前席》
24. 《饮酒》
25. 《寓慨》三首
26. 《集句》
27. 《读陈石遗诗集遂和其论诗原韵》
28. 《答石遗》
29. 《不才》
30. 《雨后》

【按】据"江城九月昼常阴"② 句知时为九月。周家禄评云："后二语沉郁。"③

31. 《拟还京朝寄呈诸曹长》
32. 《符娄以诗贾祸因责余为戎首罚作诗解之》
33. 《读周彦升〈朝鲜乐府〉书后》
34. 《岁暮同大姊赴申江至润州客舍作》
35. 《游金山寺》

编年文

1. 《驳唐荆川论信陵君救赵》

【按】是文驳明唐顺之《信陵君救赵论》。

2. 《师友绪余引》
3. 《与陈诗笺》

---

① 吴保初. 简札墨迹 [M] //吴保初. 北山楼集：卷三. 陈诗，辑. 铅印本. 民国二十七年：3.
② 吴保初. 北山楼诗 [M] //吴保初. 北山楼集：卷一. 铅印本. 民国二十七年：14.
③ 吴保初. 简札墨迹 [M] //吴保初. 北山楼集：卷三. 陈诗，辑. 铅印本. 民国二十七年：2.

【按】笺云："杂书近作一二，寄斧正。走近游踪颇无定，一时恐尚不复入都耳。子言诗兄。保初顿首。拙作数首望录下，原稿勿存。"①

4.《许君男哀辞（有序）》
5.《宏济桥铭（并序）》
6.《请还政疏》

【按】是疏请慈禧还政。

7.《朝鲜三种序》

光绪二十六年庚子（1900年）　　三十二岁

正月，范当世寄诗《香涛尚书将移镇湖广而余从之乞近馆再呈二诗》②。

范当世《致吴保初函》：因览集中与张尚书诸作，辄忆昔在江宁送尚书还镇武昌二首，为彦复诵之。"诏以尚书还治楚，细民垂泣欲攀辕。帝将雨泽无分土，臣惧风波有闭门。近海倘移杯水活，极天终让一山尊。韩书三上吾能耻，华发凄其不可言。""文章自昔争微尚，颜色于今试一看。那便鹜心到誉毁，可堪合眼露饥寒。龙非碌碌诸公好，鹤有飞飞八海宽。正苦低回惜同命，断无长铗向君弹。"庚子正月范当世沪南家次。③

【按】范诗系于"光绪二十一年乙未里居及江宁至二十二年丙申里居"④。据范书"在江宁"，知范诗为光绪二十一年（1895年）之作。

二月初一日至三月初一日（3月），山根虎臣与馆森鸿偕访。

吴保初《与馆森鸿笔谈》：

馆森鸿：鄙人姓馆森，名鸿，字子渐，与山根君为石交。日前章枚叔能说

---

① 吴保初. 简札墨迹[M]//吴保初. 北山楼集：卷三. 陈诗，辑. 铅印本. 民国二十七年：1.
② 马亚中，陈国安，校点. 范伯子诗文集：上[M]. 修订本. 上海：上海古籍出版社，2015：167.
③ 刘凤桥，徐晓飞. 清及近现代名人书法与辨伪[M]. 沈阳：万卷出版公司，2004：15.
④ 马亚中，陈国安，校点. 范伯子诗文集：上[M]. 修订本. 上海：上海古籍出版社，2015：164.

吴先生之事，切欲往谒左右，领手教。刻山根君谓偕访之，因叩高扉。鄙人日域晚生，有志于贵国圣人之学者，倘能得领教，幸矣。

（吴君遂：）贵国竹添先生文字，下走极其佩服，未知公以为何如？

（馆森鸿：）竹添文字稍有神韵，然无骨力，不能为大家。敝国近代安井息轩笔力苍老可喜，行箧中不有此书。枚叔藏有息轩所著《论语集说》，其学识文章足见一斑矣。

馆森鸿：仆欲得先生墨迹二三叶为家宝，未识能许否？

馆森鸿：先生传桐城正脉者，可与萧、吴诸公并驰矣。仆不肖，亦尝学此一派，有记文二三篇，兹呈教。（壁间瞥见濂亭先生墨迹）阁下曾游濂亭之门乎？先生传桐城正脉者，仆尝一阅其集，佩服莫名。闻挚甫氏为后劲，又有萧君穆者，桐城大家也，果然否？此往年由美国至敝国，独访问山黄村，不见其他文士，匆匆回去。仆见此君致徐少芝之文，其于文字确有真谛，殊可敬服。

吴君遂：敝师颇好桐城一派，洎黎公驻东京，以文字相交，若其送序，宛然僭惜矣。仆遵师训学之，然实则非所好也。拟他日以鄙稿呈教，莫鄙弃为幸。①

【按】据称谓拟目。据"贵国""敝国"等称谓，于"（）"内分别补充"吴君遂""馆森鸿"并分段。明治三十四年（1901年）四月馆森鸿所作《赠宋平子序》云："去年三月，予至上海……予小住上海，所交宋、张、汪、文、唐、吴数君子，皆一时之选，时与把酒论交，纵谈时事，极友朋之欢，而于平子、枚叔尤亲密。"② "今年一月，再至上海……二月，将去上海……"③据此知馆森鸿至上海计有二次，二人相识则在馆森鸿第一次至上海时。吴保初《送馆森子渐归日本序》云："乃未几有山根虎臣持吾友宋恕书来访，虎臣，诗人也，以诗见质，笔谈良久而别。余尚未及走答，忽又携其至〔挚〕友来叩余门，询姓字，则曰：'鄙人馆森鸿子渐也，鸿慕中国圣人之道，愿有以启余！'余谛玩其笔札古雅，而已知为赜学能文之士矣。乃以岁暮病卧，人事都废，亦遂未及走答。而子渐复偕虎臣来，

---

① 转引自汤志钧. 乘桴新获——从戊戌到辛亥［M］. 北京：北京师范大学出版社，2018：101.

② 胡珠生.《宋恕集》补编：附录三（宋恕亲友函札）［M］//胡珠生. 东瓯三先生集补编. 上海：上海社会科学院出版社，2004：313.

③ 胡珠生.《宋恕集》补编：附录三（宋恕亲友函札）［M］//胡珠生. 东瓯三先生集补编. 上海：上海社会科学院出版社，2004：314.

云数日且归国，愿得一言志别，且以所著《拙存园文稿》求是正。……子渐行矣，闻不日幅巾将重戾支那。"① 据此知馆森鸿首次居沪期间，曾偕山根虎臣两度拜访吴保初。又馆森鸿于笔谈中云："鄙人姓馆森，名鸿，字子渐，与山根君为石交。"此当为首次见面之语，故笔谈应在其首次至上海时，即1900年3月（光绪二十六年二月初一日至三月初一日）。

山根虎臣（1861—1911），字炳侯，号立庵。长门荻市郊外山田村人。光绪二十四年（1898年）春，应白岩龙平之邀赴上海。与章炳麟、宋恕创办《亚东时报》。曾任保定军官学堂教习。有《立庵诗钞》《立庵遗稿》行世。②

馆森鸿（1863—1942），字子渐，号袖海。陆前国（日本旧时的令制国）本吉郡松岩村人。曾任职于台湾总督府。居台期间，与章太炎往还密切。著有《拙存园丛稿》。

三月十八日（4月17日），严复致书章炳麟，谓先生"深躬尔雅，自振风规"。

严复《与章太炎书》：

枚叔先生：前后承赐读《訄书》及《儒术真论》，尚未卒业。……仆此次来海上，得士为不尠〔鲜〕。苟自所可见者言之，……深躬尔雅，自振风规，吾见吴彦复；……严复拜。三月十八。③

【按】原函未署年份，据孙应祥、皮后锋考订系于此。

五月廿六日（6月22日），上书请李鸿章速斩匪首端王载漪、刚毅、董福祥、赵舒翘诸人。有《上合肥李相国书》，自识为"五月二十六日"④。

【按】是时清廷电谕李鸿章赴京主持朝局。《清李文忠公鸿章年谱》本

---

① 吴保初. 北山楼文［M］//吴保初. 北山楼集：卷三. 陈诗，辑. 铅印本. 民国二十七年：42.
② 生平事迹参见福田忠之.《立庵遗稿》：清末中日文人往来的珍贵资料［J］. 文献，2010（4）：169-175.
③ 孙应祥，皮后锋.《严复集》补编［M］. 福州：福建人民出版社，2004：324.
④ 吴保初. 北山楼文［M］//吴保初. 北山楼集：卷三. 陈诗，辑. 铅印本. 民国二十七年：38-39.

年记云："五月下大沽。京畿戒严，电谕公速来京，筹备一切。"①

六月初九日（7月5日），孙宝瑄来，共商致电李鸿章，请开示党禁。

孙宝瑄《日益斋日记》初九日：诣彦复，共商致电合肥事，电云：西兵麇集，政府必毁，请开示党禁，号召志士收拾东南半壁。②

七月初一日（7月26日），唐才常于愚园南新厅召开第一次中国议会。叶瀚暂为主席，宣读国会宗旨。容闳被举为正会长，副会长严复。

任孙宝瑄《日益斋日记》七月一日：是日海上同志八十余人大会于愚园（一说张园）之南新厅，群以次列坐，北向，浩吾权充主席，宣读今日联会之意：一、不认通匪矫诏之伪政府；二、联络外交；三、平内乱；四、保全中国自主；五、推广支那③未来之文明进化。定名曰中国议会。令大众以为然者举手，举手者过半，议遂定。乃投票公举正、副会长，令人各以小纸自书心中所欲举之正、副姓名，交书记者，书记收齐点数。凡举正会长以举容纯甫为最多，计四十二人；举副会长又以严又陵为最多，计十五人。于是容、严二公入座。容公向大众宣讲宗旨，声如洪钟。在会人意气奋发，鼓掌雷动。④

叶瀚（1863—1933），字浩吾。浙江余杭人。曾入湖广总督张之洞幕，两湖书院时务助教。参与创办《蒙学报》、蒙学公会、中国教育会等。有《晚学庐丛稿》行世。详见自传《块馀生自纪》。

何凤园译《井上雅二日记》7月26日：在沪名人士的中国国会。汪康年、唐才常等一个月以前提出的所谓国会，今天终于在愚园召开了。出席者五十二人，均为民间人士。前驻美国公使容闳为主席，严复为副主席，决定二十九日再次开会，但章程等尚未制定。⑤

【按】第一次国会与会人数不一，尚未有定论。会议详情参见桑兵《论庚子中国议会》⑥。《陈谱》云："六月，海内人士忧国灭，夷为陪隶，□□沪渎，创□国会以救亡。某日开国会于万国公共租界泥城桥外之张氏味莼

---

① 李书春. 清李文忠公鸿章年谱［M］. 王云五. 新编中国名人年谱集成：第二辑. 台北：台湾商务印书馆，1978：44.
② 童杨. 孙宝瑄日记：下册［M］. 北京：中华书局，2015：1383.
③ 时维新人士常以此词自称中国。无贬义，后不再解释。
④ 童杨. 孙宝瑄日记：下册［M］. 北京：中华书局，2015：1384.
⑤ 何凤园，黄绍海. 井上雅二日记［M］//中南地区辛亥革命史研究会，武昌辛亥革命研究中心. 辛亥革命史丛刊：第九辑. 北京：中华书局，1997：182-183.
⑥ 桑兵. 论庚子中国议会［J］. 近代史研究，1997（2）：1-40.

园，公举容闳为正会长，严复为副会长。又举干事八人，先生预焉。是时，到会者有满洲□□、蒙古二多，及汉族名士汪康年、唐才常、丁惠康、宋恕、孙宝瑄、叶瀚、张通典、邱震、孙多森等，凡数百人。致电各国政府，告中国国会成立，与各国释嫌崇好。"① 所记时间当误。

七月初四日（7月29日），唐才常于愚园召开第二次中国国会。会中任孙多森、唐才常为会计，叶瀚、邱震、汪有龄为书记，郑观应、唐才常、沈士孙、汪康年、汪立元、丁惠康、赵从藩、胡惟志、孙宝瑄及先生为干事。

孙宝瑄《日益斋日记》四日：诸同志在愚园第二次开会，到者六十余人，题名者五十余人。容公命余及菊生掌会计，余及菊生皆辞，遂改命荫亭、佛尘权理其事。俄定掌书记者三人：叶浩吾、邱公恪、汪子健；掌干事者十人：郑陶斋、唐佛尘、沈小圻、汪穰卿、汪剑斋、丁叔雅、吴彦复、赵仲宣、胡仲翼、孙仲愚。议既定，始以次散。②

何凤园译《井上雅二日记》7月30日：中国议会宗旨。昨天召开第二次会，出席者六十多人。一、保全中国疆土与一切自主之权。二、力图更新日进文明。三、保全中外交涉和平之局。四、入会之人专以联邦交、靖匪乱为责任。此不认现在通匪诸矫传之伪命。大多数人决定在此宗旨之下，实行以下三点：尊光绪帝。不认端王、刚毅等。力讲明新政法而谋实施之。但并不一定排除满人。会中极少数人，如章炳麟则主张：不允满人之入会。救出光绪帝为平民。从而与其他人意见不一致，却与孙文接近。主要成员有：容闳、严复、汪康年（参与中国议会的中心机构者张元济、沈士孙、赵仲宣等，与汪观点一致）、唐才常、主事丁惠康、吴葆初、孙宝錧〔瑄〕等。宋伯鲁、张元济、王照等没有加入。郑官应等没有努力。陈三立不日将参加。……唐才常。唐拟再设中国自立会。③

何凤园译《井上雅二日记》7月31日：中国议会的真正宗旨。绝密。很多会员是不知道的。对外的简明章程如前所述。要点是："根据第十二条，废弃旧政府，建立新政府，保全中外利益，使人民进步。"决定一两天中向日、美、英

---

① 陈诗. 吴北山先生年谱（续）[N]. 时报：文艺周刊，1919-11-11（13）.
② 童杨. 孙宝瑄日记：下册 [M]. 北京：中华书局，2015：1385.
③ 何凤园，黄绍海. 井上雅二日记 [M] //中南地区辛亥革命史研究会，武昌辛亥革命研究中心. 辛亥革命史丛刊：第九辑. 北京：中华书局，1997：183-184.

三国公布此宗旨。一俟公布，西方报纸必然登载，这样，中国官吏就会知道。①

《北山吴保初历略》：先是，联军入燕之役，海内英俊惧士宇之沦丧，集议于沪，创立国会，四族汉、满、蒙、回咸至，君预焉，与唐才常尤友善。②

章炳麟《太炎先生自定年谱》光绪二十六年三十三岁条：清自诛窜康、梁以后，与外人尤相忌，刚毅用事，遂有义和团之变。其夏，宛平不守，清太后、清主西窜长安。唐才常知时可乘也，与侨人容闳召集人士宣言独立，然尚以勤王为名，部署徒众，欲起兵夏口。余谓才常曰："诚欲光复汉绩，不宜首鼠两端，自失名义。果欲勤王，则余与诸君异趣也。"因断发以示决绝。未几，才常于夏口就戮，钩党甚亟，其徒皆窜日本，余亦被连染。然以素非同谋，不甚怔惧。是岁，孙逸仙亦起兵惠州，旋败退。③

冯自由《自立会与国会》：唐旋易会名为自立会，称其军为自立军，继以会名近于激烈，未易普遍，乃于六月间，以挽救时局为辞，邀请沪上维新志士，开国会于张园。到者有容闳、严复、章太炎、文廷式、吴葆初、叶浩吾、宋恕、沈荩、张通典、龙泽厚等数百人。公推香山人容闳为会长，侯官严复为副会长，唐为总干事，林圭、沈荩、狄葆贤为干事。成立后，声势日盛，大招清吏之忌。同时日人田野发刊《同文日报》，鼓吹改革不遗余力，颇足为唐等之助。林圭亦在汉口设军事机关，惨淡经营，成效渐著。复仿照会党颁发票布办法，散放富有票。分地段以设旅馆，为会友往来寄宿之所，其在汉口者曰宾贤公，襄阳曰庆贤公，沙市曰制贤公，岳州曰益贤公，长沙曰招贤公。刊布会章，号称新造自立之国，其规条有不认满洲为国家等语。林并作一长函，托容星桥函约孙总理同时大举。林遗书原文昔存民元北京稽勋局，曾由林兄某拍照多份分赠友人，今或存也。④

冯自由《记上海志士与革命运动》"张园之国会"条：才常于事败之前一月，尝于六月间假庚子拳匪事变人民须自行保种救国为辞，邀请沪上当代名流开大会于张园，美其名曰国会。莅〔莅〕会者有容闳、严复、章炳麟、文廷式、叶瀚、张通典、吴葆初、宋恕、龙泽厚、沈荩、马相伯、毕永年、戢元丞、狄葆贤等数百人。公推香山容闳为会长，侯官严复为副会长，才常为总干事，林

---

① 何凤园，黄绍海. 井上雅二日记［M］//中南地区辛亥革命史研究会，武昌辛亥革命研究中心. 辛亥革命史丛刊：第九辑. 北京：中华书局，1997：184.
② 北山吴保初历略［N］. 益世报（北京），1926-10-24（8）.
③ 章炳麟. 太炎先生自定年谱［M］//北京图书馆. 北京图书馆藏珍本年谱丛刊：第一九二册. 影印本. 北京：北京图书馆出版社，2010：340-341.
④ 冯自由. 革命逸史：第六集［M］. 北京：中华书局，1981：20-21.

锡圭、沈荩、龙泽厚、狄葆贤为干事。成立后大招清吏之忌，以时值拳祸猖獗，无暇禁阻。上海各日报中为之鼓吹者有同文沪报，是报即东文学社教习日人田野橘次所设，才常等在沪活动甚得其力。时国会中参与分子至为复杂，除才常及其密友数人外，鲜有得参与自立军机密者，余人大都震于国会民权之新说，乘兴来会，非有如何确定之宗旨也。逮开会后，首招毕永年、章炳麟二人之反对，永年以乡谊力劝才常断绝康有为关系。才常利保皇会资，坚不肯从。相与辩论一日夜，失望而去。炳麟责才常不当一面排满一面勤王，既不承认满清政府，又称拥戴光绪皇帝，实属大相矛盾，决无成事之理。因宣言脱社，割辫与绝。未几汉口自立军事败，参与国会诸首要咸被清吏指名通缉，容闳、严复以是先后出亡英美避之。①

【按】日期以日记所载为是，冯自由所记当误。

七月初七日（8月1日），唐才常言国会中多有立异者。

孙宝瑄《日益斋日记》：七日。午诣容纯甫，佛尘亦在。佛尘对余痛哭，谓国会开议甫二次，同志中遂有立异者，如汪穰卿、叶浩吾辈，造种种蜚语与容公为难，中国亡矣，不可救矣。余闻之亦不胜懊丧。②

【按】国会各派意见不一。《井上雅二日记》云："汪与唐心中互不合拍。唐以为汪不可信赖，而汪以为唐有野心。汪不知自立会的事。而容闳好像是知道的。"③ "容与汪不合拍。容认为汪有私心。唐与汪也完全不合拍。"④

七月初十日（8月4日），陶森甲加入国会。

何凤园译《井上雅二日记》8月4日：陶森甲加入中国议会。他说将奉张之洞之命会见福岛安正。李鸿章并不见怪中国议会，刘坤一似乎没有妨碍他的

---

① 冯自由. 革命逸史：第二集 [M]. 北京：中华书局，1981：69.
② 童杨. 孙宝瑄日记：下册 [M]. 北京：中华书局，2015：1385.
③ 何凤园，黄绍海. 井上雅二日记 [M] //中南地区辛亥革命史研究会，武昌辛亥革命研究中心. 辛亥革命史丛刊：第九辑. 北京：中华书局，1997：185.
④ 何凤园，黄绍海. 井上雅二日记 [M] //中南地区辛亥革命史研究会，武昌辛亥革命研究中心. 辛亥革命史丛刊：第九辑. 北京：中华书局，1997：186.

意思。①

七月十九日（8月13日），张謇劝沈瑜庆及先生随李鸿章入都。

《张謇日记》十九日：爱苍约至张园见赵善夫（宋子东）。劝爱苍、彦复随合肥行，入都。②

【按】《陈谱》云："八月，先生赴沪。是时合肥由粤到沪，本命为议和大臣，入都议和，欲以先生为随员从行，先生辞。适杨文敬公士骧由津至，乃以杨代之。"③ 据张氏日记，事在七月。

沈瑜庆（1858—1918），字志雨，号爱苍、涛园，谥敬裕。福建侯官人。沈葆桢第四子。光绪五年（1879年），以荫赏候补主事，官刑部广西司行走。光绪十一年（1885年）举人。累官至贵州巡抚。著有《涛园集》。

七月二十日（8月14日），联军进攻北京。

七月廿一日（8月15日），光绪帝、慈禧离京。

七月廿三日（8月17日），寿富卒。

七月廿八日（8月22日），晨，唐才常等于汉口英租界被捕。夜二更，唐才常等十一人被杀。

张篁溪《自立会始末记》：唐才常、林圭等所发富有票，藉〔借〕哥老会之力，散放于湘、鄂、皖、赣各府州县，为数綦夥，势力日渐膨胀。林圭认为机不可失，促唐才常赴汉口谋速发难。唐才常至汉时值北方义和团事起，西太后与载漪西行，〔以〕北方无政府为词，藉〔借〕日本人为通殷勤于鄂督张之洞，讽以自立军将拥之据两湖而宣布独立。张之洞犹疑莫决，同时对会党之运动虽有所闻，未尝予以压抑，似非全无好意者。唐才常多方设法促张之洞自决，张无所表示。唐才常以为无望，乃扬言于外人曰：倘张之洞奉清廷之命以排外，吾必先杀之，以自任保护外人之事。张之洞闻而深恨之，乃决计先发制人，将党人一网打尽，以绝祸根。适七月二十七日，汉口泉陆〔隆〕巷某剃发匠，侦悉同街唐姓形迹可疑，遽向都司陈告变。陈跟踪拿获党人四名，始悉党人有大举动。张之洞闻报，即照会各国领事，于二十八日凌晨往围英租界李顺德堂及

---

① 何凤园，黄绍海. 井上雅二日记［M］//中南地区辛亥革命史研究会，武昌辛亥革命研究中心. 辛亥革命史丛刊：第九辑. 北京：中华书局，1997：186-187.

② 李明勋，尤世玮. 张謇日记［M］. 上海：上海辞书出版社，2017：487.

③ 陈诗. 吴北山先生年谱（续）［N］. 时报：文艺周刊，1919-11-11（13）.

宝顺里自立军机关部与轮船码头等处，先后逮捕唐才常、林圭、黎科等。司道府县在营务处会讯，唐供词谓："由中国时事日坏，故效日本覆幕举动，以保皇上复权，今既败露，有死而已。"余人群呼速杀。二十八夜二更，乃押至大朝街浏〔滋〕阳湖畔加害。一时骈首就义者达十一人。①

冯自由《汉口机关之失败》：张之洞侦知唐等所为与己绝反对，且将布告各国领事据武昌独立，决计先发制人，将党人一网打尽以绝祸根。适二十七日汉口泉隆巷某剃发匠侦知同街唐姓形迹可疑，遽向都司陈士恒告变，陈跟踪拿获党人四名，始悉党人有大举动。张之洞闻报，即照会租界各国领事，于二十八日清晨派兵围搜英租界李顺德堂及宝顺里自立军机关部与轮船码头等处，先后逮捕唐、林及李炳寰、田邦璇、瞿河清、向联升、王天曙、傅慈祥、黎科、黄自福、郑葆晟、蔡丞煜、李虎生及日本人甲斐靖等二十余人。同时围搜某俄国商店，拟捕其买办容星桥，容乔装工人而逃；戢元丞则避匿刘成禺家，赖姚锡光父子设法，得以出险。唐等被擒后，司道府县在营务处会讯，唐供词谓因中国时事日坏，故效日本覆幕举动，以保皇上复权，今既败露，有死而已。余人群呼速杀。二十八日夜二更乃押至大朝街溜〔滋〕阳湖畔加害，一时延颈就戮者共十一人。尚有日本人甲斐则移交驻汉口日领事讯办。自是张之洞乃大兴党狱，湖北杀人殆无虚日，特派护军营二百人驻汉口铁政局，形迹稍可疑者皆不免，约死百余人。②

何凤园译《井上雅二日记》8月23日：早晨，赵仲宣来商量为营救唐等而向在东京的钱洵打电报的事。电文是："唐才常等留东学生三十余人在汉口被捕，望顾全大局，保护志士，速电告张帅，并在日本请当局设法营救。沈翔云代表。"……晚上十点，收到汉报馆的电报："甲斐靖被释，今晚乘大井川丸号船出发，其他人被斩。"也就是说，张之洞马上处决了唐等。被处决的人有几个，则不可知。如果三十人都被处决的话，那张就是下决心的了，可以说一大狱。③

《陈谱》：七月，京师陷，孝钦挟帝西奔。才常谋起兵于鄂，据荆襄，移檄远近，鼓行而西，以迎乘舆。事泄，被执于汉口，死之。才常字佛尘，浏阳拔贡生也。是时督鄂者为张南皮，抚鄂者曰于荫霖，抚湘者曰俞廉三，诛杀湘鄂

---

① 张篁溪. 自立会始末记[M]//杜迈之, 刘泱泱, 李龙如. 自立会史料集[M]. 长沙：岳麓书社, 1983：9-10.
② 冯自由. 革命逸史：第六集[M]. 北京：中华书局, 1981：26-27.
③ 何凤园, 黄绍海. 井上雅二日记[M]//中南地区辛亥革命史研究会, 武昌辛亥革命研究中心. 辛亥革命史丛刊：第九辑. 北京：中华书局, 1997：194-195.

名士数十人，天下冤之。戊庚两诛党人，士气斫丧尽矣。①

七月三十日（8月24日），诸人疑陶森甲为密探。

何凤园译《井上雅二日记》8月24日：陶森甲昨夜去南京。小田切领事认为，陶森甲是为探得中国议会的内情而入会的侦探。唐才常给徐老虎通信，以及汉口、大通的事等，都是奸细向张之洞、刘坤一告了密。甲斐靖给我的信也确实有开封的痕迹。在中国不能保守秘密，已矣乎！②

七月，归省。

《陈谱》：七月京师陷，……是月，先生归里省亲。③

七月，张之洞获国会名簿。

《陈谱》：南皮既杀才常，得国会名单籍簿，驰檄远近，大捕党人。或为先生危，先生笑曰："予挂冠神武以来，遗世久矣。充彼辈之力，不过使我不富贵，他何能为？"④

八月初二日（8月26日），井上雅二分析失败缘由，并认为唐才常难有后继者。

何凤园译《井上雅二日记》8月26日：这次唐的失败主要在于两点，一是只利用哥老会中与自己意志相符的人，而使大多数人相背离。二是寻求的并不是党中的俊杰，而只是一些只听令行动的人。原来大通与武汉约好同一天行动的，但是大通先行动了而武汉没有回应。唐到汉口去督催，林述唐等威望低而权欲重，他的部下不听调度，所以时机成熟以前就秘密泄漏〔露〕，以致败露。同时，唐的举动又给人提供了口实。他的弊病是模仿会匪故智，发行富有票，而且，抢劫大通的钱庄和当铺。这些行为虽然是为筹集军费，但难免被人讥讽。有否后继者。……后继者较少的原因。会长容闳实在不知道唐等的事，完全是康有为等人一手操纵的。所以他无法来挽回和收拾。……事情大白时，会长又说不知道，群众不管此事。所以，今次唐失败后，很难再有后继者。……由于唐的事情，李、刘等恐怕会对中国议会抱有疑心，并阻止其活动。张十分憎恨康，看来他以杀唐等为快。……上海各报的调子。《新闻报》视其为土匪，其行动被记述为聚众行劫。《中外日报》没有很详细的评论，仅仅只是一句话的记事。《马鲁丘里》认为其自称为维新党而实际上是哥老会，不对其予以同情。汉

---

① 陈诗. 吴北山先生年谱（续）[N]. 时报：文艺周刊，1919-11-11（14）.
② 何凤园，黄绍海. 井上雅二日记 [M] //中南地区辛亥革命史研究会，武昌辛亥革命研究中心. 辛亥革命史丛刊：第九辑. 北京：中华书局，1997：195.
③ 陈诗. 吴北山先生年谱（续）[N]. 时报：文艺周刊，1919-11-11（13）.
④ 陈诗. 吴北山先生年谱（续）[N]. 时报：文艺周刊，1919-11-11（13）.

口的外国人则不然。可能因外国与张之洞有保约，而无法公开庇护维新党。情况不利，应该怜悯唐等。……唐才常的事件以后，维新党的努力完全受到挫折。①

五月至闰八月，范当世有诗《嘲吴彦复》。

范当世《嘲吴彦复》：蓬蒿郁郁岂能终，枳棘榛榛所向穷。一日欢然逢旅雁，不知依旧落芦中。②

【按】此诗《范伯子诗文集》系于第十四卷（光绪二十六年庚子五月至桐城及闰八月至南昌作），姑系于此。

九月，有诗《沪上送丁叔雅户部归岭南》。
《陈谱》：九月，有《送丁叔雅（惠康字）归岭南》诗。③

【按】丁惠康有留别诗（"百无聊赖过零丁"）④，曾刊于《选报》，题作《归岭南留别吴刑部》⑤，署名惺盦。

秋，有诗《三迭伯福见寄韵却寄》。

【按】据"陇上秋高辇路寒"⑥ 系于此。

秋，致书宋恕，言诗稿已请赵从蕃带还，并奉《答山根见怀》一首请宋氏诲正。

吴保初《致宋恕书（二）》：性哉诗稿已交仲宣兄带还。弟今日有《答山根见怀》之作，另纸录呈诲正。此上燕生/枚叔先生左右。保初顿首。附：酬山

---

① 何凤园，黄绍海. 井上雅二日记 [M] //中南地区辛亥革命史研究会，武昌辛亥革命研究中心. 辛亥革命史丛刊：第九辑. 北京：中华书局，1997：195-197.
② 马亚中，陈国安，校点. 范伯子诗文集：上 [M]. 修订本. 上海：上海古籍出版社，2015：252.
③ 陈诗. 吴北山先生年谱（续）[N]. 时报：文艺周刊，1919-11-11（13）.
④ 吴保初. 北山楼诗 [M] //吴保初. 北山楼集：卷一. 铅印本. 民国二十七年：15.
⑤ 惺盦. 归岭南留别吴刑部 [N]. 选报，1901-11-21：30.
⑥ 吴保初. 北山楼诗 [M] //吴保初. 北山楼集：卷一. 铅印本. 民国二十七年：16.

根立盦〔庵〕见怀之作。①

【按】此函未署年月日。函中称"弟今日有《答山根见怀》之作",据吴保初《酬山根立盦〔庵〕见怀之作》"落木有声天漠漠"② 句系于此。性哉,疑为蒋智由别署"性裁"之谐音别字。

赵从蕃,字仲宣。江西南丰人。光绪二十年(1894年)进士。历官工部主事、广西劝业道、安徽清理财政正监理官、江西民政长等。

秋,携陈诗至沪。

陈诗《尊瓠室诗话》:庚子秋,吴北山师携余至沪。③

陈诗《文道希先生诗集序》:庚子乃归国。是秋,余从吴彦复师至沪,居于临巷,袖诗抠谒先生。④

秋,文廷式来书,询陈诗踪迹。

陈诗《尊瓠室诗话》:庚子秋,予游沪。文学士见余诗,有黄钟牛铎之知。余因献诗,有"神山风雨走孤鸾"(《赠文道希学士》)句,公极赏之。偶予赴吴淞视弟,数日不见,则函讯吴北山师曰:"陈子言诗人尚留沪否?"⑤

十二月初二日(1901年1月21日),宋恕来访,先生得其所作《〈北山楼诗初集〉跋》⑥并《题吴君遂比部〈北山楼集〉》五首⑦。

【按】编者胡珠生注云:"原稿标题为《吴保初君遂刑部〈北山楼诗初集〉跋》,下注:'十二月初二面交。'后刊于《北山楼集》。"

十二月初四日(1901年1月23日),致书宋恕,并将竹添光鸿《栈云峡雨

---

① 胡珠生.《宋恕集》补编:附录三(宋恕亲友函札)[M]//胡珠生. 东瓯三先生集补编. 上海:上海社会科学院出版社,2004:190.
② 吴保初. 北山楼诗[M]//吴保初. 北山楼集:卷一. 铅印本. 民国二十七年:16.
③ 林建福,校点. 尊瓠室诗话补[M]//张寅彭. 民国诗话丛编:第二册. 上海:上海书店出版社,2002:151.
④ 文廷式. 文道希先生遗诗[M]//《清代诗文集汇编》编纂委员会编. 清代诗文集汇编:第七八一册. 影印本. 上海:上海古籍出版社,2010:728.
⑤ 林建福,校点. 尊瓠室诗话:卷一[M]//张寅彭. 民国诗话丛编:第二册. 上海:上海书店出版社,2002:92.
⑥ 胡珠生. 宋恕集:上册[M]. 北京:中华书局,1993:310-311.
⑦ 胡珠生. 宋恕集:下册[M]. 北京:中华书局,1993:843;宋恕. 题词[M]//吴保初. 北山楼集:卷一. 铅印本. 民国二十七年:2.

日记》及《诗草》借与宋氏。

吴保初《致宋恕书（一）》：一昨聆教为快，拙作既过承奖掖，复宠以佳什，益增惭恧。下走不学，何幸得不见弃于先生！先生爱我，不以为不可教，宜愧厉之使进于道，而乃为是虚誉，长其骄而助其怠，毋乃非责善之道乎？《竹添日记》及诗检出呈览。枚公之才真数百年不一遭，亦何幸生并世，得歆其謦欬而与之论天下事哉！其所著《蓟汉阁文集》仍拟假录一通，俾遂私淑，想勿我靳也！暇更诣谈，此颂燕生先生道安。小弟保初顿首。初四日。枚、巽二公并候。①

【按】此函未署年月，函中称"一昨聆教为快，拙作既过承奖掖，复宠以佳什"，指宋恕光绪二十六年十二月初二日面交《〈北山楼诗初集〉跋》与《题吴君遂比部〈北山楼集〉》事，故此函应作于十月初二日后。又"《竹添日记》及诗检出呈览"，指宋恕从吴保初处借竹添光鸿所撰《栈云峡雨日记》并《诗草》事。宋恕《题〈栈云峡雨日记〉等》署"光绪庚子季冬"，即光绪二十六年十二月，据此知，是函作于光绪二十六年十二月初四日。

十二月初五日至十二月三十日（1901年1月24日—2月18日），宋恕来函。

宋恕《题〈栈云峡雨日记〉等》（1901年2月中旬）：久闻竹添渐卿《栈云峡雨日记》并《诗草》之佳，恨未得见！会从君遂先生假读一过，心折殊深，题三绝句奉还，即乞先生正之！光绪庚子季冬，宋恕书于申江客舍。②

【按】宋恕所奉三绝句为《题〈栈云峡雨日记〉》一首，《题〈栈云峡雨诗草〉》二首。所作时间当不早于十二月初四日。

十二月，山根虎臣归国，请先生向宋恕转交其诗作。

山根虎臣《致宋恕书（一）》：

燕生先生左右：弟拟于本礼拜六启行归国，腊尾访学堂告别。会执事搬居

---

① 胡珠生.《宋恕集》补编：附录三（宋恕亲友函札）[M]//胡珠生.东瓯三先生集补编．上海：上海社会科学院出版社，2004：189-190.

② 胡珠生．宋恕集：下册 [M]．北京：中华书局，1993：845.

不值，殊为怅怅！访求馆人，贵寓有人操吴音者以不知答，不能重趋。今托君遂奉寄拙作呈正，祈赐赓和，且为弟别撰一《送序》，庶足壮行色并夸乡间，至嘱至嘱！弟拟于今年阳五月入蜀，至迟四月下旬重抵此间，重逢握手不远矣！如欲寄手札，至虹口邮局贴有三分邮票，约一礼拜内当到达，万不误，时下春寒犹其，伏祈为道千万自玉，临别不胜依依之至！虎臣顿首。……将归国，留别沪上友人。虎臣未是。①

冬，始闻寿富殉难。

《陈谱》：是冬，始闻寿富殉难之耗，有《哭伯福学士》诗，且鬻车马以恤其孥。②

陈诗《吴北山先生家传》：迨寿富死庚子之难，先生哭之甚哀，时恤其孤。③

冬，致函汪康年，询刘鹗居处，并欲于日间访汪。

吴保初《致汪康年函（三）》：多日不见，怎么生耶？弟自闻伯弇之耗，哀恋靡从，无复人理。兹有要事欲与刘云抟兄一商，未知其住址何处，乞垂示之。日间拟一访谈。此请穰卿吾兄刻安。弟保初顿首。二十六日。④

【按】据称谓拟目。此函未署年月。刘德隆、刘瑀《刘鹗年谱长编》光绪二十六年条云："约9月19日（八月二十六日）吴保初函致汪康年，寻找在上海的刘鹗。"⑤ 然《陈谱》云："是冬，始闻寿富殉难之耗。"⑥ 则此函应作于十月至十二月间。

是年，章炳麟主先生寓。

章士钊"章炳麟《庚子拳变与粤督书》附识"：案〔按〕：庚子先生主先外舅北山楼，此篇手稿近从残书中理出。史材手迹，两俱可宝。士钊谨识。⑦

是年，与孙宝瑄、章炳麟、丁惠康于宝记同影一像。

---

① 胡珠生.《宋恕集》补编：附录三（宋恕亲友函札）[M]//胡珠生.东瓯三先生集补编.上海：上海社会科学院出版社，2004：150.
② 陈诗.吴北山先生年谱（续）[N].时报：文艺周刊，1919-11-11（13）.
③ 吴保初.北山楼文[M]//吴保初.北山楼集：卷三.陈诗，辑.铅印本.民国二十七年：2.
④ 上海图书馆.汪康年师友书札：第一册[M].上海：上海古籍出版社，1986：338.
⑤ 刘德隆，刘瑀.刘鹗年谱长编[M].上海：上海交通大学出版社，2019：373.
⑥ 陈诗.吴北山先生年谱（续）[N].时报：文艺周刊，1919-11-11（13）.
⑦ 章炳麟.太炎集外文[J].甲寅周刊，1927，1（42）：20.

《孙宝瑄日记》光绪二十七年六月十二日：记去岁在宝记，余与枚叔、彦复、叔雅四人同影一像，今日四人又至一处，不易得也。①

是年，与夏敬观定交。

夏敬观《北山楼集后序》：窃念予与先生订〔定〕交，方丁庚子之乱，时海内有识士大夫，多侨聚沪渎，先生憔悴颓废，往往挟朋辈益就醇妇，放逸自晦。顾忧心如醉，偶及国是，抵几纵言，亢直痛切，闻者皆兴起愤慨。②

编年诗

1.《江南》

2.《有忆》

【按】怀许君男之作。陈诗按语云："此乃感逝之作。先生姬人许君男，乃顺德李若农侍郎之婢，故诗语云然。"③

3.《沪上送丁叔雅户部归岭南》

4.《三迭伯福见寄韵却寄》

5.《感事》

6.《酬山根立盦见怀之作》

7.《感事》

8.《哭伯福学士》

编年文

1.《上合肥李相国书》

2.《与东抚书》

【按】袁世凯时官山东巡抚，吴保初致书劝其"今日急务，首在勤王，速诛君侧之小人，复皇上之大位，还我圣君，速行新政"④，由此建不世之伟业。书云："日前大沽已开战矣，天津已糜烂矣"，八国联军攻陷大沽炮台在五月廿一日（6月17日）。又云："日书记德公使已被杀矣"，德国公

---

① 童杨. 孙宝瑄日记：上册［M］. 北京：中华书局，2015：402.
② 孙文光，点校. 北山楼集［M］. 合肥：黄山书社，1990：139.
③ 吴保初. 北山楼诗［M］//吴保初. 北山楼集：卷一. 铅印本. 民国二十七年：15.
④ 吴保初. 北山楼文［M］//吴保初. 北山楼集：卷三. 陈诗，辑. 铅印本. 民国二十七年：40.

使男爵克林德被神机营恩海（霆字枪八队章京）击毙在五月廿四日（6月20日），此案为日军所雇侦探得洛（定字营第八队书记）侦破。故是书当不早于五月廿四日。

光绪二十七年辛丑（1901年）　　三十三岁

正月初一日（2月19日），章炳麟得先生遣力报信，入僧寺以避清廷追捕。

章炳麟《太炎先生自定年谱》光绪二十七年三十四岁条：才常既败，余归乡里度岁。正月朔旦，友人庐江吴保初君遣力急赴余宅曰："踪迹者且至矣，亟行。"余避之僧寺，十日，知无事，复出上海。平子及诸友皆相见慰问，君遂终以明哲保身相勉。余曰："辫发断矣，复何言！"平子笑曰："君以一儒生，欲覆满洲三百年帝业，云何不量力至此，得非明室遗老魂魄冯身耶？"余亦笑。会苏州东吴大学求教员，君遂言："是有美洲教士任事，君往就之，或得其力。"乃赴苏州。①

正月初五日（2月23日），馆森鸿离沪。先生有《送馆森子渐归日本序》。

【按】宋恕《赠别馆森袖海》（1901年2月23日）题下注云："正月初五，送子渐行。是日接外舅哀函。"② 又馆森鸿《赠宋平子序》（明治三十四年辛丑四月）云："二月，将去上海，诸同人设祖筵。"③

正月初六日（2月24日），孙宝瑄来访，同游张园。

《孙宝瑄日记》：六日。晴。诣彦复，与同游味莼园。④

【按】味莼园，原为西人格农私苑，光绪八年（1882年）归张鸿禄，命为"味莼园"，俗称张园。狄葆贤《平等阁诗话》云："沪渎泥城桥外有张园，一名味莼园，士女游集，此为胜区。广庭逴旷，可容千人，窗扉四辟，花木扶疏，若远若近，绕庭如屏障。庭外隙地数十弓，浅草铺茵，柳

---

① 章炳麟. 太炎先生自定年谱［M］//北京图书馆. 北京图书馆藏珍本年谱丛刊：第一九二册. 影印本. 北京：北京图书馆出版社，2010：341-342.
② 胡珠生. 宋恕集：下册［M］. 北京：中华书局，1993：847.
③ 胡珠生.《宋恕集》补编：附录三（宋恕亲友函札）［M］//胡珠生. 东瓯三先生集补编. 上海：上海社会科学院出版社，2004：314.
④ 童杨. 孙宝瑄日记：上册［M］. 北京：中华书局，2015：327.

阴路曲，板桥临水，芙蕖盛开。春夏秋极有佳致，冬则古木荒池，围炉茗话而已。……张园固胜区，得名流歌咏。纪其景物，而游骋之娱乃盛称于海内已。"①

正月初七日（2月25日），下午，孙宝瑄来谈。

《孙宝瑄日记》：七日。晴。诣盛杏孙不遇。访汇东妻弟，谈及去岁变法之诏，实因合肥于十一月间有疏陈请革政，故两宫遂定大计。晡，造彦复谈。②

正月十二日（3月2日），下午，孙宝瑄来访，时宋恕亦在，先生赠孙五古《过孙仲屿工部忘山庐有赠》。

《孙宝瑄日记》十二日：晡，诣彦复，燕公亦在，纵谈。彦复赠余五古，录如下："春风扇江海，皎日悬空虚。索居意不适，言访忘山庐。藉〔借〕问主人谁，宝瑄字仲玙。见道已忘山，见君亦忘予。莫指鹿为马，焉知子非鱼。从君一日游，如读十年书。庄叟齐得丧，尼父谁毁誉。习静摹禅悦，治经乃菑畲。嘉禾茁九穗，非种固必除。幽兰生当门，佳士肯见锄。身脱尘网中，手拨秦灰余。修竹蠹轩簷，清流绕林渠。稽古异桓荣，下帷同仲舒。庭有稽阮俦，门无卿相舆。始知天爵贵，何翅专城居。坦怀乐疏放，末俗恒龃龉。乃叹世路险，合辙难造车。沧海变为田，宫阙莽成墟。万物类刍狗，天地终蘧蘧。相逢谈忘归，独立空踌躇。"③

【按】日记所录五古与《北山楼集》所收《过孙仲玙工部忘山庐有赠》④ 略有异文。

正月十三日（3月3日），章炳麟致书先生，言宋恕为其谋一职，然胡惟志因惧牵连而拒其寄寓，故询先生处可否暂宿。

章炳麟《致吴君遂书一》：客腊分袂后，舟中以君及子言赠诗破我寥寂。抵家一月，如瘖〔喑〕如聋，惟断烂册子相依为命。间作《广救文格论》一首，此件较宁人原著，意趣稍别，亦以针砭时俗，盖常恐高材者堕轻清魔也。书约二千余言，较去岁赠宋君诗跋，稍益繁重。移书尘览，不知宏达君子于意云何？

---

① 吴忱，杨焄，点校. 平等阁诗话：卷一 [M] //张寅彭. 清诗话三编：第十册. 上海：上海古籍出版社，2014：7020-7021.
② 童杨. 孙宝瑄日记：上册 [M]. 北京：中华书局，2015：328.
③ 童杨. 孙宝瑄日记：上册 [M]. 北京：中华书局，2015：330.
④ 吴保初. 北山楼诗 [M] //吴保初. 北山楼集：卷一. 铅印本. 民国二十七年：17.

兹有恳者，平阳为弟谋一译润之局，而居停虚寄，无下榻处安定，以《訄书》刻后，谣诼颇多，嘱勿寓彼宅中，致遭侦捕。此虽过情之言，然鄙人亦不欲惊碎其胆。此外租界中无可托足，不知尊邸可暂宿数旬否？①

【按】据汤志钧《章太炎年谱长编》考证系于此。

章炳麟《致汪康年书（三）》：

穰公鉴：接初四日信，已逾十日。所指润译②一案，居停何人？望即详示。二十圆〔元〕差可自给，惟无下榻处，甚困也。先时常在仲巽家中寄寓，今得彼书，乃知以《訄书》故，颇有谣诼。巽本胆小，嘱弟不可寓彼宅中，如此，则住栈所费，将去薪水之半。今特致书彦复，欲就其家暂寓，该信望即加封饬送。如吴君慨诺，弟即来沪，否则惟作罢论耳。肃此，敬请著安。弟知拉夫顿首。十三日。(十六到)③

【按】据称谓拟目。原函无年月，据汤志钧《章太炎年谱长编》考证系于此④。

正月十八日（3月8日），白日，孙宝瑄来访，未遇。晚，应孙宝瑄之招于万福居。先生此前自盛宣怀处得和议有变之信，未知详情。孙氏醉后与先生同车至左翠玉家，醉中读先生之诗。俄随至先生寓，阅《清议报》，诵梁启超《与张之洞书》与《海外奇遇诗》二十首。夜半乃去。

《孙宝瑄日记》十八日：访彦复不遇，造芝洞小谈。晚，独饮于万福居，折简招彦复来。云和议复有变动，得信于盛京卿所，细情不知也。是夕，余饮尽醉，醉后与彦复同车至左翠玉家。余眼中视人蒙胧，睹灯光闪灼，自谓别成一世界，不知天地为何物也。每发一语，旁人莫不粲然，亦不解何故。醉中读彦复诗稿，拊案高吟，手舞足蹈。俄随彦复至其家，阅《清议报》，朗诵梁任父

---

① 章炳麟《致吴君遂书一》（1901年3月3日），转引自汤志钧. 章太炎年谱长编：上册[M]. 北京：中华书局，1979：116.
② "润译"，即"译润"，两词同义。
③ 上海图书馆. 汪康年师友书札：第二册[M]. 上海：上海古籍出版社，1986：1949-1950.
④ 汤志钧. 章太炎年谱长编：上册[M]. 北京：中华书局，1979：116.

《与张之洞书》及《海外奇遇诗》二十首。夜分归，月明如昼。①

盛宣怀（1844—1916），字杏荪，号次沂。江苏武进人。诸生。纳赀〔资〕为主事。历官天津河间兵备道、招商局督办、大理寺少卿、邮传部大臣等。创办轮船招商局、中国电报总局、中国通商银行、京汉铁路等。

左翠玉，上海校书。储仁逊《黛语楼记事成诗》云："黛语楼为上海三马路左翠玉校书妆阁，校书自亿鑫里迁居之后，门前车马，如水如龙，恒有风雅士燕会其中，固不殊宣城史凤也。"② 春江丁酉年夏季花榜列于第三甲，云："左翠玉：珠喉宛转。"③

正月十九日（3月9日），是夕，应胡惟志之招，座有宋恕、蒋智由、欧阳柱。

《孙宝瑄日记》十九日：是夕，仲彝招饮，坐有燕生、信侨、彦复、石芝。信侨正告诸人，谓俄人逼我立东三省和约，万一朝廷许之，各国援利益均沾之说，瓜分之势成矣。我同志当发公电至政府，力争此事，尽我国民之职。在坐诸人，莫赞一词。余先行。④

蒋智由（1865—1929），本名国亮，字观云，号新皆、信侨、心斋等，别署性裁。浙江诸暨人。光绪二十三年（1897年）举人，授山东曲阜知县未任。参与出版《时务通考》。二十七年（1901年），与赵祖德共办《选报》，并任主编。二十八年（1902年），与蔡元培等成立中国教育会，任爱国女校经理。有《居东集》《海上观云集初编》《蒋观云先生遗诗》行世。

欧阳柱（1859—1932），字石芝，自号了一居士。广东新会人。少习儒业，后投空门，筑精舍于上海龙华镇，专修净业。康有为门生。宝记照相馆馆主。《欧阳石芝居士逝世》云："欧阳石芝居士，粤东新会人。初抱维新思想，从康南海先生游。后抛弃政治生涯，潜心净业。著有《最后一着》《道说纪余》《决定生西日课》等书。并为提倡蔬食，创设功德林，各处闻风兴起，所活甚多。二月十五日下午，忽于念佛声中西逝，年七十有四。"⑤

正月廿五日（3月15日），张园举行第一次绅商集议拒俄约。

正月廿六日（3月16日），孙宝瑄来谈，同游张园。

---

① 童杨. 孙宝瑄日记：上册［M］. 北京：中华书局，2015：335.
② 储仁逊. 器嚣琐言：卷一［M］//欧阳健. 红楼诠辨. 上海：上海三联书店，2014：273.
③ 陈无我. 老上海三十年见闻录［M］. 上海：上海书店出版社，1997：211.
④ 童杨. 孙宝瑄日记：上册［M］. 北京：中华书局，2015：336.
⑤ 欧阳石芝居士逝世［N］. 申报，1932-02-17（5）.

《孙宝瑄日记》：二十六日。晴。诣彦复谈，偕游味莼园。①

二月初五日（3月24日），孙宝瑄来访。未时，偕至张园，参与第二次绅商集议拒俄约。方守六持先生稿代为登台演说。

《孙宝瑄日记》：五日。晴。诣彦复。昳，偕至味莼园。是日，同志第二次集议，为阻俄密约也。闻俄约限于初六、七日为诺，故海上志士齐集，共议发电至我国政府及各疆臣，力阻其事。又议电告英《泰母〔晤〕士报》馆，告各国援助。到者三四百人，推余首登台演说。余因大声告众曰：中国将亡矣，诸君知之乎？中国将瓜分矣，诸君知之乎？中国何以亡？何以瓜分？有近因，有远因。远因者何？不能变法自强之故。近因者何？东三省密约之故。若允俄人，列国效尤，利益均沾，中国主权由是尽失。凡我同志，稍明公理，须知人人有国民之职分，不得视国家为身外之物。且中国既亡，无论何人不能自保其性命财产。庚子山云：一马之奔，无一毛而不动；一舟之覆，无一物而不沉。诸君闻之，能无惧乎？既知惧，斯不能不共谋挽回之术，即不可无今日集议之事。以下所演，即会中同人所拟宗旨，已登报矣，不赘录也。余演说毕，遂下。余人相继上演说者共有七八人。中有僧名宗仰，有女子年十五六，名薛锦琴②，皆各抒所见，辞气慷慨。大众莫不鼓掌。③

《传单》：

启者：中俄密约，俄人胁我中国于初六、七（3月25、26日）画押，事机极迫，闻各督抚已驰电力争，凡我在沪绅商士庶，定初五日（3月24日）二下钟，再集张园议事，务祈诸公届时早临为荷。同人公启。④

《纪〔记〕第二次绅商集议拒俄约事》：昨日本埠绅商闻俄约迫初六、七（3月25、26日）签押，午后二点钟，再集张氏味莼园会议，到者约近千人，凡东西人士来园观听者亦数十人，有问天居士、王君子琦、某君三人各出撰文一篇，宣示公众。至四点时，同人次第演说者凡十余起。先由孙君仲瑜代同人演说集议宗旨，次吴君趼人，次何君春台，次蒋君知游，次温君钦甫，次陈君澜生，次安徽某君，次方君守六持吴君君遂函代为演说，次李君惟奎，次孙君季刚，次方外宗仰上人，次周君雪樵，次魏君少塘，次汪君穰卿，次女士薛锦琴，次钱君维骐，又朝鲜宗晚洙以限于方言，笔述其意以告同人。此次演说，诸君

---

① 童杨. 孙宝瑄日记：上册 [M]. 北京：中华书局，2015：340.
② 另有一说为薛锦琴。
③ 童杨. 孙宝瑄日记：上册 [M]. 北京：中华书局，2015：343-344.
④ 杨天石，王学庄. 拒俄运动 1901—1905 [M]. 北京：中国社会科学出版社，1979：14.

均极激昂感慨，听者耸然拍手称是，其沉痛处能令闻者兴起。就中女士薛锦琴，年仅十余龄，洞明时势，慷慨陈说，尤令人钦佩无已。①

【按】方守六代为演说之函载于《中外日报》（1901年4月2日）。题作《刑部吴君君遂函（方君守六代为演说）》，内容同《阻中俄密约说》。

方守六，安徽定远人。曾经营金粟斋，光绪二十八年（1902年）英华聘其为《大公报》首任主笔。

二月初六日（3月25日），下午，孙宝瑄来访，至晚乃去。

《孙宝瑄日记》六日：晡，访彦复。晚归，观书。②

二月初七日（3月25日），下午，孙宝瑄来访。

《孙宝瑄日记》七日：晡，访张让三。归，顺道视彦复。③

同日，投函《同文沪报》，直指鄂督张之洞为食人之狗彘。

《投函照录》：顷阅某报，有某大臣电致本埠官场，询问绅商电争密约事，是否系某会中人所为。嗟乎！俄约者，关中国之存亡，非一人一家之私。凡我国民，皆同祸福。诸君子集议演说，哀哀长鸣，欲冀当轴之一悟，又孰能压抑之也？今以彼狗彘不食之人，腼然自居人上，是狗彘之不若也。人于狗彘，又何难焉？虽然，有不可不为吾同人告者。豺虎为噬人之兽，其本性然也，自无足异。人遇豺虎，趋而避之，惧其噬己也。人捕豺虎，惧其噬人也。今有狗彘于此，亦欲学豺虎之噬人，人见其偶食死人，以为是豺是虎，而惧之避之，抑何可笑之甚也。彼大臣者，动辄以所谓"康党"二字加人，不知彼当日固康党也。彼时天下皆思变法自强，康言变法，则附康以沽名。又恐朝廷真变法不利于己，故百端阴挠。康盛，则请废八股，荐六士；康败，则请复八股，杀六士，以取媚于阉党、荣党、刚党、守旧党、顽固党，以明己非康党，以保目前之富贵。犹恐彼阉党、荣党、刚党、守旧党、顽固党之不己信也，故甘为之爪牙，日杀异己之志士，无辜之良民，一皆目之为康党。不知彼虽稍有权力，能杀士类，虽尽杀四万万人，恐环球各国天下后世，皆以彼为康之叛党，为列圣之鹳獭，为世界之蟊贼，为荣、刚、李连英之孝子，而非曼殊之臣子，我支那之种类，我帝我后之忠臣也。往者中日之役，彼先附清流主战，及战败，又请朝廷

---

① 杨天石，王学庄. 拒俄运动1901—1905 [M]. 北京：中国社会科学出版社，1979：14-15.

② 童杨. 孙宝瑄日记：上册 [M]. 北京：中华书局，2015：344.

③ 童杨. 孙宝瑄日记：上册 [M]. 北京：中华书局，2015：344.

联俄叛翁以附李。今见天下公义拒俄约,又附天下公义以拒俄,是往者欲为俄罗斯〔俄国〕之功臣。今见天下公愤,恐不能立功于俄,遂叛李而附公义。卒之,又恐公义未安,故电询公义是否某会主持,出尔反尔,手足俱乱,进退失据。身为大臣,不能以人事君,为国家谋长久远大之策诤,补朝廷之阙〔缺〕失,而日思贡媚取悦于权奸,阴谋废立而保禄位,以为天下后世可欺。不知人之视己,如见其肺肝然。唐人诗云"难将一人手,掩尽天下目"是也。客岁李、刘二帅之立东南约也,彼见荣、刚稍失势,叛荣、刚以附刘、李。又恐荣、刚怼己,具书自明,谓臣本北人,深愿归命朝廷,所谓东南保护之约,非臣本心。是又阳附刘、李,阴附端、刚。吕布三家之儿,清臣门下之狗,犹不如彼之善为翻覆。虽蓬莱窃药,难疗恶疾于膏肓;云梦芰筠,莫状丑妇之勃屑也。今又欲以某会名目为陷阱于国中,罗织天下志士,以遂其噬人之伎俩。尝思人家之畜狗也,欲其为主守夜耳。今大盗入室而不□吠,徒瞰其主人之孱弱,而若得疯疾,欲反噬主人,咆哮跳跃,吠影吠声,偶得一二童牙及一二死人食之,遂以为天下人皆可食也,不亦慎〔颠〕乎?狗彘食死人,但有人出而叱之,靡不卷舌曳尾而去,殊无足怪。苟见而不叱,惧为所噬,是亦死人也。吾为诸君叱之,愿诸君勿见狗彘之食人,至以为真豺真虎而□率避匿。人既避匿,彼狗彘者以人为惧己,彼即不能噬人,而能引真豺真虎入室以噬人。追人群既涣,人力既微,豺虎食人,彼狗彘亦将分其余骸而吮其脂血,则人终为狗彘所噬矣。吾岂能致怨于豺虎狗彘耶?抑又思之,狗之吃矢〔屎〕,是其本分。然泰西之狗,所食多珍贵之品,即中国上等之狗,亦多食贵品,不吃矢〔屎〕。今以吃矢〔屎〕之狗而欲食生人,多见其不知量也。纵有馋豺饿虎,肯为汝食人,恐亦无余润及汝,且将并汝而食之。即不噬汝,人尽为所食,亦必无矢〔屎〕及汝。汝既无矢〔屎〕可吃,则汝亦死矣。汝姑吃汝本分之矢〔屎〕,勿妄思食人矣。噫嘻!汝祖韩子卢之家声,至汝辈一旦丧尽矣。走笔书此,聊为诸君解嘲,乞即登诸贵报,以示同人。二月初七日,吴彦复白。①

二月初十日(3月29日),《同文沪报》刊先生之函。

宋恕《和张栩谈话》:辛丑五月初一日,午饭后同小竹至孙季芃家访宋君燕生,……闻其不日又游沪上,兼送行且道谢也,相见时,各道寒暄数语。……余曰:"近《同文沪报》中载有吴彦复一封,直骂鄂督为狗彘,较此书尤觉逼人太甚。及阅《时务报》捐款中,亦有此公,盖曾任部郎者。"宋曰:"此公以直

---

① 投函照录[N].同文沪报,1901-03-29(4).

言削职而归，为吴竹村先生之子，素有气节者也。"①

　　章士钊《北山楼诗文集后序》：总督与先武壮公有亲交，先生则为长书贻之，于彼显助牝朝，妄斁志士，侃侃陈说，切中其弊。总督恚，寄语"非念旧谊，必取小狗命为偿"，语鄙俚不类荐绅先生，当世哗笑。先生所贻书连载《苏报》中凡三日，传诵天下，此为吾未到上海前事，坐客谈言及之，获闻其详。②

　　《北山吴保初历略》：未几，才常起兵于武汉，鄂都张之洞侦知，捕而杀之。并获国会人名簿，严檄斥诸人为贼。君大愤，作书付邮，亦以恶声报之。自署姓字，且腾之报章，不顾禁网之密也。是时，知旧咸为之危。项城袁世凯少出武壮门下，至是亦虑先生罹于难。以海上居不易，故薄其酬金，以困扼之。荏苒累年，君尤典衣馂宾，旅况益困。③

　　二月十四日（4月2日），孙宝瑄来访。

　　《孙宝瑄日记》：十四日。晴。诣彦复。日报载粤督陶覆奏变法疏，颇中要。又札谕南洋志士，词旨谆切，有解党禁之意。吾知必为人望所归。连日又闻俄约已决不画押，不知俄人意如何，英、日能出而相助否？④

　　二月中旬至此后数日，严复致书熊元锷，商议请先生为《天演论》作跋。

　　严复《与熊季廉书（一）》：

　　季廉仁仲足下：《天演论》已校改数番，鲁鱼当少（外签已乞苏龛书得，夹在内叶者可用也）。谨以奉呈几次。但此书发影，系何章程，暇时乞示。鄙人囊少一钱，恐不能先垫此款，以俟售书时收回。如大家醵资作此，似宜另加一跋，识其缘起。此事即求彦复何如？⑤

　　【按】此函未署年月日，据胡泊、戴立强《〈严复致熊季廉等手札〉及考略（一）》⑥系于此。

　　二月二十日（4月8日），严复自是日起演讲名学，逢礼拜一、礼拜四即于

---

① 胡珠生.《宋恕集》补编：谈话 [M]//胡珠生. 东瓯三先生集补编. 上海：上海社会科学院出版社，2004：129.
② 吴保初. 北山楼遗集 [M]//吴保初. 北山楼集：卷三. 陈诗，辑. 铅印本. 民国二十七年：2.
③ 北山吴保初历略 [N]. 益世报（北京），1926-10-24（8）.
④ 童杨. 孙宝瑄日记：上册 [M]. 北京：中华书局，2015：348.
⑤ 孙应祥，皮后锋.《严复集》补编 [M]. 福州：福建人民出版社，2004：229.
⑥ 胡泊，戴立强.《严复致熊季廉等手札》及考略（一）[J]. 收藏·拍卖，2011（3）：61.

南京路幼徒会开讲,至三月十五日而止。期〔其〕间,先生曾偕章炳麟赴会,时与会者有张元济、郑孝胥诸人。孙宝瑄曾于三月十一日①、三月十四日②两次至名学会。

《英租界·开讲名学》:本埠名学会同人于前礼拜四齐集,严几道先生寓沪,听讲英儒穆勒名学大旨,原定章程以十六人为限,乃人情向学者溢额,室小难容,故特变通章程,于本月廿日即礼拜一(4月8日)为始,借之南京路幼徒会楼上演讲,自晚间八点钟至十点钟为止,嗣后每逢礼拜一、礼拜四由晚间八点至十点均在幼徒会开讲,闻有志听讲者仍至金粟斋方君处报名。③

包天笑《钏影楼回忆录》:这个名学讲演会,……除了常到金粟斋来的朋友以及常往来于吴彦复家中的名流都邀请外,还有侨寓于上海许多名公钜〔巨〕子,余者我都忘怀不记得了。我只记得有两位,一位是张菊生(元济),一位郑苏堪(孝胥)。这两位在我却是第一次见面。吴彦复陪了章太炎也来了,还有我们未曾邀请的,朋友带朋友的也来了不少。……本来约定是下午两点钟的,但到了三点钟后,严先生方才来了。……这次讲演,大约有一小时之久,我们虽设有坐位,严先生却没有坐,只是站着讲。……讲完以后,我们饷以茶点,听众也都星散,留了张菊生等几位。④

二月,校刻《天演论》。《天演论》卷下末署"后学庐江吴保初、门人南昌熊师复覆校上石"⑤。

【按】是书为光绪二十七年仲春上海富文书局石印本。封面右上署"侯官严几道先生述",中为"赫胥黎《天演论》",左下署"吕增祥署检"。扉页署"光绪辛丑仲春富文书局石印"。正文署"英国赫胥黎造论,侯官严复达惜〔旨〕"。

三月初一日(4月19日),晚,应孙宝瑄之邀饮于金谷香。
《孙宝瑄日记》一日:晚,在金谷香夜饮,邀彦复至,痛谈。⑥

---

① 童杨. 孙宝瑄日记:上册 [M]. 北京:中华书局,2015:358.
② 童杨. 孙宝瑄日记:上册 [M]. 北京:中华书局,2015:359.
③ 《英租界·开讲名学》(《中外日报》1901年4月7日),转引自上海市档案馆. 上海档案史料研究:第二十辑 [M]. 上海:上海三联书店,2016:82-83.
④ 包天笑. 钏影楼回忆录 [M]. 香港:大华出版社,1971:228-229.
⑤ 见赫胥黎. 天演论:卷下 [M]. 严复,译. 石印本. 上海:富文书局. 光绪二十七年. 卷末所署.
⑥ 童杨. 孙宝瑄日记:上册 [M]. 北京:中华书局,2015:354.

三月初二日（4月20日），孙宝瑄记先生曾言及李鸿章主持俄约事。

《孙宝瑄日记》二日：俄约之立也，东南官商士民莫不争言不可画诺也，而合肥独坚持之，世于是争咎合肥。虽然，合肥之主画诺者，抑有故焉。盖是约之原起，以俄据吾东三省，政府乞其退兵，俄人曰：欲退兵非立专约不可，约立则兵可退。故是约也，退兵之约也。增祺首与密订者，利权亏损过甚，合肥亦不谓然。于是增祺罢职。而俄人索款允改，较前轻减数倍矣。然东南疆臣士民，犹力持不可画诺。夫不画诺，何损于俄人，但据地不还，方自谓得计，何必强我国立此约哉？各国见俄据东三省，既不能助我以驱俄，亦必不肯从容订约袖手而归。万一效俄所为，别图占地，是瓜分之局，反因不画诺而成矣。画诺而各国效尤也，不过攫取利权兵权，为暗瓜分；不画诺而各国效尤，则夺据土地，为明瓜分。暗瓜分者，名存而实亡；明瓜分则名实皆去。东南诸君子徒攘臂裂眦，断断然为此争也，以为如此可以拒俄，可以保种，可以免瓜分；及其终也，庭户床灶，依然为外人所践踏寝处，为奴为隶，卒不可免，乃始瞠目无语，悔前力争之无益也，亦已晚矣。虽然，合肥之苦心于是殆可白矣，合肥之心白，天下事已不可问矣。故吾宁愿画诺，而使合肥蒙冤也。吴彦复有言曰：合肥之主持俄约者，忠于四万万人也。四万万人之力争俄约者，忠于合肥者也。虽戏言而实公论。①

三月初五日（4月23日），上午，孙宝瑄来访。

《孙宝瑄日记》五日：早出访周寿臣，俄至宝记视石芝，遂造彦复。②

三月初六日（4月24日），偕章炳麟、陈诗访孙宝瑄。

《孙宝瑄日记》：六日。阴。枚叔、彦复、子言三君来访，纵谈。忽得问槎自都来书，称西安政府遣刘光才督师至紫荆关，军容甚盛，大有驱逐联军之势。于是法、德二国各派劲旅前往备战。傅相闻之，大为忧惧。③

三月十五日（5月3日），下午，名学会同人于宝记合照。晚，诸人于一品香设宴为严复饯行。

《孙宝瑄日记》十五日：晡，至宝记照相馆。俄顷名学会人陆续来，遂偕诣寿生庵后某姓花园拍照。严公首坐，余或坐或立，计三十人。……晚，名学会公饯严先生于一品香。严先生将北行，诸人别延伍君昭扆权摄会长，每遇礼拜一、四演说。是夕，伍君亦到，在坐者二十六人。④

---

① 童杨. 孙宝瑄日记：上册[M]. 北京：中华书局，2015：354-355.
② 童杨. 孙宝瑄日记：上册[M]. 北京：中华书局，2015：356.
③ 童杨. 孙宝瑄日记：上册[M]. 北京：中华书局，2015：356.
④ 童杨. 孙宝瑄日记：上册[M]. 北京：中华书局，2015：359.

三月二十日（5月8日），下午，孙宝瑄来谈，薄晚乃去。

《孙宝瑄日记》二十日：晡，诣彦复谭〔谈〕。薄晚，至谢家遇秉庵。①

三月廿六日（5月14日），下午，孙宝瑄来访。傍晚，先生招饮于黛语楼。

《孙宝瑄日记》二十六日：晡，诣彦复，因与枚叔、虬斋偕游张园。薄晚归，彦复招饮于黛语楼。②

三月廿八日（5月16日），中午，孙宝瑄来访。下午，与孙氏及沈翔云访张冠霞，不遇，遂至丹桂茶园观其演新剧。傍晚，孙氏招饮于金谷香，张氏、章炳麟亦在。

《孙宝瑄日记》二十八日：日中，诣彦复。晡，与彦复、虬斋偕访三郎，不遇，因至丹桂观其演新剧。薄暮，招三郎至金谷香宴饮，枚叔亦来。三郎未读书，不识一字，然谈吐极风雅。③

沈翔云（1888—1913），字虬斋。浙江乌程人。肄业武昌自强学堂。光绪二十五年（1899年）为张之洞选派留学日本，与孙中山时相往还。二十七年（1901年）年与戢翼翚、秦力山、王宠惠等于东京创办《国民报》。后赴广州助粤督陶模新政。辛亥（1911年）赴上海助陈其美组织沪军都护府。民国二年（1913年），沪军使杨善德兴党狱，沈氏被捕杀。

三月，章炳麟赠诗。诗中"卜居梅福里，草上杜根书"后为先生书作门帖。

章士钊《孤桐杂记》：偶检旧簏，见先外舅吴北山先生所遗高丽式单面篾扇，质体俭素。太炎于辛丑三月为书一律其上，并附跋语。时太炎主先外舅家，诗即投赠之作也。先是，太炎里居，以昌排满为清廷牒捕，太炎不及知，先外舅闻讯，即遣急足迎至沪寓，以身家障之，衣食兴居，备极优遇，即诗中所谓梅福里也。于是相处者近三年，故情谊迥非寻常，"卜居梅福里，草上杜根书"二语，先外舅曾书作门帖，以示矜重。此律《太炎文录》未收，诗既名贵，事尤可纪，字极朴秀隽整，太炎近年绝无此类作意之笔，更可宝也。署名章绛，乃其时改称，以避捕者耳目，且示有慕昆山顾氏之为人云。诗跋如次："渐识吴君遂，高情弃直庐。卜居梅福里，草上杜根书。城外称张楚，斯人愿伏蒲。修门遗烬在，谁共吊三闾。""君遂刑部噩厉守正，有张廷尉风概，以谳狱忤上官，投劾归里，中更国变，嘉遁沪濒，虽栖神家巷，未忘君国。己亥秋，草疏抗言国是，未及上。是时海外骜骏，奋议征诛，而君悱然冀灵修之一悟也。素善寿

---

① 童杨. 孙宝瑄日记：上册［M］. 北京：中华书局，2015：362-363.
② 童杨. 孙宝瑄日记：上册［M］. 北京：中华书局，2015：367.
③ 童杨. 孙宝瑄日记：上册［M］. 北京：中华书局，2015：368.

伯弗学士，庚子鞭墓之役，伯弗死难，君益无聊。余与君相识逾稔，嘉其恳款，辄赋一律以尉聊寂云尔。辛丑三月章绛书。"①

章士钊《北山楼诗文集后序》：时保皇之议，天下诟病，康梁至为僇人。太炎《驳康有为》一书，激者奉为经典。独先生以荫得官，又疏请西太后归政。未久，逶迤椎埋之间，得其爱敬。太炎主先生家，以"草上杜根书"为帖标于门，见者翕然。天下不得言立宪，惟吴某言之无罪，然而先生之志则苦矣。由今思之，倘当时满廷开寤，以诚与天下相见，先生为之质剂其间，登崇俊良，确定邦宪，辛亥之变，未始不可幸免。②

春，卖马车为寿富赗金。

陈诗《北山楼诗续·书后二》（三首其一）夹注云：先生辛丑春卖车马赗寿伯福。③

四月初二日（5月19日），孙宝瑄来访，章炳麟、沈翔云亦在。

《孙宝瑄日记》：二日。晴。诣彦复。余是日为枚叔书扇"元规尘污人"五大字，又为虬斋书赠妓诗，俄复至张园。余先归。晚，昌士来闲谈，即去。观傅兰雅译《佐治刍言》。④

四月十二日（5月29日），下午，孙宝瑄来访，章炳麟亦在。晚，先生自述其生平奇遇，其后偕孙至天仙茶园观孙濂《鱼藏剑》。

《孙宝瑄日记》十二日：晡，诣彦复与枚叔，纵谈。是晚，彦复自述其生平奇遇一节，可惊可愕。余为记之于此。彦复云：余于丁亥岁过海上，识一伎者，曰张宝枝，娆媚动人，每饮必招其至。时芳声未著，犹处子也。友人劝余为其破瓜。余囊资告罄，谢以力薄。一友曰：吾能任之。乃代出银饼二百枚。余遂得宿张家，尽一夕欢。亡何，余轮帆北行，供职京师。逾数年，复以他故来歇浦，欲寻旧好，遍问无所谓张宝枝者。一日，至某书楼品茗，偶与佣者谈，则云：有一林宝枝，名颇重，不识即君意中人否？乃招其来。视之，果其人，光艳犹昔。就坐，低唱数曲，与余若不相识，然睨余微笑者久之。余不能忘情，自是宴会辄邀来侍饮。宝枝与余殊淡然。既又置酒其家，坐中客咸曰：汝二人旧交，今夕不可去。宝枝默然。俄客散，余遂留宿。夜，登榻并枕，宝枝衷服不解。余昵就之，忽厉色曰：以英蚨（指钱币）千来，旧欢可续也。余大失望。

---

① 章士钊. 孤桐杂记［J］. 甲寅周刊，1925，1（1）：24.
② 吴保初. 北山楼遗集［M］//吴保初. 北山楼集：卷三. 陈诗，辑. 铅印本. 民国二十七年：1.
③ 陈诗. 书后二［M］//吴保初. 北山楼集：卷二. 铅印本. 民国二十七年：11.
④ 童杨. 孙宝瑄日记：上册［M］. 北京：中华书局，2015：368-369.

翼日，懊丧而归。时盛夏，余偶值晚凉，散步愚园，遇一艳者，呼余曰：吴大少。余惊异良久，询知其人曰金佩香。貌虽不逮张，而娇艳绝世。因探悉所居，由是每宴必呼金至。金勤勤之意过张，余亦移所以爱张者爱金矣。一夕，造其家访之，则与张同居者，始大悟。因设酒款客，张大哗曰：必设双台。余如其请。会金欲留余宿，张大怒曰：汝欲宿，先宿余。然欲宿者以英蚨千来。金私谓余曰：汝何时入都，能少待乎？余不久必他徙，汝可来，彼安能禁我！余诺之。自是金待余情益笃，暇辄与余同车出游，或置酒款余。余心感之，莫解其故。未几，一友告余曰：汝知金佩香意乎？彼志欲嫁汝，曰：阅历风尘数年，可终身仰事者，莫子若。汝其有意乎？彼拥资数万，他人涎其财色者多矣，彼殊不屑而独钟情于子，不可负也。即汝无力，彼能代任繁费，可无忧。余蹙然曰：余妻暴悍，必不相容，奈何？即异室居，终非久计。公为我谢之。然彼之情，吾铭骨久矣。客既去，余忽得都中家书云：妻病重。促余归。余愀然不乐，乃偕数友饮金家，席间谓佩香曰：卿犹未迁耶？吾不能待子矣，吾妻病濒死，将束装北去，图一见。言未已，泪涔涔下。须臾，席散归，客又踵来语余曰：佩香告我矣。彼誓嫁汝，曰：吴生果天下多情人也。吾闻吴生伉俪夙不睦，今闻其疾笃，犹不胜悲，果天下多情人也。吾舍是其奚归？子善为我图之。客语未毕，余曰：佩香爱我，义不可负。然余行在旦夕矣，为我告佩香，秋以为期。客曰：敬诺。越数日，余遂行，比至都，妻病已愈。余心惴惴。自是无暇来南，亦遂置前事。逾数年，有人自淞浦来者，云：闻上海金佩香嫁葛兰荪，挈以入都矣。余错愕久之，叹曰：佩香不负吾，吾负佩香也。为废寝食者累日。京俗永定门外旧有南鼎之会，每春季，游人如织。余时策马往游观，瞥见鬻茶台上无数女子，靓妆丽服，群坐而笑语。中一丽人，貌类金佩香，趋视，果其人也。时诸女子见余至，争呼彦复，招手令上，则皆素相识之满洲贵族。余习与满人往来，故与若辈稔熟，遂忻然下马登台，各就其坐，恣意饮啖。遥睇佩香，佩香见余来，若甚惊者，目不转瞬视余，然始终默然无一语。余不觉凄然泣下。微窥佩香，正垂泪相对。举坐莫知所以然。俄顷，忽见白马银鞍一少年，如飞而至，下马登台，就佩香坐。余意度必葛兰荪也。乃别诸女友，从容下台去。即归，成七绝三十首，遍示诸友，一时传诵。久之，忽阍者入言：一少年来谒。引入，则在南鼎所见者也。揖余曰："贱妾之志夙在君，君负德矣。天假之缘，与君再遇。君盍来舍，当使贱妾与君叙契阔也。"余诺之，因问所居。逾日往视，佩香艳服而出。余叹曰："因缘离合，莫非命耶，岂能相强乎？我诚负卿，然卿今日亦得所矣。"佩香默然，与余作他语，复话别后事。俄兰荪出酒肴，三人畅饮而别。余后询知，兰荪亦纨绔子弟也，挥金如土，佩香所积蓄皆供其用，未数年资产荡尽。甲午秋，边警日亟，兰荪将携佩香出都，无资，向余贷百金。余为罗掘白镪四十两，又马一匹赠之。兰荪乃得治装行，遂不知所终。又数年，余以上书言事，与刑部长官龃龉，乞骸骨南归。至上海，问所谓林宝枝者，则已嫁湖州某富家子矣。今年又闻其嫁而复出。一日，在张园见之，貌渐老而姿态犹动人。向所居，则云某所。问何故复出，曰："新间旧耳，尚何言。"他日，复有客告余曰："宝枝今日奇窘，前索君英蚨千，公能如其愿乎？彼或能归尔也。"余视客微笑不答。是晚，偕彦复至天仙观孙菊仙《鱼藏剑》，音节苍凉壮厉。①

孙濂（1841—1931），一名学年，字菊仙，号宝臣。祖籍奉天承德，寄籍天津。咸丰八年（1858年）武秀才。历任候补都司、游击记名、武巡捕等。幼嗜戏，光绪二年（1876年）拜师程长庚。孙氏尤工老生，与谭鑫培、汪桂芬有"后三鼎甲"之目。

四月十七日（6月3日），下午，孙宝瑄据先生昨日所述之奇遇，为撰《买笑记》。

《孙宝瑄日记》十七日：昳归，为彦复撰《买笑记》成，即前彦复自述之奇遇事也。②

四月廿一日（6月7日），至金月梅家，孙宝瑄、徐藩卿、朱献文亦在。先生俄偕孙归，并留晚餐。

《孙宝瑄日记》：二十一日。晴。约藩卿、郁堂诸人，在金月梅家手谈。彦复亦来。俄随彦复至其家，因留晚餐。③

金月梅（1882—1924），原姓褚（一说姓邵），字雪绮。幼随青衣金福仙习梆子，改金姓。山西平定人。后从王琴侬与刘纫秋习京剧。工青衣、花衫。

朱献文（1872—1949），原名昌煌，字郁堂。浙江义乌人。拔贡生。入京师仕学馆法政学堂。光绪二十八年（1902年）选派赴日留学，入帝国大学法科。历任《民法·亲属》篇起草员、资政院议员、国务院法制局参事、京师高等审判厅厅长等。

四月廿二日（6月8日），游张园，遇李国成、孙宝瑄、赵从蕃、徐藩卿、朱献文等。

《孙宝瑄日记》：二十二日。晴。往视月梅，已雇车将游张园矣。余因至吉

---

① 童杨. 孙宝瑄日记：上册[M]. 北京：中华书局，2015：373-376.
② 童杨. 孙宝瑄日记：上册[M]. 北京：中华书局，2015：377.
③ 童杨. 孙宝瑄日记：上册[M]. 北京：中华书局，2015：379.

升客寓，访佩葱。晡，与秉庵同车游园，遇月梅在迤南楼上听昆曲。俄仲宣、藩卿、郁堂、彦复相继来。①

四月十九至廿八日（6月5日至6月14日），夏曾佑致书汪康年，言从未见先生。

夏曾佑《致汪康年书（六十八）》：吴彦复从未见，是否即壮武〔武壮〕之子？枚叔又来，作何计耶？窃观枚叔、彦复、公确之为人，大约一流，其实长孺、任公亦不过此类之翘楚，可无大异也。又陵等云新旧相争，新者终胜，鄙意恐未必然。经正已停，板鸭何往？住在何处？天下有必穷之人，文章游戏中有一赋，名曰《致贫赋》，以酒、色、烟、赌、呆、懒、大为韵。而浩吾、枚叔等一派，则在此七字之外，可名曰：致贫新法。②

【按】此函未署年月日，据杨琥《夏曾佑集》系于此。夏氏日记曾记光绪二十二年二月十六日于全浙馆举行小会，与会人员有"彦复"，此处却云"从未见"，或为同字号之人。

五月初二日（6月17日），孙宝瑄来访。
《孙宝瑄日记》二日：晡，造彦复庐，俄访月梅。③
五月初四日（6月19日），孙宝瑄来访。先生与孙氏及章炳麟论史。
《孙宝瑄日记》：四日。阴。诣彦复及枚叔谈。余尝论史分五种：曰国史，曰年史，曰政史，曰事史，曰人史。枚叔于政史之下，为增学史。彦复于国史之上为增地史。合为七史，史学该备矣。④
五月初五日（6月20日），偕章炳麟游张园，逢孙宝瑄。
《孙宝瑄日记》五日：晡，诣石芝谭〔谈〕，遂游张园，枚叔、彦复皆在。余与枚叔在其旧园之楼舍中纵谭〔谈〕。⑤
五月初八日（6月23日），下午，游张园。
《孙宝瑄日记》八日：晡，往访之，与偕游张园。仲巽、彦复、枚叔、仲宣、丽轩、荫亭皆见。⑥

---

① 童杨. 孙宝瑄日记：上册[M]. 北京：中华书局，2015：379-380.
② 杨琥. 夏曾佑集：上册[M]. 上海：上海古籍出版社，2011：479.
③ 童杨. 孙宝瑄日记：上册[M]. 北京：中华书局，2015：384.
④ 童杨. 孙宝瑄日记：上册[M]. 北京：中华书局，2015：385.
⑤ 童杨. 孙宝瑄日记：上册[M]. 北京：中华书局，2015：386.
⑥ 童杨. 孙宝瑄日记：上册[M]. 北京：中华书局，2015：387.

五月十一日（6月26日），陶模致电张之洞，询是否有搜捕先生之命。

陶模《致张之洞电》：武昌制台鉴：宙。据举人邱炜萱即邱菽园禀称，冤被株连，愿捐银二万两，祈原宥等情。模因邱系闽人，此款应归闽用，拟请许筠帅具奏。查南洋康党蟠结可虞，藉〔借〕此散其党与，未始非计。乞示复。再，闻尊处访拿沈翔云、章炳麐、吴彦复、邱公恪，不知确否？上面不能变法，下面横议日多，非严刑所能遏，恐激成党祸。乞格外宽容。模。元。①

【按】据称谓拟目。茅海建云："光绪二十七年五月十一日（1901年6月26日），两广总督陶模发电张之洞。"又注云："广州陶制台来电，光绪二十七年五月十三日巳刻发，酉刻到，《张之洞存各处来电》，辛丑第26册，所藏档号：甲182—150。'宙'，似为约定的电码代称。'章炳麐'，不知何人。"所述陶模发电时间不一。章炳麐当为章炳麟，参见下条所引文献。

五月十三日（6月28日），宋恕致书孙季穆，言及先生被张之洞指拿，幸得张謇解救事。

宋恕《致孙季穆书》：

季穆内子：初八上轮舟，初九开，十一午前抵沪，寓景星公客栈，稍停数日，即将赴杭。晤沪上诸君，知沪上近日又兴党狱。武昌委员查康党甚严，所谓"上海新党"者，大半改变、解散。而吴保初、章炳麟、邱震、沈祥云、熊元锷五人被武昌指拿，必欲得而甘心。吴君幸得张季直殿撰解救于上海道之前，熊亦有人解救，沈遁海外，邱入西学堂，章最危险。两湖近又捕斩康党学生多名，此后中国风波必将无复息时矣！……平子手启。五月十三日。安字第二号。②

五月二十日（7月5日），晚，偕孙宝瑄、章炳麟、朱琴甫至酒楼。

《孙宝瑄日记》二十日：晡，访琴甫，共诣枚叔。晚，三人偕至酒楼，彦复亦随往，沉饮尽醉。③

六月初五日（7月20日），孙宝瑄来访，见先生日本石印本古名人墨迹三册。

---

① 陶模《致张之洞电》（1901年6月26日），转引自茅海建. 戊戌变法的另面："张之洞档案"阅读笔记［M］. 上海：上海古籍出版社，2018：491.
② 胡珠生. 宋恕集：下册［M］. 北京：中华书局，1993：706-707.
③ 童杨. 孙宝瑄日记：上册［M］. 北京：中华书局，2015：392.

《孙宝瑄日记》五日：访吴彦复，见有日本石印古名人墨迹三册。①

六月十二日（7月27日），未时，孙宝瑄招饮于金谷香，坐有丁惠康、章炳麟、张冠霞。席间孙宝瑄拟《石头记》之柳湘莲以当先生。下午，同至张园。晚，偕访李汇东。

《孙宝瑄日记》十二日：日中，访叔雅。昳，与偕至金谷香，因邀彦复、枚叔及张冠霞至小谈。枚叔辈戏以《石头》人名比拟当世人物，谓那拉，贾母；在田，宝玉；康有为，林黛玉；梁启超，紫鹃；荣禄、张之洞，王凤姐；钱恂，平儿；樊增祥、梁鼎芬，袭人；汪穰卿，刘老老〔姥姥〕；张百熙，史湘云；赵舒翘，赵姨娘；刘坤一，贾政；黄公度，贾赦；文廷式，贾瑞；杨崇伊，妙玉；大阿哥，薛蟠；瞿鸿（玑）〔禨〕，薛宝钗；蒋国亮，李纨；沈鹏、金梁、章炳麟，焦大。余为增数人曰：谭嗣同，晴雯；李鸿章，探春；汤寿潜、孙宝琦，薛宝钗；寿富，尤三姐；吴保初，柳湘莲；宋恕、夏增佑、孙渐，空空道人。晡，同马车至张园茗谈。记去岁在宝记，余与枚叔、彦复、叔雅四人同影一像，今日四人又至一处，不易得也。晚，偕访李汇东，薄暮归。②

六月廿七日（8月11日），中午，孙宝瑄来访。

《孙宝瑄日记》二十七日：日中，诣石芝谈。俄访彦复、枚叔及勤甫。③

六月廿九日（8月13日），偕章炳麟访孙宝瑄。

《孙宝瑄日记》二十九日：枚叔、彦复过谭〔谈〕。④

夏，自定北山楼诗一卷、文一卷。

陈诗《北山楼诗续·跋》：以先生辛丑夏所刊诗文集二卷列其前，都付石印，以成完璧。⑤

夏敬观《北山楼集后序》：先生尝自定诗文各一卷，刊于光绪辛丑。嗣是十有二年，先生殁，遗稿多散失。⑥

七月初六日（8月19日），章炳麟初七日赴苏州，晚，先生于一品香设宴为其饯行，孙宝瑄陪饮。

《孙宝瑄日记》六日：晚，季鸿约饮于一品香，有梅五在坐。明日枚叔将赴

---

① 童杨．孙宝瑄日记：上册［M］．北京：中华书局，2015：397．
② 童杨．孙宝瑄日记：上册［M］．北京：中华书局，2015：401-402．
③ 童杨．孙宝瑄日记：上册［M］．北京：中华书局，2015：408．
④ 童杨．孙宝瑄日记：上册［M］．北京：中华书局，2015：409．
⑤ 陈诗．跋［M］//吴保初．北山楼集：卷二．铅印本．民国二十七年：1．
⑥ 孙文光，点校．北山楼集［M］．合肥：黄山书社，1990：139．

苏州，彦复亦在彼设宴饯行，余亦陪饮。①

七月十六日（8月29日），下午，孙宝瑄来访。

《孙宝瑄日记》十六日：晡，诣彦复小谈。薄暮，仲宣来，因与偕访信侪，不遇。见清漪谈佛。②

七月十九日（9月1日），下午，游张园。

《孙宝瑄日记》十九日：晡，偕游味莼园，在"平芜千里"处茗谈，遇李一琴及彦复诸人。③

八月初十日（9月22日），孙宝瑄持《买笑记》来访，时先生骑足踏车之跌伤尚未痊愈。

《孙宝瑄日记》十日：前为彦复撰《买笑记》，是日以别纸写一通，饭后持以示彦复。又答枚叔书云："法果变，公再谈逐满，当以乱民相待。"彦复以骑足踏车跌于路，伤肱，乞医于东人，未愈也。④

九月初一日（10月12日），薄午，孙宝瑄来访，自先生处得孙颐斋于京呕血身亡讯。

《孙宝瑄日记》一日：薄午，先往视彦复，闻颐斋在都呕血而亡，始闻之以为讹传，急持雨具往一品香，折简询其家中。得复信云：廿七酉正呕血，亥刻故。痛极。俄其弟季纲趋来，相对神伤。……颐斋，亦友中至密者也，以今年八月二十七没于京师。⑤

九月初十日（10月21日），孙宝瑄于日记中言先生为"诗友"。

《孙宝瑄日记》十日：旅居海上数年，往来之友甚夥，约分数种：曰学友，宋燕生、章枚叔、蒋信侪；曰谈友，张经甫、黄益斋、李耕馀、孙丽轩、荫亭、丁叔雅、应季中、朱琴甫、邵季英、刘永春；曰诗友，吴彦复；曰道友，伊陵斋、朱云卿；曰佛友，欧阳石芝；曰情友，张冠霞。⑥

九月十四日（10月25日），下午，孙宝瑄来访，未遇。

《孙宝瑄日记》十四日：晡，访彦复，不遇。过信侪。余前复枚叔书云："法果变，公再谈逐满，当以乱民相待。"不意为海上新党人所知，皆哗然，谓余改节，贡媚朝廷。余付之一笑，盖生平力破毁誉一障，但问心之安否，悠悠

---

① 童杨. 孙宝瑄日记：上册 [M]. 北京：中华书局，2015：412.
② 童杨. 孙宝瑄日记：上册 [M]. 北京：中华书局，2015：416.
③ 童杨. 孙宝瑄日记：上册 [M]. 北京：中华书局，2015：418.
④ 童杨. 孙宝瑄日记：上册 [M]. 北京：中华书局，2015：428.
⑤ 童杨. 孙宝瑄日记：上册 [M]. 北京：中华书局，2015：437-438.
⑥ 童杨. 孙宝瑄日记：上册 [M]. 北京：中华书局，2015：442.

之口所不计也。①

九月十六日（10月27日），下午，游张园，遇孙多森、孙宝瑄、丁惠康。

《孙宝瑄日记》十六日：荫亭过谈，留午食。晡，偕游味莼园，晤叔雅、彦复。②

九月十七日（10月28日），晚，应丁惠康之招于一家春，坐有孙宝瑄。孙氏言及先生未以章炳麟书相示事，并与先生论果品。席间遇魏蕃实。

《孙宝瑄日记》十七日：晚，叔雅招饮一家春，坐有彦复。闻枚叔有书复我，为彦复所毁，不以示余。是夕谈及，有"逐满人，甘十族，盍赠之，邻为壑"之语，皆三字句，颇含怒意。夜，枕上忽思所以答之，得四字句云："扶桑一姓，开国至今，谈革命者，犹所不禁，宗旨不同，各行其志，伍员包胥，不闻绝交，前言戏之，公毋怒我。枚叔足下，孙渐顿首。"是日酒坐中，遇自陕西来者，曰魏蕃实，湖南人，云：行在政务，较在都中易办，因公卿大臣群聚一所，有事可面商，省无数文书簿领之繁；恐回銮后，不能若是之简易也。又云：行在诸臣之有津贴，系仁和相国一人所主持，盖善能体恤人情。③

《孙宝瑄日记》十八日：余昨与彦复论果品，分上中下：曰甘蔗，曰荸荠，曰菱角，曰莲子，曰藕，曰栗子，曰石榴，下品也；曰平〔苹〕果，曰牙梨，曰柿，曰大橙，曰橘、柚，曰西瓜，中品也；曰荔支〔枝〕，曰蕉果，曰水蜜桃，曰牛乳葡萄，曰橄榄、枣，曰樱桃，上品也。④

九月十八日（10月29日），章炳麟致函先生。

章士钊《疏〈黄帝魂〉》：吾见辛丑壬寅间，太炎在东京，致函先外舅吴彦复，中有如下数语："信国近况何似？胸中热度，饮冰不能遏其焰，此路人所知也。特恐禁网渐弛，更无新出头目，供其效力赎罪。五鹿岳岳，岂不能容此南山之豹？悲哉！若人大巧若拙矣。"末署十月廿九日，吾料是辛丑阳历十月也。信国指廷式，五鹿指张之洞，语意深致讥讽，一若廷式专以告密卖友为事。⑤

【按】章士钊于此疏中为文廷式辩诬。章氏引叶恭绰来函与舒闰祥赠答

---

① 童杨. 孙宝瑄日记：上册[M]. 北京：中华书局，2015：444.
② 童杨. 孙宝瑄日记：上册[M]. 北京：中华书局，2015：445.
③ 童杨. 孙宝瑄日记：上册[M]. 北京：中华书局，2015：445.
④ 童杨. 孙宝瑄日记：上册[M]. 北京：中华书局，2015：445.
⑤ 章士钊. 疏《黄帝魂》[M]//中国人民政治协商会议全国委员会文史资料研究委员会. 辛亥革命回忆录：第一集. 北京：文史资料出版社，1961：291.

诗八首为证，认为庚子汉口之役，龙泽厚确实叛变并要文氏告密，但文氏坚拒之且告以舒闻祥，并无赴武昌告发于张之洞而致唐才常事败之事。

九月十九日（10月30日），晚，饮于金谷香，坐有孙宝瑄、丁惠康及陈诗。酒罢，方守六招饮于一品香。俄偕孙、方猎围，过谢清云家。先生言俄国不愿还东三省，英、德欲调兵入长江。

《孙宝瑄日记》十九日：晚，饮于金谷香，坐有叔雅、彦复、子言。酒罢，复至一品香，方守六招饮。俄与彦复、守六二人猎围，过谢清云家。闻彦复言：俄人不愿还东三省，英、德二国有欲调兵入长江之说。是说如可信，则瓜分仍不免矣。余方悟联英联俄，与从前之主和主战，无以异也。主和之辱国，联俄之受欺，人人知之；然而不敢不主和，不能不联俄者，势为之也。俄人虎狼之国，据我之背，兵又最强，若稍稍开罪，则我国葬其腹中矣。英、日政府之用心，路人皆知，岂真能助我耶？是故卑辞屈礼以事俄者，迫于不得已，非乐为之也，盖与主和之命意同也。①

九月廿二日（11月2日），陈诗为孙宝瑄作《忘山庐八咏》。

《孙宝瑄日记》二十二日：陈子言，彦复弟子，为余制《忘山庐八咏》成。②

九月廿七日（11月7日），李鸿章卒。

《陈谱》：九月，直督李文忠公议和甫竟，病卒京师。项城袁公移督畿辅。③

十月初一日（11月11日），《选报》（上海）创刊。刊先生光绪二十六年诗作《感事》（阵云无际莽萧森），署名囚盦④。

十月初四日（11月14日），孙宝瑄论变法、革命、保皇与逐满四党。

《孙宝瑄日记》四日：今日海内党派有四：曰变法党，曰革命党，曰保皇党，曰逐满党。变法党者，专与阻变法者为仇，无帝后满汉之见也。保皇党者，爱其能变法之君，舍君而外，皆其仇敌也。革命党者，恶其不能变法之政府，欲破坏之，别立政府也。三党所持，皆有理，惟逐满党专与满人为仇，虽以变法为名，宗旨不在变法也，故极无理，而品最下。⑤

十月初八日（11月18日），下午，孙宝瑄来访。

---

① 童杨．孙宝瑄日记：上册［M］．北京：中华书局，2015：446．
② 童杨．孙宝瑄日记：上册［M］．北京：中华书局，2015：447-448．
③ 陈诗．吴北山先生年谱（续）［N］．时报：文艺周刊，1919-12-02（14）．
④ 囚盦．感事［N］．选报，1901（1）：29．
⑤ 童杨．孙宝瑄日记：上册［M］．北京：中华书局，2015：455．

《孙宝瑄日记》八日：晡，诣彦复谭〔谈〕。①

十月十八日（11月28日），孙宝瑄于日记中言先生"以气节雄""志行卓荦"。

《孙宝瑄日记》十八日：生平所交之友，各有专长，以雄于世：燕生以诗雄，卓如以文雄，枚叔以记诵雄，彦复以气节雄，惟余以义理雄。考证闳博，章枚叔；文雅纵横，宋燕生；才辨〔辩〕英舒，梁卓如；理想沉虚，孙仲愚；志行卓荦，吴彦复。②

十月廿八日（12月8日），孙宝瑄来访，偕游张园，遇丁惠康。

《孙宝瑄日记》二十八日：是日星期，诣彦复，偕游味莼园，遇叔雅。③

十月三十日（12月9日），中午，胡惟志仲巽招饮于聚丰园，坐有孙宝瑄、丁惠康、钱恂、蒋智由、汪康年。

《孙宝瑄日记》三十日：日中，仲巽招饮于聚丰园，坐有彦复、叔雅、念劬、信侨、穰卿。④

胡惟志，字仲巽。浙江平阳人。早与汪康年、宋恕、孙宝瑄和章太炎密切往还，为中国议会十干事之一。

钱恂（1854—1927），原名学嘉，字念劬。浙江归安人。附贡生。报捐县丞，光绪十八年（1892年）加捐同知。历官湖北武备自强两学堂提调、湖北留日学生监督、荷兰及意大利公使等。著有《史目表》《韵目表》《壬子文澜阁所存书目》《清骈体文录》《金盖樵话》《五洲各国政治考》等。

初冬，有诗《冒鹤亭属题巢民先生菊饮诗卷用卷中原韵二首》。

【按】题下注云："辛丑初冬。"⑤ 此诗曾刊于《选报》第十三期，题《菊饮唱和诗卷》，署"囚龛"⑥。狄葆贤《平等阁诗话》云："元和江建霞学使标力排群议，讲求时务。……雅善诗画篆刻，庋藏名人遗迹颇富。……君尝以冒辟疆《菊饮唱和诗卷》归之冒氏，艺林至今歌咏之。"⑦

---

① 童杨. 孙宝瑄日记：上册 [M]. 北京：中华书局，2015：457.
② 童杨. 孙宝瑄日记：上册 [M]. 北京：中华书局，2015：462.
③ 童杨. 孙宝瑄日记：上册 [M]. 北京：中华书局，2015：467.
④ 童杨. 孙宝瑄日记：上册 [M]. 北京：中华书局，2015：469.
⑤ 吴保初. 北山楼诗续集 [M] //吴保初. 北山楼集：卷二. 铅印本. 民国二十七年：1.
⑥ 囚龛. 题菊饮唱和诗卷 [N]. 选报，1902（13）：31.
⑦ 吴忱，杨焄，点校. 平等阁诗话：卷一 [M] //张寅彭. 清诗话三编：第十册. 上海：上海古籍出版社，2014：7042.

十一月十三日（12月23日），至雅叙园，坐有邵椿年、孙宝瑄、丁惠康。

《孙宝瑄日记》十三日：晚，访季英，偕至雅叙园。俄彦复、叔雅踵至，畅饮。夜，观优。①

邵椿年（1861—?），字季英，号悲庵。江苏常熟人。二品荫生。官刑部主事云南司行走。后从事实业。续编《雪泥鸿爪四编》。

十一月十九日（12月29日），下午，孙宝瑄来谈。

《孙宝瑄日记》十九日：晡，诣彦复谭〔谈〕。②

十一月廿一日（12月31日），《选报》刊孟龙寄杨昭儁、丁惠康、西村时彦与先生之诗。

孟龙《有感寄潜盫惺盫囚盫兼柬西村》："一为梅福隐吴门，秋气萧森黄叶村。啼到杜鹃心未死，唤回鹦鹉梦还喧。边疆总是天王地，武士难招日本魂。独立苍茫仍自信，欲联东亚共争存。"③

杨昭儁（1881—?），字奉贻、未子，号潜庵。湖南湘潭人。王闿运弟子。著有《吕氏春秋补注》《净乐宦题跋稿》《汉书笺遗》等。

西村时彦（1865—1924），字子骏，号天囚、硕园。大隅种子岛人。著有《日本宋学史》《论语集释》《楚辞纂说》等。曾两度至中国，分别在光绪二十四年冬至光绪二十五年（1898年冬至1899年）、光绪二十五年冬至光绪二十八年春（1899年冬至1902年春）④。

十一月廿五日（1902年1月4日），吴长姬因喉疾卒。

吴长姬（1883—1902），字孟班。浙江归安人。光绪二十七年（1901）创办中国上海女学会。因染白喉病⑤而逝。

十一月廿八日（1902年1月7日），晚，孙宝瑄招饮，坐有丁惠康、陈诗、黄太玄等于雅叙园。

《孙宝瑄日记》二十八日：晚，宴叔雅、彦复、子言、履平于雅叙园。夜，观剧。⑥

黄太玄（1866—?），字履平，号玄翁、剑秋。安徽黄山人。其文散见于

---

① 童杨. 孙宝瑄日记：上册［M］. 北京：中华书局，2015：476.
② 童杨. 孙宝瑄日记：上册［M］. 北京：中华书局，2015：479.
③ 孟龙. 有感寄潜盫惺盫囚盫兼柬西村［N］. 选报（上海），1901-12-31.
④ 崔富章，石川三佐男. 西村时彦对楚辞学的贡献［J］. 浙江大学学报（人文社会科学版），2003（5）：31-39.
⑤ 夏晓虹. 晚清女权思想溯源［M］//清华大学历史系，生活·读书·新知三联书店编辑部. 清华历史讲堂三编. 北京：生活·读书·新知三联书店，2011：261.
⑥ 童杨. 孙宝瑄日记：上册［M］. 北京：中华书局，2015：483.

《大共和日报》《小说时报》与上海《大众》月刊等。

十二月初三日（1902年1月7日），未时，孙宝瑄来谈。

《孙宝瑄日记》三日：昳，诣彦复谈。余前所登《中外报》之《忘山庐日记》四段，痛诋新党，彦复以为其理甚正，而不免张旧党之焰。余曰：天下只有是非，无所谓新旧。既知理正，则新旧两党皆宜各悟其偏，而趋于中道，何得曰张旧党之焰耶？且无臣无子一语，诋旧党亦无余地，张于何有？今以谈理之正者，即目为助旧党，是新党自居于理之偏，而以理之正者归之旧党矣，不亦大可笑耶！余之为是说者有二故：一以救新旧两党之弊，一以平旧党之心，免新党之祸。煞具苦心，而诸浮浪辈辄不以为然，盖其人以破坏为宗旨，谓天下不大乱则不大治，从《忘山［庐］日记》之说，足为破坏之阻力，故心甚恨。抑知今日我国之民受压已久，群力涣散，无权无势；又当列强并峙，火器盛行之时，欲鼓动百姓，破坏大局，难乎其难。盖朝廷所练之兵，御外敌不足，平内乱有余，即官军力不胜，外人惧损其商利，必助朝廷以除祸乱，虽欲破坏，乌得而破坏？此限于势，无可如何者也。曷若守保全之义，因朝廷变法之机，发明公理，徐辟民智，数十年后全国之人皆通政治本原，则改宪平上下之权，必有此一日。仲尼云：欲速则不达。天下之事必以渐进，从此辈之志，小足以害其身家，大足以为新机之阻，则害在天下，奈何迷而不悟，犹欲侥幸一试耶！①

十二月初七日（1902年1月16日），下午，孙宝瑄来谈。晚，偕孙饮于九华楼。

《孙宝瑄日记》七日：晡，诣彦复谈。晚，同饮于九华楼，又至春仙观剧。②

十二月初十日（1902年1月19日），上午，孙宝瑄来访。

《孙宝瑄日记》十日：诣彦复。日中，造渭东庐，与谈道，告以所未知者。渭东霍然大悟。③

十二月十二日（1902年1月21日），章炳麟复书，言若先生欲致书袁世凯（本初），借其力设局编辑，可先行与《新世界学报》诸人商拟。

章炳麟《致吴君遂书》：

君遂我兄国士：被初九日书，以《惜誓》语相拟，殊过。下走被羁系久矣，

---

① 童杨.孙宝瑄日记：上册［M］.北京：中华书局，2015：485-486.
② 童杨.孙宝瑄日记：上册［M］.北京：中华书局，2015：488-489.
③ 童杨.孙宝瑄日记：上册［M］.北京：中华书局，2015：490.

犹未至摇尾求食耳！褫吾皮以为鼓，恐亦不足郊天。如彼蚩尤，音响尚闻五百里，麋而角者，又不足拟也。蒋侯《选报》，汪踦定文，皆不受他人掣曳。仆明岁亦相从为马二先生事业，此事功效，实较教育为巨，然竖轵论镳〔锋〕，斯谦轨范，方雾塞一世，则能辨臭味者鲜矣。尊悕欲藉〔借〕本初之力设局编辑，垂训方来，规模闳远，于今日尤为急务。仆于朋辈中，昔尝见欼牛鼎不可洎鸡，今则已矣。上不辞为庾仲容、马总，下不辞为史游、周兴嗣矣。编辑一事，头绪闋赆〔纷纭〕，然其大要，不过数端，教科问答之书，不可近于策本；删定成家之书，不可类于御纂：此二种固等而下之之言也。稍高言之，则曰当辨雅俗，不必辨繁简而已。雅而简约，无害为传书，《群书治要》是也；俗而繁博，无减其伧陋，《文献通考》是也。（贵与全无学术，与今之书贾编策等耳！）持此权度，统纪自得，未审尊悕然否。致本初书，宜与《新世界》诸君子商定拟发。如俟下走到沪，则当在寅末，恐或太晚耳！然君为此议，志愿宏大，又不宜于岁晏猝发，使彼视之，以为百无聊赖而计及于此也。献岁昭苏，便可飞檄。本初方汲汲文学，想于田沮诸俊而外，必当听应仲远一言乎？蒋侯闻欲往金陵听讲《大乘起信论》（却聘书已交去，望转告），已发轫否？残年与子言唱和，兴味当更增也。手肃，即颂侍祉不既。弟□□顿首。十二日。①

十二月十六日（1月25日），刘咏春招饮雅叙园，黄益斋、丁惠康、孙宝瑄俱在坐。

《孙宝瑄日记》十六日：晚，咏春招饮雅叙园，益斋、叔雅、彦复俱在坐。益斋为嬉谈云：尝见某经载：佛入定时，有魔登伽于佛前现身，欲试佛之法力。佛乃出其势，绕昆仑山三匝，欲求能容此物者，不可得。一坐大笑。②

刘永春（1862—1926），字建衡。顺天府宛平县人。曾师刘万义、刘明久，又得沈春奎指点。历入永胜奎班、陈寿峰春台班、孙菊仙四喜班、俞振亭双庆社等出演。

黄大壎（1861—1929），字伯音，号益斋、棣斋。江西石城人。光绪二十四年（1898年）进士，选庶吉士，授编修。历任顺天乡试同考官、江西高等学堂监督、江西谘议局副议长等。著有《东游琐记》《梓桑管见》《经说札记》等。

黄益斋，浙江余姚人。曾与夏曾佑等支持释敬安创办僧学堂。《孙宝瑄日记》云："益斋工于二黄西陂，不下汪桂芬。其辨别音律精审，分析唇喉舌齿牙

---

① 汤志钧. 章太炎政论选集：上册［M］. 北京：中华书局，1977：159-160.
② 童杨. 孙宝瑄日记：上册［M］. 北京：中华书局，2015：495.

每一字成声，其清浊高下尖团，无丝毫误，且善运用古音，故触耳沁脾，沉著有味。"①

十二月廿四日（1902年2月2日），下午，孙宝瑄来访，询吴春荣事。

《孙宝瑄日记》：二十四日。晴。晨间有人来，自称吴健师嗣子名春荣，字松卿，由固始来，途为土匪劫去白镪三四百两，虽报官而案未结。到此下榻垃圾桥刘家，以其姊为省三之媳，现欲就京职到部。明春北行，丐余作书致京友为之地。又言：今夕乘轮至粤东视子颐，其姊送途资银十余饼，尚缺五六枚，向余商借。余遂呼仆取银，如数与之，从容而去。昳，出城，至垃圾桥访所谓刘姓者，惟一家南浔人，非省三家属，心知受欺。因忆其人云与吴彦复旧相识，乃诣彦复问："有吴松卿者，公知其人否？"彦复茫然良久曰："秋间曾有人，自称吴子健嗣子来拜，向余假钱，未应之，遂去不复来。"问此人作何状。曰：瞵目短面，身不满五尺。余曰：是其人矣。惟与余谈，颇能悉吴处家事，一一符合，世情诡诈百端，可畏哉！②

十二月廿七日（1902年2月5日），下午，孙宝瑄来谈。

《孙宝瑄日记》二十七日：晡，诣子英。俄访石芝，又造彦复谈。晚，饭于金隆，招冠霞来共食。……昨见谕旨，遣宗室出洋游学，又禁汉人妇女缠足，许满汉通婚姻，惟朝廷选秀女不及汉人。余窥此意，盖欲融化满汉。③

是年，李希圣来访。

《陈谱》：是岁，先生居沪。长沙李部郎希圣至，先生读其《政务处驳议》，叹其亢直，倾盖歧涂〔途〕，俨若素交。④

冬，听讲《起信论》。

章炳麟《致吴君遂书三》（光绪二十八年正月初七日）：去冬听讲《起信》，有悟入处否？⑤

是年，女弱男、亚男遭黄裳虐待。

吴宓《读散原精舍诗笔记》：丙午《过天津戏赠瘿公》……此诗传诵一时。宓按岁辛丑，宓从先祖母及父游上海，居昌寿里（在当时所谓新马路，即白克路，七十一号）。而吴瘿公与彭嫣亦居此里，为近邻。宓亦曾得见彭嫣（女伶脱

---

① 童杨. 孙宝瑄日记：下册[M]. 北京：中华书局，2015：1219.
② 童杨. 孙宝瑄日记：上册[M]. 北京：中华书局，2015：499.
③ 童杨. 孙宝瑄日记：上册[M]. 北京：中华书局，2015：500.
④ 陈诗. 吴北山先生年谱（续）[N]. 时报. 文艺周刊，1919-12-02（14）.
⑤ 章炳麟《致吴君遂书三》（1902年2月14日），转引自汤志钧. 章太炎年谱长编：上册[M]. 北京：中华书局，1979：130.

籍，而为瘿公之宠妾）。记当时闻祖母、姑母言彭嫣如何虐待瘿公夫人所遗之二女弱男、亚男云云。弱男后为章士钊夫人，章完、章用之母也。（寅恪云：吴瘿公与彭嫣恒居津。此当另是一人，宓恐误记。）①

【按】吴保初纳彭嫣为妾在光绪三十一年（1905 年）。吴保初曾致书周家禄，云："而金陵一切布署未定，……内子则日夜鞭挞两小女，遍体鳞伤，毫无人理。两女屡有书来乞救命。"② 据此，此人当为吴保初妻黄裳。

编年诗
1.《支那有一士》二首

【按】赠宋恕、章炳麟各一首。

2.《过孙仲玙工部忘山庐有赠》
3.《赠结城治璞》

结城琢，字治璞，号蓄堂。著有《闽游诗草》。聂景孺《樱花馆日本诗话》收录其诗。

4.《叹逝》
5.《寄高梦旦》

高凤谦（1869—1936），字梦旦。福建长乐龙门人。历任浙江大学堂总教习、留日学生监督、复旦公学监督等。译有《日本法规大全》。参编《最新初等小学国文教科书》《新字典》《辞源》等。

6.《送人归余杭》
7.《冒鹤亭属题巢民先生菊饮诗卷用卷中原韵二首》

编年文
1.《送馆森子渐归日本序》
2.《阻中俄密约说》

【按】此文曾刊于《北京新闻汇报》（光绪二十七年二月二十二日

---

① 吴宓. 读散原精舍诗笔记 [M] //吴学昭，整理. 吴宓诗话. 北京：商务印书馆，2005：286.
② 上海图书馆. 中国尺牍文献：下册 [M]. 上海：上海古籍出版社，2013：249.

〈1901年4月10日〉出版），题《吴君保初论中俄密约关系中国之存亡》①。

光绪二十八年壬寅（1902年）　　三十四岁

正月初一日（2月8日），拟《呈政务处代奏吁请归政疏》。

《孙宝瑄日记》三月十六日：彦复于元旦试笔，拟一请太后归政书。②

《陈谱》：是岁，先生居沪。正月，有《呈请政务处王大臣代奏请皇太后归政疏》。③

吴保初《呈政务处代奏吁请归政疏》题下注："壬寅正月。"④

同日，章炳麟得先生遣力报信。

章炳麟《太炎先生自定年谱》光绪二十八年三十五岁条：去冬自苏州返乡里。正月朔旦，君遂又遣力走赴余宅曰："闻君在东吴大学，言论恣肆。江苏巡抚恩铭赴学寻问，教士辞已归，惧有变，亟往日本避之。"于是东渡。⑤

【按】"恩铭"为恩寿之误，详见汤志钧考订⑥。

同日，《新民丛报》于日本横滨创刊。主编梁启超，发行人冯紫珊。

正月初七日（2月14日），章炳麟致书先生，请先生代询张通典正月初一日来电究为何事。

章炳麟《章太炎与某君书（壬寅正月七日）》：

□□我兄国士左右：岁时不宿，循虚骏驱，孟陬更始，悲忻互构，人生少七十者，鄙人三十五矣。长来觉日月迅速，文学经术，未足自熹，后此半涂〔途〕，惧益倾险，如何如何？顾念足下览分止足，从容色养，俯仰吟啸，绰有余裕。天以大隐假君，尘埃中人，盐慕何蒇！昨有异事，得君始明，求为检验。元日得金陵来电，但云枚急赴沪，下无主名，深可怪愕。宁垣知友，无若纯公，

---

① 吴君保初论中俄密约关系中国之存亡[N].北京新闻汇报，1901-04-10.
② 童杨.孙宝瑄日记：中册[M].北京：中华书局，2015：544.
③ 陈诗.吴北山先生年谱（续）[N].时报：文艺周刊，1919-12-02（14）.
④ 吴保初.北山楼文补[M]//吴保初.北山楼集：卷三.陈诗，辑.铅印本.民国二十七年：1.
⑤ 章炳麟.太炎先生自定年谱[M]//北京图书馆.北京图书馆藏珍本年谱丛刊：第一九二册.影印本.北京：北京图书馆出版社，2010：342.
⑥ 汤志钧.章太炎年谱长编：下册[M].增订本.北京：中华书局，2013：611.

意此电实由彼发。既促来沪，或纯公近日已在沪滨，相见时望为代询陵虚一电，竟为何事。指趣既明，祈速赐复，得定行止，是所重荷。《文学说例》，近又增删，易稿二次，业付缮写，抵沪时当求是正也。去冬听讲《起信》，有悟入处否？临颍神驰不斁。弟绛再拜上。①

正月初九日（2月16日），下午，孙宝瑄来访，自先生处知章炳麟有难。

《孙宝瑄日记》初九日：晡，诣彦复。闻蓟汉有难，盖因前结怨于某公，故必欲致死。事为督臣电奏，有密旨严捕立决。以天下之大，仇一匹夫。虽然，蓟汉固自有取死之道也。余谓彦复曰：我辈平日不以种界之说为然，设此时以蓟汉之故，波及于我，亦不悔也。蓟汉所著书出，颇鼓动一世，造孽无穷。②

正月十四日（2月21日），章炳麟至上海，次日东渡。时满人前来打探，先生之仆具告以事。

《孙宝瑄日记》正月二十：昨见叔雅，知太炎于十四日到海上，在囚庵家宿一夜，次日附日本舟东渡。会有满人来君遂处，探太炎消息，其仆悉举以告，君遂其危哉！③

【按】"囚庵"疑为吴保初。《选报》（上海）创刊号载吴保初诗《感事》（阵云无际莽萧森）④，署名囚盦。孟龙亦有《有感寄潜盦悝盦囚盦兼東西村》⑤诗。

正月二十日（2月27日），下午，游张园，遇孙宝瑄。

《孙宝瑄日记》二十：昳，至一品香，见子涵。晡，与同车至贩古玩处，购名人书画。俄至张园，遇彦复。⑥

正月廿一日（2月28日），章炳麟至横滨，见梁启超，暂寓新民丛报社。

章炳麟《致吴君遂等书四》：十五登轮后，风波恬静，至二十一日遂至横滨。二等舱起居饮食，皆极适宜，始知浮海之乐。到滨得见任公，言及赠书及内地学堂事。据云赠书已决，学堂一节尚待商议，因中东路隔，经营不易也。

---

① 章炳麟《致吴君遂书三》（1902年2月14日），转引自汤志钧．章太炎年谱长编：上册［M］．北京：中华书局，1979：129-130；章太炎与某君书（壬寅正月七日）［J］．国粹学报（分类合订本），1905（8）：5．
② 童杨．孙宝瑄日记：中册［M］．北京：中华书局，2015：506．
③ 童杨．孙宝瑄日记：中册［M］．北京：中华书局，2015：513．
④ 囚盦．感事［N］．选报，1901（1）：29．
⑤ 孟龙．有感寄潜盦悝盦囚盦兼東西村［N］．选报（上海），1901-12-31．
⑥ 童杨．孙宝瑄日记：中册［M］．北京：中华书局，2015：513．

鄙人舍馆未定，暂寓新民丛报社（清议报馆旧址，在元居留地首五十二番）。《丛报》已出二册，任公宗旨较前大异，学识日进，头头是道。总之以适宜当时社会与否为是非之准的，报中亦不用山膏詈语以招阻力。大约此报通行，必能过于《清议》也。知拙夫。①

正月廿三日（3月2日），临近中午，赴汤寿潜之招于一品香。座有丁惠康、张美翊、孙宝瑄、汪子渊。

《孙宝瑄日记》二十三日：向午，蛰仙招饮一品香。叔雅、彦复、让三诸人皆在坐。又有汪子渊者，嘉兴人，在盛杏孙侍郎处掌译外国语，余始与晤谈。子渊论及德相俾士麦克之始当国也，受谤与李文忠等，盖因削平民与贵族之权，归诸朝廷，故百姓莫不恨之。迨胜法国复仇后，又渐渐散权于民。其操纵之间，有微意存焉。国人至此始悟而感其德。又云：俾相尝向国家索黄金数十万，曰："吾取此有大用。"国王予之，而疑焉。议院亦疑之，以为俾相家贫，肥己而已。俾亦不辨〔辩〕，阴选国中男女鳏寡数十人，使自相配合，往居法国，生男即入法籍，长入法学校读书。所有资用，皆俾相供给之。其后德与法战，军士所携法地图，皆上等精细，腹地情形德人无不深知，俾相之功也。②

汤寿潜（1856—1917），原名震，字蛰仙。浙江山阴人。光绪十八年（1892年）进士，选庶吉士。历任安徽青阳知县、上海龙门书院山长、浙江铁路有限公司总理、浙江谘议局议长等。曾与郑孝胥、张謇等成立预备立宪公会。辑有《三通考辑要》，著有《危言》《宪法古义》。

张美翊（1856—1924），字让三，号骞叟，室名绿绮阁。浙江鄞县人。副贡生。曾随宁绍台道薛福成游英、法、意、比四国。历任四品衔直隶知县、上海南洋公学提调兼总理、宁波旅沪同乡会会长等。著有《绿绮阁诗集》《东南海岛图经》，纂《光绪奉化县志》，参刻《四明丛书》《续甬上耆旧诗》。

二月初一日（3月10日），下午，孙宝瑄前来话别，其将之天津。

《孙宝瑄日记》一日：晡，诣彦复，话别。③

二月初九日（3月18日），章炳麟致书先生，邀赴日本，并请先生转寄家书。

章炳麟《致吴君遂等书》：君遂、允中、性柴、叔雅我兄国士左右：被书，具审一切。鄙人东行已二十日，初寓新民丛报社，后入东京，寓牛込区天神町

---

① 章炳麟《致吴君遂等书四》（1902年2月28日），转引自汤志钧. 章太炎年谱长编：上册 [M]. 北京：中华书局，1979：130.
② 童杨. 孙宝瑄日记：中册 [M]. 北京：中华书局，2015：514.
③ 童杨. 孙宝瑄日记：中册 [M]. 北京：中华书局，2015：518.

六十五番支那学生寓中（有湘人朱菱溪为东道，任公之弟子也），屏居多暇，仍为广智删润译稿，闲作文字登《丛报》中，以供旅费而已。回忆三年前至此，相知惟任公、念劬，今则留学生中，旧识有十数人，稍不寂寞也。得纯公书，乃知发难者确为臭沟，而挑拨之者象虎也。大龟近策，以为使孙、康二人自相残杀，而后两害可殊，其计甚毒。今者任公、中山，意气尚不能平，盖所争不在宗旨，而在权利也。任公曩日，本以□□为志，中陷□□，近则本旨复露，特其会仍名□□耳。彼固知事无可为，而专以昌明文化自任。中山则急欲发难。然粤商性本马鹿，牵掣东西，惟人所命。任公知□□，而彼辈惟知保皇，且亦不知保皇为何义，一经熔铸，永不能复化异形，中山欲以革命之名招之，必不可致，此其所以相攻击如仇雠也。然二子意气，尚算和平。鄙人在此，曾见□□数次，彼颇叹南海为奇男子，而惜为世界转移，不能转移世界，其论诚平允矣。康门有徐君勉，最与中山水火。孙党有秦力山，本任公弟子，而宗旨惟在革命，后与任公寻仇，至不相往来，然其人尚可谓刚者；如虬斋，则非其比也。戢元丞志在革命，与力山最合，与任公为冰炭，与中山亦不协。近见任公，示我赵月生书，痛诋□□，至云：革党之欲甘心于任公，较逆洞为尤其。嘻！非彼之欲甘心，有此意见，恐适中大龟之谗构耳。地发杀机，龙蛇起陆，在今日棱楯甚微，而他日必有巨祸。吾不敢谓支那大计，在孙、梁二人掌中，而一线生机，惟此二子可望。今复交构，能无喟然。常以无相构怨，致为臭沟、大龟利用，婉讽中山，而才非陆贾，不能调和平、勃，如何如何！然不敢不勉也。

任公云："君遂株守上海，为气节名士，甚无谓，何不赴东国一扩眼界。"弟亦苦望君来。允中本欲来此，偕行甚乐。一月后，樱花正开，可以作苏、李河梁之咏矣。

允中以选文相属，甚愿任此。来时望挈古书数部，以作选料。伯器已见三次，风采举止，殊有蒋侯青骨，非特凤毛也，乍见几不能辨。叔雅果往袁处否？念念。

有家书一纸，祈君遂加封转寄。知拙夫顿首。阳三月十八日，阴二月八日。①

【按】编者汤志钧注云："末署'阴二月八日'，疑为'阴二月九日'之误，又书中缺字，系用墨色所涂，疑为原有而经吴君遂抹去者。""阳三月十八日"即二月初九日，"阴二月八日"即3月17日。

---

① 汤志钧. 章太炎政论选集：上册 [M]. 北京：中华书局，1977：162-163.

约是月中旬，上《呈政务处代奏吁请归政疏》，请慈禧归政于光绪帝。政务处无人代呈，遂登报披露。

《孙宝瑄日记》三月十六日：余入都旬日，闻其书始邮寄政务处，无人敢为代奏。①

《陈谱》：疏上，政务处恶其辞切直，抑不达。②

陈诗《吴北山先生家传》：戊戌，孝钦训政；庚子，拳匪乱，各国联军入京师，两宫西狩；辛丑和议成，车驾旋轸旧京。先生方侨寓沪渎，上疏请太后归政，辞悁深切，当路忌之，又弗为达，而疏语流传人间，直声震天下矣。然自是贫益甚，典衣觞客，略不介怀。③

康有为《吴彦复墓志》：辛丑和议成，请变法归政，辞旨切直震一时。④

【按】查《孙宝瑄日记》，孙氏入都在二月初六日，"晡，到京师"⑤。则"入都旬日"当在二月中旬。

二月廿三日（4月1日），上海女学会章程已定⑥。

三月初二日（4月9日），《新闻报》刊先生之《刑部主事吴保初呈政务处代奏吁请归政折》。⑦

三月初八日（4月15日），蒋智由设宴邀吴亚男、弱男、夏小正，皆未至。

《蔡元培全集（日记卷）》八日：蒋惺斋借吾寓宴薛镜琴、陈撷芬、夏小正、吴弱男、亚男、陈素云、林□□、方□□诸女士，浣芗代为主人，惟薛、林、陈到。⑧

同日，蔡元培等决定发起中国教育会。

三月十三日（4月20日），中国教育会正式定名。

三月十四日（4月21日），孙宝瑄致书，责先生将《呈政务处代奏吁请归政疏》揭于报纸之举。

---

① 童杨. 孙宝瑄日记：中册 [M]. 北京：中华书局，2015：544.
② 陈诗. 吴北山先生年谱（续）[N]. 时报：文艺周刊，1919-12-02（14）.
③ 吴保初. 北山楼文 [M] // 吴保初. 北山楼集：卷三. 陈诗，辑. 铅印本. 民国二十七年：1.
④ 孙文光，点校. 北山楼集 [M]. 合肥：黄山书社，1990：145.
⑤ 童杨. 孙宝瑄日记：中册 [M]. 北京：中华书局，2015：520.
⑥ 中国蔡元培研究会. 蔡元培全集：第十五卷 [M]. 杭州：浙江教育出版社，1998：390.
⑦ 刑部主事吴保初呈政务处代奏吁请归政折 [N]. 新闻报，1902-04-09（2）.
⑧ 中国蔡元培研究会. 蔡元培全集：第十五卷 [M]. 杭州：浙江教育出版社，1998：392.

《孙宝瑄日记》十六日：余入都旬日，闻其书始邮寄政务处，无人敢为代奏，而彦复揭诸新闻纸。此等举动，余视为人生莫大之耻，盖东南名士之陋习也，而彦复犹甘蹈之，自鸣得意，故前日贻书责之。①

三月二十日（4月27日），蔡元培被举为中国教育会事务长。

三月，子之虎生，数日殇。之虎为王姹所出。

《陈谱》：三月，王姬生子，以寅年生，名之曰之虎，数日殇。按：后先生有诗云："那堪重忆虎儿年"，即谓此也。②

三月，有诗《题顾石公修禊卷》二首。

【按】修禊，农历三月上旬巳日临水洗濯，以祓除灾晦。故是二首约作于三月。

顾云（1845—1906），字子鹏，号石公。江苏上元人。诸生。官训导。著有《盋山诗录》《辽阳闻见录》。

三月，有诗《哭吴孟班女士》二首。

【按】题下注云："壬寅暮春"，陈诗按语云："吴孟班女士，湖州人。能文，善畴人术，为元和邱公恪秀才（震）室。公恪父某，曾为神户领事，至公恪贫矣。负才倜傥，善骈文。值新学萌芽，鬻藏书负笈扶桑，闻孟班卒，遂忧伤呕血，死甫绮岁，可慨也。"③吴保初《哭吴孟班女士》诗有三首，《北山楼集》所收为后二首。其一云："姓名应入畴人传，文字深研悊〔哲〕学家。解演三乘平等说，女权新史事堪嘉。"④另有《再哭吴孟班女士》二首，诗云："天道本无亲，此语一大蠡〔戾〕。太空谁所司，为尔讼上帝。""郄驷不肯留，尺波犹电谢。君不见彼昏，腼在人间世。"⑤

四月初一日（5月8日），陈撷芬主编《女报》续出，期数重起，由上海苏报馆发行。

同日，邱震去世。

---

① 童杨. 孙宝瑄日记：中册 [M]. 北京：中华书局，2015：544.
② 陈诗. 吴北山先生年谱（续）[N]. 时报：文艺周刊，1919-12-02（14）.
③ 吴保初. 北山楼诗续集 [M]//吴保初. 北山楼集：卷二. 铅印本. 民国二十七年：1-2.
④ 囚氪. 哭吴孟班女士 [N]. 选报，1902（9）：561.
⑤ 囚氪. 再哭吴孟班女士 [N]. 选报，1902（9）：561.

邱震（1879—1902），一名宗华，字公恪。江苏元和人。《追悼志士》云："元和邱公恪舍人震，今年二十四岁。平日愤中国之不振，病在无学，发愤研究东西学术。去年又赴日本成城学校讲求武备。其妇归安吴孟班女士长姬，曾在上海中西女塾肄业有年，学问湛深，志趣远大。曾创立女学会，慨然以提唱〔倡〕女子教育为己任。去冬东南喉症盛行，不幸染疫先卒。邱君悲恸咯血，今春归国，又于四月初一日病亡。"①

四月初四日（5月11日），游张园，观西人戏法，逢郑孝胥。

郑孝胥《壬寅日记》初四日：归，约竹君同至张园，同观西人戏法，逢王子展、吴彦复、周彦升、刘一山等。②

四月初九日（5月16日），章炳麟致书先生。

章炳麟《致吴君遂书六》：下走近况，尚可支持，粮药有寄，即无他望。……气候虽清，屡驱颇有未适，故于译润之暇常读医书三数时，聊以辅衰知卫。顷闻沪上喉证犹多，性柴、穰卿幸而无恙，其余罹疾死者，先后至万余人，岂竟无药处此耶？生民之厄，每在末造，傅青主以故国遗民，常借斯道护持晶庶，如仆无似。亭林、夏峰之业，近已绝望，亦欲从青主后矣。哲学家谓乱离之士，率多厌世观念，遂流为吐纳导引一派，岂不信哉！③

四月初十日（5月17日），上午，郑孝胥回拜，陈诗亦在。

郑孝胥《壬寅日记》初十日：至南市丰记码头答拜林文炳、孙述庭幼谷，三元宫答拜严小舫，新马路答拜吴彦复、陈子言。④

四月十一日（5月18日），偕弱男、亚男、夏小正赴蔡元培家，出席上海女学会第一次会议，并于经元善、蒋智由后发表演说，列名发起人。

蔡元培《爱国女校三十五年来之发展》（1936年12月2日）：民国纪元前十年，余在南洋公学任教员。是时，反对清廷设立大阿哥之经莲三先生尚寓上海，而林少泉先生偕其妻林□□夫人及其妹林宗素女士自福州来，均提倡女学。由余与亡室黄仲玉夫人招待，在登贤里寓所开会。到会者除经、林二氏外，有韦氏增佩、增瑛两女士，吴彦复先生偕其女亚男、弱男及其妾夏小正三女士，陈梦坡先生偕其女撷芬及其二妾蔡□□、蔡□□二女士，余与林、陈诸先生均有演说。会毕，在里外空场摄影，吴彦复夫人自窗口望见之而大骂，盖深不以

---

① 追悼志士［N］. 大公报（天津版），1902-07-02（5）.
② 劳祖德. 郑孝胥日记：第二册［M］. 北京：中华书局，2015：830-831.
③ 章炳麟《致吴君遂书六》（1902年5月16日），转引自汤志钧. 章太炎年谱长编：上册［M］. 北京：中华书局，1979：136-137.
④ 劳祖德. 郑孝胥日记：第二册［M］. 北京：中华书局，2013：831-832.

其二女参与此会为然也。①

蔡元培《我在教育界的经验》：爱国学社未成立以前，我与蒋观云、乌目山僧、林少泉（后改名白水）、陈梦坡、吴彦复诸君组织一女学，命名"爱国"。初由蒋君管理，蒋君游日本，我管理。初办时，学生很少；爱国学社成立后，社员家中的妇女，均进爱国女学，学生骤增。②

蒋维乔《中国教育会之回忆》：至于爱国女学校，虽亦为中国教育会所办，其性质与爱国学社，完全不同。最初拟办女学者，为上虞经莲三。适林少泉偕其妻及妹林宗素，自福州来沪，亦提倡女学，蔡子民亦赞成之，因此偕其夫人黄仲玉，在白克路登贤里寓所，邀集诸人，开会讨论。到会者经、林二氏外，尚有吴彦复偕其女亚男、弱男及其妾夏小正，陈梦坡偕其女撷芬及二妾，复有韦增佩、增英两姊妹。开会时蔡、林、陈三氏，均有演说。会毕，在里外空地摄影。而吴彦复夫人，凭窗望见之，肆口大骂，深不以其女参与此会为然。……壬寅之冬，即由蒋观云、宗仰提议，设立女校。蔡、林、陈、吴均列名发起，租校舍于登贤里，名曰爱国女学校，推蒋观云为经理（当时尚无校长名称）；经常费由宗仰介绍罗迦陵女士独任之。未几蒋观云赴日本，蔡子民继任为经理。所有学生，即发起人家中之妻女，有因年龄长大家务分心不久退学者，故学生只十人左右。③

《上海女学会演说》：上海女学会第一次到者，为沈和卿、章浣香、蒋畹芳、王慕青、丁明玉、薛锦琴、经玉娟、金兰贞、盛晴英、钟佩䐏、孙有蓁、赵愿孙、顾素芬、吴亚男、吴弱男、陈君素、林宗素、陈撷芬、陈小庄并蔡太史之夫人黄女史共二十位。此外到会者，尚有英国女士铅宁夫人。诸女史多兼通中西文字，博学有志，欲振兴女学，为中国洗数千年女学暗黑之弊。会中柬请剡溪聋叟、蒋君性才、吴君彦复、林君少泉、蔡君鹤庼、陈君梦坡到会演说。其演说录下。④

《上海女学会演说》"吴君彦复演说"条：鄙人素无学问，又复拙于辞令，何能任演说之事？然今日为诸女学士盛会，鄙人既应召而来，聊伸瞻仰，藉〔借〕作闲言送日也可。吾闻中国女子号称二万万，其每百人中识字者能有几人？其不识字者，吾不具道。识字矣，推而上之，能稍稍阅看小说，再推而上

---

① 中国蔡元培研究会. 蔡元培全集：第八卷 [M]. 杭州：浙江教育出版社，1997：430.
② 中国蔡元培研究会. 蔡元培全集：第八卷 [M]. 杭州：浙江教育出版社，1997：506.
③ 上海通社. 上海研究资料续集 [M] //沈云龙. 近代中国史料丛刊三编：第四十二辑. 台北：文海出版社，1988：86-87.
④ 上海女学会演说 [N]. 选报，1902（20）：21.

之，能作诗填词者，已为凤毛麟角，恒不数数遘矣。其所谓有学问思想、国家思想、政治思想、教育思想者，盖茫乎未之前闻。然则虽谓吾中国数千年无女学可矣。此非特女子，既男子亦然。男子虽不能谓为无学，然所学者类多囿于一孔之见，诬古诬今，是己非人，妄自尊大，腼不知愧，故思想毫无进步，学问不知改良，斯固然矣。吾尝谓中国学问，后人不如前人，一代不如一代；西人学问，后人胜于前人，一代胜于一代。又尝以为中国积弱之根源，皆由于母教不立，母教不立，由于女学不兴。种族之寖〔浸〕衰，邦国之殄瘁，罔不由是基之。昭昭明甚，无可讳言。近岁朝廷叠降明诏，饬各省府州县遍设大中小学堂，男子之千年不学者，得此可稍知向学矣，而女子之无学如故也。朝廷虽有禁革缠足陋习之谕，此不过于体育上为有益。泰东西教育家分德育、智育、体育三者。吾中国陋儒，鉴于前失，矫枉过正，遂创为"女子无才便是德"之谬说，胶固国中，万口一喙，千目一的，奉为金科玉律。夫泰东西女子，何尝不重德字，乌睹所谓"无才是德"一语，误尽天下哉？蒙古、非洲女子，身体何尝不强壮伟大，特无所谓智育、德育耳。语云："人不学，不如物"，彼蒙古、非洲之女子之与他动物，相去又几何哉？去年吾宗有女士孟班者，深明此义，思创学会，为吾国倡，草议章程，应者盖寡，久而未遂，力疾励学，赍志夭殂，亦可悲矣。近者陈撷芬女士，哀国步之多艰，愍〔悯〕女子之不学，创为《女报》，风行一时，欲一药数千载之痼疾，振廿世纪之文明，懃〔勤〕恳悱恻〔恻〕，大声疾呼，以告国人，其心良苦，其志愿尤可谓宏大矣。今又与黄、林诸女士开中国女学会于沪，四方应者，云萃风从，异日风气渐开，同志愈众。吾知女学校之兴，可翘足而待。至演说女学宗旨，将观云先生言之详矣。其所谓一人能尽德育、智育、体育之义务，成一完全无缺之国民，斯一人强矣。人人如此，一家强矣；家家如此，一国强矣，诚为不刊之论。彼欧美二洲女学之盛，人人皆有学问思想，人人皆有国家思想，妇人有为政党者，故其家齐而国亦治，其由来有自矣。使其无学问思想，焉有学问？无国家思想，又焉有国家也？吾国女子可以终身幽闭一室，腼如重囚，不见天日，至侪女子于小人。传曰："唯女子与小人为难养也。"故女子亦安之若命，事事皆须仰给于男子。不宁惟是，又交困之。彼西人无事不资内助焉。凡此又岂不学无术者所能胜任耶？诸女士志愿宏大，欲以移风易俗为己任，起点于此，竭力提倡，毋谓力薄，毋相谦让，合吾四万万同胞，同竞争生存于二十世纪之内，成一完全无缺之国家，成一尽善尽美之民族。诸女士之志愿已偿，即诸女士之功德为不可没矣。鄙人实践而望之。①

四月十五日（5月22日），下午，访宋恕，宋氏赠以《别求是生诗》。

宋恕《壬寅日记》十五日：午下吴君遂来，谈有顷，以《别求是生诗》赠之。②

四月十六日（5月23日），上午，宋恕来访，严道治、饶智元亦在。应宋恕之请招陈诗来，又字招王季同，共午饭。张通典、贺良朴来，共谈。晚，邀蒋、贺良朴、宋恕、张通典、严伯平、陈诗饮于雅叙园，途遇蒯寿枢。

宋恕《壬寅日记》十六日：随如新马路候君遂于华安里，晤；并晤皖人严伯平、湘人饶智元（石顽）。又请吴招陈诗来，吴又字招王小随（季同）来，谈颇畅，留午饭。湘人张伯纯郎中、鄂人贺良朴（履之）适来，共谈，吴邀至四马路雅叙园夜酌，同席蒋、贺、我、张、严、陈、吴，共主客七人。是日与吴等出新马路时途遇蒯若木，光典之侄也。是日见《教育会章程》。（赠子言、小随以《别求是诗》）③

严道治（？—1933），字伯平。安徽含山人。严家让子。历任张謇通海垦牧公司、江苏扬州仪征县盐官、安徽省谘议局议员等。

饶智元，字石顽，一字珊叔。湖南长沙人。优贡生。官内阁中书。著有《明宫杂咏》《十国杂事诗》。

王季同（1875—1948），一名季锴，字孟晋，号小徐。江苏苏州人。王颂蔚子。光绪二十一年（1895年）毕业于北京同文馆天文算学馆。曾执教于爱国女学与同文馆算学馆。宣统三年（1911年）于《爱尔兰皇家学会学刊》发表《四元函数的微分法》。其《关于分解电网络之新方法》被国际学术界称为"王氏代数"。工算学，晚年研习佛学，著有《积较补解》《泛倍数衍》《佛法与科学之比较研究》等。

张通典（1859—1915），字伯纯，号天放楼主，晚号志学斋老人。湖南湘乡人。官江南水师学堂提调。著有《天方楼诗集》《袖海堂集》《志学斋笔记》等。

贺良朴（1861—1937），字履之，号篔庐，别号南荃居士。湖北蒲圻人。拔贡。光绪六年（1880年）经寿慈举荐入李勉林幕，任邮传部路政司员外郎。参加同盟会。自幼从贺寿慈赴京师习画，尤工山水，以《千岩万壑图》《秋山平野

---

① 上海女学会演说［N］.选报，1902（20）：23.
② 胡珠生.宋恕集：下册［M］.北京：中华书局，1993：957.
③ 胡珠生.宋恕集：下册［M］.北京：中华书局，1993：957.

图》见称于世。与吴俊有"南吴北贺"之称。著有《簠庐全集》。

蒯寿枢,字若木,佛号圆顿。安徽合肥人。历任农工商部郎中、甘肃榷运局局长、国民政府驻日学务总裁等。

四月十七日(5月24日),是日前,张通典从先生处见宋恕《别求是诗》。

宋恕《壬寅日记》十七日:是日午前候张伯纯,晤谈有顷,赠以《别求是诗》(云已从吴处见),始知谭弟尚存。①

四月十八日(5月25日),上午,陈诗访宋恕,宋氏赠其所录《呈政务处代奏请除稗政折》。

宋恕《壬寅日记》:十八日,阴晴不定。陈诗午前又来,以录吴《劾荣、李疏》见赠,谈少顷去。②

【按】吴保初有《呈政务处代奏请除稗政折》,弹劾总管李连英与大学士荣禄,指此二人"首鼠两端""媚外以排内",《劾荣、李疏》当指此。

四月廿二日(5月29日),先生前曾致章炳麟书并诗,章氏于是日复书。先生前曾读《婚姻进化论》。

章炳麟《致吴君遂书七》:接书并诗一篇,知有勃豀〔溪〕之衅。鄙人亦适读《婚姻进化论》,颇有感触,然勿〔毋〕庸为君告也。今日东报言太后退隐事,想有七八分的确,既得其实,无庸复居其名,谋亦狡矣。又言英国将送对山归国,先移书外务部,问以对山若归贵国,拟处以何罪,烦先示知此事。果非谣传,必对山嗾英政府为之。盖对山近居印度,景况极窘,而任公东居,颇有资产,不肯分润(对山顷致任公书,言全家三口,方欲饿死,辞甚迫切,任公仅以二百银元相赠,后知不可电汇,乃勉增至五百元)。欲东来则有前岁不准登岸之旧案,故吁请英人为此,预知外务部必以从轻发落应之,自此非但可归中国,并可居日本矣。救贫之策,无复大志,可哀也。鄙人顷迁牛达区原町七十一番静思馆(以后来缄,仍署章枚叔可也)。烦遍告同志。③

五月初三日(6月8日),《顺天时报》第92号刊《刑部主政吴保初呈政务处代奏请除稗政折稿》。

《刑部主政吴保初呈政务处代奏请除稗政折稿》:为请革除稗政以塞乱源而

---

① 胡珠生. 宋恕集:下册 [M]. 北京:中华书局,1993:957.
② 胡珠生. 宋恕集:下册 [M]. 北京:中华书局,1993:957.
③ 章炳麟《致吴君遂书七》(1902年5月29日),转引自汤志钧. 章太炎年谱长编:上册 [M]. 北京:中华书局,1979:137. 注:对山,即康有为。

维邦本，敬恳代奏，仰祈圣鉴事。窃臣闻"良药苦口利于病，忠言逆耳利于行"，是以犯颜勿欺之臣，忠言逆耳之奏，世主以其犯焉逆焉而诛窜之，然后世则不谓之犯，谓之勿欺；不谓之逆，谓之利于行。今日中国之病，诚危矣急矣。然臣谓中国今日之病，不在外而在内，不在一人而在全国，不在四肢百骸而在五脏六腑，存亡之机，间不容发。孟子曰："国家闲暇，及是时明其政刑。虽大国，必畏之矣。"又曰："泄泄，犹沓沓也。"庚子之变，创钜〔巨〕痛深，朝廷亦既惩前毖后，明谕叠颁，变法自强，力行新政矣。臣尝谓变法当有本末，有先后，不务其本而徇其末，未有能济者也。然与其玩时愒日，满志踌躇，则不如急则治标，犹较胜于束手待毙。臣闻之，"害不十不变法，利不十不变法"。又闻"两利相权取其重，两害相权取其轻"。今有害什百而利不一，又为众害之本，而不可不变法以去之者，宦官是也。历朝阉宦专横，干预政事，憸壬宵小，盘踞于上，正人君子，荼毒于下。党祸既作，国祚因之而亡。汉唐宋明，殷鉴非远，史册具在，可为寒心。圣人知其然也，是以我当朝家法，不许内寺（指宦官）预政，永著〔着〕为令，勒之铁牌，犯者凌迟处死。立法之严，振古无比。方今中外大同，文明迭进，谕旨有云："采人之长，祛己之短"，乃独留此万国所无之稗政，腾笑五洲，不即革除，何以有致治之本？故日者两广督臣陶模有《请裁宦官》一疏，为天下所传诵。其为中国祛数千年弊政，为朝廷策亿万世邦基，诚莫要于此矣。内而宫詹，外而河臣，业已次第裁撤，独此阉寺小臣，未闻议及裁汰，岂诸臣有所瞻徇耶？臣窃维宦官之制，由于前代妃嫔众多，又从来女子无学，故特设此职以防检之。今皇上后宫清静，本无须此，即异日六宫备位，圣人自有刑于之化，又安用此刑余之人出入禁闼为？且五刑久废，而独留宫刑施于无罪之人，上干造物之和，下乖生人之道，其为残酷，亦已甚矣，何怪为天下万国之所训笑哉！近皇太后因汉人女子有缠足之陋习，降谕禁革，毅然行之，以其残人支〔肢〕体也。夫女子缠足，无关于国家之兴亡，犹汲汲思所以禁革之。若刑余之人，则阴贼险很〔狠〕，善伺人主喜怒，传疑传信，离间宫廷，恒使人主防不胜防。如秦之赵高、汉之十常侍、唐之仇士良、宋之童贯、明之魏忠贤等，当时人主孰不引为腹心，以为忠己哉。乃政权下逮，遂与外戚权相狼狈为奸。或此兴彼替，或互为消长，迨至恶迹彰露，而覆亡已随其后。其中亦有一二循谨之人，但既未尝读书明理，纵无损于国家，亦奚裨于圣治？近者总管李连英纳贿擅权，尤彰彰在人耳目。热中者流，干荣利，跻显贵，非拜大学士荣禄门墙，即由总管李连英而进。臣门如市，政以贿成，上下相蒙，致酿巨祸。庚子之变，虽以皇太后、皇上之圣明，犹未能预为之计。及至政权旁落，畿辅骚然，激成数千年未有之浩劫，赔款本息至九万万两之多，蒙尘至十七阅月之久。臣维彼等既遭兵祸，家财不无损失，迨幸免罪魁之诛，遂思作桑榆之补，贪婪饕餮，甚于曩时。彼辈金人，安顾大局？独惜皇太后中兴再造之英明，垂暮之年，乃不免为其所用耳。天下往者惟知端、刚，今者祇〔只〕知荣、李，不知有皇太后、皇上也。夫皇太后、皇上主中国，临天下，承列圣艰难缔造创法垂统之丕基鸿业，二百五十九年于兹矣。岂肯以祖宗付托之重，断送于三五金人之手？端、刚蠢愚，尝思挟乱民以排外，遂与列国轻启兵衅，激怒强邻，犹不似荣、李之首鼠两端，路人皆知。彼往者本属同谋，及见事败，转而谄事外人，以保禄位。苟可以得外人之欢心，虽倾举国之膏血以奉之，在所不恤。经此挫折，其心更狡，其术愈工。迹其所为，直不啻媚外以排内。端、刚之愚，朝廷犹明正其罪；荣等之狡，朝廷反褒录其功，尤臣所大惑不解者。殊不知荣、李之术，足以欺朝廷，而不能掩天下之耳目。皇太后、皇上不即明发其奸，或立予罢斥，臣恐一旦土崩瓦解，将不知置我皇太后、皇上于何地。彼时中国恐已成为瓯、墨之殖民地，而非我中国之中国矣。此臣所抚膺泣血，而不忍缄默不言者也。昨岁迴〔回〕銮伊始，慈谕力崇节俭，深宫盛德，实为薄海臣民所钦仰。乃跸路经费，用至累千万两，宫门之费，日致千金，进膳之赀〔资〕，动逾累百。小民无卒岁之储，一饭罄中人之产，而内侍需索诛求，骚扰闾阎，至于如此。贻深宫以恶名，委王言于无信，不惟视谕旨若弁髦，直视朝廷为无法，是岂皇太后、皇上所及料耶？臣旷观古昔，英君毅辟，往往狃于近习，不自觉察，卒为盛德之累，以召覆亡之祸。皇太后圣明，自不致为若辈所愚，但始终引为心腹，恃若长城，则必有受愚之一日。皇太后、皇上试一询之廷臣，考之舆论，便知臣言之非诬矣。臣维变法原非一端，但此轻者易者尚不能毅然改革，则何怪诸疆臣粉饰因循，徘徊观望，以虚应故事也。夫革此秕政，有千利无一害；不革此秕政，有千害无一利。然则又何乐而不为也？比者举行谒陵大典，若再任听若辈恣情扰累，后患殆不可胜言。皇太后、皇上上何以安列圣在天之灵，下何以慰天下臣民之望？复何面目以登祖宗之陵墓乎？臣不胜迫切呼吁之至，谨冒死上闻。伏乞皇太后、皇上圣鉴。谨请代奏。①

【按】《刑部主事吴保初呈政务处代奏请除秕政折》后亦刊于《政艺通报》《新民丛报》《集成报》等。吉城《壬寅日记》本年五月十二日记云："刑部主事吴保初有《请除秕政折》，'端、刚挟乱民以排外，荣、李媚外

---

① 刑部主政吴保初呈政务处代奏请除秕政折稿 [N]. 顺天时报，1902-06-08（1）.

以排内'，其言可谓平公正直。"①

五月十九日（6月24日），邱震、吴长姬夫妇之追悼会于上海平江公所召开，先生上挽联一副，与汪德渊、章炳麟合上挽联一副。

《上海邱公恪吴孟班夫妇追悼会挽联续选录》附记：邱公恪、吴孟班夫妇先后赍志殁海上，同志之士哀之，爰于壬寅五月十九日设会追悼，借地于沪北平江公所。是日不期而遇者百数十人。②

【按】追悼会召开时期有一报记为五月十七日，《追悼志士》云："元和邱公恪舍人震，今年二十四岁，……其妇归安吴孟班女士长姬，……东南士夫钦二人之才，悲二人之遇，相谋在上海平江公所特开追悼会，已于本月十七日举行。是日与斯会者凡一百四十五人，而外处寄到之挽语、哀辞，尤不可胜数云。"③

《上海邱公恪吴孟班夫妇追悼会挽联选录》：汪德渊、吴保初、章绂："孟班不生公恪又死世所同哭；武昌有鬼日本无仙吾谁与归。"吴保初："五老峰头又弱一个；六少年界只存四人。"④

汪德渊（1872—1918），字允宗。安徽歙县人。曾与于右任等创办上海《神州日报》。著有《孟子辑义》《马氏南唐书笺》《今事庐笔乘》等。

五月二十日（6月25日），《大公报》（天津版）记先生《呈政务处代奏请归政》折与《请除稗政折》之反响。

《浙人有志》：吴主政保初《呈政务处代奏请归政》及《除奸》两折，浙省有识之士咸纷传诵，到处称扬，有家弦户诵之情形。⑤

五月廿七日（7月2日），申刻，夏曾佑来访。

夏曾佑《日记》：二十七日。晴。申刻访枚叔、彦复，晚归。⑥

六月十五日（7月19日），夏曾佑来访。

---

① 吉家林.吉城日记：下册[M].南京：凤凰出版社，2018：579.
② 上海邱公陪吴孟班夫妇追悼会挽联续选录[N].大公报（天津版），1902-07-19（4）.
③ 追悼志士[N].大公报（天津版），1902-07-02（5）.
④ 上海邱公恪吴孟班夫妇追悼会挽联选录[N].大公报（天津版），1902-07-04（7）.
⑤ 浙人有志[N].大公报（天津版），1902-06-25（4）.
⑥ 杨琥.夏曾佑集：下册[M].上海：上海古籍出版社，2011：752.

夏曾佑《日记》：十五日。晴。访彦复、春台、枚叔，与枚叔、智由偕归，小饮。①

六月二十日（7月24日），晚，夏曾佑来访，偕何熙年、章炳麟及夏氏游张园。

夏曾佑《日记》：二十日。晴。晚访彦复、春台、枚叔，同至味莼一游。②

何熙年（1868—?），字春台。安徽怀宁人。光绪二十九年（1903年）举人。曾入张之洞幕。二十一年（1901年）约皖省绅士共办藏书楼。著有《裁兵私议》。

同日，致书熊季严，言误诊卧病、蒋观云与赵彝初决裂、销《新民丛报》诸事。

吴保初《致熊季严札（一）》：

季严无恙：卧病兼旬，备荼殊甚，医者诊视，佥谓宜服凉剂，药饵乱投，几为所误。有以石膏、大黄进者，有以细辛、麻黄进者，四药幸俱未服。服他凉药十数帖，而疾愈不可为矣。逮翻〔幡〕然自悟，誓不服药，而疾苦终觉难瘳。因冒然自用烧姜数块煨水，糖水服之，立获奇效，两日竟能愈痊，身体近已强复。然则此二十余日非受病苦，直谓之受医苦可耳。于此可见医学不兴，医律不定，一任庸医杀人，不持尺铁。吾敢断言：吾中国人之死于病者有限，死于医者无穷也。月前，海上患时症死者不下万数千人，岂无药以处此。人死，则曰：天也，命也，气数也。寒热莫辨，全体不明，亦居然以"国手"自命，殆不啻国中之刽子手也，可胜叹恨！顷间沼生兄携来吾弟饷吾番饼三十枚，故人情重，却之不恭，旅况萧然，适副所乏，谨当登之簿领。一俟东浙渐来，便当归海，但此愿未卜何时偿耳。再，《选报》性才已与同办之赵君决裂，如梁、汪当日故事。二十册以后，蒋概不与《选》事。然则办者既非其人，其报亦必无可取。尊处宜劝一律停阅停寄，能多销一分〔份〕《新民丛报》，其获益必更倍之，又无待赘言矣。匆复。敬颂侍安。不一一。小兄保初顿首。六月二十日。③

【按】此函未署年份。据函中"多销一分〔份〕《新民丛报》"知此时

---

① 杨琥.夏曾佑集：下册［M］.上海：上海古籍出版社，2011：752.
② 杨琥.夏曾佑集：下册［M］.上海：上海古籍出版社，2011：753.
③ 吴保初《致熊季严札（一）》，转引自胡泊，邵庄霖，戴立强.《严复致熊季廉等手札》及考略（续）［J］.辽宁省博物馆馆刊，2015（0）：112-113.

《新民丛报》已发行，《新民丛报》为梁启超创办的半月刊，光绪二十八年正月初一日（1902年2月8日）于日本横滨正式发行，故此函当在正月初一日后。又函中称："二十册以后，蒋概不与《选》事"，查《选报》第二十期出版于壬寅五月二十一日（1902年6月26日），则作函时间又在五月二十一日后。函云："月前，海上患时症死者不下万数千人，岂无药以处此"，与章炳麟《致吴君遂书六》（光绪二十八年四月初九日）"顷闻沪上喉证犹多，性柴、穰卿幸而无恙，其余罹疾死者，先后至万余人，岂竟无药处此耶？"事相合。诸事均在二十八年，函末又署"六月二十日"，故此函当作于光绪二十八年六月二十日。

另，"《选报》性才已与同办之赵君决裂"指蒋观云与赵彝初因《世界学报》决裂之事，蔡元培《自写年谱》记云："蒋君之《选报》，由赵君□□出资印行，销行颇广，因为蒋君选辑精严，编次亦有条理，便于检阅。自撰之评论及选录之诗均足以感人。但后来杭州之养正书塾，因陈君介石反对林君少泉之故，陈君率高材生汤、马诸君离塾赴上海，编《世界学报》，亦拟由赵君承印，蒋君反对，蒋、赵几至绝交，于是《选报》停刊，而《世界学报》出了不多期，也停了。"①

六月廿五日（7月29日），章炳麟致书先生，言及先生近读《楞严经》。

章炳麟《致吴君遂书》：

君遂仁者左右：登轮舶后，次日抵舍，无倚门之稚子，而忻乐自若，尚赖数册残书耳。人不学道，不能无所系著〔着〕。庄生云："不刻意而高，无江海而闲，不道引而寿。"和、汉文籍，吾侪之江海也。不能去江海以求乐，则去纯素同帝之道远矣。呜呼！不习止观，终为形役，将欲绝累去悲，宁可得耶！史事将举，姑先寻理旧籍，仰梁以思，所得渐多。太史知社会之文明，而于庙堂则疏；孟坚、冲远知庙堂之制度，而于社会则隔；全不具者为承祚，徒知记事；悉具者为渔仲，又多武断。此五家者，史之弁髦也，犹有此失。吾侪高掌远跖，宁知无所陨越，然意所储积，则自以为高过五家矣。

修通史者，渔仲以前，梁有吴均，观其诬造《西京杂记》，则通史之芜秽可知也。言古史者，近有马骕，其考证不及乾、嘉诸公，而识断亦伧陋，惟愈于苏辙耳。前史既难当意，读刘子骏语，乃知今世求史，固当于道家求之。管、

---

① 蔡元培. 自写年谱［M］//中国蔡元培研究会. 蔡元培全集：第十七卷. 杭州：浙江教育出版社，1998：444-445.

庄、韩三子，皆深识进化之理，是乃所谓良史者也。因为求之，则达于廓氏、斯氏、葛氏之说，庶几不远矣。太炎遗老者，二百五十年之彭铿也，其用在抽象不在具体，以是为过于彭矣。

允中想已赴明京，不知理卿已返未？君近读《楞严》，宁有理解耶？性柴常谈否？曰生所属作叙，当待其书刻成，《社会学》亦欲其寄两部云。溽暑珍卫。弟支猎胡顿首。廿五日。①

【按】据汤志钧考订系于此。

七月初五日（8月8日），章炳麟致书先生。

章炳麟《致吴君遂书》：

君遂我兄仁者左右：前月二十三日抵家后即作一缄，计已察阅。乡闻密迩，哲嗣想已南来。君近在沪抑在金陵，所乐在诗抑在对策八面锋，所务在教育会计抑在钟山薛荔。允中近寓何处，能知其方位否？若详悉者，幸即见示。

史事前已略陈，近方草创学术志，觉定宇、东原，真我师表，彼所得亦不出天然材料，而支那文明进化之迹，藉〔借〕以发见。赤帝师蚩，犹无所吝，况二儒之彰彰者乎？斯论一出，半开党必谓我迂，亦不避也。麟家实斋，与东原最相恶，然实斋实未作史，徒为郡邑志乘，固无待高引古义。试作通史，然后知戴氏之学，弥仑万有，即小学一端，其用亦不专在六书七音。顷斯宾萨为社会学，往往探考异言，寻其语根，造端至小，而所证明者至大。何者？上世草昧，中古帝王之行事，存于传记者已寡，惟文字语言间留其痕迹，此与地中僵石为无形之二种大史。中国寻审语根，诚不能繁博如欧洲，然即以禹域一隅言，所得固已多矣。

君与允中皆皖人，与东原生同乡里，当知鄙见为不缪。下走之于实斋，亦犹康成之于仲师，同宗大儒，明理典籍，宗仰子骏，如晦见明，私心倾向久矣。独于是论，非所循逐，亦自谓推见至隐之道，较诸吾宗差长一日也。

抵家旬数，谷稼是咨。幸有陈书数箧，浊醪在罍，星晚莫爵，雠方校石，足用其乐；所苦史藏未具，取精用弘，不得其道。霜时尚当赴沪，甫能成此大业，亦未知允中于意云何？曰生属序，书尚未到，前求《社会学》一二部，亦竟宋宋〔寂寂〕，怅甚怅甚。手肃，即颂秋祉不具。弟麟再拜言。初五日。②

---

① 汤志钧. 章太炎政论选集：上册 [M]. 北京：中华书局，1977：165-166.
② 汤志钧. 章太炎政论选集：上册 [M]. 北京：中华书局，1977：172-173.

【按】据汤志钧考订系于此。

七月十九日（8月22日），下午四点，姚锡光于张园安垲第召开协助亚东游学会。先生于开场、结束处分别发表演说。演说者尚有戢翼翚、叶瀚。

蒋维乔《鹪居日记》：十九日。沪上志士在张园安恺第开协助亚东游学社会，是会安徽候补道姚石泉先生所创也。先是海上志士为吴君故，拟诘问日本政府，又拟此后学生至日本不归公使保送，归海上教育会保送。议尚未决，而姚先生道过海上，乃特开此会商议办法。姚先生是中国第一次送学生至日者，故乐为赞助是事也。是日四下点，诸名士毕集，先由某君演说姚先生所以开会之意，对众人商一妥善之法；次由姚先生演说如有善策当竭力兴办之意；次由戢君元丞演说，拟请中国有名誉之人至日本与参谋部商议，此后游学生归海上教育会保送，不归公使；次由叶君浩吾演说，以为中国无地方自治之制海上社会之力尚未足令日本政府首肯，此事不如用天演竞存之理，令教育会自设学堂，自教中国子弟，方为善策；次仍某君演说此会归宿，谓叶君之意固是本原之论，而戢君之言亦不可不办，不论成否，亦足令外人知中国社会非绝无人也。拟即公举姚先生至日本，三月之内将此事办理就绪，叶君自教之说亦一面兴办可也。某君演说毕，遂各散会。①

《纪协助东亚游学会》：前日本埠志士在张园安垲第聚会者，约二百余人，所议拟办协助亚东游学会。闻拟专派会员亲赴东京商定，将来中国人愿入成城学校者，可以径由会中保送，以免内地有志游学者，因入校艰难，怀疑裹足。至登场演说者，则有吴、姚、饶、戢、丁、叶、章诸君。会中宗旨，由吴、姚二君宣明者为多。其愿意入会者，当场亦并未题名，议定随后自书名条，送交会所。兹将吴君君遂演说登于下：

今日此会发起人，是姚、陈、丁、饶诸君子，因日本留学一事，于意外横生阻力，见端虽微，所关匪细。所论"作始也简，将毕也钜〔巨〕"，亦自然之理也。姚君当日目击甲午之役，国势日亟，慨然倡出洋游学之议，请大府派学生留学日本。是留学日本之事，姚君实为创议之人。此次蔡公使与学生为难，姚君适在沪，深虑此事，欲有以维持之，拟创一协助东亚游学会。盖欲与诸君决议，筹一善后之法，所以有今日之盛会。然愚以为姚君虽热心为国，但天下事必非一二人所能任，必期诸君同发热心，极力赞成此会，而后此事始可办成。

---

① 蒋维乔. 蒋维乔日记：第一册[M]. 影印本. 北京：中华书局，2014：195-197；汪家熔. 蒋维乔日记：1896—1914[M]. 北京：商务印书馆，2019：78-79.

将来如有学生东渡，即欲入彼官设学校，亦可径由本会保送，不必再与藏头露尾、庞然自大、蠢然一物、专与中国反对之公使交涉。无所干求于彼，自亦不受其凌践，且可以免辱我国体。愚以姚君此意，诚哉甚善，诸君亦必以为然。《语》云："人贵自立。"我政府、我公使既不尽保护责任，反不若我国民自起图之，亦自立之一道也。诸君知俄之所以强乎？曰：惟彼得能变法故。抑知彼得所以能变法者，彼得能苦心焦思，舍万乘之尊贵，犯举国之不韪，身侪贱役，以游学他国，乃至充机厂之工匠，作轮船之水手。一旦学成立归国，故一切举而措之裕如也。即东邻日本，当日亦以游学他国悬为厉禁。当时热心爱国之志士，愤其国威之不振，竟有冲突禁网，不顾杀身之祸，潜赴他国游学者。至其降志辱身，备尝艰苦，学成归国，故能变法自强，始有今日。此其国有不蒸蒸日上者乎？今日本于地球上为第一等名国，虽谓其得诸当日诸热心爱国之士，未为不可也。吾中国虽降号半开，然当三代时，学校最盛，人才众多。嬴秦战国时，游学之风最盛，游士之才亦最多。自秦以后，历代暴君权相，利用愚民政策，利禄所在，民亦甘受其愚。民智不开，国步因而日替，缘因甚繁，断非数语所能殚述。学校既数千年不复，游学之风亦几阒绝于天壤。乃近三数百年中，即讲学乡里，创设学会，亦干厉禁。偶有聚徒结社，但稍稍涉及政事，往往视为大逆不道，加以诛锄。夫政事为圣门讲学之一科，今既曰尊孔守旧，何并讲学论政而亦以为逆也？中国隆盛时代，已为过去之陈迹，无可追忆。其残暴时代，即将为方来之惨剧，殊有可忧。但自秦以来，此数千年中，吾尝有一譬喻：中国髣髴〔仿佛〕一大病院，其间种种传染之病，奇形怪状，靡所不有。其传染之久，不啻三千余年；传染之广，遍于二十一行省，寖〔浸〕假愈传愈广。果能由我国传染他国，由一国传染万国，则彼亦与吾同其腐败，而吾国转可恃以无恐矣。可惜他国防疫查疫之法甚严，不足以传人，而适足害己。今吾四万万人久住此病院，忽有数百人发一宏誓大愿，欲暂离此院，稍吸空气，学医于人，归救此种种病。所谓"七年之病，求蓄三年之艾。苟为不蓄，终身不得"。讵病院中人，忽不愿其求蓄艾，欲与同归于死亡，是诚何心，抑别有肺肠耶？此种人原属甚夥，不独蔡钧氏，蔡钧氏特其最著者耳。又吾国人民，独有私德而无公德，所以少团结力而多劣根性。一人德我，则我德之；一人毁我，则我仇之。推至于一酬酢之违，一睚眦之隙，小之则悻悻于面，大之则忿不顾身。忘其全国之大耻，而修其一己之小忿。子曰："小不忍则乱大谋"，乏公德故也。所以全国受压，而民并不知，社会受侮，而己无如何，少团结力故也。少团结力，即谓之无社会可。夫以个人主义而与有社会有政府者处于竞争最烈之世界，几何其不溃败决裂，吞声饮泣也！此种劣根性不除，"自强"二字又安用挂诸齿颊为？近者朝廷上下，纷纷皆以"办学堂"三字为口头禅，终日皆在议论之中，三年而不能成一事。语曰："独学不如群学，群学不如游学，游学而后能成学。"游学之益，人人既知。今本国学堂未知何日始成，况课程又多未善，无非传染旧病，养成一种奴隶性质。然则游学一事，在今日更刻不容缓。至有懵于时事，狃于污俗，处则为弱国之民，出则为辱国之使。吮痈舐痔，蝇营狗苟，而反可以得大官，尸厚禄，自为得计，宜其亦欲人人吮之舐之，而显己权势。偶有不如此者，辄以为不类已，以为犯上作乱，而逐以其权势压之。压之不足，又嗾人以压之，亦固不足深怪耳。所谓"人忌孤生，物憎非类"是也。我中国弛出洋游学之禁四十年矣，彼时学成归国者颇不乏人，然皆往往弃而不用。盖彼时朝野上下，都无变法思想。今既屡受大创，国几不国，情见势屈，不得不劝奖游学，导以举人进士之美名，予以科目之出路，其所以奖厉〔励〕鼓舞之者，不为不至矣。于是近两年中官派及自备资斧出洋者，趾踵相接，即留学日本，已不下五六百人。吾不敢谓留学诸生，皆歆利禄之荣途为终南捷径，然其负笈担簦，远适异国，千辛万苦，当亦不逊于当时之俄日，其志亦诚可嘉。即不尔，能多一开通之士，即少一顽锢〔固〕之人；多一开通之士，异日即多一救国之人；少一顽锢〔固〕之人，异日即少一祸世之人，其所得不既多乎？不谓为公使者竟敢不奉诏旨，阻止游学，反诬学生沾染恶习，惑于民权自由之邪说，又常污蔑荣相，毁谤宫廷，希冀皇上亲政等语。夫既以希冀皇上亲政为叛逆，公言于朝，然则彼出此言，不啻肺肝如见，吾不知其与外国无君党之宗旨为何如耳。近日又以吴、孙二君代恳咨送学生为要挟，又以求谒不见为围攻使馆，诬奏朝廷。至要求日本警察捕逐回国，竟以叛逆盗贼相待。政府得学生公电，既不肯将其撤任，将来振贝子之查覆，亦不过调停而已。此后更将与学生反对，事事横生，阻力不尽，凿丧中国一线之生机不止也。彼蔡钧一人不足道，如国事何？况已诬我志士，辱我国体，阻我进步，塞我文明，殆不啻全国人之公敌。但此公敌原非一人，此蔡钧去，彼蔡钧出，如涂附涂，焉能有济？诸君当知今日四面劲敌，国难日急，我辈既无经济以救危亡，所以不得不望之于有志之士；我辈老大既不能游学他国，所以不得不望之于青年子弟。现今睹此情形，断难持久。诸君今若不速图所以扶植协助之法，将来必致受人欺谩凌侮，如流寓外国华商同此凌虐。凡百君子，谁无子弟亲族朋友？不知将来更何以善厥后也？毋谓事微，履霜坚冰，其所由来渐也。即如华商受虐，亦非一朝一夕之故矣。

吴君第二次演说：再，姚君今日开会宗旨既已自有演说，而饶、丁诸君子又继之，诸君子亦既知之矣。至其办法，姚已自拟章程，行将登报，广布大众。

然天下事既非一人所能任，姚君虽发此宏愿，办法虽善，必待诸君热心赞成，然后始能有团结之力。姚君之意，不向诸君醵款，先由发起诸君筹任会中，拟派员专为此会赴日本一行，发此热心，甚为可感。今日诸君到会几三百人，可称盛会。然愚以为凡立一会，必有归宿。今日之会，诸君如以为然，乐赞成之，请各书名字住址，寄送苏报馆内转交，即作入会赞助之证，将来便可就商，或再开会集议。顷蒙到会诸君演说，办法虽微有不同，然宗旨无或少异。乃或有不以此会为然，欲抵书诘问日本为先事之竞争者。愚以为竞争、调停二者宜并行不背〔悖〕，无分先后，胥宜速办。不然，皆属空言，贻人笑柄，甚无谓也。主竞争者，拟自创学堂，召学生归国。似此办法，固属甚善，但恐学生未能一心，不尽如愿，则姚君委曲求全之议尚焉矣。乃有并诋竞争、调停两派，至谓空言议论为不齿。不知凡办一事，必须先反复议论，然后见诸实事。今诋空言非实事，诋办事不筹款，愚以为今日官场号称能办事者，彼自居于权势之地，以不办事为无款可筹，而又藉〔借〕口办事，日日筹款，以肥私囊，吾辈当先洗此恶习。若诋议论为空言，抑知诋空言之议论亦属空言耶？他国一议院中，往往有议论不合，虽分为十余党，互相轧轹，然其大旨咸归于爱国。今乃至与竞争、调停两党，皆成反对。此其宗旨虽非如太学生颂贾似道之功德，然愚实不能知之矣。①

【按】《蒋维乔日记》中之"吴君"指吴敬恒；某君，据其演说内容知为吴保初。"安徽候补道"中"安徽"二字，初作"某"。姚锡光时捐为直隶候补道②，蒋维乔所记当误。蒋维乔《中国教育会之回忆》记为"安徽姚石泉"③，亦误。吴保初演说中之"吴、孙"分别指吴敬恒与孙揆钧，"振贝子"指庆亲王载振。孙宝瑄记安垲第云："味莼园有大楼，厅名安垲第，规制宏敞，有人云仿佛美总统宫殿。每礼拜日，士女云集，几座茶皿，皆极精雅。凡天下四方人过上海者，莫不游宴其间。故其地非但为上海阖邑人之聚点，实为我国全国人之聚点也。"④

---

① 纪协助东亚游学会［N］.选报，1902（27）：16-18；协助东亚游学会吴君君遂演说［J］.时事采新汇选，1902，8（1）：1-4；吴君第二次演说［J］.时事采新汇选，1902，8（1）：5-6.《时事采新汇选》所载有删改.
② 舒习龙.姚锡光述论［J］.史林，2006（5）：52-59，114，189.
③ 上海通社.上海研究资料续集［M］//沈云龙.近代中国史料丛刊三编：第四十二辑.台北：文海出版社，1988：85.
④ 童杨.孙宝瑄日记：中册［M］.北京：中华书局，2015：634.

姚锡光（1857—?），字石泉、石荃。江苏丹徒人。光绪十四年（1888年）举人。任安徽石埭、怀宁、和州等州县，官至陆军部右侍郎、弼德院顾问。① 曾同何熙年上书安徽巡抚王之春，倡办皖省藏书楼。二十四年（1898年）奉张之洞之命赴日考察军制与学制，并商洽选派留学生事宜，时有《东瀛学校举概公牍》② 与《日本各学校规则》③。

七月廿三日（8月26日），致书协助亚东游学会。

吴保初《致协助游学会书》：

协助游学会钧鉴：贵会开设以扶助本国游学为主，与本会议在本国兴学迹异心同。敝会亦深愿赞成，祝贵会之发达得收效果也。专此顺颂台安。中国教育会启。七月二十三日。④

【按】原稿无标题，据称谓拟目。此笺双钩"以闻"，下署"君遂橅《石门铭》"。"协助游学会"即协助亚东游学会，故系于光绪二十八年（1902年）。

八月初二日（9月3日），至中国教育会听议，座有蔡元培、蒋智由、范源濂、沈翔云、叶瀚、丁惠康、黄宗仰、陈范、夏曾佑诸人。

夏曾佑《日记》初二日：午后至教育会听议，崔廙、愿云、伯醴、静生、虬斋、浩吾、叔定、彦复、宗仰、梦坡均在。⑤

八月初三日（9月12日），晚，应沈翔云之招，座有钱恂、蒋智由、夏曾佑等。

夏曾佑《日记》初三日：晚访知游，同赴虬斋约，座有念劬、彦复、伯醴诸人。⑥

八月初六日（9月15日），中午，与夏寅官、陈范、蒋智由、夏曾佑饮于江南春。

夏曾佑《日记》初六日：午至江南春，与浒岑、梦坡、愿云、彦复小饮。⑦

---

① 续丹徒县志：卷十一（科目）[M]. 刻本. 民国十九年：11.
② 见《湘报》1898年第118期至123期。
③ 见《时务报》1898年第67、68期。
④ 刘凤桥，徐晓飞. 清及近现代名人书法与辨伪[M]. 沈阳：万卷出版公司，2004：35.
⑤ 杨琥. 夏曾佑集：下册[M]. 上海：上海古籍出版社，2011：753.
⑥ 杨琥. 夏曾佑集：下册[M]. 上海：上海古籍出版社，2011：753.
⑦ 杨琥. 夏曾佑集：下册[M]. 上海：上海古籍出版社，2011：753.

夏寅官（1866—1943），字虎臣、浒岑。江苏东台人。光绪十六年（1890年）进士，选庶吉士，授编修。历任东台中学堂堂长、东台师范学堂堂长、东台教育会会长、江西知府等。著有《求志居诗文集》《悔庵笔记》等。

八月初七日（9月9日），章炳麟致书先生。

章炳麟《致吴君遂等书十》：得书知危，嗫嚅待息，是所望于仁者。天地春夏，吾心秋冬，则炎炎者自弭矣。亦知智有不周，神有不照。重九前后，即当赴沪，要以史事成亏为进退。若闲处沪上，旷时废业，诚为无谓，作报教学，终与众人同其熙熙，皆非吾愿，此则侏张独往之性，亦天选而不可移者也。说之绐之，志隐虑周，久苦群公，且亦少息，专气致柔，能婴儿乎？并问冰语以为何如也。①

八月十五日（9月16日），《新民丛报》刊黄宗仰赠康有为与梁启超诗各二首，赠蒋观云、章炳麟与先生诗各一首。

乌目山僧《赠君遂》：朱云血棒韩公喝，震触天庭铁石人。帘影沉垂风雨晦，青门瓜事老淞滨。②

八月十六日（9月17日），夜，夏曾佑与蒋智由来访。

夏曾佑《日记》十六日：夜与愿云访君遂，长谈。③

九月初六日（10月7日），与汪康年、陈诗、王季同、丁惠康诸人饮于雅叙园，孙宝瑄亦到。丁母病，惠康将乘舟南返。

《孙宝瑄日记》六日：晚，入城，知叔雅来访，留简云：因母病即夜乘舟南返，舟明日解缆，不审能一见否？余急出城访其踪迹，至雅叙园遇之，在坐皆熟人，有穰卿、彦复、子言、小徐等，因坐而畅谈（闻刘岘庄薨逝）。④

【按】丁惠康归里后致书吴保初："君遂老弟大人执事：相别久，不复通问，至念。康取急归里，家慈已弥留榻上，厪得与于哭泣之哀。时世多艰，适丁家难，弥觉心灰意冷，非复从前。君遂方在壮年，幸勉为其难者，勿与不才同日而语也。衰绖之中，万念俱绝。独慭慭于左右者，宁不喻此意耶？敬问道安。不次。棘人丁惠康稽颡。初十日。"⑤ 录自金石笺二页，

---

① 章炳麟《致吴君遂等书十》（1902年9月9日），转引自汤志钧. 章太炎年谱长编：上册［M］. 北京：中华书局，1979：142-143.
② 乌目山僧. 赠君遂［N］. 新民丛报，1902-09-16.
③ 杨琥. 夏曾佑集：下册［M］. 上海：上海古籍出版社，2011：754.
④ 童杨. 孙宝瑄日记：中册［M］. 北京：中华书局，2015：621.
⑤ 刘凤桥，徐晓飞. 清及近现代名人书法与辨伪［M］. 沈阳：万卷出版公司，2004：33.

双钩"绿藤",下署"君逯橅日本题名"。

九月初七日（10月7日），下午，夏曾佑来访，蒯寿枢亦在。

夏曾佑《日记》初七日：下午访彦复，与彦复、若木谈久之，归。①

九月初十日（10月11日），下午，游张园，遇孙宝瑄。

《孙宝瑄日记》十日：晡，与邻居游园，遇虬斋、彦复。夜，宴诸友于翠霞阁，履平来自姑苏。②

九月十八日（10月19日），晚，与夏曾佑饮于四海春。

夏曾佑《日记》：十八日。晴。午与知游饮一品香，晚与彦复饮四海春，中间至味莼一游。③

九月廿三日（10月24日），爱国女校成立④。

十月十七日（11月16日），家中集会。下午，孙宝瑄来访。

《孙宝瑄日记》十七日：晡，复出城。雨。往视彦复，见无数人皆短衣西制，闻每礼拜日相集体操。此辈人皆聪慧才敏士也，皆慕为欧美新世界之人，爱自由，又爱特立，皆实不外名利二字。自由，利也；独立，名也。以我辈观之，诚可哂矣。虽然，使彼等不此之爱，更爱何物？不此之慕，更慕何事？人苟无所爱慕，不几成槁木死灰耶！我辈所以能不爱慕此者，以别有所爱慕，过此万万也，安得以此责彼哉？吾但见其可怜而已。⑤

十月廿三日（11月23日），下午，孙宝瑄来访。晚，偕孙氏与祁子敏诣双清馆。

《孙宝瑄日记》二十三日：晡，访草斋、信侪、彦复。晚，与彦复及祁子敏偕诣双清馆，即归家祭。⑥

十一月初三日（12月2日），上海爱国女校开学⑦。

十一月十六日（12月4日），夏曾佑来访。

夏曾佑《日记》十六日：访彦复。⑧

十一月二十日（12月19日），致书熊季严。

---

① 杨琥. 夏曾佑集：下册［M］. 上海：上海古籍出版社，2011：755.
② 童杨. 孙宝瑄日记：中册［M］. 北京：中华书局，2015：622.
③ 杨琥. 夏曾佑集：下册［M］. 上海：上海古籍出版社，2011：755.
④ 宋培基，钱斌. 爱国女学成立时间考辨［J］. 史林，2006（3）：73-78，126.
⑤ 童杨. 孙宝瑄日记：中册［M］. 北京：中华书局，2015：637.
⑥ 童杨. 孙宝瑄日记：中册［M］. 北京：中华书局，2015：640.
⑦ 宋培基，钱斌. 爱国女学成立时间考辨［J］. 史林，2006（3）：73-78，126.
⑧ 杨琥. 夏曾佑集：下册［M］. 上海：上海古籍出版社，2011：757.

吴保初《致熊季严札（二）》：

季严吾弟大人如晤：秋间连奉手书，快慰无似。徒以贱事蝟集，裁答久稽，至为歉网，亮知我者必不以为慢也。足下佳期伊迩，匆匆未及具备贺仪，仅撰联语书寄，藉贡鄙忱，戋戋殊不足道。足下幸略其迹而观其意可耳。手此。敬贺大喜不次。小兄保初顿首。十一月廿日灯下。①

【按】此札未署年份。是年六月二十日，吴保初曾致书熊氏，述销《新民丛报》事。"足下佳期伊迩"似指熊氏婚事将近，未见熊氏相关资料，暂系于此。

十一月三十日（12月29日），下午，访夏曾佑。
夏曾佑《日记》：三十日。阴。下午彦复来。至馆，略坐。②
十二月初六日（1903年1月4日），晚，先生招夏曾佑饮。
夏曾佑《日记》初六日：晚君遂招饮。③
十二月三十日（1903年1月28日），有诗《除夕》《除夕怀陈子言却寄》。
十二月，挈眷赴金陵。蔡元培曾致函陶濬宣，言因先生赴金陵，故为爱国女校学生谈善新更换寄居处事。
《陈谱》：是岁，贫居，典质皆尽。项城遗千金，劝迁居金陵。腊月，乃挈家如金陵。④
蔡元培《致陶濬宣函》（1902年冬）：学生谈善新寄住之事，因彦复明日挈眷往金陵，今已与《苏报》馆商妥。馆主人陈梦坡先生，亦教育会会员，而兼为爱国女学校之经理人。其二夫人蔡青缃女士，即女学校学生；其爱女撷芬女士，工绘事及文词，即女报主笔，今年为爱国女学特别科学生，明年亦拟来学。皆谈女士同学也。请属其至《苏报》馆拜会蔡、陈两女士，并看定住室，然后订定何日移寓。心云老伯鉴。侄元培顿。⑤
约是年，孙宝瑄致书宋恕，言吴弱男、吴亚男入上海女校读书。
孙宝瑄《致宋恕书（六）》：

---

① 吴保初《致熊季严札（二）》，转引自胡泊，邵庄霖，戴立强.《严复致熊季廉等手札》及考略（续）[J]. 辽宁省博物馆馆刊，2015（0）：113.
② 杨琥. 夏曾佑集：下册 [M]. 上海：上海古籍出版社，2011：757.
③ 杨琥. 夏曾佑集：下册 [M]. 上海：上海古籍出版社，2011：758.
④ 陈诗. 吴北山先生年谱（续）[N]. 时报：文艺周刊，1919-12-02（14）.
⑤ 中国蔡元培研究会. 蔡元培全集：第十卷 [M]. 杭州：浙江教育出版社，1998：42.

燕生先生足下：别后忽又逾月，渴想之私，曷其有既！顷得陈仲恕来书，求是书院总教习冯梦香因病辞馆，院正陈仲恕力荐先生任此一席，已与各□学议妥。足下素以开牖后学为己任，必不肯辞。务希即日驾临，我杭之幸也。专此奉达，即请著安。彦复处女学生已入学堂读书矣。仲恕函附呈。弟孙宝瑄顿首。二十八日。①

【按】是年爱国女校成立，首批学生为发起人之子女，弱男、亚男亦在其中，姑系于此。

是年，章士钊得《苏报》馆主陈范赏识聘为主笔，由陈氏结识先生。

章士钊《北山楼诗文集后序》：吾年二十二游上海，主《苏报》馆笔墨事，《苏报》设学界风潮一栏，鼓动退学自吴稚晖始，在论说栏颂言排满鼓动革命自吾始。以馆主陈梦坡与先生有旧，吾因缘往谒先生于华安里寓庐，颇见接赏。间与文宴参游戏，陈伯严、夏穗卿、丁叔雅、蔡子民、狄楚青、子言及吾咸在先生座间出小诗传观，偶及时事，辄太息唏嘘勿置，尤不满湖广张总督所为。……吾虽少年末班，时亦得相从上下议论，先生不以为忤。独惜吾夙不习诗，未尝请业，时亦汲汲当世之务，未遑及此。②

是年，吴弱男居南京，译章士钊论说，并集为《自由钟》。

孤桐（章士钊）《说铁饭碗》：愚年廿二，始为《苏报》，君在南京，不知愚为何许人也。然集愚所为论说，英译而并印之，名曰《自由钟》。后数年，卒以此因缘而缔婚焉。③

是年，质狐裘赙龙泽厚之女。

陈诗《北山楼诗续·书后二》（三首其一）夹注：临桂龙泽厚积之宰蜀某县，戊戌以党祸罢官同居沪，与先生未相识也。壬寅，龙女逝，无以敛。驰书乞助，先生慨然质狐裘得三十元助之。④

龙泽厚（1860—1946），字积之。广西临桂人。光绪十四年（1888年）优贡生。签发四川知县。康有为门生。历任国会干事、上海商务局会办、广东省

---

① 胡珠生.《宋恕集》补编：附录三（宋恕亲友函札）[M]//胡珠生. 东瓯三先生集补编. 上海：上海社会科学院出版社，2004：175.
② 吴保初. 北山楼遗集[M]//吴保初. 北山楼集：卷三. 陈诗，辑. 铅印本. 民国二十七年：1-2.
③ 孤桐. 说铁饭碗[J]. 甲寅周刊，1925，1（3）：6.
④ 陈诗. 书后二[M]//吴保初. 北山楼集：卷二. 铅印本. 民国二十七年：11.

教育厅课长、广西省政府高级顾问等。

是年，质昌化石于龚心铭。

陈浏《寂园说印》：壬寅，彦复贫甚，此石质于合肥某部郎，质价三百金。今七载矣。彦复丏叟，以千金赎之，而竟不能得。嗟夫！部郎以金败，无足论者。昌硕之篆，殿撰之诗，又宁止值三百金耶？①

陈浏《钵庵忆语》：壬寅，彦复贫甚，此石质于合肥某部郎，质价三百五十金，已逾期矣。惟说明逾期可赎。……彦复之石能否赎回？诚不可必也。②

陈诗《北山楼诗续·书后二》（三首其二）夹注：先生既寓沪，贫甚，以三百金质于合肥龚心铭景张，约期二年赎。越数载，居津，积金欲赎，龚持不可。泗州杨文敬公慨赠千元，自为居间，乃得归。先生既殁，此印章归张季直。今季直及子孝若皆逝，此印不知归于何所矣。③

【按】袁克文《吴丈泉痴》云："丈有鸡血、昌化石印九方，咸为吴仓石丈所刻，吴阆生题其箧曰'红颜'，丈宝如性命。曾质千金于张謇，謇思夺之，比丈取赎，謇以已越期拒之。丈愤，严辞诘责，謇复以倍值要之，丈乃鬻书画金石，得二千金，遂完璧以归。及归，丈置筵赏之，酌酒贺之，予陪座末，得纵观摩。石高约二寸许，或圆或方，或椭或长，皆整洁无瑕而色红润欲流，洵绝代宝也。伧夫攫之，贤者争之，岂红颜必祸水耶？亦可见其动人之深焉。"④据陈浏、陈诗语，吴保初所质石之人为龚心铭，袁氏所述当误。

编年诗
1.《题顾石公修禊卷》二首
2.《哭吴孟班女士》二首
3.《酬日本中岛君》

【按】点校本误录，此诗实为："江潭逐客行吟地，祇〔只〕惜年华去不来。病里忽逢知己过，危时端仗出群才。河山摇落天方醉，风雨迷离梦

---

① 江浦寂园陈浏. 寂园说印［N］. 金刚钻，1934，1（6）：6.
② 陈孝威. 钵庵忆语［M］//肖亚男，整理. 近现代"忆语"汇编. 南京：凤凰出版社，2018：227.
③ 陈诗. 书后二［M］//吴保初. 北山楼集：卷二. 铅印本. 民国二十七年：11.
④ 袁克文. 辛丙秘苑［M］. 上海：上海书店出版社，2000：56.

亦哀,休问征辽旧门第,公卿今已作舆台。"①

4.《酬袖云山人》

【按】此诗点校本误题为《酬日本中岛君》。

5.《江上》
6.《除夕》
7.《除夕怀陈子言却寄》

编年文
1.《呈政务处代奏吁请归政疏（壬寅正月）》
2.《呈政务处代奏请除秕政折》
3.《上海女学会演说》
4.《协助东亚游学会吴君君遂演说》
5.《吴君第二次演说》

光绪二十九年癸卯（1903年）　三十五岁

正月初一日（1月29日），作试笔诗《元旦试笔示二女弱男亚男》。

二月初一日（2月27日），陈撷芬主编之《女报》更名为《女学报》（第2年第1期）。苏报案发后赴日本避难,遂改于东京出版。

二月初三日（3月1日），《选报》载先生被日人欺辱事。此事因作新社日本工人之小童夜敲汪康年窗不止,汪推窗制止时致其受伤而起。日本工人由此纠众持械寻汪康年,汪自后门翻墙避于先生家中。日人与巡捕随后即来,要捕汪氏与先生。先生因不服抗辩,遭众日本工人殴打。次日,先生至日本领事处起诉,之后领事处立案。

《记吴君葆初被辱事》：

《少年中国报》云：汪某者,金粟斋社员也。初与作新社总经理某甲同居新马路华安里,自甲移中泥城桥,适作新社日本印刷工人若干名,填居华安里。中有一小童,年十四五,顽甚,无昼无夜,一室喧阗。汪屡止之,童顽如故。汪呵之,童羞且怒,起殴汪,地滑失足,扑触石,齿脱大啼。日人皆出声索汪,汪惧,踰〔逾〕墙逸,假道其邻吴。吴即刑部主政葆初奏请归政者,吴标之,

① 吴保初. 北山楼诗续集 [M]//吴保初. 北山楼集：卷二. 铅印本. 民国二十七年：2.

192

乃逸。日人逐之，踵吴门而入，犁其庭。吴出，从容慰解之。日人索汪不得，恃众怒，迁吴痛殴之。吴创甚，目为眇，足为跛，几与本馆叹老曲中陈老大相似也。某甲比赴苏归时，不知作何计较。盖作新社日人，其主人翁，吴又其莫逆友也。又云：吴君葆初被日工殴辱事，本报已记之，今请据得之吴君口述者，重案而申论之，以质阅报诸君。汪某之蹴居华安里也，非一日矣。汪有室，日出就女塾学（务本女学堂），夜辄归以为常。自作新工人布满华安里，嚣杂特甚。小童尤无状，钻缝伺隙，嘲谑百出，彻夜哗然。汪不能堪，思迁焉，卜宅行有日矣。是夕，汪就枕，童狿进手指触窗片，冬冬然作响声。汪止之，不听。呵之，童玩视，撼摇益急，且嘲且谑，继以狭亵。汪怒，起推户，惊走之。势猛，窗开，童避不及，触其颐鼻，血涕交流。童奔，且哭诉之日人。汪不知也，启扉，且呵且视之，杳复就枕。无何，声汹然，日人哗而起，持械出索汪。汪惧，启后户，踰〔逾〕墙逸，入于吴君家。日人亦登屋逐之，不得，返，坏寝门而入，捣其巢，毁器具，一室荡然，势且及汪妻。汪妻恐，再拜谢之，不许。乃取笔代舌哀告之，辞益卑，气益下，日人气沮，免之。方汪某之人吴家也，仓卒唤巡捕往压之，且乞吴与偕。日人见巡捕，则又怒，矫其辞而进之，指童伤以证。巡捕见童之血涕交流也，亦仓卒不辨曲直，则捕汪，且及吴。吴以其局外人也，又不服，直辞抗辩之。日人谓吴之祖汪也，又恃其工徒之众也，则益怒，丛起而殴之。揪其辫，劈其胸，额伤臂损，卒授〔搜〕捕以去。捕房见其两伤也，则又两置之不理。翌日，吴君诉之日领事矣。某甲之自苏返沪也，往慰于吴，意曰：若忍之，我且唤日工来，一鞠躬为若谢。吴默然。噫！甲殆示吴以投鼠忌器之意乎？虽然，甲故无论已，吾不解支那人之辱，何以至此极也。今日拒华人之入其国境者，若澳洲，若兆美，以此而载在宪法矣。两年前檀香山房屋被焚之事，非吾国人被黜之一大纪年乎？此人国待吾国人待遇也。若吾国则不然，凡外人之至者，如入无人之境。前年京津间所焚毁之西人财产，其赔偿金则不知费去若干，其他支那人之财产生命，又不知去无算数。我之至人国如彼，人之至我国者又如此，而犹不足以动吾国人之感慨，吾真不得为支那人解矣，犹其小焉者也。至若甲也者，又更不足怪。何也？独不闻两年前，北京尚有以吾国人之财产生命而献媚于外人者耶？何独不释然于甲也？悲夫！①

【按】日本领事处立案后，戬翼翚曾屡至领事处欲替吴保初销案。因领事处不允，戬便至吴宅威胁吴销案，并要吴立笔据证明此事与其无关。汪

---

① 记吴君葆初被辱事［N］．选报，1903（41）：4—5.

康年不知此事，以为吴保初背信弃义，来函责吴。吴保初接连两日复函辩白，两函录如下："日前屡承枉顾，原欲惟命是从，弟本无成见，然销案一层，即公与元成函中亦未说决，弟本未翻异，弟自问尚无失信之罪也。今日元成来弟处，则谓已行登报赔罪，若不实时销案，当今日工廿余人悉数迁来，并勒令弟书一笔据，以后如有出有重大之事，与伊无干，否则伊当先行存案云云。又言如不销案，日法院尚须传弟往长崎质讯。不知此究系日本法律？抑为万国之公法？种种恫吓，不值一笑。但弟此番无故被殴，尚须亲写笔据，此尤弟所不能索解者，愿公有以教之。公若责弟以卖友之罪，则弟更冤上加冤矣。复颂穰公我兄大人晚安。小弟保初顿首。廿四日。"①"穰公我兄先生左右：贱事屡承关注，甚感高谊。因伤痛未愈，未先趋谢，罪罪。昨奉手书，当即裁复，未能详尽，请再为公一陈之。一、公与元成来，并未允其销案。二、元成擅向领事处为我销案，已于理似有未恰，迨屡次领事未允，遂来勒令弟自行销案，未免不情。三、戢君今日来弟处所云各节，近于恫吓，略已奉告，故不再述。四、日工人虽暂迁去，而房屋未辞，故为操纵之计，事后仍可实行自由权，掩耳盗铃，谁为过问，敬以质之于公，愿有以见教。此颂道安不次。小弟保初顿首。廿五日。"②

戢翼翚（？—1908）③，字符丞、元成。湖北房县人。光绪二十二年（1896年）首批官派留日生。二十六年（1900年）参与自立军起义。约二十七年秋，与下田歌子合办之作新社于上海正式成立④。二十八年（1902年）任中国教育会干事，三十一年（1905年）考取政治经济科进士，三十二年（1906年）上书瞿鸿禨请实行宪政，三十三年（1907年）因瞿鸿禨一派袁世凯扳倒，戢亦被降罪押解至武昌⑤。

二月，访夏曾佑。

夏曾佑《日记》二月十一日：十一日。雨。遣家人先往安庆，住任家坡寓；

---

① 上海图书馆. 汪康年师友书札：第一册[M]. 上海：上海古籍出版社，1986：338—339.
② 上海图书馆. 汪康年师友书札：第一册[M]. 上海：上海古籍出版社，1986：339-340.
③ 参见范铁权，孔祥吉. 革命党人戢翼翚重要史实述考[J]. 历史研究，2013（05）：173-182. 戢翼翚生年有同治九年（1870年）、同治十三年（1874年）、光绪元年（1875年）、光绪四年（1878年）四说，迄今存疑。
④ 邹振环. 戢元丞及其创办的作新社与《大陆报》[J]. 安徽大学学报（哲学社会科学版），2012，36（06）：106-116.
⑤ 范铁权，孔祥吉. 革命党人戢翼翚重要史实述考[J]. 历史研究，2013（5）：173-182.

而余留上海，住金粟斋，日谒丸桥，治头伤。独居无事，惟偶与枚叔、板鸭、君遂、允中、穰公、颂谷闲话而已。至廿八日，伤仍不愈，乃附江宽至安庆。十一日伤愈出门。（三月二十九日补记）①

二、三月间，乘船赴金陵。有诗《周河厅》《舟次丹徒示甥女刘仪芬》《留别沪上友人》。

吴保初《留别沪上友人》：又趁春江上水船。②

【按】《周河厅》夹注云："余幼时随侍先公赁居于此"，"此宅相传为李香君媚香楼故址"。夏仁虎《秦淮志》云："周河厅在刘河厅北。合肥周武壮盛波宅。武壮子弟多喜儒业，当时河房文酒之会甚盛。不三十年，即已凋落。皖中族姓，咸来分据，几于一屋一小烟冥，旧观全失。"③况周颐《香东漫笔》云："丙午丁未间，赁庐金陵闸西，邻有水阁曰周河厅，数年前掘地得石碣，刻'媚香楼'三大字。厅主人惧其有神灵也，亟复瘗之，余曾得见拓本。白门寥落意多违，差幸与媚香结邻耳。"④

四月二十二日（5月18日），章炳麟致书。

章炳麟《与吴君遂书》：

君遂我兄左右：自君遂徙金陵，而吾不复得伴狂避世之友于海上，宙合虽大，可与言者几何？顷以茕居，遂毁我室，无妃匹之累，而犹有弱女三数，然亦近于弃捐也。在学社久，无可为知己道，私自寻理，乃知读书为玩物丧志，程氏之言，诚卓绝已。以此律己，则默坐澂〔澄〕心，差足为消极主义；以此对人，亦谓全学社中宜毁弃一切书籍，而一以体操为务。如是三年，其成效必有大过人者。不然，汤盘孔鼎，即不足为今世用；西方新学，亦徒资窃钩发冢，知识愈开，则志行愈薄，怯恚愈甚。观夫留东学子，当其始往，岂无颖锐陵厉者？而学成以后，则念念近于仕涂〔途〕。盖人之劳苦为学，固将以求报偿，今习此技术，而于社会尚无所用，则舍仕宦一涂〔途〕安往哉？是故言借权立宪者，必其学业已就者也（得允中书，言入义勇队者，大氐〔抵〕留学不及一年

---

① 杨琥.夏曾佑集：下册［M］.上海：上海古籍出版社，2011：759.
② 吴保初.北山楼诗续集［M］//吴保初.北山楼集：卷二.铅印本.民国二十七年：3.
③ 杨献文，点校.秦淮志［M］//李海荣，金承平.南京稀见文献丛刊.南京：南京出版社，2006：47.
④ 况周颐.香东漫笔二卷：卷一［M］//新文丰出版公司.丛书集成续编：第二十五册.影印本.台北：新文丰出版公司，1997：3.

之人，即此知成学诸生之志矣）。向在张园，尝以千金之子坐不垂堂昭示大众，是时教育会初开，爱国学社初立，而仆已持此义，至今一岁，犹坚持未变，亦自以为顽锢〔固〕之渠魁矣。他人闻此，必以因噎废食为讥，如君明哲，当不我诟。世未有尘垢秕康〔糠〕而足以陶铸尧、舜者，则知以书籍图史教人，必不为教育之良法，而况圣人不死，有大盗不止之惧邪？书此狂言，略尽愚戆。颇欲西上秣陵，一抒沉郁，未知相宅今在何所，其有以示我也。敬候起居不一。绛再拜。四月廿二日。①

【按】据汤志钧《章太炎政论选集》所引马宗霍《章氏佚文辑存》考证系于此。

闰五月初四日（6月28日），巡捕房出拘票，上有陈范、章炳麟、邹容、刘保恒（钱宝仁）、龙积之与账房陈吉甫七人之名。晚，陈范避于爱国学社，吴敬恒等约定次日迁陈氏于先生寓。

吴敬恒《致冯自由书》"（附）苏报案纪事"条：闰五月四日，星期日。……未几撷芬亦来，数人七手八脚，舖〔铺〕被于空床，使梦坡下楼关门，我等五人各出散归，临行约沈步洲，明早同到宿舍，迁梦坡于吴彦复新闸寓中，宿舍不可居。（彦复即章行严之岳父，为吴长庆之子，长庆乃奉李鸿章之命，带兵至朝鲜，捉朝鲜王之父大院君回天津者，其役袁世凯皆随去，世凯以同知升知府，作驻朝鲜委员。）②

闰五月初五日（6月29日），《苏报》案发。上午，沈联、吴敬恒、陈撷芬送陈范至先生新闸寓所，以避追捕。先生时赴天津，先生母王太夫人不允。下午六时，章炳麟被捕。

吴敬恒《致冯自由书》"（附）苏报案纪事"条：闰五月五日星期一。全上海皆知为苏报事，要捉许多人，然自早上至下午五时并无举动。……上楼收拾，沈往唤洋车三辆，下楼章已不在，我等乘洋车，经赴新闸，彦复已赴天津（时袁世凯每月送钱）。我等至，说明来意，彦复之母吴太夫人大骇，竟曰：速去速去，迟则将唤巡捕来。我等无奈，改往白克路修德里常州汤中之人演译社，汤欣然容纳，我等各归。至晚沈步洲何梅士又来余寓。告曰：今日六时，巡捕多人走至爱国学社，章太炎方在帐〔账〕房算帐〔账〕，巡捕出拘票，问有某某

---

① 汤志钧. 章太炎政论选集：上册[M]. 北京：中华书局，1977：225-226.
② 吴敬恒. 致冯自由书[M]//黄光学. 革命书牍选. 江西：国风书局，1944：86-88.

等否？章曰：余皆没有，章炳麟是我。巡捕即以索系之，欲回宿舍取物，亦未许。我曰：他以坐牢为荣，亦很好，沈何亦微笑。①

闰五月初六日（6月30日），章炳麟入狱。

吴敬恒《致冯自由书》"（附）苏报案纪事"条：六日报亦披露，满城风雨。且闻陈梦坡之子与刘保恒皆被捕。……晚上又哄传章太炎已在捕房写信，劝邹容龙积之自行投到，后闻邹容已被张溥泉藏匿虹口教士处，得章信，邹即出。②

闰五月初七日（7月1日），刘保恒、龙积之自首。

吴敬恒《致冯自由书》"（附）苏报案纪事"条：七日邹龙皆自守，早上开庭，成一大案。③

闰五月十三日（7月7日），《苏报》被封。

闰五月初七日后数日内，章炳麟于狱中致书先生，言及先生资助讼费三百圆事。

章炳麟《狱中与吴君遂张伯纯书（癸卯）》：

君遂、伯纯鉴：自闰月六日入狱，七日到案。逾数日，得君遂手书，并墨银三百圆，资助讼费，高义薄云，感激无量。此案各领事与工部局坚持，不令陷入内地。伪关道袁树勋以兵五百人，解去号褂，潜伏新衙门后，将劫以入城，捕房戒严。传讯时，每一人以一英捕陪坐，马车复有英捕跨辕，数英捕驰车带剑，夹在前后，街巷隘口，亦皆以巡捕伺守，谋不得发。既往听诉，则闻南洋法律官带同翻译，宣说曰："中国政府到案。"曰："中国政府控告苏报馆大逆不道，煽惑乱党，谋为不轨"；曰："中国政府控告章炳麟大逆不道，煽惑乱党，谋为不轨"；曰："中国政府控告邹容大逆不道，煽惑乱党，谋为不轨"。乃各举书报所载以为证：贼满人、逆胡、伪清等语，一切宣读不讳。噫嘻！彼自称为中国政府，以中国政府控告罪人，不在他国法院，而在己所管辖最小之新衙门，真千古笑柄矣。诉毕，钱、程二子，自辩本无干涉；仲岐代父入狱，亦已为大众所知，当可开释。弟与威丹，罪状自重。其所控我，自革命逐满外，复牵引玄烨、弘历、载湉小丑等语，以为干犯庙讳，指斥乘舆，不知律师如何申辩？龙积之无事可执，乃云系富有票会匪，犯事在汉口，情节支离，不值一辩。最可笑者，新衙门委员孙某，不甚识字，觳觫殊甚，但云公等速说，我与公等无

---

① 吴敬恒. 致冯自由书 [M] //黄光学. 革命书牍选. 江西：国风书局，1944：88.
② 吴敬恒. 致冯自由书 [M] //黄光学. 革命书牍选. 江西：国风书局，1944：89.
③ 吴敬恒. 致冯自由书 [M] //黄光学. 革命书牍选. 江西：国风书局，1944：89.

仇无怨而已。事毕，乘马车归捕房，观者填咽，诵"风吹枷锁满城香，街市争看员外郎"而返。麟白。①

闰五月初七日后数日内，章炳麟于狱中致书先生。

章炳麟《又致吴君遂》：

君遂我兄左右：昨寄一函，计已昭察。今见西报，满洲以十万金易我辈头颅，抑何可哂！狱中近尚清洁。邹君本是同志；积之议论，亦复水乳交融；陈仲岐略有怨尤，亦尚宁静；无如程、钱二子，搅扰不安。钱保仁本镇江流氓，积之在镇江时，曾雇为佣役，后以诳谝银钱一案，投入教会，今又在籍犯法，逃至上海。当张园演说时，满口胡言，自命为三点头目，且与积之书云："尔勿败我事，否则尔首领不保矣。"以是积之不敢明言。梦坡本有痰病，遂受其诈。常言某处有一金佛，可往取归，一生吃著〔着〕不尽，而梦坡竟信之，欲以《苏报》交彼办理。幸仲岐窥破其诈，得以保守，然已骗去墨银三四百圆矣。前日禹稽亭来，彼亦相识，辄妄言我与张伯纯曾在某处谋开矿山，矿中五金皆具，似伯纯亦尝受其欺者。而其人识字甚少，所书俗语，亦如拉丁文大悲咒，不可猝解，不知梦坡何以称之？近阅《儒林外史》，每举洪憨仙烧银事，以为谈笑，彼竟不晓。又时诵王褒《僮约》云：奴不听教，当笞一百，亦聊以为狱中谈柄也。此系奇事，特报君知。伯纯闻之，当为哑然。绛顿首。②

【按】章士钊于两函后识云："苏报案为革命史中大狱，当时甚为煊赫。愚固是报中主撰，名捕独免。此办案者江苏候补道俞恪士先生特私于愚，愚耻之而无如何。章、邹本可扬去，故意就逮，以示风节。狱中宁静之态，读此二书，可见一斑。是案本六人，号六君子。实则除章、邹外，惟龙积之（泽厚）略有时望。余三人，一陈仲岐，为苏报馆主陈梦坡之子；一陈吉孚，为馆中账房；一则钱保仁也。审此，革命党滥窃时名以终者，夫岂少哉！录竟怃然。士钊。"③。

章士钊《北山楼诗文集后序》：忆癸卯、甲辰之交，东南士夫竞言革命，先生方罢政蛰居上海，与其贤豪长者游，屡以身家遮蔽国士章太炎、沈翔云之徒，

---

① 章炳麟. 太炎集外文 [J]. 甲寅周刊，1927，1 (43)：21.
② 章炳麟. 太炎集外文 [J]. 甲寅周刊，1927，1 (43)：21-22.
③ 章炳麟. 太炎集外文 [J]. 甲寅周刊，1927，1 (43)：22.

使不为逻者所得，义声且出直声之右。①

章士钊《北山楼诗文集后序》：居无何，《苏报》案发，吾牵他案入狱，同志波及者十余人，太炎亦在狱中，狱内外营救欤助等事，先生均力任之。未几，吾所牵之案解，吾虽出狱，势不得不亡命，遂与先生别去。②

闰五月廿一日（7月15日），上海租界会审《苏报》案。

秋，有诗《游吴园》《赠濮青士》。

【按】《游吴园》题下注云："在金陵"。据《游吴园》"秋来一雨洗吴天"③，《赠濮青士》"瑟瑟西风白下门，萧萧黄叶雨中村"④ 系于此。

濮文暹（1830—1910），原名守照，因太平军之攻致省试中辍而改名文暹。字青士，号梅瘦子。江苏溧水人。同治四年（1865年）进士。历官刑部陕西司主事、四川司郎中及河南开封府、南阳府、彰德府知府等。著有《见在龛集》《青士诗稿》《微青阁诗话》等。

十月，移家沪渎。

《陈谱》：是岁，先生侨居金陵凡九阅月，与义宁陈吏部三立游处甚欢。十月，复移家沪渎。⑤

十一月初六日（12月24日），判章炳麟永远监禁。

约是年，范当世作诗。

范当世《与吴彦复谈感怆叠韵》：尘中历览堪惊叹，珠是随侯璧是何。无奈江湖乘雁集，不如韶咏一夔多。生憎徐福犹通道，死到钟期欲断歌。且与存身慎无垢，海天如镜日相磨。⑥

【按】此诗《范伯子诗文集》系于卷第十八（光绪二十八年壬寅七月至二十九年癸卯十二月往来江宁作），姑系于此。原稿诗前云："感叠前韵，

---

① 吴保初. 北山楼遗集［M］//吴保初. 北山楼集：卷三. 陈诗，辑. 铅印本. 民国二十七年：1.
② 吴保初. 北山楼遗集［M］//吴保初. 北山楼集：卷三. 陈诗，辑. 铅印本. 民国二十七年：2.
③ 吴保初. 北山楼诗续集［M］//吴保初. 北山楼集：卷二. 铅印本. 民国二十七年：3.
④ 吴保初. 北山楼诗续集［M］//吴保初. 北山楼集：卷二. 铅印本. 民国二十七年：3.
⑤ 陈诗. 吴北山先生年谱（续）［N］. 时报：文艺周刊，1919-12-16（14）.
⑥ 马亚中，陈国安，校点. 范伯子诗文集：上［M］. 修订本. 上海：上海古籍出版社，2015：333.

示彦复老弟。当世顿首。"①

编年诗
1.《元旦试笔示二女弱男亚男》
2.《钟山》
3.《简陈伯严吏部次门存韵》
4.《简陈伯弢大令迭前韵》

陈汉章（1864—1938），字倬云，号伯弢。浙江象山人。光绪十四年（1888年）举人。三十三年（1907年）考职分发广东候选直隶州州同，未仕。著有《缀学堂丛稿初集》《十三经疏中疏》《诗学发微》《史通补释》等。

5.《书愤兼酬范无错》

【按】此诗辑录自《独立周报》。诗云："祈死真为不二门，诛茅何用觅江村。拚从浩劫虫沙尽，不恼比邻鹅鸭喧。卧榻自甘容异族，斯民谁与起冤魂。君看狼藉青衫袖，徒有斑斑血泪存。"题下注云："两首自白门《门存集》录出。"② 第二首题作《简陈伯严》，即《北山楼集》所载《简陈伯严吏部次门存韵》，二诗与《简陈伯弢大令迭前韵》均是门存韵诗，为门存唱和之作，约作于同时，故置于此。

吴保初诗成后曾寄呈陈三立，陈氏复书云："新归，亟欲聆海上异闻，惜重伯顷已去，不及共狂言胡说也。两绝何兀傲乃尔，《门存韵》特凄瑟感人，为用意之作矣。余晤谈复上。君遂仁兄。立顿首。十五日。"③ 重伯，曾广钧之字。

门存唱和，即由陈锐与陈三立首倡，进而引起海内诸名士纷纷参与酬唱的晚清诗坛盛会。陈锐记云："辛丑需次白门，曾赋一律赠陈伯严，彼此旋叠韵至数十首，海内和者殆千数百首不止。伯严拈诗中起结韵，题为《门存集》，梓而行之，亦一时之盛也。"④ 陈锐辑《门存倡和诗钞》十卷续刻三卷，其《辛丑之秋，试令江宁，僦居乌衣巷。一夕陈伯严见过，谈次

---

① 1913 致吴保初信札一通 [EB/OL]. 北京弘艺国际拍卖有限公司, 2015-09-18.
② 北山楼诗 [N]. 独立周报, 1912, 1 (7): 41.
③ *0760 陈三立、陈同礼 致吴保初信札 [EB/OL]. 雅昌艺术网, 2015-12-19.
④ 陈锐. 褒碧斋诗五卷褒碧斋词一卷褒碧斋杂文一卷: 卷五 [M] //《清代诗文集汇编》编纂委员会. 清代诗文集汇编: 第七八一册. 影印本. 上海: 上海古籍出版社, 2010: 184.

出所藏书牍，伯严为多。相与展玩咨嗟，伤今触往。既去，作此奉酬》①与陈三立《过伯弢，出示所藏旧札，有诗志感，次韵答之》②即为酬唱之开端。苹梗《秦淮感旧集并跋》记云："《门存集》作于庚子乱后，一时渡江名士倡〔唱〕和殆遍。作者凡六十二人，都五百八十首，当时予亦有和作。"③门存倡〔唱〕和之详细过程、独特之处及其文学史意义参见谢文韬《"门存唱和"与清末诗学地域性的初步消解》④。

曾广钧（1866—1929），字重伯，号𩰚庵、伋安。湖南衡阳人。祖曾国藩，父曾纪鸿。光绪十五年（1889年）进士。曾知广西武鸣府。

6.《周河厅》

7.《舟次丹徒示甥女刘仪芬》

8.《留别沪上友人》

9.《偶书》

10.《寄子言榆关》

11.《题吴彬士小像》

【按】诗题一作《题吴彬士寒江独钓图》⑤。

吴瞻袠，字彬士、芸士。安徽泾县人。同治十二年（1873年）副贡。历官东安县知县、复州知州、法库厅同知等。

12.《游吴园》

13.《赠濮青士》

光绪三十年甲辰（1904年）　三十六岁

二月初六日（3月22日），晚，与夏曾佑游张园。

夏曾佑《日记》：初六日。晴。晚与君遂至味莼园一游。⑥

---

① 陈锐，辑. 门存倡和诗钞：卷一［M］. 刻本. 清末：1.

② 陈锐，辑. 门存倡和诗钞：卷二［M］. 刻本. 清末：1.

③ 苹梗. 秦淮感旧集并跋［M］//姜泣群. 虞初广志. 上海：光华编辑社，1914：89.

④ 谢文韬."门存唱和"与清末诗学地域性的初步消解［J］. 文学遗产，2020（2）：153-165.

⑤ 林建福，校点. 尊瓠室诗话：卷三［M］//张寅彭. 民国诗话丛编：第二册. 上海：上海书店出版社，2002：130.

⑥ 杨琥. 夏曾佑集：下册［M］. 上海：上海古籍出版社，2011：766.

三月十四日（4月29日），晨，夏曾佑来访。

夏曾佑《日记》：十四日。晴。晨访让三不遇，访彦复而归。下午访颂谷。①

春，有诗《得叔雅书却寄》《偶书示姬人王威子》《赠谢文漪女史》。

【按】据《得叔雅书却寄》"五噫歌罢觉春寒"，《偶书示姬人王威子》"春云如梦雨如烟"，《赠谢文漪女史》"吴市酬歌春复春"系于此。王威子，吴保初妾王蛇。诗下注云："亡儿名之虎，姬所出也。"②

四月初二日（5月16日），下午，夏曾佑来访，同赴张园访李苹香。有诗《赠谢文漪女史》。

夏曾佑《日记》：初二日。阴。午后，访君遂，同至张园访李苹香。晚至雅叙一酌。③

李苹香（1880—1908），原名黄箴，字碧漪、鬘因，入乐籍后化名李金莲、李苹香、谢文漪等。安徽徽州人。上海名妓，工诗善书，后由吴芝瑛赎出。著有《天韵阁诗集》。

四月初七日（5月21日），下午，夏曾佑来访，冒广生亦在，三人同游张园。

夏曾佑《日记》初七日：下午访君遂，晤鹤亭，同至张园，暮归。④

同日，章炳麟被改判监禁三年。

四月初九日（5月23日），下午，夏曾佑来访。

夏曾佑《日记》初九日：下午访君遂、颂谷，即归。⑤

四月廿一日（6月4日），下午，访夏曾佑。

夏曾佑《日记》：二十一日。阴。午后叔雅、君遂来，叔韫来。⑥

四月廿二日（6月5日），下午，夏曾佑来访。偕丁惠康及夏氏游张园，遇文廷式。

---

① 杨琥. 夏曾佑集：下册 [M]. 上海：上海古籍出版社，2011：767.
② 吴保初. 北山楼诗续集 [M] // 吴保初. 北山楼集：卷二. 铅印本. 民国二十七年：4.
③ 杨琥. 夏曾佑集：下册 [M]. 上海：上海古籍出版社，2011：767.
④ 杨琥. 夏曾佑集：下册 [M]. 上海：上海古籍出版社，2011：767.
⑤ 杨琥. 夏曾佑集：下册 [M]. 上海：上海古籍出版社，2011：767.
⑥ 杨琥. 夏曾佑集：下册 [M]. 上海：上海古籍出版社，2011：768.

夏曾佑《日记》：二十二日。雨，下午晴。访叔雅、君遂，同至味莼，遇文道希。①

四月廿九日（6月12日），下午，与丁惠康、夏曾佑游张园。

夏曾佑《日记》二十九日：午后，与叔雅、君遂至张园一游。②

约四月，丁惠康由粤来沪主先生寓。后有诗《戏赠叔雅》。

《陈谱》：五月，丁叔雅由粤来沪，主先生家，经岁乃北游。先生赠叔雅诗有"两鸟各捉一处囚"之句。（叔雅征君为故江苏巡抚禹生中丞日昌子。己亥冬，废立议起，上海电报局提调上虞经元善抗疏争之。复召集士夫设正气会，以崇议论。叔雅为作《正气会序》，情辞慷慨，为时所称。癸卯，诏举行经济特科，以人才征。丁生母忧，不赴。）③

【按】据夏曾佑日记，四月丁惠康已至上海，《陈谱》误。

五月十六日（6月29日），书《朱柏庐先生治家格言》。

吴保初《朱柏庐先生治家格言》：光绪三十年夏五月十六日，写此以解暑热。君遂吴保初。④

五月十七日（6月30日），下午，夏曾佑来访。

夏曾佑《日记》十七日：下午访君遂。⑤

五月二十日（7月3日），夜，访夏曾佑，偕访狄葆贤，未遇。

夏曾佑《日记》二十日：夜君遂来，同访平子不遇。访子民，即归。⑥

五月廿八日（7月11日），晚，与夏曾佑、狄葆贤饮林笑春家。

夏曾佑《日记》二十八日：晚与君遂、平子饮林笑春家。⑦

林笑春，沪上名妓。林黛玉养女。《上海杂志》"花丛八贤"条云："林笑春雪花肤貌，以色论沪上曲院中殆无其匹，去岁花榜状元之选，而笑春天怀淡定，毫不介意，烂漫天真，洁身自好，某诗士尝贻以诗曰'心比玉梅花愈冷，

---

① 杨琥. 夏曾佑集：下册 [M]. 上海：上海古籍出版社，2011：768.
② 杨琥. 夏曾佑集：下册 [M]. 上海：上海古籍出版社，2011：768.
③ 陈诗. 吴北山先生年谱（续）[N]. 时报：文艺周刊，1919-12-16（14）.
④ 3107 吴保初 小楷《朱柏庐先生治家格言》[EB/OL]. 艺典，2021-12-28.
⑤ 杨琥. 夏曾佑集：下册 [M]. 上海：上海古籍出版社，2011：769.
⑥ 杨琥. 夏曾佑集：下册 [M]. 上海：上海古籍出版社，2011：769.
⑦ 杨琥. 夏曾佑集：下册 [M]. 上海：上海古籍出版社，2011：769.

春来全不忆东风'亦可以见其风格矣。"①《香国谐闻》"香舆宝马去如飞"条云:"林黛玉自重张艳帜于迎春坊三弄后,神女生涯为合院群芳之冠,固不待言。……轿中人盖黛玉养女林笑春也"。②

六月初十日（7月22日），下午，夏曾佑来访。

夏曾佑《日记》：初十日。雨。下午访君遂、颂谷。③

七月初九日（8月19日），先生自上海至南京。

《来踪去迹》：吴葆初，刑部主事，初九日由沪来宁。④

同日，《时报》刊先生诗《石芝招啖鲍鱼啜惠泉戏书二绝》，署名君遂。

《石芝招啖鲍鱼啜惠泉戏书二绝》："郁热炎敲六月天，君家茶鼎有云烟。世人哪识临筇渴，直把贪泉冒惠泉。""漫言臭味同嬴政，可惜沙邱费鲍鱼。今日登盘共咀嚼，熊蹯龙鲊又何如。"⑤

七月二十日（8月30日），王之春至沪，争办粤汉铁路。

《来踪去迹》：前广西巡抚二十日到申。⑥

七月廿六日（9月5日），与丁惠康、夏曾佑、叶瀚游曹家渡徐氏园。

夏曾佑《甲辰七月壬寅与叔雅君遂浩吾游曹家渡徐氏园》：黄尘久与素心违，难得相将入翠微。秋水才能浮短棹，白云应未识征衣。无端旧恨随鸿到，如此斜阳信马归。霸业已非生计在，五肖鱼蟹古来肥。（有闺人舣棹于苏州河。）⑦

【按】"霸"，诗稿作"伯"。"肖"，诗稿作"湖"。⑧ 其后，夏氏致书丁、吴云："今日本拟再作曹家渡之游而不成，拟在敝寓略陈草具，请两先生于今日午刻枉过一谈，且藉〔借〕以一观旧帖也。此上叔雅、君遂二公。制曾佑拜上。廿三日。如遇大比丘，请与同来。"⑨

---

① 顾静，整理. 上海杂志［M］//熊月之. 稀见上海史志资料丛书：第一册. 上海：上海书店出版社，2012：219.
② 澄江一蝉. 香国谐闻［M］. 上海：鸣琴书社，1920：135-136.
③ 杨琥. 夏曾佑集：下册［M］. 上海：上海古籍出版社，2011：769.
④ 来踪去迹［N］. 时报，1904-08-25（6）.
⑤ 君遂. 石芝招啖鲍鱼啜惠泉戏书二绝［N］. 时报，1904-08-19（6）.
⑥ 来踪去迹［N］. 时报，1904-09-02（6）.
⑦ 杨琥. 夏曾佑集：上册［M］. 上海：上海古籍出版社，2011：433.
⑧ 吴保初上款：近代著名诗人、历史学家、曾任京师图书馆馆长 夏曾佑致吴保初诗稿《与彦复游曹家渡》一页 HXTX872［EB/OL］. 孔夫子拍卖网，2016-09-18.
⑨ 144 夏曾佑（1863-1924）信札［EB/OL］. 华夏国拍，2013-04-25.

七月，与丁惠康、夏曾佑饮于黄公卢。见夏曾佑《与君遂叔雅饮黄公卢》三首①。

八月初八日（9月17日），访张謇。

《张謇日记》：八日。彦复来，言宪说为公路所阻，以渠与各疆吏电证之。②

八月初九日（9月18日），张謇送吴炎世赴日本法政大学。

《张謇日记》九日：送吴彦复子去就政治学。③

《清国留学生法政速成科试验成绩表（明治三十八年四月及六月施行）》：安徽吴炎世。④

《法政速成科第二班卒业试验成绩》明治三十九年：安徽吴炎世。⑤

王逸塘《今传是楼诗话》"三五一"条：公木为项城资遣东渡习法政，与余过从颇数，僦居东京富士见町，每休沐辄谋一聚，饱啖痛饮，上下议论，为状至乐。余在金泽联队中，公木曾不远千里相访，把酒说诗，流连竟日。⑥

【按】吴炎世赴日后遇同名者始更名。《陈谱》："后更名炎世，易原字仲穆曰公穆，仿诸葛武侯名嗣子乔例也。"⑦陈诗《庐州诗苑》云："原名世清，既赴东瀛留学，有同名者，遂改名炎世。"⑧

八月十七日（9月26日），与夏曾佑、狄葆贤饮，偕访李苹香。

夏曾佑《日记》：十七日。晴。与楚卿、君遂小饮，同访李苹香。⑨

八月二十日（9月29日），与敬安、黄益斋、陈诗、叶瀚、夏曾佑小饮。

夏曾佑《日记》：二十日。雨。与寄禅、益斋、君遂、子言、浩吾小饮。⑩

同日，与敬安、黄益斋、狄葆贤、夏曾佑、陈诗集于沪渎酒楼。

---

① 杨琥. 夏曾佑集：上册［M］. 上海：上海古籍出版社，2011：434.
② 李明勋，尤世玮. 张謇日记［M］. 上海：上海辞书出版社，2017：589.
③ 李明勋，尤世玮. 张謇日记［M］. 上海：上海辞书出版社，2017：589.
④ 日本法政大学大学史资料委员会编. 清国留学生法政速成科纪事［M］. 裴敬伟，译. 桂林：广西师范大学出版社，2015：141.
⑤ 日本法政大学大学史资料委员会编. 清国留学生法政速成科纪事［M］. 裴敬伟，译. 桂林：广西师范大学出版社，2015：149.
⑥ 张寅彭，李剑冰，校点. 今传是楼诗话［M］//张寅彭. 民国诗话丛编：第三册. 上海：上海书店出版社，2002：403-404.
⑦ 陈诗. 吴北山先生年谱（四续）［N］. 时报：文艺周刊，1919-11-04（14）.
⑧ 陈诗. 庐州诗苑：卷五［M］. 铅印本. 庐江：陈氏，民国十五年：30.
⑨ 杨琥. 夏曾佑集：下册［M］. 上海：上海古籍出版社，2011：769.
⑩ 杨琥. 夏曾佑集：下册［M］. 上海：上海古籍出版社，2011：769.

释敬安《八月二十日与夏穗卿狄楚青黄益斋吴彦复陈鹤柴小集沪渎酒楼》（甲辰）："黄浦江边百尺楼，海山当槛酒盈瓯。一时良会岂易得？抵掌开襟话五洲。""高楼迴〔回〕首望中原，满目河山破碎痕。尘世何方安乐国？诛求今亦到空门。""时事须臾万变更，浮云应妒月孤明。维持像教赖公等，莫许波旬扰化城。"①

八月廿一日（9月30日），与敬安、狄葆贤、丁惠康、张元济、道士饮于雅叙园。

夏曾佑《日记》：二十一日。雨。与寄禅上人、楚卿、叔雅、君遂、菊生、道士饮雅叙园。②

八月廿二日（10月1日），下午，与敬安、狄葆贤、夏曾佑等游张园。

夏曾佑《日记》：二十二日。晴。下午与寄禅和尚、吴君遂、楚卿等至味莼一游。③

八月廿三日（10月2日），与夏曾佑、丁惠康、俞明震、敬安、陈诗、张元济、叶瀚、汪诒年小饮。下午，同游罗迦陵园。

夏曾佑《日记》：二十三日。晴。与君遂、叔雅、恪士、寄禅、子言、菊生、浩吾、颂谷小饮，下午同游罗迦陵园。④

汪诒年（1866—1911），字颂谷，一字颂阁。浙江钱塘人。汪康年胞弟。管理《时务报》《中外日报》《时事新报》等。辑有《汪穰卿先生遗著》，著有《汪穰卿先生传记》。

俞明震（1860—1918），字恪士，号觚庵。浙江绍兴人。光绪十六年（1890年）恩科进士，授翰林院庶吉士。官至甘肃提学使。著有《觚庵诗存》。

八月廿六日（10月5日），与敬安、介石和尚、丁惠康、狄葆贤、陈诗、叶瀚、夏曾佑小饮。

夏曾佑《日记》：二十六日。雨。下午与寄禅、介石、君遂、叔雅、楚卿、崔柴、浩吾小饮。⑤

九月初一日（10月9日），下午，夏曾佑来访。

夏曾佑《日记》初一日：午后访君遂。⑥

---

① 段晓华，校点. 八指头陀诗文集：上册［M］. 上海：上海古籍出版社，2016：310-311.
② 杨琥. 夏曾佑集：下册［M］. 上海：上海古籍出版社，2011：769.
③ 杨琥. 夏曾佑集：下册［M］. 上海：上海古籍出版社，2011：769.
④ 杨琥. 夏曾佑集：下册［M］. 上海：上海古籍出版社，2011：770.
⑤ 杨琥. 夏曾佑集：下册［M］. 上海：上海古籍出版社，2011：770.
⑥ 杨琥. 夏曾佑集：下册［M］. 上海：上海古籍出版社，2011：770.

九月初二日（10月10日），晚，与夏曾佑、刘师培小饮。

夏曾佑《日记》：初二日。晴。晚君遂、笙叔小饮。①

刘师培（1884—1919），字申叔，一作笙叔。又名光汉，号左盦。江苏仪征人。光绪二十八年（1902年）举人。参与创办《中国民族志》《俄事警闻》《天义》等刊。有《刘申叔遗书》行世。

九月初三日（10月11日），晚，汪钟霖招饮，座有费念慈、李瑞清、饶智元、张通典、丁惠康、狄葆贤、沈兆祉、伍光建、夏曾佑等。

夏曾佑《日记》初三日：晚甘卿招饮，座有屺怀、梅痴、石顽、伯纯暨君遂、叔雅、楚卿、小沂、昭宸诸人。②

汪钟霖（1867—1933），字甘卿。江苏吴县人。光绪十九年（1893年）举人。官直隶候补道。曾参与创办蒙学工会。

费念慈（1855—1905），字屺怀。江苏武进人。光绪十五年（1889年）进士，授编修。著有《归牧集》。

李瑞清（1867—1920），字仲麟，号梅痴、清道人。江西临川人。光绪二十年（1894年）进士。官两江优级师范学堂总办。有《清道人拟古画册》。

沈兆祉（？—1918），字小沂。江西南昌人。光绪二十三年（1897年）举人。张百熙门生。历官内阁中书、京师大学堂文案总办江、西官矿督办等。

伍光建（1867—1943），字昭宸。广东新会人。天津水师学堂毕业生，选派入英国国家海军学校学海军专门，后兼习文。历任学部咨议官、考察宪政参赞、筹办海军事务处顾问官等。译有《物理学》《拿破仑日记》《十日谈》等。

九月初五日（10月1日），晚，与丁惠康、夏曾佑饮于言茂源酒肆。夏氏赠诗《后黄公卢（赠吴君遂）》（朝朝伏案赋大狗）③，先生醉后和诗《九月五日泥饮大醉因次穗卿后黄垆见赠韵》④。

夏曾佑《日记》初五日：晚与君遂、叔雅小饮。⑤

吴保初《和夏穗卿后黄卢见赠均》：九月五日醉后作。⑥

---

① 杨琥. 夏曾佑集：下册 [M]. 上海：上海古籍出版社，2011：770.
② 杨琥. 夏曾佑集：下册 [M]. 上海：上海古籍出版社，2011：770.
③ 杨琥. 夏曾佑集：上册 [M]. 上海：上海古籍出版社，2011：434.
④ 吴保初. 北山楼诗续集 [M] //吴保初. 北山楼集：卷二. 铅印本. 民国二十七年：4-5.
⑤ 杨琥. 夏曾佑集：下册 [M]. 上海：上海古籍出版社，2011：770.
⑥ *0750 吴保初 诗稿 [EB/OL]. 雅昌艺术网，2015-12-19.

【按】吴诗"顿失愁苦穷熙娱"句,"熙",《夏曾佑集》作"欢"①。陈三立《雪后携仁先昆弟四人、李道士昆弟三人饮东明酒楼》夹注云:"昔年尝与汪穰卿、熊季廉、吴彦复之流聚饮,言茂源酒肆号为后黄垆,今三子皆物故。"②狄葆贤《平等阁诗话》云:"昔昌黎与东野曾作《两鸟》诗,而刘诚意之于金华太史亦有《两鬼》诗以自况。盖皆遭世恶,婴天囚,不得已发愤而有所作也。今观别士、君遂两君之作,毋亦类乎是耶?"③

九月初八日（10月16日）,中午,与汪锺霖、丁惠康、宋沅、黄益斋、伍光建、汪诒年、夏曾佑饮。下午,偕至张园听曲。

夏曾佑《日记》:初八日。晴。午刻与甘卿、君遂、叔雅、芷生、益斋、昭扆、颂谷小饮,午后同至味莼听曲。④

九月初九日（10月17日）,同汪锺霖、丁惠康、宋沅、伍光建、夏曾佑游辛园。下午,偕至张园听曲。晚,与敬安、陈诗及夏氏小饮。

夏曾佑《日记》:初九日。晴。与甘卿、君遂、叔雅、芷生、昭扆至辛园一游,午后同至味莼听曲,以大白赏之。晚与寄禅、君遂、崔柴小饮。⑤

九月廿二日（10月30日）,中午,与夏曾佑、汪诒年、叶瀚饮。

夏曾佑《日记》二十二日:午刻与彦复、颂谷、浩吾小饮。⑥

九月廿九日（11月6日）,晚,与夏曾佑、杨度、张元济至海天村夜膳。

夏曾佑《日记》二十九日:晚访颂谷。与君遂、皙子、菊生至海天村夜膳而散。⑦

杨度（1876—1931）,原名承瓒,字皙子。湖南湘潭人。光绪二十年（1894年）举人。官宪政编查馆提调。

秋,陈三立寄诗《江上从船人假阅报纸,有别士酬君遂、惺庵诸什,盖与寄禅上人前作同列入〈平等阁诗话〉者也。怅触旧游,率尔成咏》,先生有诗《次伯严九江舟中见寄韵》。

---

① 杨琥. 夏曾佑集:上册［M］. 上海:上海古籍出版社,2011:435.
② 李开军,校点. 散原精舍诗文集:上［M］. 增订本. 上海:上海古籍出版社,2014:352.
③ 吴忱,杨焄,点校. 平等阁诗话:卷一［M］//张寅彭. 清诗话三编:第十册. 上海:上海古籍出版社,2014:7021.
④ 杨琥. 夏曾佑集:下册［M］. 上海:上海古籍出版社,2011:770.
⑤ 杨琥. 夏曾佑集:下册［M］. 上海:上海古籍出版社,2011:770.
⑥ 杨琥. 夏曾佑集:下册［M］. 上海:上海古籍出版社,2011:770.
⑦ 杨琥. 夏曾佑集:下册［M］. 上海:上海古籍出版社,2011:771.

【按】陈三立诗有"两鸟犹闻一处囚"句，注云："丁叔雅别号惺庵，时寄居君遂家。"此亦收入《北山楼诗续集》，诗下识云："甲辰秋晚，义宁陈三立书于九江舟中。"① 故系于此。

秋，有诗《得陈定山（浏）书却寄》。

【按】据"江湖岁晚谁存问，雁阵横天墨数行"② 系于此。

十月初三日（11月9日），下午，夏曾佑来访。同访狄葆贤。与杨度及夏氏、狄氏小饮于黄庐。

夏曾佑《日记》初三日：午后访彦复，同访楚卿，遂偕彦复、楚卿、晳子至黄庐，小饮即归。③

十月初四日（11月10日），上午，访夏曾佑。晚，与夏氏小饮于黄庐。

夏曾佑《日记》：初四日。晴。彦复来，炯斋来，菊生来，下午去。访颂谷。晚与彦复至黄庐小饮。④

十月初八日（11月14日），下午，夏曾佑来访。

夏曾佑《日记》：初八日。雨。下午菊生来。访颂谷、彦复。⑤

十月十一日（11月17日），应欧阳柱之招，座有夏曾佑、丁惠康等。

夏曾佑《日记》：十一日。晴。石芝招饮，有吴、丁、梁、郑诸人。访颂谷。⑥

十月十二日（11月18日），晚，与江瀚、夏曾佑至黄庐。

夏曾佑《日记》十二日：晚与叔海、彦复至黄庐。⑦

十月十三日（11月19日），晚，应欧阳柱之招，座有周善培、熊元锷、丁惠康、夏曾佑等。又偕夏、熊至群仙。

夏曾佑《日记》十三日：晚石芝招饮，座有孝怀、季廉、彦复、叔雅诸人。

---

① 吴保初. 北山楼诗续集：书后一［M］//吴保初. 北山楼集：卷二. 铅印本. 民国二十七年：10.
② 吴保初. 北山楼诗续集［M］//吴保初. 北山楼集：卷二. 铅印本. 民国二十七年：5.
③ 杨琥. 夏曾佑集：下册［M］. 上海：上海古籍出版社，2011：771.
④ 杨琥. 夏曾佑集：下册［M］. 上海：上海古籍出版社，2011：771.
⑤ 杨琥. 夏曾佑集：下册［M］. 上海：上海古籍出版社，2011：771.
⑥ 杨琥. 夏曾佑集：下册［M］. 上海：上海古籍出版社，2011：771.
⑦ 杨琥. 夏曾佑集：下册［M］. 上海：上海古籍出版社，2011：771.

又与彦复、季廉至群仙。①

周善培（1875—1958），字孝怀。浙江诸暨人。副贡生。历任广东将弁学堂总办、四川警察局总办、四川通省劝业道。著有《周易杂卦证解》《虚字使用法》《辛亥四川争路记》等。

熊元锷（1879—1906），字季廉、师复，号惠元。江西南昌人。光绪二十九年（1903年）举人。严复弟子。曾与夏敬观等创办乐群学堂。

同日，万福华假先生之名宴请前安徽巡抚王之春，并于金谷香行刺，事败。

《袁树勋函促承审员黄辉宿将万福华解办澈究之原函》：

辉宿仁兄大人阁下：昨晚接奉前安徽抚宪王函，谕以"本日午前有吴葆初君相约于金谷香十六号小酌，嫌其太率，已辞不往。午后吴复遣人坚约，云有要事，因便道过金谷香，拟一人即行。至则并无主人，惟有改装去发之人在坐，登即走出，出门，突有人以手枪相向，幸早瞥见，即捉其臂，使不得发，从人继至，相与拘获，即送交巡捕房。据供尚有盐船一只，停泊十六铺码头，其为合肥人万福华，自认行刺不讳。必有运动主使之人，饬札县廨，严速澈〔彻〕究，一面捕缉该匪盐船，搜拿党羽，以儆凶顽，而杜他变"等因，除禀复并行县局查缉盐船党羽外，合亟奉布，即祈执事迅即立提该匪万福华，送县澈〔彻〕究，仍希见复为荷。②

【按】《中华民国史事纪要（初稿）民国纪元前十年至前八年（1902—1904）》所录与此函略有异文，函末尚有"此请升安。愚弟袁树勋顿首十月十四日到。"③

《三讯刺客》：刺客万福华在英界四马路金谷香番菜馆行刺已革广西巡抚王之春一案，前经英美等国租界公廨谳员黄耀宿司马迭次会同英副领事德为门君讯鞫。昨日午后二点二刻，德君复与司马升堂诘讯。……先由王所延律师雷满传讯金谷香细崽唐殿卿供：当晚先有一身穿西服、头上无辫之人偕一人前来书就请客票，令至赛马厅新马路昌寿里请王大人。小的将票交赵姓去请。越一刻许，赵回言王大人即到。至六点二刻许，王大人乘马车到来，不知与伊等有何

---

① 杨琥. 夏曾佑集：下册[M]. 上海：上海古籍出版社，2011：771.
② 邹鲁. 中国国民党史稿：第一册[M]. 长沙：商务印书馆，1938：682-683.
③ 中华民国史事纪要编辑委员会. 中华民国史事纪要（初稿）：民国纪元前十年至前八年（1902—1904）[M]. 台北：中华民国史料研究中心，1977：875.

言语，随即带同二差弁下楼。……雷律师转问副捕头，称：上月十九号七下二刻，见万拘入老闸巡捕房，有一手枪，同来者为二差弁，据云万欲击前任广西巡抚。次日，本捕头至王公馆，王大人云：是日见有吴姓请客票，因即前去，及上楼寻不见吴，乃即下楼。甫至楼下，万即举枪欲击，幸由差弁捺住万手，万将手枪一挥，从头上掠过。余与三十五号西探所禀相同。……雷律师传讯九号华捕，称：在捕房当差已历二十四年，现司传话之职。问：是日拘万入捕房时，曾否言及此枪何用？答称：万言欲击王之春王大人，并称王大人前在广西巡抚任内正值北方拳匪作乱，欲借法兰西兵平定，故拟将伊处死。……讯至此，司马与德君互相商酌，著〔着〕于礼拜五午后二点二刻时下堂谕。①

章士钊《书甲辰三暗杀案》：甲辰者，……一年之中，三暗杀案相继而起。一起于南京下关，一起于直隶顺德，最后起于上海英租界。……其余二起，同以万福华为主持人者，余实居发纵指使之列，本事端委，可得而言。……刘林定计，诱致之春入彀，则以余外舅吴北山名义，折简邀之（但其时余与吴尚无婚议），地点在金谷香番荣馆二楼。②

【按】刘，即刘师培；林，即林獬。

《陈谱》：十一月，上海英租界有合肥人万福华狙击前安徽巡抚湘中王公之春于金谷香酒肆。之狱时谓先生与王公素□，折简招饮，令福华击之。然先生性爱文士，福华无文，虽同郡素不相识，亦无折简招王公会饮事。且是日别赴友人家饮，有可证，乃得白，未罹党祸。先生赋《感事》诗，有"杀人何必借曾参"之句，即指此也。③

吴弱男《见闻录·万福华谋刺王之春》：光绪年间，皖人万福华谋杀皖巡抚王之春，为同谋人所卖，被捕入狱。事发之先，皖方议筑芜屯铁路，拟以路权为质，向法人贷筑路款，皖人拒外资，请求准许筹款归商办，而王坚持不可，且亲来上海就法人面商。万因谋刺王，假吾父名义具柬邀宴王于一枝香。逆料吾父乃旅沪皖绅，且属故大员子，王必不却。万更商之同谋友人某，嘱其着和服乔充日侨作陪，约定伪作不娴华语，与王笔谈，以免遽露形迹。万自怀手枪伺门外，将俟王于出门时，迎面狙击之。王果应约而至，登楼入室，不期某竟

---

① 三讯刺客［N］. 申报，1904-12-22（3）.
② 章士钊. 书甲辰三暗杀案［M］//中国人民政治协商会议全国委员会文史资料研究委员会. 文史资料选辑：第十九辑，北京：中华书局，1961：145-147.
③ 陈诗. 吴北山先生年谱（续）［N］. 时报：文艺周刊，1919-12-16（14）.

211

变计告密,且指示万状貌。王警觉,即嗾亲随下楼觅得万,出其不意捉其双手,王乃乘隙夺门脱走。万被拘,初判监禁三年,在狱时以系政治犯故,待遇略优于普通人犯,众犯人亦另眼相看。……又案发之初吾父虽因柬帖涉嫌,终以实未预谋,幸好免牵累,仅因英领坚嘱登报自白,略受损失而已。①

【按】陈诗所记事发时间"十一月"与吴弱男所记事发地点"一枝香"误,以当事人原函及《申报》所记为是。

十月十五日(11月21日),下午,访夏曾佑。
夏曾佑《日记》十五日:下午,彦复来,常伯旗来。②
十月廿二日(11月28日),访夏曾佑。
夏曾佑《日记》二十二日:伯岩、彦复来。③
十月廿三日(11月29日),中午,先生招饮,座有夏曾佑、陈三立、姚永概、江瀚、范况等。
夏曾佑《日记》二十三日:午彦复招饮,有伯岩、叔节诸人。④
姚永概《慎宜轩日记》:二十三日。晴,夜小雨。范彦矧来,与同上酒楼小酌,遇伯严、穗卿、叔瀚、彦复。穗卿言常君似已许可,须同到皖再立合同。偕彦矧入城,访务本学堂,见三甥女及范南保,又见常季之女、瑨华之妹。⑤
范况(1880—1929),字彦矧。江苏南通人。范当世次子、范钟嗣子。光绪二十七年(1901年)入上海南洋公学特班,后游学日本习商学。著有《彦矧诗》《中国诗学通论》。
江瀚(1857—1935),字叔海,一作叔瀚。福建长汀人。历任东川书院山长、京师大学堂师范馆监督、河南开归陈许道等。著有《诗经四家异文考补》《孔学发微》《片玉碎金》等⑥。

十月廿四日(11月30日),晨,姚永概来访,丁惠康亦在。
姚永概《慎宜轩日记》:二十四日。晴。早访彦复于新马路华安里,并见丁

---

① 吴弱男. 见闻录[M]//上海市政协文史资料委员会. 上海文史资料存稿汇编:政治军事. 上海:上海古籍出版社,2001:680.
② 杨琥. 夏曾佑集:下册[M]. 上海:上海古籍出版社,2011:771.
③ 杨琥. 夏曾佑集:下册[M]. 上海:上海古籍出版社,2011:771.
④ 杨琥. 夏曾佑集:下册[M]. 上海:上海古籍出版社,2011:771.
⑤ 姚永概. 慎宜轩日记:下册[M]. 合肥:黄山社,2010:925-926.
⑥ 柳森. 江瀚手札五通考释[J]. 文献,2015(2):71-82,2.

叔雅（惠康）。①

十月廿五日（12月1日），晚，与丁惠康、熊元锷招饮，座有严复、陈三立、伍光建、张元济、慎始、狄葆贤、欧阳柱、简叔、谏臣。

夏曾佑《日记》二十五日：晚彦复、叔雅、季廉招饮，座有又陵、伯岩、昭扆、菊生、慎始、楚卿、石芝、简叔、谏臣。②

十月廿六日（12月2日），下午，偕丁惠康访姚永概，与丁同游张园。晚，狄葆贤、陈三立招饮，客同昨日，增姚永概。

姚永概《慎宜轩日记》：二十六日。晴。早至穗卿寓小谈，知常君已回上元。……至葆良寓中久谈，设食啖我。彦复、叔雅来访。彦矧以马车迎其父母不至，遂来招同游张园，晤伯严、彦复、叔雅、积孺。伯严招饮，为幼老送行，归栈已三更。③

夏曾佑《日记》：二十六日。晴。晚楚卿招饮，伯岩招饮，客皆如昨日而增一叔节。④

十月廿七日（12月3日），晨，姚永概、范况来访，丁惠康、陈诗亦在。

姚永概《慎宜轩日记》：二十七日。晴。早，同彦矧访彦复、叔雅，并见庐江诗人陈子言（诗）。⑤

十月，陈三立来书，请代求张文运墨迹。

陈三立《与吴保初书》：夜归，不及觅佳纸，姑拾案头所存，呈请代求子开先生法书。至为感荷。彦复仁兄。（八打八例不谢。）立顿。吴大人，姚家巷。⑥

【按】据李开军按语"似与下录'飒飒亮激之音'题词作于同时。"系于此。

张文运（1863—1938），字子开。安徽合肥人。光绪十四年（1888年）举人，授桐城教谕，未任。曾任合肥县学教谕、教育会副会长。善书。编有《国朝名人楹联汇集》。

---

① 姚永概. 慎宜轩日记：下册 [M]. 合肥：黄山书社，2010：926.
② 杨琥. 夏曾佑集：下册 [M]. 上海：上海古籍出版社，2011：771.
③ 姚永概. 慎宜轩日记：下册 [M]. 合肥：黄山书社，2010：926.
④ 杨琥. 夏曾佑集：下册 [M]. 上海：上海古籍出版社，2011：771.
⑤ 姚永概. 慎宜轩日记：下册 [M]. 合肥：黄山书社，2010：926.
⑥ 李开军，校点. 散原精舍诗文集补遗 [M]//李开军，校点. 散原精舍诗文集：下. 增订本. 上海：上海古籍出版社，2014：1297.

十月，陈三立为先生诗题词。

陈三立《吴保初诗题词》：飒飒亮激之音，摩戛秋空，四接雁唳。培风九千仞，斯与灵鹏俱徙矣。昏昏醉饱中，聊为点诵一过。甲辰十月，客海上且去。三立。①

十月，张一麐致书吴炎世。

张一麐《致吴炎世书》：诗卷随身吴季子，江南游遍走幽燕。臣原将种能军法，我亦劳人愧少年。可有英雄造时势，再教沧海变桑田。一腔热血无从洒，欲刺成连海上船。（君有东游之志，故云。）甲辰十月，挑镫〔灯〕读公穆诗，勉为效颦，以志纫佩。素不能诗，以发大噱。民佣。②

张一麐（1867—1943），字仲仁，号民佣。江苏吴县人。光绪十一年（1885年）举人。二十九年（1903年）录取经济特科，入时直隶总督袁世凯幕。宣统三年（1911年）入苏抚程德全幕，次年复入袁幕。著有《心太平室集》《古红梅阁笔记》等。

十一月初九日（12月15日），晚，与熊元锷、夏曾佑饮。

夏曾佑《日记》：初九日。晴。晚与季廉、君遂小饮。③

十一月十一日（12月17日），王之春抵鄂。次日，与张之洞商粤汉铁路事。

《王之春抵鄂》：前桂抚王之春于十一日抵汉口，十二日已进见张香帅，商议粤汉铁路事。闻香帅仍主废约自办，告王不可再执前说。④

十一月廿三日（12月29日），丁惠康、狄葆贤、张叔和等约消寒会，先生因病弗与。有诗《长至后七日，叔雅、楚青诸君子有消寒之集，作诗谢之》。

【按】是年冬至为十一月十六日，故系于此。此诗曾刊于《时报》（光绪三十年十一月廿七日），题作《长至后七日，哲甫、叔和、楚青、傲〔叔〕雅于北门内桐古斋作消寒之集，予方病酒不能饮，弗与会，故作诗谢之，以免受罚，并索和章》，署名北山楼主人。诗有"恶客那容污圣人"之句，自注云："元结曰不饮者为恶客""徐邈谓酒之清者曰圣人"。"故应乞

---

① 李开军，校点. 散原精舍诗文集补遗［M］//李开军，校点. 散原精舍诗文集：下. 增订本. 上海：上海古籍出版社，2014：1297.
② 0108 罗振玉、张謇、张一麐 等 致吴保初信札一批［EB/OL］. 雅昌艺术网，2014-05-03.
③ 杨琥. 夏曾佑集：下册［M］. 上海：上海古籍出版社，2011：772.
④ 王之春抵鄂［N］. 时报，1904-12-24（6）.

214

取自由身"句注云:"'自由身'见陈白沙诗,非新名词也。"①

十一月廿七日(1905年1月2日),下午,访夏曾佑。
夏曾佑《日记》二十七日:下午君遂来。②
十一月三十日(1905年1月5日),中午,先生招饮,座有张謇、丘逢甲、赵凤昌、夏曾佑等。

夏曾佑《日记》:三十日。晴。午刻君遂招饮,仍昨客也。③

夏曾佑《日记》:二十九日。晴。徐积余来。午刻许九香招饮,有季直、蛰仙、竹君诸人。晚积余招饮,仍晤季直诸公。④

徐乃昌(1868—1943),字积余。安徽南陵人。光绪十九年(1893年)举人。淮安知府、江南盐巡道、金陵厘捐局委员。著有《锦瑟集》《冰弦词》《积学斋藏书记》《安徽通志·金石古物考稿》等。

丘逢甲(1864—1912),字仙根,号蛰仙。台湾彰化人。光绪十五年(1889年)进士。官工部主事、广东教育总会会长。先后讲学于台中、台南、韩山、潮阳、澄海各书院。著有《岭云海日楼诗钞》。

赵凤昌(1856—1938),字竹君。常州武进人。曾入张之洞幕。有《赵凤昌藏札》。

【按】《赵凤昌藏札》原第七函总第二十册收录有《十一月望日灯下守敬(杨守敬)致葆初(吴葆初)》一函,查其原文,函首称以"葆初父台大人",函内"年近五十始归"的杨守敬,向其举荐熊会贞、吴光耀、杨毓秀等六位故乡聪明才颖之士⑤。此"葆初"当指杨寿昌(字葆初),光绪十六年(1890年)官黄冈县知县,时杨守敬官此县教谕。

十二月初一日(1905年1月6日),晚,介石和尚招饮,座有日本丰岛了宽、普陀山慧通与夏曾佑。

---

① 北山楼主人.长至后七日哲甫叔和楚青假雅于北门内桐古斋作消寒之集予方病酒不能饮弗与会故作诗谢之以免受罚并索和章[N].时报,1905-01-02(7).
② 杨琥.夏曾佑集:下册[M].上海:上海古籍出版社,2011:772.
③ 杨琥.夏曾佑集:下册[M].上海:上海古籍出版社,2011:772.
④ 杨琥.夏曾佑集:下册[M].上海:上海古籍出版社,2011:772.
⑤ 国家图书馆善本部.赵凤昌藏札:第三册[M].北京:北京图书馆出版社,2009:179-182.

夏曾佑《日记》初一日：午后访陈莲舫，即归。介石和尚来。晚介石招饮，座有日本丰岛了宽和尚、普陀山慧通和尚并吴君遂。①

【按】与吴保初交游之僧侣尚有昙云，裴景福《吴彦复座上晤昙云大师》云："大师心中即是佛，镜台澄照光明烛。大师目中却无佛，饮酒且食花猪肉。卷衲带得巫峡云，放杖划断匡庐瀑。蓬莱弱水不可到，金山焦山看修竹。延陵公子本将种，匹马过江厌凡俗。登筵丝竹拨闲愁，卧阁湖山餍清福。偶然买笑挥千金，亦为寻僧恋三宿。海岳庵前秋月好，万里江声来西蜀。师也幅巾一笑迎，天边白鹤骖黄鹄。嗟予南游堕世网，醉梦颠倒纷驰逐。但随饥鼠偷太仓，未傍木鱼唼晓粥。坐令桂树老岩阿，蟪蛄春草惊何速。被发寻师入武当，饱饭黄精采芝菊。"②

裴景福（1853—1930），字伯谦，号睫闇。安徽霍邱人。光绪十二年进士（1886年）。时官户部主事。著有《睫闇诗钞》《河海昆仑录》《壮陶阁书画录》等。

十二月初三日（1905年1月8日），下午，与狄葆贤、夏曾佑游张园。

夏曾佑《日记》初三日：午后偕楚卿、君遂至张园一游。③

十二月初四日（1905年1月9日），与张謇、郑观应、诸以仁、章梫合照。

《张謇日记》：四日。照相。陶斋行，邀兰孙、一山、彦复同照相，独照一相。④

郑观应（1842—1922），原名官应，字正翔，号陶斋。广东香山人。是年任粤汉铁路广东购地局与工程局总办⑤。著有《救时揭要》《盛世危言》《罗浮偫鹤山人诗草》等。

诸以仁（1876—?），字季迟，号兰孙。浙江钱塘人。拔贡生。曾任清史馆编纂。南社早期成员。著有《拜洪堂骈体文》《煦堂诗稿》《湘笛词稿》等。

章梫（1861—1949），字一山，浙江海宁人。光绪三十年（1904年）进士。官学部左丞翰林。著有《一山文存》。

十二月初八日（1905年1月13日），消寒第四集，先生因病未与之。有诗

---

① 杨琥. 夏曾佑集：下册 [M]. 上海：上海古籍出版社，2011：772.
② 汪茂荣，点校. 睫闇诗钞：卷二 [M]. 合肥：黄山书社，2009：52.
③ 杨琥. 夏曾佑集：下册 [M]. 上海：上海古籍出版社，2011：772.
④ 李明勋，尤世玮. 张謇日记 [M]. 上海：上海辞书出版社，2017：598.
⑤ 夏东元. 郑观应年谱长编：下册 [M]. 上海：上海交通大学出版社，2009：604.

《腊八日消寒第四集,余方病酒未与会,依韵答之》。

十二月初十日(1905年1月15日),寅时,范当世吐血身亡①。先生有诗《哭范无错》。

狄葆贤《平等阁诗话》:甲辰岁暮,范肯堂先生客死于沪,归葬通州。挽之以诗者綦众。兹汇记于此。……吴君遂诗云:"垂死病中一相见,浚冲伤性了残生。肺肝早分忧时裂,涕泪从教哭野倾。袖有文章能活国,目存江海独伤情。廿年爱我如昆弟,竟使枯桐不再鸣。"陈鹤柴句云:"弥留瞬息仍耽道,绪论能窥万物根。腐骨何须问乡国,大文至竟有渊源。"(注:范先生病亟时,有劝其归者,先生曰:"归死、客死,等耳。奚为故乡,奚为道路乎?")②

十二月十二日(1905年1月17日),访夏曾佑。

夏曾佑《日记》:十二日。晴。吴君遂来。夜雨。③

是年,释敬安赠诗。

释敬安《赠吴彦复》(甲辰)(一疏惊天劾大珰)④。

【按】诗有"满怀秋思立残阳"语,知作于秋季。

释敬安《寄吴彦复》(甲辰)(山中何事可相闻)⑤。

释敬安《余近日养疴天童,影未出山。昨阅报纸〈秃黎狡诈〉一节,云余已航海诣东京皈依本愿寺大谷派矣,不禁哑然一笑。因为四绝句寄沪上夏穗卿、吴彦复、狄楚青、陈鹤柴》(甲辰):"忽忽潮音振耳闻,空中楼阁但霾氛。何曾挂席东瀛去?未出青山一片云。""老病龙锺〔钟〕祇〔只〕闭关,西方佛国待余还。金池一朵莲花外,兜率无心况海山。(白乐天晚年奉佛,愿生兜率天见慈氏。时有人覆舟,至一山,榜曰'蓬莱',见乐天列名其上。乐天闻之,辞以偈云:'海山不是吾归去,归即须归兜率天。'余则翘心安养,余非所愿矣。)""万物平观理自齐,浑忘南北与东西。我身不有余何事,一任人呼老秃黎。""沪上高人不可招,青天碧海路迢迢。且将白社闲中咏,寄入黄垆醉里谣(彦复与

---

① 马亚中,陈国安,校点. 范伯子诗文集:下[M]. 修订本. 上海:上海古籍出版社,2015:596.
② 吴忱,杨焄,点校. 平等阁诗话:卷二[M]//张寅彭. 清诗话三编:第十册. 上海:上海古籍出版社,2014:7052-7053.
③ 杨琥. 夏曾佑集:下册[M]. 上海:上海古籍出版社,2011:772.
④ 段晓华,校点. 八指头陀诗文集:上册[M]. 上海:上海古籍出版社,2016:309.
⑤ 段晓华,校点. 八指头陀诗文集:上册[M]. 上海:上海古籍出版社,2016:318.

穗卿酬唱，有《黄垆前后谣》，故云）。"①

【按】吴保初有答诗《后黄卢谣寄寄公》。

是年后，小楷书自改已刊诗一卷及《津沪诗》一卷，为陈浏携去未归。

陈诗《北山楼诗续·书后二》（三首其一）夹注：先生于甲辰以后，尝自改已刊诗一卷及近作《津沪诗》一卷，自书小楷，以示其友。江浦陈浏亮伯为携去不归，或曰，亮伯忌胜已也。②

编年诗

1. 《得叔雅书却寄》
2. 《偶书示姬人王威子》
3. 《赠谢文漪女史》
4. 《酬剑门病侠》三首

【按】其二夹注云："时日俄战于东三省境内。"③

庞树柏（1884—1916），字檗子，号芑庵，别号剑门病侠、龙禅居士。江苏常熟人。参与创办南社与三千剑气文社。任《南社丛刊》词部编辑、《国粹学报》编辑。有《庞檗子遗集》行世。

5. 《海上逢寄禅上人》

释敬安（1852—1912），本名黄读山。字寄禅，号八指头陀。湖南湘潭人。同治七年（1868年）投湖南湘阴法华寺出家，历任衡阳罗汉寺、上封寺、大善寺、宁乡密印寺、汨罗资圣寺、长沙上林寺、宁波天童寺住持。中华佛教总会首任会长。有《八指头陀诗文集》行世。

6. 《题西江遗泐卷》

【按】题下注云："陈右铭中丞诗，寄禅上人藏。"④

---

① 段晓华，校点. 八指头陀诗文集：上册［M］. 上海：上海古籍出版社，2016：320-321.
② 陈诗. 书后二［M］//吴保初. 北山楼集：卷二. 铅印本. 民国二十七年：11.
③ 吴保初. 北山楼诗续集［M］//吴保初. 北山楼集：卷二. 铅印本. 民国二十七年：4.
④ 吴保初. 北山楼诗续集［M］//吴保初. 北山楼集：卷二. 铅印本. 民国二十七年：4.

7.《戏赠叔雅》
8.《九月五日泥饮大醉因次穗卿后黄垆见赠韵》
9.《简穗卿》
10.《后黄卢谣寄寄公》
11.《次伯严九江舟中见寄韵》
12.《得陈定山（浏）书却寄》
13.《书感》
14.《闻啸桐来自京师，拟从问伯福遗稿而病未能也，先以一诗简之》

【按】狄葆贤《平等阁诗话》云："北山甚喜此诗，且戏语余云：'纵学荆公不能到，也应不失海藏楼。'"①

高凤岐（1858—1909），字啸桐，号媿室。福建长乐龙门人。光绪八年（1882年）举人。曾入杭州知府林启、两广总督岑春煊幕。官至广西梧州知府。

15.《再答定山》

【按】陈诗《吴北山先生家传》云："又有答友诗云：'谁岂不知荣路好，褊心孤寂总乖时。'自状生平，可云实录。若夫不侮鳏寡，不畏强御，补衮之阙，著〔着〕謇謇之节，殆其根于性形于外者乎！"②

16.《赠申叔》
17.《漫兴》
18.《和狄楚青感事韵》
19.《哭范无错》
20.《长至后七日，叔雅、楚青诸君子有消寒之集，作诗谢之》
21.《腊八日消寒第四集，余方病酒未与会，依韵答之》

---

① 吴忱，杨焄，点校. 平等阁诗话：卷一［M］//张寅彭. 清诗话三编：第十册. 上海：上海古籍出版社，2014：7022.
② 吴保初. 北山楼文［M］//吴保初. 北山楼集：卷三. 陈诗，辑. 铅印本. 民国二十七年：3.

卷四　旅居津门

光绪三十一年乙巳（1905年）　三十七岁

正月初四日（2月7日），下午，夏曾佑来访，与丁惠康、熊元锷及夏氏同游城隍庙。

夏曾佑《日记》：初四日。阴。午后访彦公，偕彦复、叔雅、季廉至城隍庙一游。①

正月十八日（2月21日），上午，访夏曾佑，与熊元锷、丁惠康、汪锺霖、周维桢、黄益斋及夏氏共饮。

夏曾佑《日记》：十八日。雨。季廉、君遂、叔雅、甘卿、干臣、益斋来，共饮。②

周维桢（1880—1911），字干臣。湖北麻城人。曾就读于两湖书院，经心书院。光绪二十八年（1902年）选派留学日本，入东京弘文学院师范科。曾参与创办《湖北学生界》。

二月，东渡日本。有诗《玄海滩》《晓望富士积雪》。

【按】《玄海滩》题下注云："乙巳二月，游日本作。"③

归国时松平康国询及吴汝纶，有诗《归舟松平康国询及挚父京卿因赋一绝答之》。

狄葆贤《平等阁诗话》：吴挚父京卿汝纶壬寅游日本，……日本马关春帆楼为乙未中日议和处，先生过之，题榜曰"伤心之地"。过客睹者，莫不慨然流涕。吴君遂乙巳游日本，有绝句云："万顷云涛玄海滩，天风浩荡白鸥闲。舟人那识伤心地，为指前程是马关。"即指此也。④

松平康国（1863—1946），字子宽、天行，号破天荒斋。江户人。光绪二十

---

① 杨琥. 夏曾佑集：下册 [M]. 上海：上海古籍出版社，2011：773.
② 杨琥. 夏曾佑集：下册 [M]. 上海：上海古籍出版社，2011：774.
③ 吴保初. 北山楼诗续集 [M] // 吴保初. 北山楼集：卷二. 铅印本. 民国二十七年：6.
④ 吴忱，杨焄，点校. 平等阁诗话：卷二 [M] // 张寅彭. 清诗话三编：第十册. 上海：上海古籍出版社，2014：7048-7049.

八年（1902年）任直隶总督袁世凯顾问，光绪三十二年（1906年）年任湖广总督张之洞政法顾问。著有《英国宪法史》《世界近代史》《中国文学史谈》《天行文钞》《天行诗钞》等。

吴汝纶（1840—1903），字挚甫、挚父。安徽桐城人。同治四年（1865年）进士，授内阁中书。曾入曾国藩、李鸿章幕府。后补深州、冀州知州。继主保定莲池书院讲席。曾赴日考察学制三余月，归国后于本邑兴办学堂。有《桐城吴先生诗文集》行世。

二月廿七日（4月1日），下午，访夏曾佑。先生已归沪。

夏曾佑《日记》：二十七日。雨。下午与颂、宸、浩吾、益斋闲谈。彦复来。①

《张謇日记》二十八日：彦复自东回。②

《陈谱》：二月，先生游日本。三月，归沪。③

【按】二月下旬吴保初已归沪，非三月。

二月廿九日（4月3日），先生约诸人晤日本法学博士高田早苗、松平康国、青柳笃恒。

《张謇日记》：二十九日。彦复约同诸人晤东人高田博士早苗、松平学生康国、青柳某。④

【按】是年，早稻田大学派高田、青柳等至中国商议留学生教育事项，其后成立清国留学生部。

高田早苗（1860—1938），号半峰、松屋主人。东京大学文学部毕业。参与创办东京专门学校，即后之早稻田大学。任早稻田大学中国留学生学监⑤。著有《国家学原理》。

青柳笃恒（1877—1951），中文名柳士廉。日本山形人。早稻田大学教授，后任早稻田大学中国留学生主事。著有《支那语助辞用法》《东亚外交史

---

① 杨琥. 夏曾佑集：下册 [M]. 上海：上海古籍出版社，2011：775.
② 李明勋，尤世玮. 张謇日记 [M]. 上海：上海辞书出版社，2017：603.
③ 陈诗. 吴北山先生年谱（续）[N]. 时报：文艺周刊，1919-12-16（14）.
④ 李明勋，尤世玮. 张謇日记 [M]. 上海：上海辞书出版社，2017：603.
⑤ 日本早稻田大学中国留学生章程纪要 [J]. 东方杂志，1905（4）：90.

论》等。

三月初一日（4月5日），上午，夏曾佑来访。

夏曾佑《日记》初一日：晨访石芝、甘卿、彦复，大索澜生不得。①

三月初六日（4月6日），张謇至上海，访张謇。与张美翊、恽禹九、诸以仁同送张謇至舟。

《张謇日记》：六日。六时二刻去宋季，附"仁和"往沪，三时至。至则丹揆、理卿、曾少卿、夏剑臣、熊季廉、樊时薰、吴彦复、袁伯揆、陈兰薰、许廷献诸人来谈，尚有恶客数人，亦周旋之。与海观察使讯。复易园、让三讯。十一钟至舟（江永）。让三、禹九、彦复、兰孙同送至舟。小车中有诗一首。②

恽禹九（1865—1926），字毓昌。江苏武进人。入张勋幕。

三月十一日（4月15日），高田早苗来访。

孙宏云《高田早苗与清末中日教育交流》：15日，访问商务印书馆，与原亮三郎商谈发行中文讲义录事，拜访工部尚书钦差商约大臣吕海寰以及吴长庆之子吴保初。③

三月廿七日（5月1日），下午，与夏曾佑、伍光建游张园。晚，与伍光建、丁惠康、狄葆贤、周维桢及夏氏饮于雅叙园。

夏曾佑《日记》：二十七日。晴。下午与君遂、昭宸往味莼。晚与君遂、昭宸、叔雅、楚青、千丞饮雅叙。④

四月十二日（5月15日），晚，与夏曾佑、何熙年游张园。

夏曾佑《日记》：十二日。晴。菊生来。晚与彦复、春台至张园一游而归。⑤

四月十三日（5月16日），晚，访夏曾佑。

夏曾佑《日记》十三日：晚彦复来。⑥

四月十九日（5月22日），下午，夏曾佑来访。

夏曾佑《日记》：十九日。晴。下午出门，访菊生、彦复。⑦

五月初一日（6月3日），下午，夏曾佑来访。

---

① 杨琥. 夏曾佑集：下册[M]. 上海：上海古籍出版社，2011：775.
② 李明勋，尤世玮. 张謇日记[M]. 上海：上海辞书出版社，2017：604.
③ 孙宏云. 高田早苗与清末中日教育交流[J]. 史林，2012（06）：103-115，187. 是文所记高田早苗之日程主要依据《半峰先生游支消息》，即高田致其妻之手札，较为可靠。
④ 杨琥. 夏曾佑集：下册[M]. 上海：上海古籍出版社，2011：776.
⑤ 杨琥. 夏曾佑集：下册[M]. 上海：上海古籍出版社，2011：776.
⑥ 杨琥. 夏曾佑集：下册[M]. 上海：上海古籍出版社，2011：776.
⑦ 杨琥. 夏曾佑集：下册[M]. 上海：上海古籍出版社，2011：777.

夏曾佑《日记》五月初一日：下午访彦复，略坐而出。①

五月十一日（6月13日），下午，访夏曾佑。

夏曾佑《日记》十一日：下午归，彦复来，即去。②

五月十五日（6月17日），下午，夏曾佑来访，未遇。

夏曾佑《日记》：十五日。晴。下午菊生来，朱肯甫来。访彦复不遇，访颂谷，客坐而归。③

五月十八日（6月20日），下午，夏曾佑来访，未遇。

夏曾佑《日记》十八日：下午访君遂不遇。④

五月廿一日（6月23日），下午，夏曾佑来访，未遇。

夏曾佑《日记》二十一日：下午访君遂、季廉、剑丞，皆不遇。⑤

六月初六日（7月8日），纳妾彭嫣。

陈澹然《彭嫣别传》：乙巳夏五月，大宴诸名士。闻菊仙名招之，座客争索曲。……翼日菊仙病大作，门巷萧寥，而彦复独至，见厥状悯之，奔走求医，病乃愈。……菊仙既归，年二十四，时六月六日也，彦复自为《天贶因缘记》纪其事。定情之夕，索为词，遂谱《满庭芳》为宠赉。菊仙大喜，曼声谱其词，手琵琶侑酒为乐。浙中朱祖谋、江西陈三立壮其事，咸为诗词称之，诸名士作者尤众。菊仙既归，复彭氏，更名嫣，师三立为诗弟子。彦复以书法篆刻授之，嗜金石词章尤挚，盖自是嫣名遂播公卿间。⑥

朱祖谋《好事近（彭嫣词为北山楼主人赋）》：眠雨茂陵秋，曾赋上林游猎，谁乞金茎澄露。疗琴心消渴。　相哀几辈赖云鬟，高楼句愁绝。亲伴鸱夷一舸，胜双清玙札。（事见海藏楼诗。）彊村。⑦

【按】"亲"，旁有"肯"字。是词白敦仁《彊村语业笺注》收录于《附录二彊村集外词》，据彭嫣事暂系于此。

六月十三日（7月15日），访汪诒年。

---

① 杨琥.夏曾佑集：下册［M］.上海：上海古籍出版社，2011：777.
② 杨琥.夏曾佑集：下册［M］.上海：上海古籍出版社，2011：777.
③ 杨琥.夏曾佑集：下册［M］.上海：上海古籍出版社，2011：777.
④ 杨琥.夏曾佑集：下册［M］.上海：上海古籍出版社，2011：778.
⑤ 杨琥.夏曾佑集：下册［M］.上海：上海古籍出版社，2011：778.
⑥ 陈澹然.彭嫣别传［M］//汪石庵.香艳集.上海：广益书局，1913：1-4.
⑦ 刘凤桥，徐晓飞.清及近现代名人书法与辨伪［M］.沈阳：万卷出版公司，2004：20.

夏曾佑《日记》十三日：夜访颂谷，晤道士、昭扆、菊生、彦复、季廉、公达。①

六月十六日（7月18日），吴俊复函陈浏。陈言吴俊于没先生之石，吴言彼乃先生赠润。

陈浏《寂园说印》：湖州吴昌硕大令（俊卿）摹印有时名，朱曼君孝廉（铭盘）亟奖之。余藏酱油青田、猪油寿山，甚多。举以相属，竟不能得其一字，且石亦不返。大令复函千余言，故可诵也。②

《附昌硕复函》：

寂园先生足下：京华违关，积有岁年，忽奉惠缄，如亲绪论。敬审令闻远播，卓勚济时，乘槎衣绣，期在指顾，至慰至慰！仆浮沉下吏，略无善况，五十始衰，逮兹弥甚。耳目之司，手足之运，都类作废。行年六十有二，犹以微粞，留滞吴下，如何如何。昔在都时，承以印石见属，忽次未遑细检，颇忆既多且巨。不欲有辜台命，辄袖以归，拟俟暇日奏刀。丙丁之间，榷税枞阳。适遭大水，几溢室庐，略如吾乡铁桥老人官睦州时情景。图书箧笥，悉委洪流。仆方困疾，老妻挟之出险，觅舟离皖，身外之物，势不及省措，朋好之索书画与摹印者，多弃于是，正不独媿〔愧〕对执事而已。比适苏闻，大病几绝，得陈莲舫征君百方治之，迺〔乃〕获至于今日。其未能一一通函道歉，亦可谅也。事阅多年，足下催索固宜，相责亦当。而循绎数四，有难索解者。足下谓仆一去杳然，且谓二次入京，避不一面。区区数印，刻不刻何常之有？何致窘同亡命，畏等责逋？长安人海，还往频仍，未睹清尘，辄来奇谤，所未喻也。足下又谓屡次邮催，均置不答。弟江淮苏沪，以官为家，其在苏则昔居大石头巷，今寓桂和坊，不识君所谓大井巷者，因何讹传？且不知邮书究有几次，仆未经寓目，缘何作答。来札洵词严义正矣，奈此印已不能问诸水滨，微足下言，仆已早忘，六与十三之数，更不知何者为酱油、猪油之品。虽曰文人游戏，仆良负疚，傥坐是而滋口舌，足下主持风雅，必不愿施诸衰龄末秩无足轻重之人也。足下又云，深知久不奏刀，不敢劳尊刻篆。末言事隔太久，决不再要刻面。弟遇有知好，向衹〔只〕勉刻数字，本属怡情之物，无烦赝鼎之陈。回忆春明雨夕，召饮街楼，盛谊高情，事同萧赚，思之亦颇汗颜。足下日居清祕之中，珍玩尚为易办，此足为仆解免者耳。足下又云，当时如刻印得半，当援吴武部（后为北山比部）之例，而以仆所涎之英石峰相饷。仆未病时，卖文自给，单列

---

① 杨琥. 夏曾佑集：下册［M］. 上海：上海古籍出版社，2011：778.
② 江浦寂园陈浏. 寂园说印［N］. 金刚钻，1934，1（6）：3.

润金。武部赠润既多，所镌不少，而留以自享者，实不止一半之数，似无所谓比例。要之沦于水厄，究与实在干没者不同。自荷鉴原，奚烦辩难。况英石一峰，依然峙在高齐，尤可免东坡、晋卿之往复矣。弟四十年来，悔习雕琢，媿〔愧〕非壮夫。今且有此一段公案，无怪足下发平情之论，仆蒙负友之讥。武部在沪，君厚方归，质之两贤，定为一喟。石既不存，何敢受润？藉〔借〕提奉缴，借道歉怀。弟吴俊卿顿首。光绪三十一年六月十六日。①

陈浏《得吴昌硕大令（俊卿）乞哀书》夹注："此《乞哀书》所由来也，吾宗未抚苏以前，大令概置不理。""余于祁氏斋中见余石章，则大令所赠，翁、李尚书家皆有之，而余未得其一字。""君没吴罂石无算，罂笺至斥为吴令。""余有英石峰绝巨，昌硕涎之曰：我号苍石，当以之归我。径欲捆载以去。不许。""君以所刻印献之江苏巡抚赵舒翘，辄抵置案底。"②

六月廿一日（7月23日），晚，与张謇、夏曾佑、狄葆贤兄弟饮于一品香。

夏曾佑《日记》二十一日：晚与季直、君遂、楚卿兄弟饮一品香。③

七月初三日（8月3日），晚，夏曾佑来访。

夏曾佑《日记》初三日：晚访君遂。到馆。④

七月二十日（8月20日），同盟会成立。其后，吴炎世、弱男、亚男均为会员。

冯自由《中国同盟会最初三年会员人名册》：乙巳中国同盟会成立后，其会员盟书照章应由东京本部保存。……民国后，天炯隐居兴宁故里多载，死后所藏同盟会初期三年会员人名册幸未遗失，其介弟晓晖于民国十七年九月由乡居抄寄中央党史编纂委员会，册内所列姓名共计九百六十人。照录如左：安徽省……吴炎世庐江……吴亚男庐江……吴弱男庐江……以上共计九百六十人，乙巳、丙申、丁未三年在东京本部加盟者什九在此册内。在香港加盟者，只有总理亲自主盟之陈白等八人，其余盟书皆由香港分会自行保存。此外国内各省及海外各埠因邮寄不便，亦多各自负责保存，未缴呈本部。故上列名单以本部所收到盟书未限。⑤

七月廿二日（8月22日），上午，夏曾佑来访。

---

① 江浦寂园陈浏. 寂园说印［N］. 金刚钻，1934，1（6）：3-5.
② 陈浏. 江关后集：微觉楼诗［M］//李兴盛，齐书深，赵桂荣. 陈浏集：外十六种. 哈尔滨：黑龙江人民出版社，2001：310.
③ 杨琥. 夏曾佑集：下册［M］. 上海：上海古籍出版社，2011：779.
④ 杨琥. 夏曾佑集：下册［M］. 上海：上海古籍出版社，2011：779.
⑤ 冯自由. 革命逸史：第六集［M］. 北京：中华书局，1981：63-86.

夏曾佑《日记》：二十二日。雨。晨至编译所访菊生。……访吴君遂。饭后浩吾来，即去。①

八月廿五日（9月23日），张謇致书先生。

《张謇日记》二十五日：与彦复讯。②

八月廿八日前（9月26日前），离沪赴津。经母王太夫人之劝，为袁世凯食客。有诗《乙巳八月将去沪作》。

陈诗《乙巳初秋，北山先生赴都，赋诗留别沪渎云："被发佯狂空尔为，此身此世亦堪悲。明朝无那金门去，如此江湖却付谁？"读之悢然，辄赋一绝奉和》：风尘黯淡欲何之？强别还应倒一卮。孤榜空江闻落叶，满帘凉雨梦回时。③

【按】吴保初曾致书袁世凯云："家慈命治縢屩，投止幕府，长揖将军之侧，滥芋食客之班，以视槁卧海滨，计亦良得。保初以为老亲健饭既阙旨甘，游子远行更劳寤寐。弟之踟蹰满志不能洒然长征者，盖以此也。至于扬子一带，轮舶所通，朝发夕至，殊便托足无为。"④

八月廿八日（9月26日），宋恕自欧阳柱处得知先生已赴天津，应袁世凯之招参谋教育。

宋恕《致孙季穆书》（光绪三十一年九月初一日）：至廿八早起，……是日上半日，途中又遇沈戟仪，邀往茶馆小坐略谈。出中外报馆后，再往石芝处夜饭，菜甚好。饭后询知吴君遂已往天津，而陈子言尚在沪，遂呼车偕余往访，相见谈诗甚喜，送我刻本近作及今人诗选数部。（闻子言说：东抚杨氏亦皖人，翰林出身，但亦由攀附袁氏而得意者。）⑤

宋恕《致孙季穆书》（光绪三十一年九月廿八日）：袁氏近年以威权太盛，于实力之外兼欲博取虚声，又思广罗名士以歌其功、颂其德，故于秋间招吴君遂入津参谋教育，此次力请竹公去亦是此意。⑥

---

① 杨琥. 夏曾佑集：下册[M]. 上海：上海古籍出版社，2011：780.
② 李明勋，尤世玮. 张謇日记[M]. 上海：上海辞书出版社，2017：614.
③ 陈诗. 尊瓠室诗：卷一[M]//徐成志，王思豪，编校. 陈诗诗集. 合肥：黄山书社，2010：75.
④ 刘凤桥，徐晓飞. 清及近现代名人书法与辨伪[M]. 沈阳：万卷出版公司，2004：34.
⑤ 胡珠生. 宋恕集：下册[M]. 北京：中华书局，1993：740.
⑥ 胡珠生. 宋恕集：下册[M]. 北京：中华书局，1993：748.

《北山吴保初历略》：乙巳秋，遂不得不之津以依袁矣。继而党禁稍宽，君得往来京津间，徜徉自适。①

陈诗《吴北山先生家传》：乙巳秋，游津门，依今大总统项城袁公及直督泗州杨文敬公士骧以居。②

八月，易名瘿，号瘿公。

《陈谱》：八月，挈家赴天津，依袁公以居。先生易名曰瘿，自号瘿公。是时顺德罗主政惇曧曧客天津，亦号瘿公，一时有"两瘿公"之称。③

看云楼《佣余漫录》：亡友罗椒〔掞〕东先生，别号瘿公。负诗名二十年，与吴北山先生善。北山亦号瘿公，时曰"两瘿"，尝作《两瘿传》，遗稿归其婿章行严士钊。椒〔掞〕东在时，行严以《两瘿传》示之。椒〔掞〕东为书长跋，写作双佳，弥足珍也。④

狄葆贤《平等阁诗话》：幽燕一时有两瘿公，皆南人羁旅者也。吴瘿公近以罗瘿公《绛都春》词见寄，题为《辛仿苏属题青衫捧研图》。⑤

陈蜕士《单云阁诗话》"一二七"条：晚号瘿公，与罗瘿公为二人。⑥

八月，作《北山楼诗自序》，自识云："光绪乙巳八月，庐江吴瘿。"⑦

十月中上旬（10月28日—11月16日），夏曾佑致书汪康年，请汪代其函询先生，袁世凯相召究为何事。

夏曾佑《致汪康年书（八十二）》：李钦使告兄之语，弟亦非无意于此，惟其事未必确，俟得电再商。彦复之说望告，以项城当代伟人，若相召必往，惟作何事？望先示及。（此意请兄先函告彦复，弟自再作函迳〔径〕告之。）（十月廿五到）⑧

【按】杨琥注云："此函未署年份，李盛铎（李钦使）被任命为出洋考

---

① 北山吴保初历略[N]. 益世报（北京），1926-10-24（8）.
② 吴保初. 北山楼文[M]//吴保初. 北山楼集：卷三. 陈诗，辑. 铅印本. 民国二十七年：1.
③ 陈诗. 吴北山先生年谱（续）[N]. 时报：文艺周刊，1919-12-16（14）.
④ 看云楼. 佣余漫录[N]. 申报，1929-12-04（17）.
⑤ 吴忱，杨焄，点校. 平等阁诗话：卷二[M]//张寅彭. 清诗话三编：第十册. 上海：上海古籍出版社，2014：7076-7077.
⑥ 陈蜕士. 单云阁诗话[M]//王培军，庄际虹. 校辑近代诗话九种. 上海：上海古籍出版社，2013：323.
⑦ 吴保初. 自序[M]//吴保初. 北山楼集：卷二. 铅印本. 民国二十七年：1.
⑧ 杨琥. 夏曾佑集：上册[M]. 上海：上海古籍出版社，2011：483.

察究政之大臣事，在1905年，故知此函作于乙巳（光绪三十一年）十月上中旬"①。

十月三十日（11月26日），《民报》创刊。
约十二月初九日（1906年1月3日），照相。
陈诗题《北山楼集》书前小照云：光绪乙巳。吴北山先生三十七岁小象〔像〕。门人陈诗敬题。②

【按】吴保初生日为十二月初九日，则照相约在此前后数日内。

十二月十三日（1906年1月7日），宋恕向杨士骧推荐国文学堂监督汤寿潜、蔡元培、孙诒让、陈黻宸、孙宝瑄、丁惠康、陈三立、潘鸿、严复、陶濬宣、俞明震、王咏霓、钱恂与先生等十四人。宋恕时任山东处议员兼办文案。

宋恕《推荐国文学堂监督人选禀（十二月十二日起稿。十三日定稿付钞）》：前刑部实缺主事吴保初，系安徽籍，为已故提督吴公长庆之子，性情俳侧〔恻〕，风骨清刚，学识超伦，词章拔俗。③

十二月三十日（1906年1月24日），有诗《题范无错诗集》。

【按】陈诗所辑三卷本《北山楼集》系此诗于光绪三十二年。查此诗原稿云："客腊，无错恒化于扈，余既作诗哭之。日者子言、剑成来告，云为醵赀〔资〕谋刻其遗稿，并索题句。欲书数语，而心如废井，竟无一字；欲欤助若干，而家如悬磬〔罄〕，不名一钱。岁暮怀人，弥更于色。因率成一绝，聊附末简云。除夕作。'通州大范吾尤昵，肮脏江湖二十年。身后声名终寂寞，卷中佳句几人传。'末句一作'空余欷吐世争传'，又作'文章憎命世空传'。"④

查孙建《范伯子年谱简编》，范当世于光绪三十年甲辰（1904年）十

---

① 杨琥. 夏曾佑集：上册 [M]. 上海：上海古籍出版社，2011：483.
② 见民国二十七年铅印本《北山楼集》书前小照。
③ 胡珠生. 宋恕集：上册 [M]. 北京：中华书局，1993：401.
④ 吴保初. 简札墨迹 [M]//吴保初. 北山楼集：卷三. 陈诗，辑. 铅印本. 民国二十七年：5-6.

二月初十日寅时吐血身亡①。"余既作诗哭之"指《哭范无错》，为光绪三十年之作。既云"客腊，无错恒化于扈"，则此年当为三十一年乙巳（1905年）。又云"除夕作"，则此诗应作于光绪三十一年十二月三十日。

冬，有诗《津桥》。

【按】据"风雪漫天驴背稳"②系于此。

岁暮，有诗《阅〈平等阁诗话〉，录余己亥客鄂中题〈奥簃集〉一绝，并引符娄道希戏书断句。江湖浪走，今道希已归道山，溯念前游，恍如梦寐，因书一绝于后》。

狄葆贤《平等阁诗话》：乙巳岁暮，君遂在津门，于报端读吾诗话，感奥簃（周君集名）、符娄（沈君别号）之不可见，而道希学士亦归道山，复成一绝云："汉上题襟事已徂，江湖岁晚渺愁予。南华误却方城尉，敢道南华是僻书。"更录于此，用资谭〔谈〕薮。③

【按】"题奥簃集一绝"即《题周彦升广文诗卷》，事见前。

是年，释敬安赠诗。
释敬安《吴北山由日本还申作此奉寄》：见说乘槎万里行，胜游知己遍东瀛。掀天波浪供吟啸，出窟鲵鲸候送迎。花近高楼伤往事（中东和议成于春帆楼，有吴挚甫题"伤心处"三字于此楼云），云归绝巘怆余情。遥怜黄浦江边月，应为哀时黯不明。④

编年诗
1.《玄海滩》

---

① 马亚中，陈国安，校点. 范伯子诗文集：下［M］. 修订本. 上海：上海古籍出版社，2015：596.
② 吴保初. 北山楼诗续集［M］//吴保初. 北山楼集：卷二. 铅印本. 民国二十七年：6.
③ 吴忱，杨焄，点校. 平等阁诗话：卷一［M］//张寅彭. 清诗话三编：第十册. 上海：上海古籍出版社，2014：7024.
④ 释敬安. 八指头陀诗续集：卷五［M］//段晓华，校点. 八指头陀诗文集：上册. 上海：上海古籍出版社，2016：323.

2. 《晓望富士积雪》

3. 《归舟松平康国询及挚父京卿因赋一绝答之》

4. 《乙巳八月将去沪作》

5. 《津桥》

6. 《阅〈平等阁诗话〉，录余己亥客鄂中题〈奥籤集〉一绝，并引符娄道希戏书断句。江湖浪走，今道希已归道山，溯念前游，恍如梦寐，因书一绝于后》

7. 《题范无错诗集》

光绪三十二年丙午（1906 年）　　三十八岁

正月廿二日（2 月 15 日），下午，孙宝瑄来访，丁惠康亦在。先生时任电话局总办，旅居龙亭西。

《孙宝瑄日记》二十二日：饭后，……诣彦复。彦公以电话局差，旅居津城内龙亭西，虽月获银饼二百枚，犹道贫状。家新蓄一姬，通历史，工诗词，风雅卓荦，而困于病。彦复以故郁郁不自得。时叔雅亦来津，相遇于彦复家。余与二君略谈，俄去。①

【按】"新蓄一姬"指彭媽。

宋恕《丙午日记》二月二十日：二十日午下，守又来。沈小沂续来，与守晤，共谈，始闻君遂为德律风总办，及伯莼为金陵学务处参议，季廉为江西铁路驻沪总办之事。②

正月廿七日（2 月 20 日），孙宝瑄为先生书六言联。

《孙宝瑄日记》二十七日：是日，作日记，为吴彦复书六言联，即余所集句："席松叶，枕白石；垂长衣，谈清言。"③

三月初五日（3 月 29 日），晚，孙宝瑄复书先生。

《孙宝瑄日记》五日：晚，归作复彦复书，又作日记。④

闰四月，经毛庆藩举荐，袁世凯令先生与罗正钧及毛氏电邀陈三立北游观

---

① 童杨. 孙宝瑄日记：中册 [M]. 北京：中华书局，2015：883.
② 胡珠生. 宋恕集：下册 [M]. 北京：中华书局，1993：965-966.
③ 童杨. 孙宝瑄日记：中册 [M]. 北京：中华书局，2015：884-885.
④ 童杨. 孙宝瑄日记：中册 [M]. 北京：中华书局，2015：902.

政。陈三立赠诗《过天津戏赠瘿公》(酸儒不值一文钱)①。

陈寅恪《戊戌政变与先祖先君之关系》：袁氏知先君挚友署隶布政使毛实君丈(庆蕃)，署保定府知府罗顺循丈(正钧)及吴长庆提督子彦复丈(保初)，佽项城党隶总督杨士骧寓天津皆令其电邀先君北游。先君复电谓与故旧聚谈，固所乐为但绝不入帝城。非得三君誓言决不启行。三君遂复电谓止限于旧交之晤谈不涉他事。故先君至保定后(可参散原精舍诗卷下《光绪三十二年丙午四月下旬至保定。越闰月二日实君布政兄宴集莲花池。》及《赠顺循》诗)至天津，归途复过保定(可参同书同卷《保定别实君顺循，三日至汉口登江舟望月》诗)，遂南还金陵也。②

狄葆贤《平等阁诗话》：北山楼主人一字瘿公，贫居沪渎有年。昨岁有北里彭嫣者，耽其风概，委身事之，旋相从北去。今夏，义宁公子过津门，戏赠以二绝句云："酸儒不值一文钱，……喜心和泪说彭嫣。"又"彭嫣非独怜才耳，……弥天四海为沉吟。"虽戏语，其意弥深，录之以存佳话。③

【按】陈寅恪所记有疏误，参见李开军《〈寒柳堂记梦未定稿〉陈三立保定之行一节之疏证》④。

五月初八日(6月29日)，章炳麟刑满出狱。章氏后赴日本东京，任《民报》主编。

五月廿四日(7月15日)，留日学生于神田锦辉馆为章炳麟举办欢迎会，吴弱男发表演说。

宫崎寅藏《宫崎滔天年谱》：七月十五日。在章炳麟欢迎会(于神田锦辉馆)演说，参加者中国留学生等一千六百人，其他演说者还有清藤幸七郎及其夫人高、萱野长知、覃鲤门、田桐、吴弱男、章炳麟；章炳麟住于番集町三十四番地清国人宿舍。⑤

---

① 陈三立. 散原精舍诗续集卷下 [M]//李开军, 校点. 散原精舍诗文集：上. 增订本. 上海：上海古籍出版社, 2014：190.
② 陈寅恪. 寒柳堂集：上册 [M]. 上海：上海古籍出版社, 1980：182.
③ 吴忱, 杨焄, 点校. 平等阁诗话：卷一 [M]//张寅彭. 清诗话三编：第十册. 上海：上海古籍出版社, 2014：7033.
④ 李开军.《寒柳堂记梦未定稿》陈三立保定之行一节之疏证 [J]. 近代史研究, 2016(1)：154-159.
⑤ 宫崎滔天, 近藤秀树. 宫崎滔天年谱 [M]//宫崎滔天书信与年谱——辛亥革命之友的一生. 程鹏仁译. 台北：台湾商务印书馆, 1982：124.

八月，孙元托周作人将黄砂茶壶与羊皮背心带给宫崎寅藏，请其转交吴弱男。周作人因语言地理障碍，请周树人代送。

周作人《鲁迅与日本社会主义者》：据我所记忆那时是一九〇六年的初冬吧。当时我同鲁迅往东京去，有在南京相识，在做革命运动的朋友寿州孙竹丹，托我带两样东西，说是亲戚吴家有女儿吴弱男在日本留学，这是带给她去的。这是一把黄砂的茶壶和一件羊皮背心，叫我送给宫崎寅藏，请他转交。……我因语言不通，地理不熟，不能去送，乃由鲁迅代去，找到宫崎滔天，谈得很是投机。①

【按】查《宫崎滔天年谱》，周树人至革命评论社在10月1日，即八月十四日："十月一日'矶风'、野崎某、周树人（鲁迅）来社。"②周作人或误记。

秋，吴炎世毕业归国。

陈诗《庐州诗苑·尊瓠室诗话》"吴炎世"条：丙午秋，毕业归，纳粟为候选知府。③

十一月十七日（1907年1月1日），吴亚男访宫崎寅藏。

宫崎寅藏《宫崎滔天年谱》：一月一日。发行"革命评论"第七期。孙竹丹、吴亚男、刀安仁、萱野长知等来贺年禧，加上宋教仁会饮。④

十一月廿九日（1907年1月13日），下午，孙宝瑄来访，询丁惠康行迹。

《孙宝瑄日记》二十九日：薄午，到，卸装长发栈。往饮于德义楼。……俄又访彦复，遇菊生，又晤彦东。观彦复姬人刻图记，一姬悬腕书隶，风雅绝世。晚，归栈。⑤

《孙宝瑄日记》十二月十七日：薄午，访叔雅谈。余初疑叔雅返粤，前在津晤彦复，始知犹在都也。⑥

---

① 周遐寿.鲁迅与日本社会主义者［M］//鲁迅研究室.鲁迅研究资料：三.北京：文物出版社，1979：288-289.
② 宫崎滔天，近藤秀树.宫崎滔天年谱［M］//宫崎滔天书信与年谱——辛亥革命之友的一生.程鹏仁译.台北：台湾商务印书馆，1982：128.
③ 陈诗.庐州诗苑：卷五［M］.铅印本.庐江：陈氏，民国十五年：30.
④ 宫崎滔天，近藤秀树.宫崎滔天年谱［M］//宫崎滔天书信与年谱——辛亥革命之友的一生.程鹏仁译.台北：台湾商务印书馆，1982：134.
⑤ 童杨.孙宝瑄日记：中册［M］.北京：中华书局，2015：1029.
⑥ 童杨.孙宝瑄日记：中册［M］.北京：中华书局，2015：1037-1038.

十一月，罗振玉手拓并题赠汤若望手制《新法地平日晷》拓本。

罗振玉《汤若望手制〈新法地平日晷〉拓本》款识：汤若望手制日晷，青玉所作。乙巳夏得于吴中顾氏。丙午仲冬，手拓一纸，奉瘿公清玩。罗振玉题记。时同客津沽。①

十一月，罗惇曧赠先生诗轴。

《罗惇曧诗轴》：大道朱轮不再逢，六时回梦记惺忪。画阑扪遍无人见，狼藉桃花积几重。吴瘿属录旧作。丙午冬十一月。罗瘿。②

十二月，吴炎世赴日研究监狱学。

陈诗《庐州诗苑·尊瓠室诗话》"吴炎世"条：岁暮，过沪相见，自云复赴日本补学半年。③

陈诗《吴公穆太守炎世留学日本有年，研究监狱学，备极勤瘁，归来遽卒，诗以哀之》④。

是年，有诗《偶书》《哀陈子修（于勤）》。

【按】《偶书》"香云爱写香光帖，咸子闲临宝子碑"句自注云："香云、咸子，姬人彭嫣、王姹字也。"⑤《哀陈子修（于勤）》亦收录于陈诗《尊瓠室诗》，诗下自注云："子言以哭弟诗见寄，有'惨淡为国谋，驰驱功无成'语，沉痛而出以忠厚，一时人士胥为叹惋。"⑥

陈于勤（1871—1906），字子修。陈诗五弟。年十五，至水师学校学驾驶。官至海军守备。光绪二十九年（1903年）任秦王岛巡警官，曾赴旅顺侦查俄兵虚实，归舟中俄炮，以善泅获免。及转陆军，长官以其才高不能曲意逢迎中伤之，不录其功，遂辞去。后为杨士骧随员，署安东卫都司警政。其判讼明辨曲直，县民颂之为"陈青天"。后以劳卒，年三十六。生平详见陈诗《静照轩笔记》《哭五弟子修诗（并序）》。

---

① 2587 罗振玉（1866~1940）手拓并题赠吴保初 汤若望手制日晷拓本［EB/OL］. 西泠印社拍卖有限公司，2018-12-16.
② 刘凤桥，徐晓飞. 清及近现代名人书法与辨伪［M］. 沈阳：万卷出版公司，2004：72.
③ 陈诗. 庐州诗苑：卷五［M］. 铅印本. 庐江：陈氏，民国十五年：30.
④ 陈诗. 尊瓠室诗：卷一［M］//徐成志，王思豪，编校. 陈诗诗集. 合肥：黄山书社，2010：91-92.
⑤ 孙文光，点校. 北山楼集［M］. 合肥：黄山书社，1990：71.
⑥ 陈诗. 尊瓠室诗：卷一［M］//徐成志，王思豪，编校. 陈诗诗集. 合肥：黄山书社，2010：88.

是年，吴弱男、吴亚男至党部谒孙文。

冯自由《胡汉民之谐诗》：胡汉民有辩才，善诙谐。……戊申（一九〇八年）居新加坡时，尝撰谐诗一律赠邓慕韩，至今犹传诵人口，诗云：……吓走金表大有人。……述丙午年（一九〇六年）某日东京同盟会开干事会，有吴弱男、吴亚男姊妹至党部谒总理，衣洋服，挂金表，以英语向总理详谈，娓娓不休，迄摇铃声动，二女仍不告退。慕韩乃手持价值二百余元之大金表，告总理以开会时刻，二女始匆匆兴辞。慕韩谓此举全靠大金表吓走小金表之力。①

编年诗
1. 《和定山杂诗》
2. 《偶书》
3. 《寄炎儿江户》
4. 《偶书》
5. 《哀陈子修（于勤）》

光绪三十三年丁未（1907年）　三十九岁

五月初二日（6月12日），下午，孙宝瑄来访，为先生书扇，并示其诗。晚，随孙至祠中与孙宝琦小谈，并留晚食。夜，与孙观剧。

《孙宝瑄日记》二日：晴，叔耘来，将归京，来与慕兄一揖而别。……余因访彦复，又半载不相见，谈久之，为其书扇，并自书所著之诗视之。彦复有古钱癖，搜求甚夥，往往典衣购置之，乐是不倦也。时在津地，为项城所困，金尽裘敝，穷无所告，神志消茶。晚，随余至祠中，待慕兄归，小谈，留晚食。夜，与余同出观剧，散归时已夜深。②

五月十一日（6月21日），下午，孙宝瑄作诗赠彭嫣。

《孙宝瑄日记》十一日：晴，归。浴身。得诗一首，赠彦复姬人彭嫣。盖彭嫣与吴瘿相识风尘中，遂以终身许焉。其人能诗，工篆刻，善书，风雅绝世，彦公亦引为佳友，征文及诗，遍海内名士。余亦赋五律一首赠焉，录如下："知己千秋感，无端遇此人。红颜非薄命，明月岂前身。饘粥朝犹给，文章君不贫。陶公遗业在，相送五湖滨。"（是晚，阴云四合，微闻雷声。）③

---

① 冯自由. 革命逸史: 初集 [M]. 北京: 中华书局, 1981: 189-190.
② 童杨. 孙宝瑄日记: 下册 [M]. 北京: 中华书局, 2015: 1106.
③ 童杨. 孙宝瑄日记: 下册 [M]. 北京: 中华书局, 2015: 1111.

五月廿五日（7月5日），张謇致函先生。先生卖马车以资南行。

张謇《致吴彦复函》（光绪三十三年五月廿五日）：马车托三人代觅买主，皆不能速，论值亦不能过尊夫人所说之半，不足副所乏，亦不足助南行。为吾弟计，不若以古钱赠通州博物馆，走为博物馆偿此钱值，俾利首途。其马车则交付一人，卖见若干归值于弟，为另一事。已去之人，走若稍暇，尚能踪迹一二，或者尚可追还卷去之物之一二，正未可知。惟尚须有叩之彭嫣者。彦复仁弟。謇顿首。五月廿五日。可否？盼复。①

六月十五日（7月24日），日韩签订《第三次日韩协约》。自此日本掌朝鲜内政。

约六月，陈浏寄《瓷鉴》。

陈浏《〈瓷鉴〉一卷寄北山》：一卷奇书寄与君，君嫣应喜读高文。邢冰越玉蛟龙影，均紫柴青蚓鳝纹。羞以浪游夸顿悟，苦无师说证前闻。史裁未许旁人拟，一例班香取次熏。②

【按】陈宁注云："《瓷鉴》：即《瓷学》，《匋雅》之初稿，全书共一卷。"③《匋雅原序一》自注云："《匋雅》，初名《瓷学》。"④ 陈浏《瓷学》云："草稿芜杂，有待编次，印而存之，以省钞胥云。□非定本也，故犹不欲辄以饷世云，丁未六月江浦陈孝威撰并识。"⑤ 姑系于此。《瓷学》与《匋雅》之异同，参见陈宁《〈匋雅〉版本流传考》⑥。

七月十四日（8月22日），下午，孙宝瑄来访，云姝亦在，先生述彭嫣事。

《孙宝瑄日记》十四日：晡，访彦复。有云姝者，海上旧相识，五六年不见，适来自都，不期而遇。三人纵谈。彦复又述其姬人彭嫣事甚详。晚，归。⑦

---

① 李明勋，尤世玮.张謇全集：第二册（函电上）[M].上海：上海辞书出版社，2012：216.
② 陈宁，校注.斗杯堂诗集[M]//陈雨前.中国古陶瓷文献校注：下.长沙：岳麓书社，2015：1110.
③ 陈宁，校注.斗杯堂诗集[M]//陈雨前.中国古陶瓷文献校注：下.长沙：岳麓书社，2015：1110.
④ 陈浏.匋雅：原序[M]//全国图书馆文献缩微复制中心.中国古代陶瓷文献辑录：第一册.北京：全国图书馆文献缩微复制中心，2003：166.
⑤ 陈孝威.瓷学[M]//全国图书馆文献缩微复制中心.中国古代陶瓷文献辑录：第四册.北京：全国图书馆文献缩微复制中心，2003：1884.
⑥ 陈宁.《匋雅》版本流传考[J].古籍整理研究学刊，2015（6）：61-64.
⑦ 童杨.孙宝瑄日记：下册[M].北京：中华书局，2015：1137.

七月十五日（8月23日），先生招饮于宝昌隆，座有云姝、魏𫓧、孙宝瑄。

《孙宝瑄日记》十五日：俄有报称，宝昌隆餐楼折简相邀。余意必彦复，赴焉，果遇彦、云二人。又有魏铁山者，名𫓧，亦知名士也。因共喧宴，良久始散。①

七月十九日（8月27日），宋恕登历山，怀先生，赠诗一首。

宋恕《寄怀吴君遂》（1907年8月27日）：不见吴君遂，人间又几年。流离依镇北，部曲出征南。深箧《潜夫论》，高门《美女篇》。何时具蓑笠？同上五湖船。②

七月二十日（8月28日），宋恕致书先生。

宋恕《致吴君遂书》（光绪三十三年七月二十日）：君遂先生有道侍史：昔人谓"三日不见叔度，则鄙吝复萌"，今不见先生者五年矣。每于往来沪上时从子言询起居，知诗隐长如故。惠寄新篇一二，俾沐浴庄诵百回，以稍消塞胸之鄙吝，幸甚！衡自扶桑归后，草游记数万言，抉发彼国所以遽能立宪之原因，颇多异于时流之论，以畏弹射，不敢出版，未获呈正！乙巳季秋，应泗州中丞之招入齐，蒙委充学务议员；及改分六课，复蒙委充专门课员。渔洋所谓"济南山水天下无，剩水残山亦自殊"者，幸得亲睹之。明末大兵曾屠济南，故渔洋云尔。今九域名区何处非残山剩水，济南之残剩优于秣陵，虽劣于临安，而殊则诚殊矣！"天下无"之评虽稍近私，则不认可也。泗州接属之勤，待士之谦，爱民之笃，一时开府除西林尚书外恐乏其比。然于事理太透过来，不敢放手兴革，且相助为理之司道，除前臬连公甲外，德量志识未有能及其十一者，有堂无司，尤为恨事！衡在此落落寡合，郁郁不乐。客冬禀院辞差，蒙温慰坚留，而吴（筠孙）、朱（益藩）、方（燕年）三提学，气味皆不相投。公所中最老之文案（改充总务课长，把持一切）周直刺拱藻尤相憎嫉，如谚所谓"眼中钉"，不得已取法昔人"万事不理看湖水"矣！知念略闻！昨登历山，忽忆故人，吟成一律，即录以上。敬颂著安不宣。宋衡拜白。七月二十日。叔雅先生现在何处？频通问否？便乞致候！③

七月廿一日（8月29日），宋恕寄信并诗。

宋恕《丁未日记》：廿一日，寄吴君遂信一件，附诗，双，到。④

七月，吴炎世谒朝鲜武壮祠，其后赴津。

---

① 童杨. 孙宝瑄日记：下册[M]. 北京：中华书局，2015：1137.
② 胡珠生. 宋恕集：下册[M]. 北京：中华书局，1993：889.
③ 胡珠生. 宋恕集：上册[M]. 北京：中华书局，1993：640-641.
④ 胡珠生. 宋恕集：下册[M]. 北京：中华书局，1993：978.

吴炎世《丁未秋七月，道出朝鲜，谒先大父武壮公祠（并序）》：炎世行抵汉京，时日本取朝鲜于囊中也。朝人狃于空名之故，不敢告亡。追忆先大父平韩之役，二十年间，国事转棋，百罹荐至，而朝鲜以优孟君臣首丁其厄。曾几何时，河山易主，祠堂蔓草，废垒荒烟，可以凄怆伤心者矣。用是作歌诉哀。①

【按】录自"彭嫣为瘿先生造"蓝十三行笺草稿。吴炎世诸诗详见附录五。

陈诗《庐州诗苑·尊瓠室诗话》"吴炎世"条：丁未秋归，绕道韩京，谒其祖武壮祠，赋诗有"肯将家世易丰貂"之句，盖伤仕途之杂也。至天津，省其父北山先生。适泗州杨文敬公（士骧）总制北洋，以武壮有旧恩，留之幕府。属草新政宪法章程，奏留直隶委用。②

陈诗《吴公穆太守炎世留学日本有年，研究监狱学，备极勤瘁，归来遽卒，诗以哀之》夹注：君尝游韩京，谒其祖武壮祠，赋诗纪事。③

八月初四日（9月11日），先生答宋恕诗。

吴保初《致宋恕书（四）》：《答平子登历山见怀之作》：侧闻今历下，开府揽豪英。被褐而怀玉，无人识宋衡。燕歌未云乐，鲁酒若为醒。一夕秋风里，相思白发生。录尘燕生先生教正。吴瘿上稿。④

【按】此函未署年月日。宋恕七月十九日作《寄怀吴君遂》。七月二十日作《致吴君遂书》称："昨登历山，忽忆故人，吟成一律，即录以上。"七月廿一日记云："寄吴君遂信一件，附诗"，据此知"信"即《致吴君遂书》，所附诗即宋恕登历山后所作五律《寄怀吴君遂》。此函所录《答平子登历山见怀之作》为吴保初之答诗，故应作于七月廿一日之后。查宋恕《丁未日记》，自七月廿一日而下，第一则与吴保初相关日记为八月初八日，

---

① ＊0752 吴炎世 武壮公祠序手稿四页［EB/OL］．雅昌艺术网，2015-12-19.
② 陈诗．庐州诗苑：卷五［M］．铅印本．庐江：陈氏，民国十五年：30.
③ 陈诗．尊瓠室诗：卷一［M］//徐成志，王思豪，编校．陈诗诗集．合肥：黄山书社，2010：91-92.
④ 胡珠生．《宋恕集》补编：附录三（宋恕亲友函札）［M］//胡珠生．东瓯三先生集补编．上海：上海社会科学院出版社，2004：191.

云："初八日，收吴君遂来信一封，天津初四发。"① 故疑此函即八月初四日所发之信。

八月，杨士骧移督直隶，延先生为幕宾。

《陈谱》：八月，东抚泗州杨文敬公士骧移督直隶，延先生为幕宾。文敬为故漕督殿邦之孙，家居淮安，少遭洪杨之乱。乱定，田园为豪强侵占，困甚。武壮时驻军徐州，闻其事，为白当道，力反其田，文敬遂执弟子礼。继与先生同官京师，缟纻弥笃，至是益敦夙昔布衣之好。②

秋，致书陈诗，赏曾习经之诗。

吴保初《与陈诗笺》：曾刚甫诗大进，词亦绝佳，然不轻于示人。朝士风雅，未为无人。君能一入宝山，必不空手。但仆则自甘放弃；然犹不免见猎心喜，时一触发痼疾耳。书至此，忽接季直八月间所寄缄，龙蛇满纸，使人神为一王望之，足下如云中白鹤回翔天际矣。保初再拜，子言足下。柴桑游斜川日。③

【按】"词"，初作"辞"，后点去；"痼"，初作"故"，后点去④。其后丁惠康致书吴保初，请为曾、吴之调人，并代曾氏道谢。书云："北山楼主人赐览：书来甚慰离索之感。大某久已风行海内，美不胜收，乃犹执谦若此。君之责望于蛰庵者太高，蛰庵极不敢当，然又恐拂雅意。不佞〔侫〕则请为调人，如伯严评《人境庐诗》之体例最合，公意以为何如？惺庵弟康顿首。刚甫属致意道谢。二月廿二。"⑤ 录自九华堂宝记制素笺二页。

秋，杨士骧赠诗《病中简吴彦复比部》（病里清谈强自宽）。诗下识云："丁未秋，泗州杨士骧。"⑥

十月初八日（11月13日），吴炎世毕业。

《法政速成科补习科卒业生姓名》：补习科。明治四十年十一月卒业。……

---

① 胡珠生. 宋恕集：下册 [M]. 北京：中华书局，1993：979.
② 陈诗. 吴北山先生年谱（续）[N]. 时报：文艺周刊，1919-12-16（14）.
③ 孙文光，点校. 北山楼集 [M]. 合肥：黄山书社，1990：132.
④ 吴保初. 简札墨迹 [M] //吴保初. 北山楼集：卷三. 陈诗，辑. 铅印本. 民国二十七年：6.
⑤ 0451 丁惠康 书法 [EB/OL]. 雅昌艺术网，2019-06-20.
⑥ 吴保初. 北山楼诗续集：书后一 [M] //吴保初. 北山楼集：卷二. 铅印本. 民国二十七年：10.

吴炎世（安徽）。①

《清国留学生法政速成科补习科卒业式》：本月十三日下午三时，于法政大学分校举行。当日由于总理梅博士不在，而由副教头富井博士授予卒业证书，并为卒业生中优等者颁发奖品，并发表学务报告，对卒业生致告别辞。②

十一月十八日（12月22日），吴炎世以喉疾卒于天津，年二十四。

《陈谱》：十月，炎世自日本留学归，以喉疾卒于天津，年二十四。炎世既学业，有用世志。归途游朝鲜谒武壮祠，经大连、旅顺而至天津。杨公方筹备宪政，命总其事。昕宵起草，不遑偃息，积劳致喉疾。医误为伤寒，进发散药，遂不起。③

陈诗《庐州诗苑·尊瓠室诗话》"吴炎世"条：十月，幽燕早寒，君拥炉作草，昕夕不休，竟得喉疾，七日而没，年甫二十四。④

陈诗《吴北山先生家传》：炎世原名世清，字公穆，早游庠序，后更名负笈东游，旋赴朝鲜，谒武壮祠，赋《感事》诗有"肯将家世易丰貂"之句。既归，官直隶知府，寒夜拥炉，草宪政章程，得喉疾卒，年甫廿四，时丁未冬也。⑤

陈诗《尊瓠室诗话》：嗣子世清，字仲穆。早岁游庠，才而贤。逾冠，东游留学，易名炎世。毕业归，绕道朝鲜谒武壮祠，赋诗有"肯将家世易丰貂"之句。甫出仕，为直隶候补知府，以喉疾卒于天津，年二十四，时丁未冬也。⑥

袁世凯《致吴彦复书》：

彦复二弟世大人阁下：均诵惠书，惊悉贤郎世讲逝世之耗，感怆曷已。回念贤郎世讲少有令誉，克承家学，曩昔相见，英光湛然。窃幸武壮有孙，执事有子，冀其策名登朝，聿有树立。此次学成归国，为贤帅契重，派办新政，正可展具襟抱，乃以小疾不起。玉镇则折，兰薰而摧，为时局惜人才，为君家惜贤嗣。吾弟至性悱恻，自难为怀。顾伯鱼先亡，及山阴涕；嬴博告逝，季札迴

---

① 日本法政大学大学史资料委员会编. 清国留学生法政速成科纪事［M］. 裴敬伟，译. 桂林：广西师范大学出版社，2015：159.
② 日本法政大学大学史资料委员会编. 清国留学生法政速成科纪事［M］. 裴敬伟，译. 桂林：广西师范大学出版社，2015：73.
③ 陈诗. 吴北山先生年谱（续）［N］. 时报：文艺周刊，1919-12-16（14）.
④ 陈诗. 庐州诗苑：卷五［M］. 铅印本. 庐江：陈氏，民国十五年：30-31.
⑤ 吴保初. 北山楼文［M］//吴保初. 北山楼集：卷三. 陈诗，辑. 铅印本. 民国二十七年：1-2.
⑥ 林建福，校点. 尊瓠室诗话：卷三［M］//张寅彭. 民国诗话丛编：第二册. 上海：上海书店出版社，2002：131.

〔回〕车。缅前贤之往事，知造物之不仁。无可奈何，聊引此以为解耳。尚望善卫起居，强为旷达，抑西河之恸，以承北堂之欢，幸甚幸甚。专泐奉慰，敬颂台祺。世愚兄袁世凯顿首。①

【按】录自朱笺草稿，据称谓拟目。

袁克定《致吴保初信札》：

彦复世叔大人阁下：前日得罗君来笺，报仲穆夭逝之耗，讽诵之下，疑骇交并。仲穆英才卓荦，潜心政学，方期明德之后，箕裘克绍，不意天不永年，骤而长逝。《易》称积善余庆，曷其爽欤！顷辱手教，敬承丈拟明春南归安葬，谨已代陈。家严连接函电，悼惜不已。定前日即函督练公所，属其赒助，想已照送。定与仲穆都门把握，曾未几时，遽成永别，思之测然。亡者不可复生，务蕲达观自遣，珍摄千万。世愚侄定顿首。初三日。②

【按】录自素笺草稿。

十一月廿四日（12月28日），陈诗得吴炎世病逝讯，致书先生。

陈诗《致吴保初书》：

夫子大人函丈：今日得刘府书，惊悉公穆兄遽尔谢世，怨哀欲绝。伏思穆兄志学卓然，可继德门后起，乃学成归来，竟一病不起。天时人事，相逼相乘，毋乃过酷耶？究未审是何病症，气体尚强，何竟不救？殆北方之风土不宜耶？医药不良耶？抑勉学成疾而亟不治耶？吾师平昔已幽忧成疾，愿少抑西河之恸，效蒙庄作达。摅其志事，以襮于当时，是所至祷。隆冬坚冰塞川，诗贫居未能即就送，趋侍左右，以释此悲。观戚然若负重咎，伏冀有以亮之。穆兄去冬及此次东游事实，均乞缕示，诗拟作一诗以挽之也。武壮公轶事，国史野乘语焉不详，诗窃以为憾，辄撰一诗，追述盛德，登之报章，兹截以呈阅。匆肃，伏惟为道珍卫。门下陈诗谨再拜上。十一月廿四日。③

【按】录自上海九华堂制红四行笺，四页。此函未署年份。函云："今

---

① 刘凤桥. 章士钊师友翰墨［M］. 沈阳：万卷出版公司，2005：89.
② 2541 袁克定 致吴保初信札［EB/OL］. 雅昌艺术网，2017-06-21.
③ 5241 陈诗 信札 镜心［EB/OL］. 雅昌艺术网，2017-04-28.

日得刘府书，惊悉公穆兄遽尔谢世"，则其时吴炎世病逝不久。吴炎世卒于本年十一月十八日，又函末署"十一月廿四日"，故此函当作于光绪三十三年十一月廿四日。

十一月廿八日（1908年1月1日），孙宝瑄自黄益斋处知吴炎世病逝。
《孙宝瑄日记》二十八日：禺中，访益斋，闻彦复有子之丧。①
十二月初一日（1908年1月4日），丁惠康致书先生，劝先生依方尔谦之法，将吴炎世之遗体移出外舍。
丁惠康《致吴保初书》：
彦复长兄足下：康由汉抵京，方顾致书一询近状，惊闻公有西河之痛。嗟乎！彼苍何酷，待吾辈至于此极耶！邅通闻知，同深哀感。而仆三世交情，尤觉悲不可抑。连日惝恍，若有所忘。今悲何待言，万乞依地山办法，令乃君暂行移出外舍，一省忧思。心惊胆战，不知所语，万乞筌之。弟康顿首。腊月朔。②

【按】录自花笺二页。据称谓拟目。据"令乃君暂行移出外舍"系于此。

十二月廿一日（1908年1月24日），陈诗致书先生。
陈诗《致吴保初书》：
夫子大人函丈：十八日思白由汉口到沪相见，传谕均敬悉。并读函稿，闻公呕血，殊念。如尚疾中带血，宜觅日医高手治之（初至津地者不可信）。若血已止，宜用食物清补。另纸开呈卫生诸方，可择用也。公穆临终睠睠〔眷眷〕，闻之愈益伤怀。诗孱躯犹存，必不有负故友。春暖当北来定其遗文，虽自顾憃然无所知，敢不竭虑尽能，编成宏帙。公穆新旧学兼长，宜并存以示后。咨议稿亦可录存，此亦新学见于行政之一也。埋玉树于土中，邑里黯然，言之陨涕。世境凄淡，栗栗坠渊之惧；疾风漂〔飘〕摇，悠悠芳草之思。驰书述心，他何足云。惟起居慎卫不二。门下士陈诗谨顿首上。十二月廿一日。③

---

① 童杨. 孙宝瑄日记：下册 [M]. 北京：中华书局，2015：1199.
② 3780 吴保初丁惠康等信札一批 [EB/OL]. 雅昌艺术网，2019-12-01.
③ 5235 陈诗 信札三通 镜心 [EB/OL]. 雅昌艺术网，2017-04-28.

【按】录自红十三行笺草稿,据称谓拟目。此函未署年。据"公穆临终睹睹〔眷眷〕,闻之愈益伤怀。"知其时陈诗自吴保初处闻吴炎世病逝详情。又末署"十二月廿一日",故系于此。

韩衍(？—1912),原名重,字思白①、一字蓍伯,别号孤云。原籍江苏丹徒,后入安徽太和。张謇门人。经张氏之荐入袁世凯之幕,任督练公所文案。光绪三十年(1904年)任安庆督练公所文案。三十一年(1905年)参与陈独秀之岳王会。宣统三年(1911年)创建青年军。民国元年(1912年)被枪杀于同安岭。曾创办《安徽通俗公报》《安徽船》《血报》等。有《天倪斋近体诗》《韩衍子》《蓍伯遗著》等行世。

编年诗
1.《答平子登历山见怀之作》
编年文
1.《与陈诗笺》

光绪三十四年戊申(1908年)　　四十岁

正月十四日(2月15日),上午,访黄益斋。知此时先生至京。

《孙宝瑄日记》十四日:益斋为余言:彦复已来,叔雅亦至。②

五月十二日(6月10日),宋恕得陈诗书,言先生仍在津幕。

宋恕《戊申日记》:十二日,接陈子言复信一封,附来《时报》二张,初八发,朱任法政监督,吴在津幕,《女会启》已登《时报》。③

五月廿三日(6月21日),致书宋恕,邀宋氏挈眷赴津。

宋恕《戊申日记》五月廿七日:廿七日到,接吴君遂挂号信一封,廿三日发,劝挈眷往津,吴寓河北庙铁路仁寿里五号。④

吴保初《致宋恕书(三)》:

---

① 王孝楚. 组织革命"青年军"的韩衍[M]//中国人民政治协商会议安徽省委员会文史资料研究委员会.《安徽文史资料选辑》第五辑:纪念辛亥革命七十周年专辑. 不详:中国人民政治协商会议安徽省委员会文史资料研究委员会,1981:164.
② 童杨. 孙宝瑄日记:下册[M]. 北京:中华书局,2015:1219.
③ 胡珠生. 宋恕集:下册[M]. 北京:中华书局,1993:1000.
④ 胡珠生. 宋恕集:下册[M]. 北京:中华书局,1993:1001.

平子先生有道：不佞客燕数载，未尝不极人生之痛苦。不过公当日所逢人称说之吴某犹在人间，比泉下枯骸多此一息而已。坐此音问不嗣，知公固不以我为怪也。昨接子言书，始悉我公因病辞馆，为之怅然不怡者累日。顷晤府主，道及公事云：它人岂知我公，且公未尝无北来之意。府主为之首肯者再。我公傥即挈眷来津，弟必为之设法以安大贤，固不患其无人乎子思之侧也。匆此，敬颂道安不尽。回信请寄天津河北宙纬路仁寿里五号。小弟保初力疾顿首。①

【按】此函未署年月日。函中称"我公傥即挈眷来津"及"回信请寄天津河北宙纬路仁寿里五号"，与宋恕廿七日所记"劝挈眷往津，吴寓河北庙铁路仁寿里五号"事相合，惟地址文字略有异，疑因字形相近致误，故知此函即《戊申日记》所称"廿三日发"之信。

五月廿九日（6月27日），宋恕复书，言待送眷回南后再定行程，并请先生代其向杨士骧表白歉衷，又请为其女宋昭之《拟创历下女学会启》题句。

宋恕《戊申日记》：廿九日，复吴君遂信一封，双挂号；当俟送眷回南后再定行止。附呈《女学会启》一分求题句，此信有存稿。②

宋恕《致吴君遂书》：

君遂先生有道侍史：久不问起居，得书敬承盛意。衡于客秋忽患中风颇危，幸得日医铃木卫君诊治渐痊。惟左足至今尚有少分麻木未退，而元气尤难骤复，在假既久，而病中又曾因公与前署学方氏大冲突，早已连禀辞差，而吴前署院待以从优，直至将解印时始批行司酌核。吴去袁来，罗提学始批准销差。顷因答子言隔岁书，偶述近状，不图子言及先生乃惓惓〔拳拳〕于衡若此也！燕市杯酒，甚愿与大君子过从话心，兼思访识京津间新人物。惟念泗州制府在济上时极赐颜色，临行又宠以殷殷之面谕，而衡竟以病不曾上一贺笺，又不曾禀陈与方氏冲突之一重公案，抱歉殊深。今若遽携敝眷往依，似太冒昧！且舍间有积压须理须商之俗事数端，而贱躯亦尚须稍稍静摄，当俟送眷回南后再定行止矣！先此奉复，并贡谢忱！敬问起居无恙不宣。宋衡拜复。五月二十九日。泗州制府节下，敬乞代白歉衷！小女昭附呈《拟创历下女学会启》一分求诲，且求俯赐题句。又及。③

---

① 胡珠生.《宋恕集》补编：附录三（宋恕亲友函札）[M]//胡珠生. 东瓯三先生集补编. 上海：上海社会科学院出版社，2004：190-191.
② 胡珠生. 宋恕集：下册 [M]. 北京：中华书局，1993：1001.
③ 胡珠生. 宋恕集：上册 [M]. 北京：中华书局，1993：647-648.

六月初二日（6月30日），陈诗致书宋恕，转述先生之嘱托。

宋恕《戊申日记》六月初七日：初七日，接子言信一封，双挂号，初二日发，转吴嘱，询颂年。①

陈诗《致宋恕书（七）》：平子先生执事：五月初旬上一书，计当达览。顷接北山师函云，公失馆抱疴情形，均婉达泗州，泗州颇盼公赴津，允为位置一席，将借重宏论以挽时艰，特飞书以闻。《诗话》尚未订成书，拟从缓寄。大旆何时遄行，乞示数言以慰遐念！敬颂痊安。陈诗顿首。六月二日。北山师属有小恙，致未另启，属敬问起居。古薇先生仍居吴门，已为函达矣。②

六月十二日（7月10日），宋恕致书陈诗，复请先生为《女会启》题句。

宋恕《戊申日记》：十二日，复子言信一封，双挂号，送诗六首、叶送联一与阅，寄自送挽联二及内送联一，芃谢盛意，已复吴仍求《女会启》题句，答颂年六十一，斥支提学《哀词》及旅沪学会《祭文》可笑可怜！③

夏，举荐杨度。

《陈谱》：是夏，湘人杨度自日本归，时出亡六年矣。先生为先容于袁公、杨公，皆延接咨访当世之务。④

七月十三日（8月9日），先生因母病归省过沪，晤陈诗。谈及宋恕五月廿九日之复书已面呈杨士骧。

陈诗《致宋恕书（十）》：

平子先生执事：……十三日北山师因归省过沪（其太夫人年七十余矣，近病，遂急归），十四日即附轮舶归里。曾谈及执事复书，已面呈泗州阅看。泗州极盼公来，随时可商榷一切。……陈诗顿首。七月十六日。⑤

七月十四日（8月10日），先生附轮舶归里。

七月十六日（8月12日），陈诗致书宋恕，言先生归省。

宋恕《戊申日记》七月廿二日：廿二日，接子言信一封，十六日发；述北山归省，谈及泗州美意，因力劝驾事。⑥

七月廿五日（8月21日），陈诗致书宋恕，询宋氏赠先生诗中之"镇北"

---

① 胡珠生. 宋恕集：下册［M］. 北京：中华书局，1993：1002.
② 胡珠生.《宋恕集》补编：附录三（宋恕亲友函札）［M］//胡珠生. 东瓯三先生集补编. 上海：上海社会科学院出版社，2004：231.
③ 胡珠生. 宋恕集：下册［M］. 北京：中华书局，1993：1002.
④ 陈诗. 吴北山先生年谱（续）［N］. 时报：文艺周刊，1919-12-16（14）.
⑤ 胡珠生.《宋恕集》补编：附录三（宋恕亲友函札）［M］//胡珠生. 东瓯三先生集补编. 上海：上海社会科学院出版社，2004：232.
⑥ 胡珠生. 宋恕集：下册［M］. 北京：中华书局，1993：1003.

为何人。

宋恕《戊申日记》七月二十九日：二十九日，又连接子言信二封，报收论诗两信，告吴、陈在津幕，询"许、郑"之许是许慎否？①

陈诗《致宋恕书（十二）》：

平子先生道席：兹有敬问者二事：尊作《赠北山先生》诗云："流离依镇北，部曲出征南。"征南是羊叔子，镇北乃西晋谁氏耶？又尊《挽孙仲容征君联》有"许、郑"并称语，许是汉时何人？阅者多不详，鄙意疑是许慎，又恐误会，敬以驰问，乞明示之，幸甚幸甚！手叩起居。诗再拜。七月廿五日。②

八月初一日（8月27日），清廷颁布《钦定宪法大纲》。

九月初二日（9月26日），狄葆贤招饮于商余雅集，座有郑孝胥、辜鸿铭、陈宝琛、张謇、陈诗等。

郑孝胥《戊申日记》初二日：夜，赴狄楚青之约于商余雅集，昕辜鸿铭说浚捕局工程司奈格作弊情形，席间有伯潜、季直、吴彦复、陈子言等。③

陈宝琛（1848—1935），字伯潜、号弢庵。福建闽县人。同治七年（1868年）进士，选庶吉士，授编修。官至弼德院顾问大臣。溥仪之师。著有《沧趣楼诗集》《南游草》《陈文忠奏议》等。

九月初三日（9月27日），偕陈诗游张园。

郑孝胥《戊申日记》初三日：赴同乡会，过南洋路，遂至张园，稚辛、梦旦皆在，逢吴彦复、陈子言。④

约九月初一日至九月十二日（9月25日—10月6日），孙诒椷自济南过上海归温州，居沪其间与先生往还。孙氏赠诗《上海遇吴彦复法部（保初）赋赠》。

孙诒椷《挽吴彦复法部（癸丑）》：伊昔春申浦，风尘感相遇。江城八九月，黄菊灿清露。谈论见庄生，身世悲贾傅。孤心共欣赏，酬唱复新句。（戊申秋，余自济阴归，遇君沪上，过从旬日，谈论甚相契。）⑤

孙诒椷《上海遇吴彦复法部（保初）赋赠》：白也不容世，湖山足壮游。

---

① 胡珠生.宋恕集：下册[M].北京：中华书局，1993：1003.
② 胡珠生.《宋恕集》补编：附录三（宋恕亲友函札）[M]//胡珠生.东瓯三先生集补编.上海：上海社会科学院出版社，2004：233.
③ 劳祖德.郑孝胥日记：第二册[M].北京：中华书局，2013：1160.
④ 劳祖德.郑孝胥日记：第二册[M].北京：中华书局，2013：1160.
⑤ 胡珠生，点校.孙诒椷诗集[M]//温州市图书馆《温州历史文献集刊》编辑部.温州历史文献集刊：第三辑，南京：南京大学出版社，2013：57.

风尘各千里,相见歇江秋。深箧潜夫论,斯人贾谊俦。伤时竟何用,我亦欲归舟。①

【按】胡珠生《孙诒棫年表》光绪三十四年云:"八月二十二日,随同姊夫全家离济回乡,二十八日到青岛,九月初一日到上海怡和码头,十三日到温州。"② 则孙吴之往还在九月初一日至九月十二日之间。

孙诒棫(1880—1925),字季芑、公侠、季子、朴子,号僩簃居士。光绪二十九年(1903年)游学日本,更名任,字季重。后名遗,字遗之。浙江瑞安人。邑诸生。宋恕妻弟。是年四月,应宋恕之邀赴济南,九月过沪归温州。著有《孙季子诗录》。

九月廿二日(10月16日),晤严复。

严复《日记》九月廿二日:谒莲帅,晤夏地山,知菊生已归。又晤吴彦复。③

九月廿五日(10月19日),访严复,座有杨度。

严复《日记》九月廿五:吴彦复、杨晳子(度)、王鲁璠(鸿年)、陈公穆(兰甫之孙)、王叔鲁(子展之子克敏)来谈半日。④

王鸿年(1870—1946),字世玙,号鲁璠。浙江永嘉人。留学日本,考取法政举人。曾任外交部佥事。著有《萝东诗文集》《南华诗存》《中国政治沿革史》等。

陈庆和(1869—?),字公穆、公睦。广东番禺人。陈澧长孙。副贡生。曾任北洋政府国务院秘书。编有《东塾杂俎》。

王克敏(1873—1945),字叔鲁。浙江余杭人。王存善子。光绪二十六年(1903年)举人。曾任驻日使馆参费。是年入直隶总督杨士骧幕。

九月廿六日(10月20日),王克敏招饮,座有杨度、熊范舆、金邦平、李士伟、黎渊、祁师曾、陈庆和、王鸿年、严复等。

严复《日记》:九月廿六日(10月20日)。王叔鲁请,坐上有杨度、熊铁

---

① 胡珠生,点校. 孙诒棫诗集[M]//温州市图书馆《温州历史文献集刊》编辑部. 温州历史文献集刊:第三辑,南京:南京大学出版社,2013:47.
② 胡珠生,点校. 孙诒棫诗集[M]//温州市图书馆《温州历史文献集刊》编辑部. 温州历史文献集刊:第三辑,南京:南京大学出版社,2013:103.
③ 王栻. 严复集:第五册[M]. 北京:中华书局,1986:1483.
④ 王栻. 严复集:第五册[M]. 北京:中华书局,1986:1484.

厓、金伯平、李伯芝、黎伯颜、祁君月、陈公穆、王鲁璠、吴彦复诸公。住人和里。①

熊范舆（1878—1920），字铁厓。贵州贵阳人。光绪二十九年（1903年）进士。留学日本。曾任直隶知州。

金邦平（1892—?），字伯平。安徽黟县人。留学日本。曾任袁世凯文案、北洋督练处参议、资政院秘书长等职。

李士伟（?—1927），字伯芝。河北永年人。留学日本。曾任北洋师范学堂监督、直隶劝业道、山西井陉矿务局总办等。

黎渊（1879—1935），字伯颜。贵州遵义人。留学日本。曾任北洋法政专学堂监督。

九月，先生至上海。

陈诗《致宋恕书（十三）》：戊申九月，北山先生至沪，重觅言氏酒垆不得，谈次不胜怅惘，诗以释之：酒客一星散，人天有菀枯。放歌消白日，密意伏青蒲。剥枣家家颂（谓八月朔颁《立宪诏》），韝鹰处处呼。山河起人面，奚问旧时垆！陈诗。②

九月三十日（10月24日），陈诗致书宋恕，言有自津门来劝先生入仕途者。

陈诗《致宋恕书（十五）》：

平子先生执事：别后伏计安抵珂乡，山林顺养，静疗余疴，甚善甚善。……昨有自津门来者，述直隶正议改新官制（仿奉天），多有劝北山先生入仕途者，并以闻。……陈诗顿首。九月之晦。③

九月，有诗《戊申秋重至沪访彊村词客不遇赋此奉怀》。朱祖谋有《西子妆》（津柳著阴）酬先生。

【按】题下陈诗注云："按：其时彊叟移居苏州听枫园"。④陈诗有《戊申九月，北山先生至沪，重觅言氏垆不得，谈次不胜怅惘，诗以释之》，知吴保初九月至沪，故此诗当作于九月。朱祖谋以《西子妆》（津柳著阴）

---

① 王栻. 严复集：第五册［M］. 北京：中华书局，1986：1484.
② 胡珠生.《宋恕集》补编：附录三（宋恕亲友函札）［M］//胡珠生. 东瓯三先生集补编. 上海：上海社会科学院出版社，2004：233—234.
③ 胡珠生.《宋恕集》补编：附录三（宋恕亲友函札）［M］//胡珠生. 东瓯三先生集补编. 上海：上海社会科学院出版社，2004：234-235.
④ 吴保初. 北山楼诗续集［M］//吴保初. 北山楼集：卷二. 铅印本. 民国二十七年：7.

酬之，识云："戊申九月，归安朱祖谋。（右调《西子妆》酬瘦公）"① 然查马兴荣《朱孝臧年谱》②与沈文泉《朱彊村年谱》③，是词皆系于光绪三十二年（1906年）秋，恐误。

十月初三日（10月27日），严复致书先生，与先生论王安石之诗。
严复《致吴保初书》：王荆公七绝寄托深美，多自得之语。所微嫌者，稍涉理障，似禅家偈语，非乐府弦歌正脉法乳耳。然有极中理者，客窗无事，往往和之。有时自托千载下诤友之列，起公九原定相视而哭也。如其《辱井》云："结绮临春草一丘，尚残宫井戒千秋。奢淫自是前王耻，不到龙沉亦可羞。"余和之云："色荒何事堪亡国，殆为君心不两谋。但怪欧罗今日事，利于刀剑巧倡优。"《贾生》云："一时谋议略施行，谁道君王薄贾生。爵位自高言尽废，古来何啻万公卿。"余和之云："古人名位心原淡，绛灌何能尼贾生。赋服深心人不解，只言未与作公卿。"《谢安》云："谢公才业自超群，误长清谈助世纷。秦晋区等亡国，可能王衍胜商君。"和之云："清谈岂必能亡晋，法令如何可过秦。天子昏骄臣隶诏，尽无公道是真因。"戊申十月初三书与彦复有道商政。弟复。④

【按】据称谓拟目。

十月初四日（10月28日），严复赠先生一册页及一像。
严复《日记》十月初四日：与彦复一册页、一像。⑤
十月廿一日（11月14日），酉刻，德宗爱新觉罗·载湉薨，年三十八。
十月廿二日（11月15日），未时，慈禧太后叶赫那拉·杏贞薨。
十月廿二日后数日，有诗《读十月廿一廿二日哀诏志恸二首》，改号悲盦。
《陈谱》：十月二十一日，德宗景皇帝崩。越日，孝钦皇太后亦崩。宣统帝立，醇亲王监国。先生有《读十月二十一日哀诏志恸》，……述往嗟来，盖不胜堕弓之戚矣。先生尝语人曰："丙申韩使来，用敌国礼，枢臣请绝之。上曰：

---

① 吴保初. 北山楼诗续集：书后一［M］//吴保初. 北山楼集：卷二. 铅印本. 民国二十七年：10.
② 马兴荣. 朱孝臧年谱（上）［J］. 词学，2003（00）：350-385.
③ 沈文泉. 朱彊村年谱［M］. 杭州：浙江古籍出版社，2013：85.
④ 程道德. 中国近现代文化名人遗墨：上册［M］. 北京：中国方正出版社，2007：32.
⑤ 王栻. 严复集：第五册［M］. 北京：中华书局，1986：1485.

248

'我不能庇藩属地为他人有，尚何责焉？'命用敌国礼入觐。"帝明容善查时变如此。①

【按】诗题下陈诗识云："北山先生自赋此诗后即改号悲盫。"② 两日连下之哀诏，见中国第一历史档案馆编《光绪朝上谕档》③。

十二月十一日（1909年1月2日），袁世凯以足疾开缺。

是年，梁鸿志赠诗。

章炳麟《孤桐杂记》：府中会议，愚恒与梁众异联席，有时吾两人喜即会议用纸书短诗隽语，递观为乐。一日众异疾书一律见示，谓十七年前以赠先外舅者。诗云："吾道要为天下裂，知君恨不十年前。相逢三伏有寒意，脱手千诗皆可传。天际轻阴余护惜，斜阳烟柳费暄妍。杜根心迹无人会，艳说香云一笑嫣。"香云，先外舅彭姬之字。十七年前，当清光绪三十四年，先外舅正以项城食客携姬居津门也。众异诗才清逸，年少已然，愚不学诗，未能评骘。先外舅刊有《师友绪余》一卷，所得投赠诗词，瑕瑜具录，众异此诗未见，以在《绪余》刊后也。重此因缘，取实愚记。④

【按】梁鸿志所赠诗曾刊于《亚细亚日报》，题《过津上赠吴彦复》⑤，署众异。

是年，召陈诗赴津，未至。

陈诗《致宋恕书（十七）》（宣统元年正月十三日）：诗今年暂仍居沪，馆事如常。兼席则去腊有更易矣，颇欲他去。（北山先生去岁函招，今尚未能亟去也。）⑥

---

① 陈诗.吴北山先生年谱（续）[N].时报：文艺周刊，1919-12-16（14）.
② 吴保初.北山楼诗续集[M]//吴保初.北山楼集：卷二.铅印本.民国二十七年：7.
③ 中国第一历史档案馆.光绪朝上谕档：第三十四册（光绪三十四年）[M]//中国第一历史档案馆.光绪宣统两朝上谕档.影印本.桂林：广西师范大学出版社，1996：243—253.
④ 章士钊.孤桐杂记[J].甲寅周刊，1925，1（1）：24-25.
⑤ 众异.过津上赠吴彦复[N].亚细亚日报，1912-12-13（7）.
⑥ 胡珠生.《宋恕集》补编：附录三（宋恕亲友函札）[M]//胡珠生.东瓯三先生集补编.上海：上海社会科学院出版社，2004：235.

编年诗

1. 《戊申秋重至沪访彊村词客不遇赋此奉怀》
2. 《读十月廿一廿二日哀诏志恸二首》

宣统元年己酉（1909年）　　四十一岁

二月初五日（2月24日），陈诗致书宋恕，言及先生前患中风。

陈诗《致宋恕书（十八）》：

平子先生执事：……二月初五日。再，……瘿师前患中风症，用电气治愈，体顿发胖，食量过人。惟口尚稍右歪邪〔斜〕，说者谓乃肝风未全〔痊〕愈之累。然精神尚好，无大碍也。①

《陈谱》：二月，先生患中风，延西医以电气治愈，颜貌转丰泽，非复曩日清臞矣。②

闰二月初一日（3月22日），陈诗致书宋恕，言先生得中风之疾，询宋恕之前所用电机之名称型号、药饵及治法。

陈诗《致宋恕书（十九）》：

平子先生侍右：匝月不奉手教，敬谂台候咸宜为颂！今日接吴北山师书（此次来函乃倩人代笔者）云：近得中风之疾，右半臂甚痛，至不能写字，中医谓是中风。有华人能解西医疗法者独谓非中风，乃脑病耳，尚可治，现方日服西药云云。窃思我公前抱清恙，曾经东医治愈，并日用电气以辅药力不及，惟不审尊处所用电机何名？乃第几号者？（曾闻人云：治病电机有大小之殊，其大者两手握之则周身筋络皆震动。）及用何药饵？如何治法？均乞详细开示，俾转寄津，或由尊处径寄津，则更速也。匆匆肃恳，祗叩大安。陈诗顿首上。闰二月朔。③

闰二月初六日（3月27日），宋恕复书陈诗，告知东医疗治详情。

宋恕《己酉日记》闰二月初六日：闰二月初六日，接鹤柴报北山中风信，初六日，复鹤柴明信片，为本年第五信，告东医情形；询第四信到未？（吴北山，现寓天津河北新车站旁人和里第八号，己酉闰二月初一日陈鹤柴信来通知，

---

① 胡珠生.《宋恕集》补编：附录三（宋恕亲友函札）[M]//胡珠生. 东瓯三先生集补编. 上海：上海社会科学院出版社，2004：235-236.
② 陈诗. 吴北山先生年谱（续）[N]. 时报：文艺周刊，1919-12-23（13）.
③ 胡珠生.《宋恕集》补编：附录三（宋恕亲友函札）[M]//胡珠生. 东瓯三先生集补编. 上海：上海社会科学院出版社，2004：236.

初六日信到。)①

闰二月十二日（4月2日），陈诗致书宋恕，言已将宋氏之疗法函告先生，并述吴长庆之事。

陈诗《致宋恕书（二十）》：

平子先生执事：昨奉初六日复笺，深感详示东医疗治情形，当即函告北山师矣。二月二十日尊处赐函至今未到，当是邮局失去。函中不审云何，尚乞更示为叩。日来居此，幽忧莫释，颇欲北去问慰北山师之疾。以馆事羁绊，未能即行。俟下月初旬如津函来仍未见愈，则当暂假半月赴津一视，仍即返沪，因居停甚殷殷挽留也。兹有通州友人见贻朱曼君孝廉桂《华轩骈文》（当为《桂之华轩骈文》）二本，谨付邮奉献，乞莞存。此书虽有上海书铺寄售字样，而上海实无买处，亦属难得之品也。集中记吴武壮事迹颇详。公素有志撰述名贤事略，此编所述，皆朱君目睹之事，颇足备椽笔采择也。诗曩尝见钞本《国史·吴武壮传》，仅叙战绩，大半皆钞〔抄〕奏疏之辞，无一语及吴武壮生平讲学之事。又《中兴名臣事略》较此稍详，然亦未尝及其家世，此亦野史之疏也。谨就所知，略陈一二：吴武壮之先德名廷香，字兰轩，家贫好学，与桐城戴存庄、马命之为友，以学术气节相高。以优贡生举咸丰元年孝廉方正。追庐江为贼攻陷，吴征君纠集乡团光复县城，诛贼守将任大刚而守之，乞援师未至，邻县贼众麋集，城复陷，吴征君巷战死之。吴武壮固儒士（屡试未入泮），以云骑尉世职起家，战事定，驻军宿迁、扬州、浦口等处。治戎之暇，劬学不懈，每日五鼓即起，雒〔洛〕诵《大学》一遍。天方明乃治事。最喜谈《易》。生平于《易》学颇有得，其理学则得之其先人。又尝师事曾文正而得其流风遗韵，持躬接物，咸秉一诚。轻财爱士，则又遵其先德之逸轨也。（吴征君家无恒产，以课读自给。性好客，屋宇湫隘，往往前门留客，潜命子出后门典衣以供馔，又每遇岁晚咸族不举火者，辄分修脯助之。）终身不问家计，不置妾媵。淮军将帅能以清德名世者，吴武壮外无二人。诗又尝见其病中家书，言生平治心之学甚坚苦，儒者有勇，殆斯人与！昔杜元凯射不穿札，此则过之。羊叔子仁而爱人，事尤足纪。（尝闻人云：武壮剿捻后，驻军宿迁，有刺客夜入室，被获，询其何以来？则谓兄为捻被杀，此来为兄复仇也。武壮曰：复仇，义也。然捻死于法，非我私，姑宥汝，再来必诛。后亦无他。）聊举所知以告，以补骈文中所不及。

---

① 胡珠生. 宋恕集：下册［M］. 北京：中华书局，1993：1008.

敬颂起居，惟珍卫不宣。陈诗顿首。闰二月十二日。①

闰二月廿六日（4月16日），陈诗致书宋恕，言得先生二函，知病已渐痊。

陈诗《致宋恕书（二十一）》：十二日奉复一书，并邮寄朱曼君桂之《华轩骈文》（当为《桂之华轩骈文》）二本，计荷收览。近得北山师二函，述臂痛已愈，此病因酒后中风，是以口颊亦少有㖞斜，得天津官医学堂一华人而擅西医治法者，用电气疗治，臂痛已痊愈。惟颊辅上电气甚痛，遂停用，仅服药水，收效略缓，然无大碍，必可渐次告痊。知注以闻。北山师深感我公荐医之惠，属为先道谢！诗拟下月初十内外暂作天津行。如赐复函，请寄上海英大马路九江里余公馆代收。余君与诗至交，或代收存，或为转寄，均极妥速也。祗颂道安。陈诗顿首。闰二月二十六日。孙遗之兄晤时乞致声。②

宋恕《己酉日记》三月初二日：接子言信，告北山病已渐痊及己将往津。③

春，庐江宅遭盗贼，母王太夫人击之，后移居金陵。

《陈谱》：皖省自经丁未、戊申两次钜〔巨〕变，庐江盗风寖炽。是岁春，有盗夜攻宅门，家人惶惧，无敢奋击者。太夫人自登楼鸣枪击之，群盗骇遁。太夫人是时年七十余矣，乃徙居金陵避盗。④

四月三十日（6月17日），丁惠康卒。

五月十一日（6月18日），杨士骧卒。

五月，那桐摄直督，延先生为幕宾。

《陈谱》：五月，直督杨文敬公薨。相国那桐公来摄直督，仍延先生为幕宾。⑤

六月十四日（7月30日），宋恕致书先生，托先生转送杨士骧挽联。

宋恕《己酉日记》：十四日，寄北山双挂号信一封，寄《泗州挽联》一副，托北山转送，亦双挂号。⑥

七月初十日（8月25日），宋恕得先生回执。

宋恕《己酉日记》：初十日，吴北山处回执二件到，尝新。⑦

---

① 胡珠生.《宋恕集》补编：附录三（宋恕亲友函札）［M］//胡珠生. 东瓯三先生集补编. 上海：上海社会科学院出版社，2004：237-238.
② 胡珠生.《宋恕集》补编：附录三（宋恕亲友函札）［M］//胡珠生. 东瓯三先生集补编. 上海：上海社会科学院出版社，2004：238-239.
③ 胡珠生. 宋恕集：下册［M］. 北京：中华书局，1993：1009-1010.
④ 陈诗. 吴北山先生年谱（续）［N］. 时报：文艺周刊，1919-12-23（13/14）.
⑤ 陈诗. 吴北山先生年谱（续）［N］. 时报：文艺周刊，1919-12-23（13）.
⑥ 胡珠生. 宋恕集：下册［M］. 北京：中华书局，1993：1012.
⑦ 胡珠生. 宋恕集：下册［M］. 北京：中华书局，1993：1012.

七月，端方移督直隶。

《陈谱》：七月，江都忠敏公端方移督畿辅。①

徐珂《清稗类钞·幕僚类》"吴彦复辞端午桥"条：庐江吴彦复字保初，武壮公长庆子也。光绪中尝客天津，时督直隶者为泗州杨文敬公士骧，杨与之雅故，延入幕府。杨卒，继者端方。端字午桥，谥忠愍，亦旧识也，欲留之。先是某岁，吴尝大宴客于京师某酒肆，遇雨，猝改期，客有未及知者。端与全椒薛某先后至，固不相识，偶有触迕，端遽詈薛，薛愤，殴端。佣保奔告，吴亟往释纷。至是，吴入谒，端咄嗟谓之曰："得尔师季直书札否？"吴曰："张季直乃先君幕客，非吾师。"端曰："师可背乎？"吴愠曰："满人之刚愎者无逾刚毅，吾斥之，不能声。若何敢尔！"拂衣径去。②

端方（1861—1911），字午桥，号匋斋。满洲正白旗人。光绪八年（1882年）举人。宣统元年移督直隶。收藏甚丰，著有《匋斋藏器目》《匋斋吉金录》《匋斋藏石记》等。

八月十五日前（9月28日前），省母疾。自津过沪至金陵。

陈诗《致宋恕书（二十二）》（宣统元年九月十九日）：其时吴北山先生旅居郁郁，久无书来，遂亦无以奉报。中秋前，北山先生由津赴秣陵，省其太夫人之恙，过沪相见，询知尊联已代送，欲作报书，适孙遗之兄来，谓作钱塘观潮之行，归途仍过此，遂尔迟迟以待。③

陈诗《吴北山先生家传》：宣统元年秋，诣金陵，省母王太夫人疾。未几，居忧。④

八月廿七日（10月10），宋恕致书陈诗，询先生行迹。

宋恕《己酉日记》：廿七日，寄陈子言信一封，双挂号，询六月十九信到否？复录示《挽杨》联语，查吴北山近踪。⑤

八月末，陈诗与朱祖谋赴金陵访先生。

陈诗《致宋恕书（二十二）》（宣统元年九月十九日）：八月杪，朱彊村先生由苏州来，约作秣陵游。朱公与甖师固十余年京华旧识，比年诗词往复，咸

---

① 陈诗. 吴北山先生年谱（续）[N]. 时报：文艺周刊，1919-12-23（13）.
② 徐珂. 清稗类钞：第三册[M]. 北京：中华书局，1984：1396-1397.
③ 胡珠生.《宋恕集》补编：附录三（宋恕亲友函札）[M]//胡珠生. 东瓯三先生集补编. 上海：上海社会科学院出版社，2004：239.
④ 吴保初. 北山楼文[M]//吴保初. 北山楼集：卷三. 陈诗，辑. 铅印本. 民国二十七年：1.
⑤ 胡珠生. 宋恕集：下册[M]. 北京：中华书局，1993：1013.

愿见而不可得。此番握手，欢然互展阔积，东华遗事，叹咤渺不可追。①

九月初九日（10月22日），母王太夫人卒。

陈诗《致宋恕书（二十二）》（宣统元年九月十九日）：诗与朱公游毕将归，初九日，吴太夫人病卒（姓王氏，年七十三），北山先生居忧，朱公归苏州。②

宋恕《己酉日记》九月廿六日：接陈诗本月十九日信，报北山之母本月初九日逝。③

八月底至九月十六日（10月29日），与陈诗谈及宋恕为杨士骧作传。

陈诗《致宋恕书（二十二）》（宣统元年九月十九日）：诗又留滞数日，为佐理笔墨事件，于十六日乘汽车返沪。……诗尝与瘿师谈及我公欲为杨文敬公作传，瘿师叹曰：当今能文章而又知文敬事实，能力久不渝而风义若古人者，舍我公其谁！④

九月底，拟扶榇归庐江。

陈诗《致宋恕书（二十二）》（宣统元年九月十九日）：北山师拟月杪扶榇归里，百日后仍赴秣陵，再定南北趋向。⑤

九月三十日（11月12日），宋恕寄挽诗。

宋恕《己酉日记》：三十日，遇王少木于叶宅，寄双挂号信于上海陈诗，呈《挽丁》《挽吴母王氏》《和金陵游》诗四律稿，附赠《女学论》一分〔份〕。⑥

宋恕《挽吴北山法部母夫人王氏》：四海共知吴北山（北山先生曾补实缺主事。光绪丁酉，以草万言书责难，呈堂乞奏被阻，慨然弃官，得罪权贵。客游久困，杨文敬公开府天津，力排众谤，辟为参军，待以殊礼。文敬遽逝，先生襄治其丧甫毕，闻太夫人病，遂归。），痛哭流涕尚人间。高堂危不同滂母，平日应亦重辛言。（唐名臣崔元𬀩母卢氏每诚元𬀩曰："辛屯田尝云：'儿子从宦者，有人来云："贫乏不能自存"，此是好消息。'"吾常重此言以为确论。）工

---

① 胡珠生.《宋恕集》补编：附录三（宋恕亲友函札）[M]//胡珠生. 东瓯三先生集补编. 上海：上海社会科学院出版社，2004：239.
② 胡珠生.《宋恕集》补编：附录三（宋恕亲友函札）[M]//胡珠生. 东瓯三先生集补编. 上海：上海社会科学院出版社，2004：239.
③ 胡珠生. 宋恕集：下册[M]. 北京：中华书局，1993：1014.
④ 胡珠生.《宋恕集》补编：附录三（宋恕亲友函札）[M]//胡珠生. 东瓯三先生集补编. 上海：上海社会科学院出版社，2004：239.
⑤ 胡珠生.《宋恕集》补编：附录三（宋恕亲友函札）[M]//胡珠生. 东瓯三先生集补编. 上海：上海社会科学院出版社，2004：239.
⑥ 胡珠生. 宋恕集：下册[M]. 北京：中华书局，1993：1014.

部方送郑公柩（杨文敬公辟为参军），萱草又萎菊花天。生子何必八州督，齐梁困乃慰三迁！（右四首均九月二十六日作，三十日交局寄示子言，双挂号。十月初五日双挂号小包寄庐江吴公祠收转。）①

【按】四首指《陈子言寄示陪朱彊村师〈金陵览古〉一律，诵之有感，敬用原韵和作二章，寄子言兼呈朱师》二首，《挽丁叔雅户部》一首，《挽吴北山法部母夫人王氏》一首。

十月初四日（11月12日），宋恕寄挽联至庐江吴公祠。
宋恕《己酉日记》：初四日，邮寄庐江吴公祠挽联白绫一横幅，六尺长，双挂号。②

【按】编者胡珠生注云："挽联未见。"

十一月初二日（12月14日），宋恕得吴公祠回执。
宋恕《己酉日记》：初二日，接吴公祠回执。③
是年岁暮，先生为人集句书联。
陈诗《庐州诗苑·尊瓠室诗话》：宣统己酉，归里葬母，为人集句书联云："智巧既萌黄唐莫逮；田园不履日月于征"，盖抚序览物，感慨系之。④
《陈谱》：又羁寓积年，归省，为人书联，集陶句云："智巧既萌，黄唐莫逮；田园不履，日月于征。"盖怅触时变，不胜感慨系之。先生书法学褚河南，得其秀逸，颇为时所重云。⑤
是年岁暮，既葬，过金陵。
《陈谱》：十一月，先生与兄轻车都尉保德持丧归葬。事举，岁将除矣。先生复适金陵，有别业在城北小石桥，小有楼榭，俯秦淮而眺钟山，构亭名曰剪水，将为他日菟裘计也。⑥

---

① 胡珠生.宋恕集：下册［M］.北京：中华书局，1993：912.
② 胡珠生.宋恕集：下册［M］.北京：中华书局，1993：1015.
③ 胡珠生.宋恕集：下册［M］.北京：中华书局，1993：1016.
④ 陈诗.庐州诗苑：卷五［M］.铅印本.庐江：陈氏，民国十五年：29.
⑤ 陈诗.吴北山先生年谱（续）［N］.时报：文艺周刊，1920-02-10（14）.
⑥ 陈诗.吴北山先生年谱（续）［N］.时报：文艺周刊，1919-12-23（14）.

【按】据宋恕日记知吴保初归庐江不迟于十月。

康有为《赠吴亚男》：弱女非男才可楣，中郎逝后见文姬。北山词好共惆怅，剪水亭中应尔思。（按：剪水亭在金陵小石桥北山先生故宅，额为南海所题。编者识。）①

【按】"共惆怅"，初作"空怊怅"。诗下云："赠厘士女史贤侄。更生。"②

是年，自定本《北山楼诗》存于陈浏处。

《陈谱》：己酉，先生居天津。自写定本曰《北山楼诗》，存在江浦陈亮伯运使（浏）处。先生没后，门人陈诗复辑辛丑夏迄庚戌冬丛残之稿，曰《北山楼续集》。③

是年，沈宗畸携妾茝缥小住津门，偕访先生。

沈宗畸《彭嫣传》：犹忆宣统元年，吾挚姬人茝缥小住津门，往访彦复，姬人与嫣娘一见如故。吾将返旆都门，嫣娘写小纨扇为赠，字写北碑，不类女子手笔。吾赋二绝句答谢，中有"我亦喜心和泪说，白头今始见彭嫣"之句，诗载《南楼集》中。④

宣统二年庚戌（1910年）　四十二岁

正月十一日（2月20日），《国风报》于上海创刊，取"风人"之意⑤。何国桢发行，梁启超总撰。立宪派刊物。

何国桢，又名天柱，字擎一、澄一、澄意。广东香山人。诸生。康有为长期追随康、梁，以入门弟子相待，曾主广智书局。

正月十四日（2月23日），与陈三立、陈诗、夏寿田，魏䌽、王瀣、刘诒慎、俞明震同游半山寺，有诗《伯严约游半山寺》。

---

① 康有为. 赠吴亚男 [N]. 甲寅（东京），1915，1（10）：9.
② 0729 晚清、民国时期 彦复存牍（康有为等名人信札）[EB/OL]. 雅昌艺术网，2006-12-02.
③ 陈诗. 吴北山先生年谱（续）[N]. 时报：文艺周刊，1920-02-10（14）.
④ 沈宗畸. 便佳簃杂钞（三十七）[J]. 青鹤，1936，4（5）：5.
⑤ 沧江（梁启超）. 说国风（下）[N]. 国风报，1910-02-20：14.

【按】此诗曾刊于《国风报》,题《伯严考功约游半山寺》,署君遂。①正月二十日,吴保初游鸡鸣寺后即赴天津,故游半山寺当在此之前(参见下条)。又此诗前有陈三立《正月十四日集半山亭,同游为吴彦复、陈鹤柴、夏午诒、魏季词、王伯沆、刘龙慧、俞恪士》②,署名伯严。故游半山寺当在正月十四日。

夏寿田(1870—1935),字耕父,号午诒,又号直心居士。湖南桂阳人。光绪二十四年(1898年)榜眼,授翰林院编修。历任刑部郎中、学部图书馆总纂、山西清吏司行走等。工书善刻。

魏鬵(?—1921),字复初,一字季词。湖南邵阳人。祖魏源,父魏耆。贡生。捐授中书衔。有《魏季词先生遗集》行世。

王瀣(1871—1944),字伯沆,一字伯谦,号冬饮。南京人。生员。曾就职于江南图书馆善本部,任教于南京高等师范学校、金陵女子大学、中央大学等。著有《冬饮庐文稿》《冬饮庐诗稿》《冬饮庐藏书题记》等。

刘诒慎(1874—1926),字逊甫,号龙慧。安徽贵池人。诸生。官江苏候补知府。著有《龙慧堂诗集》。

正月二十日(3月1日),携彭媛与陈三立、陈诗同游鸡鸣寺。有诗《伯严招同游鸡鸣寺》。

陈诗《陈伯严先生招同吴瘿庐师游鸡鸣寺,即送瘿师之津门》夹注:瘿师时携彭嫄内史至,同登豁蒙楼,楼在鸡鸣寺内,寺即萧梁同泰寺旧址,可望鸡鸣埭,故名。③

【按】陈诗此诗曾刊于《国风报》,题作《正月二十日,伯严先生招同瘿庐师游鸡鸣寺,即送瘿师之津门》,署名尊瓠。④

正月廿一日(3月2日),陈三立致书先生与陈诗。

陈三立《与陈诗吴保初书》:子言诗整雅为其本色,彦复诗疏宕不群,大类

---

① 君遂. 伯严考功约游半山寺 [N]. 国风报, 1910-04-10: 122.
② 君遂. 伯严考功约游半山寺 [N]. 国风报, 1910-04-10: 122.
③ 陈诗. 尊瓠室诗: 卷二 [M] //徐成志, 王思豪, 编校. 陈诗诗集. 合肥: 黄山书社, 2010: 100.
④ 尊瓠. 正月二十日伯严先生招同瘿庐师游鸡鸣寺即送瘿师之津门 [N]. 国风报: 文苑, 1910-04-10.

坡公，老夫"手挽唾湖"之作，不能及也。进步至此，疑有床头捉刀人。寄评已入门，须出晤，不多及。子言、彦复两诗家。立，廿一日。①

【按】李开军按语云："陈三立'手挽唾湖之作'指《北极阁访悟阳道长》，该诗第二句作'手挽台城唾后湖'。此诗作于光绪三十四年（1908年）六月。宣统二年（1910年）正月，陈诗、吴保初至金陵，陈三立招游鸡鸣寺，陈、吴均有诗，吴诗中有'废墟遥连玄武湖'之句，疑陈三立此书即感此而发。暂系此书于宣统二年正月'廿一日'（1910年3月2日）。"② 姑从之。

正月廿三日（3月4日），宋恕病卒。先生有挽联。

陈诗《闻宋燕生征君于正月二十三日病卒瑞安寄寓，哭之以诗》。③

胡珠生《〈宋征君哀挽录〉挽诗挽联选》"吴保初"条："志节是段干木、申屠蟠一流，抱道笃幽栖，微君谁表山林逸？""学术与仲长统、皇甫谧媲迹，忧时成往事，剩我神伤烛跋时。"庚子、辛丑之际，余羁沪读。君每过余纵谈时事，恒至夜深乃归。余每闻君言，辄意气沮丧者累日。④

正月廿七日（3月8日），袁世凯致书先生及兄保德。

袁世凯《唁吴保德吴保初丁内艰函稿》：

子恒彦复仁弟世大人礼右：树云间隔，驰跂方殷。适奉讣函，骤审师母大人瑶岛归真，锦堂弃养，曷胜骇〔骇〕愕。贤昆玉性成纯孝，慈晖顿失，自必悲恸异常。第念师母大人望著女宗，懿行完备。跻古稀之寿，膺极品之封，景福兼全，麻延后嗣，固已遗憾毫无。尚祈顺变节哀，勿过伤毁，以襄大事，是所切祷。兄养疴洹上，倏逾一年。调治多方，迄未痊可。川涂绵邈，不克躬叩灵帏，至深罪歉。谨呈祭幛一轴，藉〔借〕申奠敬，祇〔只〕乞代荐为叩。颛此奉唁。顺承孝履。世愚兄袁大功世顿首。正月二十七日。⑤

---

① 李开军，校点. 散原精舍诗文集补遗［M］//李开军，校点. 散原精舍诗文集：下. 增订本. 上海：上海古籍出版社，2014：1335.
② 李开军，校点. 散原精舍诗文集补遗［M］//李开军，校点. 散原精舍诗文集：下. 增订本. 上海：上海古籍出版社，2014：1336.
③ 陈诗. 尊瓠室诗：卷二［M］//徐成志，王思豪，编校. 陈诗诗集. 合肥：黄山书社，2010：100.
④ 胡珠生.《宋恕集》补编：附录二（《宋征君哀挽录》挽诗挽联选）［M］//胡珠生. 东瓯三先生集补编. 上海：上海社会科学院出版社，2004：147.
⑤ 骆宝善，刘路生. 袁世凯全集：第十八卷［M］. 开封：河南大学出版社，2013：519.

正月，过彰德赴天津。先生与袁世凯等人于洹上唱和，有诗《和项城太保春雪韵》《和项城太保感事原均》二首。

《陈谱》：正月，先生遵京汉铁路赴天津，过彰德，视袁公疾，有唱和诗。①

徐珂《清稗类钞·文学类》"圭塘酬唱"条：光绪戊申十月，摄政王载沣既监国，命其开缺回籍养疴，盖足疾也。以项城旧邸不适于居，乃于彰德北门外筑别墅。前有洹水绕之，小桥通焉，是名圭塘别墅。中有小园，莳花种竹，叠石浚池，点缀林亭，颜曰养寿园。圭塘者，横渡洹水之桥名也。……袁初购屋于卫辉府城外，宣统己酉春夏间，既以足疾回籍，……又常乘小舟，清泉披蓑垂纶，自持篙，立船尾，宾僚皆从游，赋诗为乐。次子克文曾梓《圭塘酬倡集》一卷。所与酬唱者，贵阳陈夔龙、永城丁象震、汲县王锡彤、商邱〔丘〕谢愔、庐江吴保初、合肥朱家磐、汉阳田文烈、宜宾董士佐、番禺凌福彭、元和徐沅、吴江费树蔚、甘泉闵尔昌、桐乡严震、山阴沈祖宪，又女弟子二人，一静海权静泉、一江都史济道。②

柴小梵：《梵天庐丛录》卷八"袁世凯七则"条：项城归隐圭塘时，颇以园林诗酒自娱。然项城于此殊非所长，当时所与唱和者，吴北山而外，其他亦无足观。独一日为扶乩之戏，乩仙书一诗甚佳，然言外有意。项城恶其语涉讥讽，自是不复扶乩。故此诗《圭塘唱和集》中不载，且未一言及乩仙事也。然自后人观之，则乩仙之语，自是警告之辞耳，而项城不悟，惜哉！诗曰："渔父本非忘世客，几时错入武陵源。卅年未醒梦中梦，万里犹留园外园。百战山河雄主去，一蓑烟雨钓舟存。花开花落春如故，莫问当年旧水村。"按项城有诗云："乍赋归来句，林栖旧雨存。卅年醒尘梦，半亩辟荒园。雕倦青云路，鱼浮绿水源。漳洹犹觉浅，何处问江村？"乩仙之诗，盖和此韵，语语讥其非真能归老林泉之人也。③

野史氏《袁世凯轶事续录》"吴北山代笔题诗"：项城归隐圭塘时，颇欲以名士自命。留连诗酒，盛称一时，于是有《圭塘唱和集》之刊。项城于文艺实非所长，或谓集中诸作，多为其次公子豹岑代笔。今观其诗，亦不甚佳，浅显率直，大类项城自为。盖豹岑之作，较之犹胜一筹也。或又谓系吴北山代笔，盖北山文字虽工，然当代之时，苦仿项城手笔，有意肤庸，使人不疑为赝鼎也。当是时，项城有烟蓑两笠一渔舟之照，项城披蓑戴笠，作渔翁装，坐于船

---

① 陈诗. 吴北山先生年谱（续）[N]. 时报：文艺周刊，1919-12-23（14）.
② 徐珂. 清稗类钞：第八册 [M]. 北京：中华书局，1984：3971-3972.
③ 柴小梵. 梵天庐丛录：上册 [M]. 故宫出版社，2013：219.

尾，手执钓竿。船头立一男子，执篙刺舟，为其某公子。旁衬以芦苇断桥之属，确是渔家风景。其照则用西法摄影，较之彩笔传神，尤为逼肖。上端题七字，即"烟簑〔蓑〕雨笠一渔舟"是也。旁有七律四首，款署容庵自题。诸名士和者，约十余家。然唱和之什，均不见于圭塘一集，不知何故。或谓原作四首，乃系北山代笔，项城深不满意，故屏而不录也。兹录之如左，诗虽不佳，惟项城所不满意者，究不知在何处耳。诗云："身世萧然百不愁，烟蓑雨笠一渔舟。钓丝终日牵红蓼，好友同盟只白鸥。投饵我非关得失，吞钩鱼却有恩仇。回头多少中原事，老子掀须一笑休。"又云："中年无地可埋忧，宠辱纷纭总是休。月淡风萧双短鬓，烟蓑雨笠一渔舟。得鱼不必求人卖，换酒无须向妇谋。今夜小舠何处泊，平沙浅水白苹洲。"又云："不学渔师无厌求，但期寄兴在沧洲。为贪山水才垂钓，倘遇风光便可留。鹭友鸥邻皆伴侣，烟蓑雨笠一渔舟。画图写就江乡景，乐趣能教尺幅收。"又云："百年心事总悠悠，壮志当时苦未酬。野老胸中负兵甲，钓翁眼底小王侯。思量天下无盘石，叹息神州变缺瓯。散发天涯从此去，烟蓑雨笠一渔舟。"四律之中，末一首，尤足见其目中无人之概，确实肖项城吐嘱。即曰北山代作，亦云善揣摹〔摩〕矣。①

王逸塘《今传是楼诗话》"三五八"条：洹上倡〔唱〕和之侣，为庐江吴君遂（保初）、汉阳田焕廷（文烈）、会稽沈吕生（祖宪）、甘泉闵葆之（尔昌）、吴江费仲深（树蔚）、项城张馨庵（镇芳）、番禺凌润台（福彭）、宜宾董冰谷（士佐）、汲县王小汀（锡彤）、合肥朱石庵（家磐）、永城丁春农（象震）、江都女士史子希（济道）、静海女士权效苏（静泉）诸人。以外则筱石制军、寒云公子也。当时宾从唱酬，门庭雍睦，窃谓为项城平生第一适意之时。人或以投闲惜之，则真皮相之论矣。②

三月初一日（4月10日），访郑孝胥。

郑孝胥《庚戌日记》三月朔：吴彦复来。③

三月初三日（4月12日），郑孝胥来谈，并观先生新作。

郑孝胥《庚戌日记》初三日：午后，……过吴彦复，谈久之，观新作数首。④

同日，陈诗致书先生，言宋恕病卒事。

---

① 野史氏. 袁世凯轶事续录：卷三 [M]. 上海：文艺编译社，1916：33-34.
② 张寅彭，李剑冰，校点. 今传是楼诗话 [M]//张寅彭. 民国诗话丛编：第三册. 上海：上海书店出版社，2002：407.
③ 劳祖德. 郑孝胥日记：第三册 [M]. 北京：中华书局，2013：1249.
④ 劳祖德. 郑孝胥日记：第三册 [M]. 北京：中华书局，2013：1249.

陈诗《致吴保初书》：

夫子大人函丈：家弟于善前恳赐书剪拂，已蒙恤其羁困而允之，务乞即书付邮，因闻某公有移闽之说也。昨接瑞安孙君书云：宋平子征君近遘微恙，遽归道山。（其书未言卒日，已函询之。）名流凋谢，弥深嗟悼。此后寸楮尺墨，皆宜葆存矣。俟得其详，更以闻。此叩箸安。（伯严先生二月上旬到沪一次，现赴南昌扫墓矣。）门人诗顿首上。三月三日。①

【按】录自红八行笺草稿，据称谓拟目。此函未署年份。据"宋平子征君近遘微恙，遽归道山"，知其时宋氏卒后不久。本年正月廿三日，宋恕病卒于瑞安。又函云："伯严先生二月上旬到沪一次，现赴南昌扫墓矣。"查《陈三立年谱长编》，本年二月廿九日，陈三立过下关赴西山靖庐展墓②，三月三日抵南昌③。另，函末署三月三日，故此函应作于宣统二年三月三日。"瑞安孙君"，即孙诒棫。"近"，下有"因"字，后点去。

三月初八日（4月17日），上午，访郑孝胥。

郑孝胥《庚戌日记》初八：吴彦复来谈。午后，过卢慎之。④

三月十九日（4月28日），陈诗致书先生，言先生之诗稿不宜交予陈浏校勘。

陈诗《致吴保初书》：

夫子大人函丈：今日得赐书，敬悉。《别传》当即付刊。《散原精舍诗》下卷现排印极速，大约四月杪可以寄呈。沈君函招一节，诗尚拟缓赴。诗于本月兼有《国风报》（乃旬报，何澄一兄所办）撰述事件，月增三十元，差可自给。若欲远行，则此时亦殊不易（空□囊无一钱）。且大儿赋闲在此，尚须安置乃能行也。公近作赠伯严吏部五律、七律各一首，均已登入《国风报》中。诗送公赴津一首亦登入，略有改易，另纸录呈。《国风报》乃一种特别之旬报，新旧学皆兼有其胜，不可不阅者。现境窘乏，俟下月再购寄也。公诗稿存定山处，宜亟索回，自行排印。无论诗留沪赴津，总可任校勘之役。定山此时仕宦不进，才亦退，似未能任此事也。此事乃公不朽之盛业，愿勿视为等闲置之，是所翘

---

① 5236 陈诗 信札三通 镜心 [EB/OL]. 雅昌艺术网，2017-04-28.
② 李开军. 陈三立年谱长编：中册 [M]. 北京：中华书局，2014：894.
③ 李开军. 陈三立年谱长编：中册 [M]. 北京：中华书局，2014：895.
④ 劳祖德. 郑孝胥日记：第三册 [M]. 北京：中华书局，2013：1250.

望。肃叩吟安。门人诗顿首上。三月十九日。①

【按】录自红十七行笺草稿，据称谓拟目。此函未署年份。"公近作赠伯严吏部五律七律各一首"分别指《伯严考功约游半山寺》《伯严招同游鸡鸣寺》，"诗送公赴津一首"指《正月二十日，伯严先生招同瘿庐师游鸡鸣寺，即送瘿师之津门》，是三首皆刊于《国风报》第一年第六号，宣统二年三月十一日出版。又函末署"三月十九日"，故当作于宣统二年三月十九日。

四月初七日（5月15日），下午，携古钱十数种访郑孝胥。

郑孝胥《庚戌日记》初七日：午后，吴彦复来，示古钱十数种，有凉造新泉、大历元宝、永通泉货、天赞通宝数枚，皆可喜。②

五月十三日（6月19日），沈宗畸送潘飞声出都赴津。后沈、潘来访，先生手赠《云起轩诗录》。

沈宗畸《为潘兰史题吴彦复赠本〈云起轩诗录〉》：云阁平生诗最多，约有千首。闻其家人藏稿，待重价以沽。庚戌五月十三日，送老兰兄出都，小住津门，同访吴彦复，手赠此卷，非云阁诗之至者也。沈宗畸识。③

夏，袁祖光自沈宗畸处索观先生代刊之《云起轩诗录》。

袁祖光《绿天香雪簃诗话》：文道希师诗，以未窥全豹为憾。庚戌夏，于沈太侔索得吴瘿公代刊《云起轩》之本，言师诗全稿约五百余首，兹所存者，乃搜集汇成，非其至也。④

八月，携王姹、彭嫣居京。

《陈谱》：八月，携姬王氏、彭氏，移居京师。⑤

陈诗《吴北山先生家传》：庚戌游京师。⑥

《北山吴保初历略》：亲没既葬，复以北京为寓公。⑦

---

① 5235 陈诗 信札三通 镜心［EB/OL］.雅昌艺术网，2017-04-28.
② 劳祖德.郑孝胥日记：第三册［M］.北京：中华书局，2013：1255.
③ 汪叔子.文廷式集：下册［M］.增订本.北京：中华书局，1993：1397-1398.
④ 吴忱，杨焄，点校.绿天香雪簃诗话：卷七［M］//张寅彭.清诗话三编：第十册.上海：上海古籍出版社，2014：7379.
⑤ 陈诗.吴北山先生年谱（续）［N］.时报：文艺周刊，1919-12-23（14）.
⑥ 吴保初.北山楼文［M］//吴保初.北山楼集：卷三.陈诗，辑.铅印本.民国二十七年：1.
⑦ 北山吴保初历略［N］.益世报（北京），1926-10-24（8）.

八月，吴俊客京师，为先生绘《春风满庭图》轴并题。

吴超《吴昌硕艺术年表》清宣统二年庚戌1910六十七岁条：八月，游京师日，……为吴保初绘《春风满庭图》轴并题。①

《吴昌硕作品集（续编）》：石不能言，花还解咲〔笑〕。春风满庭，发我长啸。君遂老兄属画。庚戌八月客京华，吴俊卿。②

九月二十日（10月22日），陈诗、陈书至北京，三人夜饮并联字成诗。有诗《鹤柴自沪、木庵自津至京，主北山楼。夜饮，三人联字成诗，古有此例，偶踵为之，聊破岑寂云尔。宣统庚戌九月二十日》。

陈书（1838—1905），字伯初，号俶玉、木庵。福建侯官人。陈衍长兄。光绪元年（1875年）举人。官直隶博野知县。

九月廿八日（10月30日），罗惇曧招饮，座有赵熙、陈衍、汤睿、潘博、陈诗。

陈诗《九月二十八日，罗瘿公招同赵尧生、陈石遗、汤觉顿、潘若海、吴北山师小集瘿庵，酒罢，以敦煌石室所藏唐人写〈妙法莲华经〉为赠，赋此言谢》③。

赵熙（1867—1948），字尧生，号香宋。四川荣县人。光绪十八年（1892年）进士。历任荣县凤鸣书院山长、重庆东山书院山长、江西道监察御史等。著有《香宋诗前集》《香宋词》《花行小集》等。

汤叡（1878—1916）一名刚，字觉顿，号荷庵。广东番禺人。康有为门生。生平详见梁启超《番禺汤公墓志铭》《番禺汤公略传》。

潘博（1874—1916），原名又博，字若海。广东南海人。康有为门生。参与创办国学保存会与《国粹学报》。著有《弱庵词》。

九月，先生有诗《余曩游海王村，曾见唐人写经卷，惊为瑰宝。今敦煌发壁所出甚多，同人各得一卷，以相夸示。庚戌秋晚，重遇若海于京师，出〈金光明经·大吉祥天女品〉卷征题，因感而赋此》。

九月，已拓《瘿庐藏泉》四卷。

陈诗《北山楼诗续·书后二》（三首其二）夹注云：先生旅京津日，喜购古钱以自娱。庚戌秋，余入都，见先生拓有《瘿庐藏泉》四卷，如王莽金错刀

---

① 吴超. 吴昌硕艺术年表［M］//邹涛，尚佐文，解小青. 吴昌硕全集：文献卷三. 上海：上海书画出版社，2017：225.
② 王辛大. 吴昌硕作品集（续编）［M］. 第二版. 杭州：西泠印社出版社，1998：图74.
③ 陈诗. 尊瓠室诗：卷二［M］//徐成志，王思豪，编校. 陈诗诗集. 合肥：黄山书社，2010：102.

及小钱、宋废帝景和钱、辽天赞钱、明建文钱,皆世所稀有者。先生病中,江都方尔谦地山假观,遂不归。①

陈浏《挽张庸庵恭议（可中）》其二：吾友吴瘿（著有《北山泉史》）蓄古钱,君将泉史与重编。……遗稿凭谁补郑笺?②

徐珂《清稗类钞·鉴赏类》"吴方陈丁好古"条：吴保初、方尔谦好古钱,陈浏好古瓷,丁惠康好古琴、宋本书、钞本书,皆光绪中叶之名流也。③

【按】陈诗九月二十日已至京师,故系于此。

九月,患痰厥,后愈。
《陈谱》：九月,先生猝患痰厥,既苏,饮食步履吟啸如常人。④
十月初五日（11月6日）,陈衍招饮于上斜街赁宅,座有杨增荦、赵熙、胡思敬、王式通、马其昶、姚永概、冒广生、林纾、陈诗十一人。

姚永概《慎宜轩日记》初五日：至通伯处,同至琉璃厂看书,价太昂,乃同应陈叔遗之招于上斜街。晤吴彦复、陈子言。⑤

陈衍《石遗室诗话》"八"条：庐江陈子言（诗）与确土为文字骨肉,屏绝世务,冥心孤往,一意苦吟,今之贾阆仙、李才江也。庚戌十月五日,余招饮斜街寓庐,同集者杨昀谷、赵尧生、胡瘦唐、王书衡、马通伯、姚叔节、吴君遂、冒鹤亭、林畏庐。君归赋诗云："日晡适城南,……坠绪聊一摭。"⑥

【按】陈诗此诗题作《十月五日,陈石遗先生招饮上斜街赁宅,同集者杨昀谷、赵尧生、胡漱唐、王书衡、林畏庐、冒钝宧、马通伯、姚叔节、吴北山师暨余共十一人。既归,赋诗代简》⑦。陈衍有答诗云："陈子诗如水石清,临文应不讳诗名。从言从寺声兼意,言志也须廷尉平。闽社诗人

---

① 陈诗. 书后二［M］//吴保初. 北山楼集：卷二. 铅印本. 民国二十七年：11.
② 陈浏. 江关后集：微觉楼诗［M］//李兴盛,齐书深,赵桂荣. 陈浏集：外十六种. 哈尔滨：黑龙江人民出版社,2001：223.
③ 徐珂. 清稗类钞：第九册［M］. 北京：中华书局,1984：4194.
④ 陈诗. 吴北山先生年谱（续）［N］. 时报：文艺周刊,1919-12-23（14）.
⑤ 姚永概. 慎宜轩日记：下册［M］. 合肥：黄山书社,2010：1168.
⑥ 张寅彭,戴建国校点. 石遗室诗话：卷四［M］//张寅彭. 民国诗话丛编：第一册［M］. 上海：上海书店出版社,2002：67.
⑦ 陈诗. 尊瓠室诗：卷二［M］//徐成志,王思豪,编校. 陈诗诗集. 合肥：黄山书社,2010：103.

光绪初,海藏诗派满江湖。刘郎憔悴重来处,一个当年道士无。诗人去后剩亭林,小集诗人杂醉醒。下酒催诗无别物,满林黄叶最堪听(亭林字到)。子言、彦复诸诗人同集寓斋。子言枉赠五言一首,答三绝句,中诗事至多也。庚戌十月衍记。"①

十月,向袁克定荐麦孟华为出使比利时之参赞,因朝命中辍未成。

《陈谱》:十月,朝议将命袁克定出使比国,先生私荐麦孟华为参赞,克定诺之。既而朝命中辍,改简李国杰,此议遂寝。②

编年诗

1.《伯严约游半山寺》
2.《伯严招同游鸡鸣寺》
3.《和项城太保春雪韵》

【按】此诗亦收录于《圭塘倡和集》③,署名吴保初。袁世凯原作题为《春雪》,署名容庵主人,诗云:"连天风雪玉兰开,琼树瑶琳掩翠苔。数点飞鸿迷处所,一行猎马疾归来。袁安踪迹流风渺,裴度心期忍事灰。二月春寒花信晚,且随野鹤去寻霖。"

4.《鹤柴自沪、木庵自津至京,主北山楼。夜饮,三人联字成诗,古有此例,偶踵为之,聊破岑寂云尔。宣统庚戌九月二十日》
5.《余曩游海王村,曾见唐人写经卷,惊为瑰宝。今敦煌发壁所出甚多,同人各得一卷,以相夸示。庚戌秋晚,重遇若海于京师,出〈金光明经·大吉祥天女品〉卷征题,因感而赋此》
6.《和项城太保感事原韵》

【按】此诗亦见于《圭塘倡和集》④,署名庐江吴保初君遂。袁世凯原作题为《忆庚子旧事》(八方烽举古来无),署名容庵主人。

---

① 0751 陈衍 致陈诗 吴保初 1910年作 行书 立轴 [EB/OL]. 雅昌艺术网, 2015-12-19.
② 陈诗. 吴北山先生年谱(续)[N]. 时报:文艺周刊, 1919-12-23 (14).
③ 袁寒云. 洹上私乘 [M]. 上海:大东书局, 1926:44.
④ 袁寒云. 洹上私乘 [M]. 上海:大东书局, 1926:43.

卷五　赴沪养疴

宣统三年辛亥（1911年）　四十三岁

二月十六日（3月16日），郑孝胥、罗惇曧、陈衍前来探病，彭嫣出见。

郑孝胥《辛亥日记》二月十六日：午后，答拜东城诸客。罗掞东、陈叔伊同视吴彦复病，其妾彭嫣出见。①

《陈谱》：三月，先生中风疾复发，卧病京师。罗瘿公、陈石遗□延闽医力钧治之，小瘥。②

【按】以日记为是。

五月，南归金陵，病风痹。

《陈谱》：五月，南归金陵。病风痹，涩于语言。偃卧一室，药炉禅榻，不复预闻理乱矣。③

《吴彦复先生下世再志》：徙家居京师两年，困顿愈甚，旋婴风疾，渐不能语。既病数月，其夫人自南京来，偕彦复携其二妾彭嫣、王姹南归。二妾渐不安其室，相继辞去。④

黄濬《聆风簃杂缀（续）》：庐江吴彦复，武壮公长庆之子也，豪隽能文章。今总统袁公，少时隶武壮军，与彦复故交。及袁公贵，而彦复落拓江湖，袁公间周恤之。今年病没沪中矣。数年前，得姬曰彭嫣，极自得。……彦复病，而不见容于大妇，乃辞去，其志可悲。或曰，去年民军攻南京，时嫣在其中，为女志士。城破后，乘舆人，顾盼自豪。诚然，则亦足异也。⑤

十一月廿六日（1月14日），张謇致函彭嫣。

张謇《致吴彭夫人函》：屡次来晤未见，至南京则闻彦复夫人之言，为彦复计，甚为君念。君是否回南京？如回，则何日启程？旅费足支否？所带彦复之

---

① 劳祖德. 郑孝胥日记：第三册[M]. 北京：中华书局，2013：1312.
② 陈诗. 吴北山先生年谱（续）[N]. 时报：文艺周刊，1920-02-10（13）.
③ 陈诗. 吴北山先生年谱（续）[N]. 时报：文艺周刊，1920-02-10（13）.
④ 吴彦复先生下世再志[N]. 亚细亚日报. 1913-02-01（3）.
⑤ 哲维. 聆风簃杂缀续[N]. 亚细亚日报，1913-07-19（7）.

古钱、印章若存博物苑，犹足为彦复留名，胜于兵匪之劫，幸勿遗失。吴彭夫人。啬庵。阳正月十四日。阴十一月廿六日。①

是年，释敬安寄章炳麟诗，邀观天童玲珑岩，语及先生姊吴保华。

释敬安《寄章太炎君沪上八绝句并招游天童》（其二）：故人最忆吴彦复，其姊圣慧优婆夷。称子人中芬陀利，黄金赎罪胜须眉。（君曩因党祸被逮，彦复姊刘氏圣慧极力周旋，得以解脱。）②

【按】释敬安《寄怀乌目山僧》诗自注云："天童玲珑岩，鬼斧神工，莫名其巧，中产万年藤，可为拄杖。"

是年，陈衍作诗怀先生。

陈衍《岁暮怀人绝句三十二首》（辛亥）其三十一：座上当年识孟嘉，寄书闻我出京华。北山憔悴太炎老，说士曾经众口哗。（吴彦复、章太炎。）③

民国元年壬子（1912年）　　四十四岁

夏，赴沪依章士钊、吴弱男而居。

《陈谱》：是夏，先生疾日甚，赴沪就西医治疗。独居小楼，屏绝人事，修髯盈尺，已类老翁。消沉抑郁，迥异畴曩已。④

章士钊《北山楼诗文集后序》：共和初年，南京适有兵变，先生因移寓上海，与吾夫妇同居，虽朝夕相见，而格于病势，又末由请益矣。⑤

章士钊《北山楼诗文集后序》：然通观当年前后情事，满州〔洲〕顽然于上，党人僻驰于天下，先生既已左右无可着力，而与先生两世恩旧、情逾昆季之项城袁君，利用时局，帝制自为之阴谋左计，又使之中心隐痛，无从言说。于是，先生不得不病矣，不得不逃实归虚，而以风痹终矣，此近世心理学家所谓缘最少抵抗之线路而行者也。以身处乱世，志不得通，亲友化为虎狼，左右

---

① 李明勋，尤世玮. 张謇全集：第二册（函电上）[M]. 上海：上海辞书出版社，2012：306.

② 释敬安. 八指头陀诗续集：卷五 [M]//段晓华，校点. 八指头陀诗文集：上册. 上海：上海古籍出版社，2016：441.

③ 陈衍. 石遗室诗集：卷五 [M]//陈步. 陈石遗集. 福州：福建人民出版社，2001：195. 是文原为旧式句读，今改。

④ 陈诗. 吴北山先生年谱（续）[N]. 时报：文艺周刊，1920-02-10（13）.

⑤ 吴保初. 北山楼遗集 [M]//吴保初. 北山楼集：卷三. 陈诗，辑. 铅印本. 民国二十七年：2.

动见荆棘，病者私心自计，惟风痹犹得安神闺房之中，遂志梦寐之际也，吁可伤已！①

【按】陈诗多次记载吴保初赴沪日期，多记于宣统三年，且互有出入。陈诗《吴北山先生家传》云："辛亥春，病风痹南归，卧床两载。"② 陈诗《尊瓠室诗话》云："辛亥夏，以中风疾南归，卧床两载。"③《北山吴保初历略》："辛亥春，卒患疯痪之疾南归。"④ 以其所作年谱及章士钊之记载为是。

秋，陈诗至沪探视先生。
陈诗《乱后遇吴北山师疗疴沪渎述旧感赋》：昔居梅福里，延月濯江流。旋醉长安市，乘春度陇头。瘫零时作帝，鬈鬓忽惊秋。相见加餐饭，衰羸语未休。⑤

【按】此诗曾刊于《亚细亚日报》，题名《壬子秋遇吴北山师疗疴沪渎述旧感赋》⑥，署名鹤柴，与诗集所载略有异文。

十二月廿五日（1913年1月31日），先生病危，章士钊自京返沪。
《章行严今日回上海》：章行严氏为研究宪法问题事，来京月余，主孙少侯家。昨接沪电，因其妇翁吴彦复先生病没于上海，严须回沪经纪后事。彦复为前广东提督吴公长庆之子，夙有文名，所为诗歌，哀婉绝俗。其载于《独立周报》者，为海内所共闻。近月养疴沪上，遂以不起。江湖耆宿，又弱一个矣。⑦
《吴彦复先生并未捐馆》：吴彦复先生前有逝世之耗，昨据沪上通信云，彦

---

① 吴保初. 北山楼遗集［M］//吴保初. 北山楼集：卷三. 陈诗，辑. 铅印本. 民国二十七年：1.
② 吴保初. 北山楼文［M］//吴保初. 北山楼集：卷三. 陈诗，辑. 铅印本. 民国二十七年：1.
③ 林建福，校点. 尊瓠室诗话：卷三［M］//张寅彭. 民国诗话丛编：第二册. 上海：上海书店出版社，2002：130.
④ 北山吴保初历略［N］. 益世报（北京），1926-10-24（8）.
⑤ 陈诗. 尊瓠室诗话：卷二［M］//徐成志，王思豪，编校. 陈诗诗集. 合肥：黄山书社，2010：116.
⑥ 鹤柴. 壬子秋遇吴北山师疗疴沪渎述旧感赋［N］. 亚细亚日报，1912-10-29（7）.
⑦ 章行严今日回上海［N］. 亚细亚日报，1913-01-31（3）.

复本患风痹之疾，日前病势极危，故电召其婿章行严氏返沪，实则彦复尚未至易箦也。①

十二月廿六日（1913年2月1日），《亚细亚日报》误以为先生于十二月廿三日（1913年1月29日）病故，发表《吴彦复先生下世再志》②。次日刊《吴彦复先生下世三志》③。

是年，袁世凯寄赠医药费二千金。

《吴彦复先生并未捐馆》：袁总统确寄二千金，可两[绨]袍之赠，非赙亡也。所言如是，特并志之。④

吴弱男《见闻录·袁世凯轶事数则》：其后若干年余父病半身不遂，袁曾寄赠医药费2000元，款到时我父已垂危，既而又汇奠仪1000元，后即以此3000元料理葬事。袁所以有此两次汇款，另具政治目的，缘彼方有所图谋，忌行严有所活动，不愿其去日，乃借此结好。但我夫妇终于东渡。缘其时袁之爪牙密布各地，我等只有两条路可走，非逃即降，降则为帝制派，走则为民党，势不可以复留。⑤

是年，俞明震前来探病。

章士钊《北山楼诗文集后序》：共和初年，……一日，吾偕俞恪士先生谒先生卧榻旁，久久无语，俞乃问曰："君识我乎？"先生努目急曰："识之，恪士！"则大啸一声，如鹤之唳。俞先生怃然为间，不禁泪下。太炎为先生表墓，"杜门谢交游，有谒者辄瞠目作病狂状"等语，指此类也。呜呼！先生一生心事，俱在此一唳中写藏焉矣，诗中一句一字，举视此一唳矣。⑥

民国二年癸丑（1913年） 四十五岁

正月十六日（2月21日），先生病卒。

《陈谱》：元宵后一日，先生卒。⑦

---

① 吴彦复先生并未捐馆[N].亚细亚日报，1913-02-24（3）.
② 吴彦复先生下世再志[N].亚细亚日报，1913-02-01（3）.
③ 吴彦复先生下世三志[N].亚细亚日报，1913-02-02（3）.
④ 吴彦复先生并未捐馆[N].亚细亚日报，1913-02-24（3）.
⑤ 吴弱男.见闻录[M]//上海市政协文史资料委员会.上海文史资料存稿汇编：政治军事.上海：上海古籍出版社，2001：679.
⑥ 吴保初.北山楼遗集[M]//吴保初.北山楼集：卷三.陈诗，辑.铅印本.民国二十七年：2.
⑦ 陈诗.吴北山先生年谱（续）[N].时报：文艺周刊，1920-02-10（13）.

康有为《吴彦复墓志》：宣统五年，岁在癸丑正月十六日卒，竟不得面也，悲夫！①

陈诗《吴北山先生家传》：共和二年二月二十一日，即旧历癸丑正月十六日，卒于沪渎，年四十五，以寓沪久，耽其风土人文，遗命葬焉，今墓域在静安寺第六泉旁。②

陈诗《尊瓠室诗话》：癸丑上元后一日，卒于沪，年四十有五。③

正月廿三日（2月28日），葬于静安寺公共坟地。

《陈谱》：遗命守延陵嬴博之训，崇墨翟节葬之旨。衣周于身，桐棺三寸，即葬于沪。今墓域在北郭静安寺第六泉旁。呜呼！可以风已。④

郑孝胥《癸丑日记》廿三日：吴彦复葬于静安寺公共坟地，使小七往遗花圈，女弱男、亚男、妇李敬仪为丧主。⑤

康有为《吴彦复墓志》：卒年四十有五，葬于上海静安寺侧。⑥

《北山吴保初历略》：民国二年二月二十四日病卒沪渎，年四十有五。遗言不归，粤七日葬于静安寺外国茔地。君文章克承家学，富气节，躬冒危难，有淮上人之风。喜歌诗，庐江僻壤，自江开而后，罕有传人。君援织奋起，自成一家。有北山楼，遂以名其诗，故人遂称之曰"北山先生"。良为近代闻人，故绎其卓荦之志，表而出之。⑦

陈诗《尊瓠室诗话》：癸丑上元后一日，卒于沪，年四十有五。遗命乐此邦风土，不归，葬于北郊静安寺侧第六泉畔。著有《北山楼诗文词集》。……先生文效两汉，诗学韦、柳及荆公，书法酷似褚河南，人多宝之。⑧

先生临殁遗言捐田数百亩。

《陈谱》：遗田命析为四：一捐入宗祠，建义塾以教族人；一畀儿妇李敬宜（敬宜女士为合肥李巽之观察经邦女），俾事衰姑，立嗣续，奉烝尝；余则分畀

---

① 孙文光，点校. 北山楼集 [M]. 合肥：黄山书社，1990：145.
② 吴保初. 北山楼文 [M]//吴保初. 北山楼集：卷三. 陈诗，辑. 铅印本. 民国二十七年：1.
③ 林建福，校点. 尊瓠室诗话：卷三 [M]//张寅彭. 民国诗话丛编：第二册. 上海：上海书店出版社，2002：130.
④ 陈诗. 吴北山先生年谱（续）[N]. 时报. 文艺周刊，1920-02-10（13）.
⑤ 劳祖德. 郑孝胥日记：第三册 [M]. 北京：中华书局，2013：1455.
⑥ 孙文光，点校. 北山楼集 [M]. 合肥：黄山书社，1990：145-146.
⑦ 北山吴保初历略 [N]. 益世报（北京），1926-10-24（8）.
⑧ 林建福，校点. 尊瓠室诗话：卷三 [M]//张寅彭. 民国诗话丛编：第二册. 上海：上海书店出版社，2002：130.

二女为奁赠。二女，长弱男，适长沙章士钊；次亚男，适南海梁元，皆留学英日毕业生也。①

陈诗《吴北山先生家传》：始，武壮爱士好施，不问家人生产。母王太夫人里中富家女，赍送颇盛，善理财封殖赀〔资〕产，以遗子孙。先生慕端木叔之为人，临殁遗言捐田数百亩，岁可收谷千石，建义塾以教族人，呜呼，可以风已。②

康有为《吴彦复墓志》：母王太夫人，遗财丰溢，君散以养士恤孤，舍田千亩，为义塾恤族。③

陈诗秉先生遗言以黄瘿瓢画轴赠予陈三立。

陈三立《鹤柴承吴彦复遗言，以家藏黄瘿瓢画轴见寄别墅，感怆赋此》④。

章士钊《论近代诗家绝句》"陈三立"条夹注：振奇人，先生挽外舅北山先生所用语。来吊时，跪拜涕泣，口呼彦复，观者均极感动。⑤

二月初四日（3月11日），张謇作哀词。

《张謇日记》：四日。作吴彦复哀词。（眉录：《吴彦复哀词》："十年寥落吴公子，家国艰辛不自由。世论推归南部党，诗才寄与北山楼。金银散客贫能壮，莺燕离巢说尚愁。万事分明一杯水，逍遥今看海鲲游。"）⑥

【按】此诗曾刊于《亚细亚日报》，题《张季直先生近作挽吴彦复先生》⑦，诗中"游"作"浮"。

二月初九日（3月16日），下午三时，旅沪人士于张园安垲地开追悼会。主席汪德渊宣布开会，何雯宣布先生行略，潘宗岳演说所受先生之感化，谈长治代吴弱男、吴亚男及李敬仪宣布答词。

《追悼吴彦复先生》：昨日星期，南北旅沪人士及安徽同乡，在张园开追悼

---

① 陈诗. 吴北山先生年谱（续）[N]. 时报：文艺周刊, 1920-02-10（13/14）.
② 吴保初. 北山楼文 [M]//吴保初. 北山楼集：卷三. 陈诗, 辑. 铅印本. 民国二十七年：2.
③ 孙文光, 点校. 北山楼集 [M]. 合肥：黄山书社, 1990：145.
④ 陈三立. 散原精舍诗续集卷中 [M]//李开军, 校点. 散原精舍诗文集：上. 增订本. 上海：上海古籍出版社, 2014：416-417.
⑤ 汪辟疆. 光宣诗坛点将录 [M]//汪辟疆. 汪辟疆文集. 上海：上海古籍出版社, 1988：329.
⑥ 李明勋, 尤世玮. 张謇日记 [M]. 上海：上海辞书出版社, 2017：751.
⑦ 张季直先生近作挽吴彦复先生 [N]. 亚细亚日报, 1913-03-30（7）.

庐江吴彦复先生大会。张园门首悬挂国旗，其会场设于安垲第。是日因雨阻滞，到会者仅五六十人，延至三句钟已后，始行开会。先由皖同乡汪允宗君登台报告开会原〔缘〕由，旋即下台，约同众宾向吴先生肖像行三鞠躬礼。次则怀宁何宇尘君登台演说吴先生历史，及庚子在沪创设国会事。当时虽众谤群疑，今日皆成实效云云。次则潘月樵君登台演说渠创办榛苓小学校历史。在当时虽自具热心，然乏人扶持，经始不易。赖吴先生及丁叔雅先生事事指导，为之游扬，学校始克成立，而吴先生助力尤多。今榛苓学校学生毕业已多次，成绩蔚然可观，皆受吴先生之赐。及吴先生养疴于沪，渠竟未知。今来追悼哲人已萎，缅想当年情事，已成隔世，殊属伤怀。言时声泪俱下，座客闻之，多有堕泪者。旋由吴府代表谈君诵答词致谢来宾，遂摇铃散会。①

《追悼吴彦复先生大会记》：

前日，旅沪各省人士在张园安垲地，为庐江吴彦复先生开追悼大会。午后一时，来宾陆续莅止。挽联诗文遍张四壁，佳构如林。三时开会。首由主席汪允宗君宣布开会，略云：吴彦复先生为近世血性男子，其文章行谊，久为世所景仰。今到此会场，不胜感慨。盖吴先生生性好交，缟纻之好，遍于海内。当前清袁项城督北洋时，人以吴先生与袁有旧，日求吴致函通殷勤者，户外之屦常满。以予所知，此种身受吴先生恩泽之人，而今拥赀〔资〕居上海者，正自不乏，今日乃不见此种人到会。"一死一生，乃见交情"，此语良足慨矣。不佞与吴先生结邻有年，深悉此中端委。然不佞当日曾未尝以一私事干吴，并知今日到会诸公，皆非当年有干于吴者。盖彼干吴之人，即为翻云覆雨之人，其于近年幽居中之吴先生，久已视同陌路，不复置念，况其身后，从此可知。今日到会之人，皆为笃实君子，将来必能人人为国家担当大事，迥与彼辈异趋云云。

次由到会者齐向灵位前行一鞠躬礼。

次由何宇尘宣布吴先生行略，略云：民国成立后，凡欢迎伟人诸会，常见会场人满。今日之会，乃为追悼一独行之士，较诸彼会关系尤大。且吴彦复先生之父筱轩先生，为同光年间名将。甲申朝鲜之乱，尝以一旅入韩，擒获大院君归津。既杜韩之乱蘖，且折日之狡谋。是吴先生之家族，有功于国家甚大。使人人皆能如吴先生父子，则今日国势必不陵夷若是。吴先生于前清时以任子入官，直声震于天下。因上封章，为堂官所抑，遂即日拂衣归隐。知清廷之必亡，故于庚子与在沪同志组织中国议会。此会一派往武汉起义，不幸事败，唐才常诸君殉焉。当时张南皮致书吴先生，有"卿本佳人，奈何作贼"之语。吴

---

① 追悼吴彦复先生［N］.时报，1913-03-17（13）.

先生复书痛驳之，洋洋千言。嗣后革命同志如章太炎等，皆与吴先生往还甚密。不幸穷困，乃作北上依人之计，从此遂堕于消极主义。然由今观之，可知庚子国会之关系甚大，乃为革命之先河。而吴先生身与此会，其与民国关系之重，又可想见云云。

次由潘月樵君演说所受吴先生之感化，略云：到此会场，可一痛哭。洄〔回〕念从前因吴先生而得交丁叔雅先生及诸同志，又因吴先生而得夏氏之赞成，始能办成一学校，教育孤寒子弟，至今八年未替。予固确信吴先生为第一爱国男子，较彼取巧成名之伟人高出一等云云。

次由谈善吾君代吴先生之弱息吴弱男、亚男二女士及其寡媳李敬仪宣布答词，略云：今日蒙诸先生为先君子开追悼会，与会者感情深浅各有不同，而其对于先君子之盛意均极挚爱，感谢无已。顾先君子之一生行谊，已蒙诸先生适间演说无遗。而推许之处，间有过情，弱男等闻而滋愧。惟先君子一生出处所在，与国家社会确有关系，得诸先生详细宣布，至为确切，尤深感仰。至先君子未竟厥志，傺侘以终，在诸先生为国家惜人才，为个人悲际遇，尚多痛悼之感，则弱男等椎〔锥〕心刺骨，莫可如何者，则非常情所能喻云云。

是时仪节已完，遂即摇铃散会。①

黄濬《开悼吴彦复感言》：吴彦复先生下世之耗，初传也在正月，已而沪书来，言不实。已而二月十一日，先生卒捐馆舍。比闻前日沪寓之名士学人，大开追悼会于张园。夫彦复，浊世翩翩佳公子耳，然能折节好士，博学能文章。往史称叔末多有四公子，彦复"晚清四公子"之一也。四公子者，其幸者为孟尝、平原，不幸者为定生、次尾，彦复其不幸者也。晚近国学颓歇，士习益靡，纨绔公子渔于货色，凭藉〔借〕权势以凌人，求如彦复之卓荦沉冥者，渺不可覯，吾知诸君非徒悼彦复已也。②

何雯（1884—1925），字尘。安徽怀宁人。光绪二十九年（1903年）举人。历任湖南巡抚署、湖南调查局法政科科长、国会议员等。铜官山矿共济会筹备委员。著有《澄园诗集》《龙潭室诗钞》《湖南风土记》等。

潘宗岳（1851—1928），初名万胜，艺名小连生，字月樵。江苏扬州人。老生。

谈长治（1868—1937），字善吾。江苏无锡人。曾供职于福建马尾船政局、安徽安庆警界、南京审计院。历入《神州日报》《民呼》《民吁》《民立》执

---

① 追悼吴彦复先生大会记 [N]. 申报，1913-03-18（7）.
② 哲维. 开悼吴彦复感言 [N]. 亚细亚日报，1913-03-11（6）.

笔政。

约是年，陈诗致书章士钊，言先生碑碣由张謇题署为宜。

陈诗《致章行严书》：昨归细思之，彦师碑碣，自以张啬翁题署为是。一、两代交谊深厚也；二、啬翁工于楷隶也；三、相距甚迩，题碣不难速就也。有此三善，自宜以啬翁题者为宜。吴仓老虽交谊笃，居处近，二者略同。彼其善于石鼓文及草书，素不能楷隶，亦未闻墓碣篆书，转恐觏者不辨，固不宜也。昨弟匆匆谈及，未能细审，殊有未当，特更陈之。愿足下仍循前说，亟以碑碣尺寸告之啬翁。若其尚未来沪，或以电告，定能亟书寄来也。行严先生。弟诗敬启。①

---

① 刘凤桥，徐晓飞. 清及近现代名人书法与辨伪［M］. 沈阳：万卷出版公司，2004：28.

谱　后

逝后二年民国四年乙卯（1915年）

十月廿三日（11月29日），吴保德卒。

陈诗《尊瓠室诗话》：吴子恒先生（保德）乃广东水师提督武壮公（长庆）冢嗣，以武壮援朝鲜功，授三等轻车都尉。……既遭沧桑，转徙江湖，晚居京师。乙卯十月卒，年五十三。①

陈诗《庐州诗苑·尊瓠室诗话》"吴炎世"条：乙卯，君本生父子恒先生又卒。门祚遂替，恶族相凌，一家之兴衰以人，讵不然欤？②

十二月初七日（1916年1月11日），吴炎世之妻李敬仪卒。

逝后五年民国七年戊午（1918年）

二月十六日（3月28日），章士钊访郑孝胥，

郑孝胥《戊午日记》二月十六日：章行严来，言"顷过康长素，闻复辟之论，似亦有理。"……章持小册，乃余少时所为《课读浅言》，为其妇翁吴彦复所藏者，求余跋其后；又一册，请随意写诗数叶。③

章士钊《海藏楼中岁书》：愚藏有郑太夷先生为先外舅所书读书法一册。体近钟、王，小楷精绝。五十岁后不复为此，可宝也。戊午春，愚携示先生海上。先生为跋如下："戊午二月十六日，章行严兄访余于海藏楼，出是册曰：'得之于其外舅吴彦复比部'。彦复素善余，何时拾得弃稿，辄付装裱，以贻其爱女弱男，即行严之夫人也。行严渊粹淳厚，有澄清天下之志，独喜此稿，使余书其后，以志翰墨之缘。感念彦复，已为宿草，余亦衰老，志业不遂，惘然系以一

---

① 林建福，校点. 尊瓠室诗话：卷三［M］//张寅彭. 民国诗话丛编：第二册. 上海：上海书店出版社，2002：129.
② 陈诗. 庐州诗苑：卷五［M］. 铅印本. 庐江：陈氏，民国十五年：31.
③ 劳祖德. 郑孝胥日记：第三册［M］. 北京：中华书局，2013：1720.

绝：'比部中年埋玉树，如云意气岂销〔消〕沉。为君伉俪重题此，便是当年挂剑心。'"愚近年身心学问，颇得先生之益。览此怃然，因郑重记之。又愚妻弱男四十生日，先生赠二绝，诗云："武壮人豪绝爱才，北山师我晚堪哀。休嗟弱女非男语，亲见河源一脉来。""得婿才华信异常，生儿能复继书香。空花客慧勤收拾，试就家庭觅道场。"老成情重，滋可感也。①

三月，章士钊为先生致龚心铭书札作跋。

章士钊《吴保初致龚心铭函跋》：右先外舅北山先生致龚景张（心铭）言昌化石函。先生贫而好蓄石，艰苦曲折，即此可见一斑。辛壬之际，先生病笃，逃妾彭嫣窃石匣以去，有见其在沪散售于人者。陈亮伯言此石今存通州博物馆中，果如后说，差为得取。犹忆张啬翁早岁赠先生诗有"几年京洛吴公子，买石挥金肯就贫"之句，啬翁览此，当不胜人琴之感。戊午莫春士钊敬跋。②

【按】无标题，据首句拟目。"辛壬"初作"庚辛"，后圈去"庚"字。

逝后六年民国八年己未（1919年）

是年，章士钊请康有为撰墓志铭。

康有为《吴彦复墓志》：越岁己未，其长婿章士钊请康有为铭其墓。铭曰：才士也夫，嗟遭时变也；诗人之墓夫，长遗欣羡也。黄歇浦中，静安寺侧；万岁千秋，无有后厄。③

沈曾植书丹。

章士钊《志从父弟宗直殡》：乙庵亦自工书，奇峭博丽四字，已乃当之无愧。近代能写碑上石者，北惟宝瑞、臣熙，南惟乙庵，外舅吴北山先生志，即乙庵笔。字于笔法之外，兼求墨法，吾见实罕。④

【按】张维翰《康保延以合肥吴保初墓铭拓本属题》云："应诏直言复抗疏，将门朝士世争誉。墓铭一卷傅千古，南海雄文寐叟书。"⑤

---

① 0106 郑孝胥 早年小楷册 册页（五页，另跋文一页）[EB/OL]. 雅昌艺术网，2014-05-03.
② 刘凤桥. 章士钊师友翰墨 [M]. 沈阳：万卷出版社，2005：59.
③ 孙文光，点校. 北山楼集 [M]. 合肥：黄山书社，1990：146.
④ 章士钊. 柳文指要：卷十二 [M]. 北京：中华书局，1971：428.
⑤ 中国国民党中央委员会党史委员会. 张维翰先生文集：下册 [M]. 台北：中国国民党中央委员会党史委员会，1986：768.

逝后二十四年民国二十六年丁丑（1937年）

十一月二十日（12月22日），陈诗为《北山楼诗续》作跋。

陈诗《北山楼诗续·跋》：《北山楼诗续》一卷，乃余所辑吴北山师辛丑迄庚戌十年之逸稿也，以先生壬寅《请归政疏》附焉，又以先生辛丑夏所刊诗文集二卷列其前，都付石印，以成完璧。时维丁丑，龙战玄黄，两都颠覆，遁迹沪市，幸而获全。皓首穷经，追维启迪，恩逾骨肉，每用尽伤。展览遗文，音徽若接。附存《家传》，事实备详。先生辑有《师友绪余》暨所撰《东行记》，久已刊行，兹不复印。今以黄夫人诗及嗣君仲穆诗附于后，以成一家之言。……长至寒沍，朔风撼窗，伸纸濡墨，和泪敬识。同邑门人陈诗跋。①

冬，冒广生作《北山楼诗续·书后一》（白发门生泪不收）。诗下识云："丁丑冬，如皋冒广生。"②

逝后二十五年民国二十七年戊寅（1938年）

正月，李宣龚作《北山楼诗续·书后一》二首，诗下识云："戊寅正月，闽县李宣龚。"③

二月，陈诗搜辑刊行先生之缄札诗稿数.

陈诗《北山楼集·简札墨迹》识语：吴北山师书法夙嗜褚河南，……偶检旧箧，得缄札诗稿数纸，……爰付石印，……戊寅仲春，陈诗谨识。④

夏，陈诗使章士钊为《北山楼集》作后序，有《北山楼诗文集后序》。

章士钊《北山楼诗文集后序》：戊寅夏，吾违难南服，道出上海，得陈君子言搜辑先外舅北山先生逸稿并曩刻诗文，合为一集。以吾不可无一言，示吾所作先生家传及序跋，令吾详其所略，作后序诸状。则大喜，喜子言无负于本师。年逾七十，且勤勤惟董理师门遗稿是务。如此风义，岂今世人情所有！惟吾以舅甥之谊，未后于师弟子，二十年来鞅掌政事，数走海外，无暇为先生料简垂世行远之业。倘先生无高第弟子如子言，则其昂藏一世，身后可得不死而竟死

---

① 陈诗. 跋 [M] //吴保初. 北山楼集：卷二. 铅印本. 民国二十七年：1.
② 吴保初. 北山楼诗续集：书后一 [M] //吴保初. 北山楼集：卷二. 铅印本. 民国二十七年：10.
③ 吴保初. 北山楼诗续集：书后一 [M] //吴保初. 北山楼集：卷二. 铅印本. 民国二十七年：10.
④ 吴保初. 简札墨迹 [M] //吴保初. 北山楼集：卷三. 陈诗, 辑. 铅印本. 民国二十七年：1.

者，伊谁之咎？嘻！又可耻已。①

十一月，夏敬观作《北山楼集后序》。自识云："丁丑仲冬，新建夏敬观。"②

十二月廿七日（1939年2月15日），章用得吴弱男所寄《北山楼集》四部后复书。

章用《上母亲大人书》：

母亲大人膝下：香江留景收到，不啻身在家中。……《北山楼集》四部收到，甚慰！……用儿上。中华民国廿八年二月十五日。③

【按】据称谓拟目。

是年，张謇为《北山楼集》书端④。

逝后二十六年民国二十八年己卯（1939年）

四月廿六日（6月13日），汪辟疆题《北山楼集》。

汪辟疆《题〈北山楼集〉卷首》：己卯四月，行严属颸丞以此册集见贻。《北山楼集》余曩从厂甸得一铅印本，久已弃置都中。今鹤柴补葺全帙，视旧印更为详备，然如陈衍《近代诗钞》有《和石遗论诗》一首、《答石遗》一首，皆为此集所未收，不知何故。岂薄陈氏而有意去之耶？北山人品高洁，直声满天下，在清末周旋于保皇革命两党之间，而皆为人所翕服，则清风亮节之故也。北山晚年以醇酒妇人自掩其锋棱，集内如许君男、王威子皆其旁妻。晚在津沽，又有彭嫣者，亦出乐籍，愿以身事北山。闻嫣嗜阿芙蓉，不久亦去。然陈散原诗有云："酸儒不值一文钱，来访瘿公涨海边。执袂擎杯无杂语，喜心和泪说彭嫣。"又云："彭嫣不独怜才耳，谁识彭嫣万劫心，吾友堂堂终付汝，弥天四海为沉吟。"则彭嫣固有怜才之意，故为北山倾倒如此，乃竟不能偕白首之约，则世人所共惜也。北山夫人黄恭人今尚健在，此集重印时，坚持删去《悼君男》及《示王威子》诸什，后经子言及亲友劝导，乃解。姑记之于此。己卯四月二十六日，方湖汪辟疆题记。⑤

---

① 吴保初. 北山楼遗集［M］//吴保初. 北山楼集：卷三. 陈诗，辑. 铅印本. 民国二十七年：1.
② 孙文光，点校. 北山楼集［M］. 合肥：黄山书社，1990：139.
③ 0749 1939年作 章用 致母亲吴弱男信札［EB/OL］. 雅昌艺术网，2015-12-19.
④ 见民国二十七年铅印本《北山楼集》书端。
⑤ 汪辟疆. 汪辟疆文集［M］. 上海：上海古籍出版社，1988：635.

附　录

附录一：吴保初传志资料

一、陈衍《吴保初传》

吴保初，安徽庐江人也。字彦复，一字君遂。清故提督长庆谥武壮次子。长庆父某，死于粤匪之难。长庆年十三投效淮军，卒复父仇，以孝勇闻天下。雅慕文章气节，结纳当世知名士。朝鲜之变，长庆帅师四日抵其都，俘大院君以归。日本师后半日至，愕眙莫谁何，因留师汉城镇之。张謇、朱铭盘、周家禄皆在幕下，兼欲延揽郑孝胥。今总统袁公为随员，旋荐帮办营务。长庆卒于军，遂继其任。保初文弱颖异，长庆以为非将种，使入都，师事故侍郎宗室宝廷。宝廷方罢官，无以自存，长庆岁资助之，则与其子寿富、富寿纵意诗酒山水间。保初濡染为清折闲肆之诗，遂识沈曾植、欧阳鏛、陈衍之伦。郑孝胥至都，独请业学诗，称弟子。孝胥素不主张师弟子之说，坚拒之。而庐江陈诗者，年长于保初，转从而称诗弟子焉。保初事事效法宝廷，为诗千百言立就，前后千百首，今所传《北山楼集》，其十之一二也。时刚毅方长刑部，自命刑名家。保初以荫补主事，与争一狱谳稿，反复謷謷持不下。至掷稿于地，自襆公服出署去。既弃官，居上海，那拉太后临朝，报效麇集，政日敝，保初乃电请归政。康有为、梁启超方倡新法，保初奔走号召，而珍妃适有粤海关、江海关谐价之狱，激而为戊戌政变，又激而为庚子仇外。唐才常谋起事于汉口，相传保初与焉。兄保德惧连，将告密，又与保初妻谋绐而坑之。嗣子世炎〔炎世〕具以告，逃之日本，踰〔逾〕岁归。今总统袁氏为北洋大臣，月致二百金，使居金陵，勿得至上海。继益百金，要以三事：不入都，不言朝政，不结交新党，若圈禁于天津焉，恐其及祸也。袁入枢府，杨士骧继增为五百金，供二姬彭嫣、王姹外,能与丁惠康、陈浏、方尔谦各有所娱矣。保初、尔谦以古钱,浏以磁,惠康以古琴、宋本书、钞本书。士骧卒,继之者端方,咄嗟谓保初曰:"得尔师季直书札否?"季直,张謇字也。保初踯躅曰:"季直先君幕下客,并非吾师。"端方曰:"师可背乎?"戏侮久之。保初愠曰:"满洲人之刚愎者殆无踰〔逾〕刚毅,吾斥之不能声,若何敢尔?"拂衣径去。自是转徙穷病,惟袁氏父子稍给之,遂至于死。世炎〔炎世〕有神童之目,书过目不忘,十余岁喉疾卒,保初伤之甚。惟二女弱男、亚男,毕业日本学校。保初妻既无伉俪情,其姊买王姹畀之。彭嫣为妓,名于上海,曰金菊仙。善书通文理,不嫁富人子,委身保初。保初狂喜,要陈三立、丁惠康诸名胜作诗张之,桐城陈澹然为之传。以嗜鸦片,保初穷不能给,卒去。

论曰:保初,古之伤心人也。古今称四公子者三:战国之孟尝、平原、信陵、春申,明季则方以智、陈贞慧、侯方域、冒襄,清则故湖北巡抚谭继洵之子嗣同、湖南巡抚陈宝箴之子三立、福建巡抚丁日昌之子惠康,与保初皆以文采风概生丁末造,岂不异乎?惠康、保初尤抑郁以死,伤哉!①

【按】是文原为旧式句读,今改。曾刊于《庸言》第1卷第6号②。

二、《吴彦复先生下世再志》

庐江吴彦复先生于上月二十九号殁于申江,其婿章行严已于昨日束装南下,已纪昨报。彦复名保初,为吴武壮公长庆之次子。武壮为淮军宿将,儒雅风流。朝鲜东学党之变,武壮帅师四日抵朝鲜国都,代平其乱。俘大院君以归,留师镇平壤。时张謇为司记室。今总统袁公为武壮世家子,投武壮于朝鲜,后充营务处,旋充驻朝鲜委员,武壮甚器重之。彦复少与袁公游,殊莫逆。武壮不愿其子从武事,延郑苏戡于家,授彦复学。弱冠有文誉,以荫得主事。旅京师,遍交贤士大夫,名誉藉甚。性好挥霍,万金立尽,有幽燕任侠之风。在刑部曾决一大狱,犯官某以二万金为献,峻郤之,狱乃得平。时那拉后垂帘专政,彦复上书请撤帘,词甚痛切。刑部堂官不肯代奏,京僚皆以为发狂。刑部尚书某虑其贾祸,告其所亲,劝彦复解官而归。光绪丁酉,康、梁大倡新法,彦复极

---

① 陈衍. 石遗室文集:卷一 [M] //陈步. 陈石遗集. 福州:福建人民出版社,2001: 435-436.

② 陈衍. 吴保初传 [N]. 庸言,1913,1 (6):3-4.

力鼓吹，与浏阳谭嗣同、义宁陈三立、丰顺丁惠康称"海内四公子"，并以气节文章著。八月政变后，大被康党之嫌。庚子，联军破京师，两宫奔西安，彦复拟赴行在，上书请变法，同人力阻之。唐才常谋起事于汉口，彦复力为赞佐。汉口事败，张之洞将名捕之，有大力者解救而免。在沪与章太炎等大倡革命，其兄保德欲系之于官，其继子炎世具告之，乃逃之日本，踰〔逾〕年乃归沪。袁公为北洋大臣，月致二百元，令其居南京。上海有名妓金菊仙者，极负时名。盛宣怀之子以万余金欲贮之金屋，菊仙拒之，独心赏彦复，乃从嫁之，为易名彭嫣，时自夸异。后亦困不自聊，挈家就袁公于天津。袁公要约以三事：一不得进京，二不得干预时政，三不得结交新朋友。彦复皆诺之，乃居于天津。袁公月致三百元，粗足自给，每以古钱自娱，不问世事。袁公入枢府，杨士骧继为北洋大臣，延之幕中，月致五百两。杨督殁，端方继任，殊不礼之，彦复怫然而去。徙家居京师两年，困顿愈甚，旋婴风疾，渐不能语。既病数月，其夫人自南京来，偕彦复携其二妾彭嫣、王姹南归。二妾渐不安其室，相继辞去。自去年旧历四五月，到今病不能愈，乃至下世。彦复交游遍天下，血性过人。骈散文皆有家法，诗学王荆公，著有《北山楼诗集》，早行于世。其殁也，识与不识，无不悼叹。闻袁总统赙以二千金，论者谓袁公与彦复非寻常之交，又受武壮拔擢之恩甚深，赙金未免微薄云。

有某日本人，与彦复论中国人材，问："北方兵事家袁世凯何如？"彦复曰："此先君帐下之健儿也。"又问："南方实业家张謇何如？"答曰："此先君幕中之记室也。"今袁、张二公皆为伟人，彦复独憔悴以死。论者谓武壮帐下偏裨，常走南中，乞彦复手书来干袁公，致位提镇统制者，不可胜数，不知今日能念及坎壈终身之吴公子否也？①

三、《吴彦复先生下世三志》

袁公为山东巡抚时，汉口谋起事，彦复以书约其响应，袁公不答。及任北洋时，彦复又贻书言"满清之决无可望，公手握重兵，当乘时革命"，袁公畏而远之。自袁公贵后，力与彦复疏远。后彦复穷困，来投之，袁公与约三事，言"勿干预时政，勿入京，勿交新朋友"，所以防范之者，盖甚严也。

彦复坦率无他肠，有所闻，恒以告人，故北洋有重要事，恒相戒不与彦复知之。

彦复在天津，所来往之名士新党，皆为官场所毁，谓其与狂人游也。

---

① 吴彦复先生下世再志［N］. 亚细亚日报，1913-02-01（3）.

彦复夫人生二女,长弱男,次亚男,并毕业于日本女学校。弱男即章行严之夫人。彦复姬人王姹,生子之虎,逾岁而殇。其继子炎世,习法政,毕业于日本,殁于天津。彦复既憔悴忧肠,又抱丧明之痛,愤世日深,已成心疾,见者已虑其不能久存人世矣。

彦复与丁叔雅莫逆,叔雅恒主彦复家。叔雅以名公子漂泊四方,困亦愈甚,与章太炎等鼓吹革命。以丧其爱子,伤悼渐以致疾。家事有难言之隐,乃无一不与彦复同。叔雅既病殁,彦复恒自谓不久人世。盖世变家难交迫以致戕生,两人固一辙也。

彦复待朋友极肫诚,性情之厚,道德之高,气节之昌,爱国之诚,求之当世绝鲜,仅以名士目之,失之远矣。

彦复以家世门第凭藉〔借〕之厚,稍自贬损,必能致大官。彦复夷然不屑,坎壈以终其身。丛谤亦至厚,袁公病其书生又好为激烈之言,恐为己累,乃力疏远之。彦复至死不悔,此其所以为彦复也。①

四、《北山吴保初历略》

吴保初,字彦复,一字君遂。皖之庐江人。祖廷香,有清贡生,举孝廉方正,咸丰中死粤寇之难。父长庆,弱冠起兵复仇,仕至广东水师提督。光绪壬午朝鲜乱起,奉命往援,率师发登州。四月入韩京,日军后至半日,愕视无如何。卒俘大院君以归,韩事遂定。卒谥武壮。武壮仲子。同治八年己巳冬十二月九日生于苏宿迁,盖武壮驻军之地也。幼时随父转徙扬州金陵。武壮起家儒生,治戎之暇,耽学好士,不恤其家。母王太夫人,庐江富家女。奁赠颇丰,夙善持生。勤劬不懈,粗足自赡。庚辰,武壮移屯登州,乃与兄保德奉母归里。年十六,闻武壮旋师金州病笃,航海往视,割臂肉以疗,卒不起。恤典以劳荫一子,得授主事。年十九,服阕入都,官兵部,为闲曹。乙未,补刑部山东司主事。满人格〔裕〕禄、裕德等,恃其贵盛,与从弟裕善不相能。裕善,宗子也,应袭公爵。裕德等争之,假事逐裕善,客死于外。遗妾董氏携子如格来归,复讼而逐之。君廉其情,斥裕德等不义。持律而争于堂官,事遂平反,董氏乃得直。甲午一役,国威外挫,言变法者群起。尚书刚毅廖寿恒,抑不达。先生大怒,拂衣遽归。中朝知旧,多赋诗篇,以壮其行。遂隐而不出。庚子春,作沪渎游。耽其风土人文,为留沪者六年。先是联军入燕之役,海内英俊,惧士宇之沦丧,集议于沪,创立国会四族,汉满蒙回咸至,君预焉,与唐才常尤友

---

① 吴彦复先生下世三志 [N]. 亚细亚日报, 1913-02-02 (3).

善。未几，才常起兵于武汉，鄂都张之洞侦知，捕而杀之。并获国会人名簿，严檄斥诸人为贼。君大愤，作书付邮，亦以恶声报之。自署姓字，且腾之报章，不顾禁网之密也。是时，知旧咸为之危。项城袁世凯少出武壮门下，至是亦虑先生罹于难。以海上居不易，故薄其酬金，以困扼之。荏苒累年，君尤典衣筹宾，旅况益困。乙巳秋，遂不得不之津以依袁矣。继而党禁稍宽，君得往来京津间，徜徉自适。宣统元年，以母病归省。亲没既葬，复以北京为寓公。辛亥春，卒患疯痿之疾南归。民国二年二月二十四日病卒沪渎，年四十有五。遗言不归，粤七日葬于静安寺外国茔地。君文章克承家学，富气节，躬冒危难，有淮上人之风。喜歌诗，庐江僻壤，自江开而后，罕有传人。君援织奋起，自成一家。有北山楼，遂以名其诗，故人遂称之曰"北山先生"。良为近代闻人，故绎其卓荦之志，表而出之。①

五、《安徽通志馆列传稿·吴保初传》

吴保初传（子世炎，兄保德）

吴保初，字彦复，一字君遂，庐江人也。清故提督吴长庆次子。长庆雅慕文章气节，结纳当世知名士。保初文弱颖异，长庆以为非将种，使入都师事故侍郎宗室宝廷。宝廷方罢官，无以自存，长庆岁资助之，则挟其子寿富纵意诗酒山水间。保初濡染其师教，学为清折闲肆之诗。遂识沈曾植、欧阳鋗、陈衍之伦。郑孝胥至都，保初复请业学诗，称弟子。孝胥素不主师弟子之说，坚拒之。而庐江陈子言诗者，年长于保初，转从而称诗弟子焉。保初事事效法宝廷，为诗千百言立就。前后千百首，今所传《北山楼集》才十之一二，然弁冕皖人矣。保初年十六，尝渡海至金州，刲肱疗长庆疾。朝旨褒孝，以荫授刑部主事。补山东司、贵州司，帮办秋审处，持律守正。时刚毅方长刑部，自诩刑名家。保初与之争一狱，谳稿反复詻詻持不下，至掷稿于地，自褫公服出署去。既弃官，居上海。孝钦太后方临朝，秽德流闻，政日敝，保初乃发电请归政。康有为、梁启超倡变法，保初为奔走号召。有为师弟被名捕，亡命海外，保初流涕赋诗，曾上章为亡人讼冤。及唐才常谋起事汉口，相传保初与焉。兄保德惧连，将告密，又与保初妻谋执而幽之。子世炎〔炎世〕闻之以告，保初跳之日本，踰〔逾〕岁归。袁世凯为北洋大臣，月致二百金，使居金陵，勿得至上海。继益百金，要以三事，曰："不入都、不言朝政、不结纳新党"，若禁锢然，恐其及祸也。世凯入枢府。杨士骧继之，增为五百金。保初母王氏遗财丰溢，保初

---

① 北山吴保初历略 [N]. 益世报（北京），1926-10-24 (8).

悉散以养士，舍田千亩为义塾恤族。至是乃贫甚，尚典衣留客，拥二姬曰彭嫣、王娃，将以醇酒妇人终老矣。与丁惠康、陈浏、方尔谦各有癖嗜。保初、尔谦以古钱，浏以甓〔瓷〕，惠康以古琴、宋本书。士骧卒，继之者端方。一日谓保初曰："得尔师季直书札否？"季直，张謇字也。保初踧踖曰："季直，先君幕下客，并非吾师。"端方曰："师可背乎？"戏侮久之。保初愠曰："满洲人之悍者殆无踰〔逾〕刚毅，吾廷斥之不能声，若何敢尔？"拂衣径去。自是转徙穷病，惟世凯父子时稍给之。朝市既变，行吟忧伤，卒不得志以死。得年四十有五，癸丑正月既望也。葬于上海静安寺侧。世炎〔炎世〕有神童之目，书过目不遗。弱冠以喉疾卒，保初伤之甚。二女弱男、亚男，毕业英日学校。（陈衍撰传，康有为撰墓志。）①

六、陆树楠《吴君遂》

君遂名保初，字彦复。长庆吴武壮次子也。武壮于清光绪年间以毅勇闻天下，雅慕文章气节，结纳当世英贤士众。一时儒雅风流，朝野交相推许。君遂文弱颖异，武壮以为非以兵家事委者，乃遣之入京师，与宗室侍郎宝廷及其子寿富、富寿等纵意吟诗，文酒留连无虚日。既又识嘉兴沈曾植、义宁陈三立，相拈枯花占韵，论文酬酢。君遂诗日益工，笔走千百言立就，前后成诗千百篇。今世所传《北山楼稿》，其诗之结集也。尝与满人刚毅共事刑部，刚自诩刑名家，会有疑狱将决，君遂意不谓然，力争之，刚迟迟不报可，君遂因将谳稿掷地，自褫公服出署弃官去。自是潄迹海上，不复返。迨唐才常起事汉口，君遂预共谋，旋亡命日本，逾年归。先是，君遂与其妻伉俪不相得，既与才常谋，为兄保德侦知，惧祸及己身，意欲与君遂妻给而坑杀之。幸君遂早知其计，脱身东游，得免于难。既归，其姊乃买王娃畀之。会上海有名妓彭嫣者，善书通文理，不嫁富人子，委身君遂。君遂大喜，因邀陈三立、丁惠康诸人赋诗张之，相城陈淡然且为之传。君遂无子，两女弱男、亚男毕业日本东京某女校。弱男且曾参与同盟会，任英文书记，与孙中山上下其议论，旋嫁长沙章士钊行严，即世称"老虎报"之《甲寅》杂志主笔也。②

七、宋慈袤《陈三立传 吴保初》

陈三立号伯严，江西义宁州人也。父宝箴字右铭，官湖南巡抚，《清史稿》

---

① 安徽通志馆. 安徽通志稿：列传七［M］. 铅印本. 安庆：安徽通志馆，民国二十三年：38-39.

② 陆树楠. 柳圃文存［N］. 崇民报，1933-11-03（4）.

有传。……吴保初字彦复，安徽庐江人。父长庆，光绪初年官广东水师提督。性好士，聘张謇、朱铭盘司文书，袁世凯襄营务，多立功绩。保初少时，与贤士大夫游，慷慨矜名节，不尚苛礼。年十六，长庆如金州，疾甚。保初渡海省视，刲膺肉以疗，卒不起。直隶总督李鸿章上其事，授主事。服阕引见，分兵部学习。数岁，补刑部山东司主事，改贵州司。勤于吏职，暇辄与宾客赋诗谈时事。光绪二十三年，上疏请变法，尚书刚毅不为通，遂引疾归。义和团之变，德宗与太后出奔。保初抵书世凯，劝以桓文之事。明年，复上疏靖太后归政。回銮以后，薄海仰望惟此事，无敢言者。保初毅然犯颜谏诤，当事又勿为通，然疏草流傅人间。洎清政益弛，志士扼腕言革命，保初自以清世臣不欲与闻征诛事，然心韪之。故旧有官禄者，益綦保初，遂病风痺。入民国闻南都建政府，世凯将移清鼎，则杜门谢交游，作病狂状。世凯为总统，卒不与通问。民国二年卒，年四十五。著有《北山楼集》。宋衡谓"五古似陶韦，五律似杜少陵，七律直逼江西诸家"云。（《国史馆刊》吴宗慈《陈三立传略》、梁启超《新民丛报》《广诗中八贤歌》、陈衍《近代诗钞·陈三立小传》、袁昶《于湖题襟集·梁节庵诗跋》、章炳麟《太炎文续·清故刑主事吴君墓表》、宋衡《六斋无韵文·北山楼诗跋》、梁启超《诗话·吴彦复诗韵》。）

　　论曰：清季变法时代，三立与保初可谓佳公子。三立为康梁牵累，保初上书请归政勿得达，清室之亡也固宜。太史公有言：《诗》三百篇，大抵皆圣贤发愤所为作。三立诗胜于保初，不得如周公、召公、尹吉甫鸣国家之盛，仅于游览赠答，见其发愤之意，惜哉！①

附录二：吴保初手札与师友函稿

一、吴保初手札
致吴保华书六通（1856—1913）

（一）

　　电悉。芝甥病状究竟若何？深用悁念。弟近日亦因世澄病重，需略为料量，即束行藤诣沪，先此驰复。敬颂大姊大人起居。弟保初顿首。四月八日。②

---

① 宋慈衰. 陈三立传；吴保初［J］. 国史馆馆刊，1949，2（1）：78-80.
② 2388 吴保德、吴保初、熊元锷 家书诗文册［EB/OL］. 雅昌艺术网，2019-07-07.

【按】金石笺一页，双钩"绿藤"，下署"君遂橅日本题名"。世澄，吴保德长子。

（二）

大姊大人鉴：接初三日手书，敬悉起居万福，忭慰曷既。并闻五月间可以来沪一游，尤为欣盼。荣芝脚症闻已就愈，能回来否？念念。陈子言近为弟任校勘钞胥之事，刻不能离。如姊必欲令伊到扬，俟来沪时再行面商何如？不然，则弟如顿失左右手矣。弟一切顽钝犹昔，怃节事渐逼，殊无好怀。和议纵属可成，独虑赔款无著〔着〕耳。如何如何。意有万千，言不什一。伏惟珍重，无任驰思。弟保初顿首。四月初十日。①

【按】金石笺二页，双钩"彦复顿首"，下署"弟一字和贵□数次见昭陵院罗□□顿首则□成通天□也"。

（三）

大姊大人如晤：人还奉笺，亮邀垂鉴。秋风浡至，余暑尚蒸。伏计禅□□□，动定咸吉。比者世变屡易，横流滔天。西北之族既殁于虎狼，东南之民又沦于鱼鼈〔鳖〕。天时人事，可为伤心。前阅报章，知邗上大水发，时疫流行。想吾姊凡百珍摄，芝甥亦均无恙耶？母亲惦念不置，命致书并问近状。尚乞时寄书尘，自生远念。弟近日高枕杜门，厌闻时事。既足不出户庭，而每日客来车马盈门，趾踵相接。弟只恨顶上多此种之发，拖一条豚尾辫子，其无可奈何耳。不能□□出三界外，不受造化小儿戏弄矣。此颂道祉，芝甥□。弟保初顿首。十八日。②

【按】金石笺二页，双钩"绿藤"，下署"君遂橅日本题名"。

（四）

大姊大人垂鉴：前接五月廿八日手书，犹散至今。正拟修函上复，适又接读月之十二日来函，并询来使，知吾姊起居逾常曼祜，芝甥所患亦已愈痊。逖听之余，曷胜忭慰。沪上为滨海之区，所赁房屋□少。然窗牖颇多，尚无酷暑

---

① 2388 吴保德、吴保初、熊元锷 家书诗文册 [EB/OL]. 雅昌艺术网，2019-07-07.
② 2388 吴保德、吴保初、熊元锷 家书诗文册 [EB/OL]. 雅昌艺术网，2019-07-07.

炎焕之患，且逭暑之计亦甚多。惟客中旅费不充，不敢勤修人事，祇〔只〕得略安天命耳。母亲本欲赴扬一行，颇思芝甥不置。因到此未久，又因弟在沪交游太广、言论太多、声名太大，兼之谗谮太深，故不肯暂离沪寓，恐弟为恶者所罗织，致有意外之祸。现正商量出处，或北或南，均尚未定。北到上京迎銮，东则依本初，南则还故里。弟又不甘返里，不屑依袁、迎銮，又未蒙俞允，仍祇得在沪暂作寓公。但曾参杀人已变慈母之颜色，三言成虎易违市人之骛疑，斯固世态之变，实亦人情之常也。所以外之风波已□息，而内之风波正□兴。吾姊欲迎养极舆，愿以俟诸异日可也。（□文一□□□又□文今□一□□芝甥。）弟保初上。□□日。①

【按】金石笺三页，双钩"绿藤"，下署"君遂橅日本题名"。

（五）

大姊大人惠览：鸿兄回沪，敬悉起居万福为慰，芝甥偶患痦疾，近日想已愈痊，念甚念甚。弟本拟即日北行，因汝南宫保行将匆匆，请假旋里，俟其回直时再行北上矣。知念并闻。弟素持厌世主义，近读《楞严》，亦颇能稍稍领悟，渐希乐天主义。然魔鬼之来瞰我者，多于恒河沙数，终恐堕落，不能见如来。吾姊善知识，当有以觉我迷津也。承寄姬人五十元，谨拜赐，嘱为代达谢忱。余不悉。复颂道安。弟保初顿首。重阳前三日。②

【按】金石笺三页，双钩"以闻"，下署"君遂橅《石门铭》"。

（六）

大姊大人侍者：久未致树讯问，伏计起居曼福。弟夏秋多病，药裹时携。今病愈矣，而穷愁固结，节序催人。曹子恒有云："已成老翁，但未白头耳！"（弟发白数茎矣。）日者炊烟断续，四顾茫然。抚念身世，若断梗之泛乎中流，渺不可得其涯涘也。拟恳暂挪百番，济我眉急，亮吾姊当不嗤杜笃之无厌也。承颂禫祉不次。芝甥近吉为念。弟保初顿首。八月初三日。③

---

① 2388 吴保德、吴保初、熊元锷 家书诗册 [EB/OL]. 雅昌艺术网, 2019-07-07.
② 2388 吴保德、吴保初、熊元锷 家书诗册 [EB/OL]. 雅昌艺术网, 2019-07-07.
③ 王羊羽：书信文化是中华传统文化的重要组成 [EB/OL]. 雅昌艺术网, 2017-09-01.

【按】金石笺一页，双钩"以闻"，下署"君遂橅《石门铭》"。

致吴保德书二通（1863—1915）

（一）

大哥大人侍右：连上数笺，想蒙次第入览。不闻謦咳，几易秋风矣。矧迺〔乃〕江海骞远，音尘不嗣，思情紧縈，我劳如何？伏维万福。弟一切况状，已于前书约略陈之。唯前岁曾假高姻伯母五百余金，至今未能归还。高府近日需款孔殷，见弟状况，万难屡……①

【按】梅花鹿笺一页。

（二）

兄其教之。重黎先生有言："昔河间苗夔，戏谓挂腹淹贯九千文，而不能换一凤阁舍人羊肚锭。今某摘髭得之，乃以为臭腐苴芥，欲拂衣弃去，而遁迹于南山之雾。夫古之达人，刳鲁犹皮，捐魏若梗，注瓦得之，昌足私美。而世人乃营营于一鼠之腐，一豚之祝，治痔五乘，横带万钉，以天下之美为在已，其贤不肖相去何远哉！鷃翔而罗者视数，鼇〔鳖〕縶而瓮天可游，物性之殊，固不可强。且天下之士，惟能媮静淡泊，超然声利之外，乃足以畜德修业，操著镜而决疑滞。彼智效一官者，恶足与谋康世屯哉！今兄幅巾行履，栖息云笈，呼吸六气，于彼宽闲寥廓之野，敛其志行，伐材取宝，以竢方来。盖知所先务者矣。"弟书室精雅，几案鲜明富思。陈蕃有言："大丈夫当扫除天下，安事一室为哉？"弟谓不然。大丈夫能扫除天下，又何必吝此一室网结尘封，其才不必仅在一室也。能康世屯者，岂难在一官之职，其才亦不必仅见此一官也。兄以为然耶？弟所处迍遭，局促万分。古人与木石居，与鹿豕游，殊非我等所及。距到署往返，每日既须奔驰二十余里，年少习劳，未为不可。然既劳力矣，到署尤须用心办理案件，讯究词讼，又极劳心。无阿堵之物，有蛾眉之斧。贫既极矣，病又添之。司马氏所诏食少事烦繁，岂能久在？拟移寓前门边近，俾入署便易，而又绌于资财，亦谈何容易也。弟所有苦况，前书已略陈大概，故不再述。母亲大人前叩头，并乞代陈缕缕。保初顿首。闰月初四日。德公赠弟菊花宝马一乘，因无喂养之费，未敢拜嘉，而心中又撩起多少愁绪矣。□家信万

---

① 5237 吴保初 手札一组 镜心 [EB/OL]. 雅昌艺术网, 2017-04-28.

勿示人。叩祷叩祷。①

【按】金石笺三页。一双钩"乙未",上书"宋水月洞张敬夫题刻",下署"后十二乙未听邠樵";一双钩"其年在未,汉西岳华山碑字",下署"光绪乙未听齮";一双钩"二十一年乙未",下署"肖岩周裕题字听邠集"。"距到署往返",下有"既有"二字,后点去。重黎,袁昶之字。文为光绪十五年九月文廷式出都,袁氏所酬诗之序②,题作《酬文道希二首》③,文字略有异。

致周家禄书一通(1846—1909)

(一)

彦升先生左右:客眺连上两笺,计当达览。春来伏想侍奉曼福,玉如仰颂。保初转徙流离迄无定,而贱恙虽托庇瘥愈,而舍侄以痨损之躯于元旦忽患伤寒,寒甫愈又患白喉。白喉未瘥,兼患赭花,皆传染病之哀危险者,近始稍愈。然寒热往来,喘咳特甚,支离狼狈,益愈不惺(似此情形恐将不起)。此旬月之间,未尝不极人生未有之艻境,皆为下走一时遇之,造物小儿何弄人若是酷也。元宵后因家姊屡次函召,遂有扬州之行。留扬十日,又随家姊送舍外甥女赴沪就医。廿八日氏〔抵〕……患非数月,未易奏功。家姊近又回扬,拟移居沪上,属走在此照拂。心急如焚,不能摆脱。而金陵一切布署未定,两处房客竟不让屋,所借居之周河厅又屡下逐客之令。内子则日夜鞭挞两小女,遍体鳞伤,毫无人理(两女屡有书来乞救命)。纵然别赁他屋,押租亦非数百金,不辨而囊空如洗,为之奈何。总之运气不佳,盖无适而可耳。由此观之,仆悔安土重迁之孟娘矣。来日大难,更复不知所届。公于何日北行,想过沪匪遥,尚拟一倾胸膈,或当有以教我也。(家姊约在二十内外方能回沪。)敬颂侍安。伫盼金玉。保初顿首。二月初四日。④

---

① 5237 吴保初 手札一组 镜心 [EB/OL]. 雅昌艺术网,2017-04-28.
② 钱仲联. 文云阁先生年谱 [M] //北京图书馆. 北京图书馆藏珍本年谱丛刊:第一七七册. 影印本. 北京:北京图书馆出版社,2010:346.
③ 袁昶. 安般簃集:诗续己 [M] //《清代诗文集汇编》编纂委员会. 清代诗文集汇编:第七六一册. 影印本. 上海:上海古籍出版社,2010:338.
④ 上海图书馆. 中国尺牍文献:下册 [M]. 上海:上海古籍出版社,2013:248-249.

题字"西乡隆盛,两次叛政府,三次窜海涘,至今上野园,铜像万人拜。""哥仑布,手提新世界,造出近代史,其航海……几饱鱼子。CHRISTOPHER COLUMBUS""大彼浔,□□肆东方可奈何孰□是兹人功最多。PETERTHE GREAT（1672—1725）"。

致沈曾植书二通（1850—1922）

（一）

琴条一、七言联一,敬求墨宝,并睎赐书大作或见赠诗,俾作下走韦弦之佩,更助他日忆念之资,亮不我靳。无厌之求,恃爱不罪。拙作《未焚草》,并蕲斧削,为略存数首。昨彦升颇为删改,然仍嫌所取太宽耳。符娄大法师。保初顿首。廿九。惠款君遂。①

【按】原稿无标题。此函未署年月。据"拙作〈未焚草〉,并蕲斧削,为略存数首。昨彦升颇为删改,然仍嫌所取太宽耳。"知此时《未焚草》尚未刊刻。《未焚草》刊于光绪二十四年（1898年）,故此函当不迟于二十四年。

（二）

借花献佛,聊具一尊。本应趋陪,藉〔借〕攀清话,奈为俗事相绊,不克奉诣左右,或另邀他客。吾辈契合,固不在区区酒肉间也。小诗乞便交伯福,暇更走谈。培、封老先生兄。保初顿首。十二日。健兄同候。②

【按】原稿无标题。此函未署年月。

致袁世凯书二通（1859—1916）

（一）

……息交绝游,总忏前因,独耽秘籍。冀可苟延岁月之命,暂寄幽忧之身。而八口累人,珠桂不给。薄田数亩,难为远道饘粥之谋;报台嗟哦,弥复满眼荆榛之叹。欲呼将伯,则沽丐途穷;矫赋八荒,则所为辄阻。家慈命治縢蹻,

---

① 嘉兴博物馆. 函绵尺素: 嘉兴博物馆藏文物·沈曾植往来信札 [M]. 北京: 中华书局,2012: 115.
② 嘉兴博物馆. 函绵尺素: 嘉兴博物馆藏文物·沈曾植往来信札 [M]. 北京: 中华书局,2012: 116.

投止幕府,长揖将军之侧,滥竽食客之班,以视槁卧海滨,计亦良得。保初以为老亲健饭既阙旨甘,游子远行更劳寤寐。弟之踟蹰满志不能洒然长征者,盖以此也。至于扬子一带,轮舶所通,朝发夕至,殊便托足无为。江表依刘,既成画饼;逢人说项,终类搔华。与其求蔪拂于它人,毋宁效小忠……①

【按】"满眼荆榛之叹","荆",下有"棘"字,后圈去。

（二）

弟到上海后,曾上两函,未蒙赐复。极知愚谬之论,无足省览。执事以不世之才,握垂镇之寄,当时无与比并,鄙人诚不能无眷眷厚□耳。大江南北二千余里,所能离汤火登袵〔衽〕席者,微执事翼障巩卫之功,有不土崩鱼烂者哉! 东南士夫如季直殿撰,且犹誉不容口,又况他人耶?今兹罪魁就戮,密约停议,众心为之少谧。全权诸将帅有公请贵军迎銮之说,下走无任欢抃。伏惟坐啸雍容,指挥如意,丰功伟业,超越辈流。盛幸盛幸!弟自维流浪江阕以来,放意肆志久矣。孤怀牢落,触迕时贤,脱帽翻书,徒为郁郁。进之不能修饰吏事,手版向人;退又不能埋首丘园,麋鹿……②

【按】"今兹罪魁就戮","今"下有"者"字,后圈去。

致杨士骧书一通（1860—1909）

（一）

大帅钧鉴:顷又有人投一匿名函件,谛审所述,大氐非诬,犹嫌录其细而遗其巨耳。因与挟嫌告密者有间,用敢以闻。敬颂晚安。保初顿首。十三日。③

致汪康年书二通（1860—1911）

（一）

……左右能不它适否?弟拟敬助番钱壹千〔仟〕元,分作三年奉上,何如?乞登簿领,用便钩稽。更有读者,弟欲迳〔径〕由贵馆购买全报一百分〔份〕。以五十分寄京,现已由中西药房取四十分〔份〕矣。以十分〔份〕寄合肥县舍

---

① 刘凤桥,徐晓飞.清及近现代名人书法与辨伪[M].沈阳:万卷出版公司,2004:34.
② 刘凤桥,徐晓飞.清及近现代名人书法与辨伪[M].沈阳:万卷出版公司,2004:35.
③ 3780 吴保初丁惠康等信札一批[EB/OL].雅昌艺术网,2019-12-01.

亲李庚馀经钰处，以四十分〔份〕寄敝邑庐江大令张鹤俦（琴），属其分散四乡。此弟区区之心，欲推风气起。见报……①

【按】吴保初曾致函汪康年云："敝邑僻处遐陬，鲜通时务，所以去岁请由贵馆将《时报》按月投递张大令署内汇转，布散士子，以广见闻，俾识时务，此区区之意也。"②与此函所云："以四十分〔份〕寄敝邑庐江大令张崔俦琴，属其分散四乡"事相合，故置于此。

(二)

吴保初《致汪康年函（二）》：

穰卿先生仁兄大人足下：秋风以凄，萦念方切。未审入秋来兴居何似，伏维万茀〔福〕。屡读大章，必具深议，流连三复，感慨系之。当路者，果采一二以行，天下事犹可为也。乃言者谆谆，听者藐藐，若将甘为聋为盲为愚，而莫之救也。虽然，洪荒莽莽，山泽钟灵，岂无一二畸侅之士行藏于其间，与我公洎卓如兄等意见相同者乎？则非以名位不敌，即以孤掌难鸣，薄海英雄，同声一叹。夫保身者孤高远引，而恋栈者隐忍功名，不违守旧，安能维新，亦祇〔只〕好旅进旅退，敷衍了事而已。将见曲突之薪，危在旦夕，乃处堂之燕，高枕无忧。噫！殆亦异矣。保初秋曹滥厕，凡百如常，出处匪关乎重轻，进退无益于人已，郁郁居此，世网婴身，而太息尘寰，惟有效君山洒涕数行而已。未识高明者何以教之。敝邑僻处遐陬，鲜通时务，所以去岁请由贵馆将《时报》按月投递张大令署内汇转，布散士子，以广见闻，俾识时务，此区区之意也。不谓大令未之能行，惟恐有闻，乃致书于贵馆，云尚束之高阁，竟尔尘封，恐迩后之尘封，又未知其凡几矣。计从客岁七月初一日起至今岁七月初一日止，首尾一年，报费总由弟处核算。合肥十分〔份〕，庐江四十分〔份〕，共五十分〔份〕，此后请贵馆勿复寄矣。敬请秋祺，伏惟伟照。教弟吴保初顿首。③

【按】据称谓拟目。

致杨士琦书一通（1862—1918）

---

① 5237 吴保初 手札一组 镜心 [EB/OL]. 雅昌艺术网, 2017-04-28.
② 上海图书馆. 汪康年师友书札：第一册 [M]. 上海：上海古籍出版社, 1986：338.
③ 上海图书馆. 汪康年师友书札：第一册 [M]. 上海：上海古籍出版社, 1986：337-338.

(一)

杏城参议仁兄大人左右：春来伏计兴居曼祜。东事日棘，来日大难，后顾茫茫，正复不知所届，想大君子当亦同此杞忧也。下走抱膝荒江，绝言世事。独赖项城频手接济，冻馁无虞，惭感曷极。所有本月津贴，用敢即乞饬交。积雨连朝，炊烟不续，幸执事有以教我。周彦公曾来扈否？泐此，敬颂公安。愚小弟保初顿首。廿三日。①

【按】金石笺一页，双钩"绿藤"，下署"君遂橅日本题名"。杨士琦，字杏城，杨士骧弟。

致丁惠康书一通（1868—1909）

(一)

叔雅我兄世大人左右：被十月朔日手书去，前函已邀清睐。沧波万叠，相望云动，音尘不嗣，积怀成痗。方今中原多故，神州陆沉。脂膏竭于亚非，肝脑涂于欧墨。故宫兴禾黍之悲，嫠妇忧宗周之陨。横流无极，来日大难。世变之奇，正复与去所届。又况……②

致梁启超书一通（1873—1929）

(一)

卓如卧兄吾师：初九日奉复一书，不日计当入览。闻台从言旋珂里，未知何日回申，甚用惦念。左右笔不停缀，文不加点，使人人开悟，如梦乍醒。左右殆亦斯民之先觉者耶？吾固知□□□久以天下为己任者矣，知其不可，圣……③

致聂其杰书一通（1880—1953）

(一)

昨谈各节，趋庭时务宜切实陈说。俾知其意之所存，勿令竖子败乃公事也。

---

① 《吴保初致杨士琦行楷书札》，转引自邹典飞. 民国时期的北京书风·吴保初［J］. 艺术品，2021（4）：17.
② 5237 吴保初 手札一组 镜心 ［EB/OL］. 雅昌艺术网，2017-04-28.
③ 5237 吴保初 手札一组 镜心 ［EB/OL］. 雅昌艺术网，2017-04-28.

处事能为，便可玉成，感德无既。承假卧具，幸以饬交，但未审能高枕无忧乃耳。云台仁兄世大人足下。弟保初顿首。①

【按】花笺一页。

江庸（1878—1960），字翊云，号趋庭，号澹翁。生于四川璧山，福建长汀人。江瀚之子。光绪三十四年（1908年）法政科学部举人。历任法政学堂教习、监督、京师高等审判厅厅长等。著有《趋庭随笔》《澹荡阁诗集》《江庸自传》等。

聂其杰（1880—1953），字云台。湖南衡山人。聂缉椝第三子，曾国藩外孙。诸生。曾任复泰公司与恒丰纺织新局总理。

致严道治书一通（？—1933）

（一）

先生实业家也，一变而为教育家，再变而为政治家、思想家矣。惟支那独惠政治家太多，故官乱于上，民乱于下，脂膏竭于□□，肝脑涂于原野。横流益急，来日大难，不知所谓实业家、教育家将于何处讨生活耳。婴近买得猴一头，就寂园所畜为小，希为报告思翁。伯平先生。吴瘿顿首。十一日。②

【按】金石笺一页。双钩"君遂言事"，下署"集《瘗鹤铭》字为吴瘿制笺。无隅。"

致祁师曾书二通（？—1933）

（一）

贵恙大好否？惦念无似。祇〔只〕以俗冗羁人，未克趋视为歉。初七傤假尊庖人一日，内外请客二棹，可否见允？是日务乞台驾早临为荷。莲兄病已脱体否？甚念之也。月兄世大人痊安。弟初顿首。③

【按】六行朱笺，一页。言吴保初欲借祁师曾处庖人以请客事。

---

① 120 吴保初（1869—1913）信札 [EB/OL]. 华夏国拍，2013-04-25.
② 1223 吴保初 信札一通 [EB/OL]. 雅昌艺术网，2015-09-20.
③ 3671 吴保初 致祁师曾札 镜心 [EB/OL]. 雅昌艺术网，2018-12-08.

（二）

费君直写经册并梦华先生时文词册，均祈假我一观。此白君月兄。保初顿首。祁少老爷。①

【按】汉瓦当笺"都司空瓦"一页。上书"维都司空，宗正之庭，乃绳邪柱，乃理渭泾，木行用协，期于无刑"。

致敏斋书一通

（一）

敏斋姻世兄大人足下：闻足下近日有团扇之吟，未获拜读为歉。迳〔径〕有恳者，弟数日以来，室如悬磬〔罄〕，舍下汇款亦久未到，目下颇有然〔燃〕眉之急，欲一呼将伯于足下。倘蒙慨喏，拟暂假《毛诗》一部，或蒙代弟转挪。不情之请，知已幸，适之于到，即行奉缴。不然，弟将吹箫吴市矣。惟足下一予援手，幸甚祷甚。敬询近祉，不宣。弟保初顿首。初九日。②

【按】花笺一页。何刚德《春明梦录》云："炭敬即馈赠之意，函中不言数目，只以梅花诗八韵、十韵、数十韵代之。若四十则曰'四十贤人'，三百则曰'《毛诗》一部'，何等儒雅。"③

致尧钦书一通

（一）

兄近日颇有所获，能否为筹若干，乞垂示我。望兄先为致函沪友，并赐一函，俾奴子携去，以便交款取赎，是所至祷。不情之请，幸鉴亮焉。厥款拟迳〔径〕汇至二洋泾桥鼎兴号，何如？尧钦我哥大人左右。如小弟保初顿首。④

【按】金石笺一页，双钩"绿藤"，下署"君遂橅日本题名"。

致君一书一通

---

① 16 清末四公子之一吴保初 致祁师曾 信札一通一纸 尺寸：12.5＊23 无底价起拍［EB/OL］. 常州七点书画微拍, 2016-07-10.
② ＊1246 吴保初 撰并书 吴保初书札［EB/OL］. 雅昌艺术网, 2017-11-26.
③ 何刚德. 春明梦录：下［M］. 影印版. 上海：上海古籍书店, 1983：52.
④ 1868 吴保初书札［EB/OL］. 雅昌艺术网, 2013-05-10.

（一）

弟既病疥月余，日前又为庸医所误，疮毒归心，饮食大损。不意盛京蒙古三姓之间，为硝磺所伤，颇觉糜烂，痛楚呼号，五昼夜不曾合眼矣。日昨甫见起色，又因要公入署，往返小车颠顿，患处复发。未养老之皮忽擦破，故其痛更甚数倍也。疮毒入内，胸臆不开。头痛发热，更形惫苶。一息尚在，百病俱兴。又时欲作呕，实难揩〔支〕拄。拟服汤药数帖，当能霍〔霍〕然。万一不起，焉知非福？盖久已厌此人间世矣。君一大哥大人左右。弟保初再拜。署中现拟请假数日，又因新得帮稿，实有碍难之处，如何如何。①

【按】听邠馆制金石笺二页。一双钩"岁次乙未。齐武平六季""听邠堂主"，左下署"龙门山道兴题记。听邠制笺"。一双钩"岁次乙未。政和五年"，左下署"宋刻唐李元礼《戒杀生文》"。"患处"，下有"又"字，后点去。

致佚名书一通

（一）

……人犹尚为之，及溺沦胥志士焉。客坐视彼色庄骛博之士，一孔守旧之儒，抑亦关其口而欷〔夺〕之气矣。事变益棘，宵昕儳儳。夷狄有君，丧亡无日。肝脑中原，流血漂橹。并愤悁邑，将语谁何？前交公启，已函致各友，属其量力捐助，未知复札若何？三二年内，价拟依每年三元八折之例，未知能否见允？如蒙垂喏，即祈示知，当备价奉上，寄费应由弟给。琐渎清神，无任耆廪。捧土塞津，衔石填海，亦自知无济，竭其区区而已。左右幸督教之。朝鲜人全中基者，于十二月间来作秦廷之哭，具奏叩阍，囚拘刑部约二十日，可悲也已。原奏一通，又……②

【按】鹤笺二页。

---

① 1吴保初、吴承潞 信札共三开 [EB/OL]. 玛丽微拍，2020-08-15.
② 5237 吴保初 手札一组 镜心 [EB/OL]. 雅昌艺术网，2017-04-28.

二、师友函稿

王尚辰一通（1826—1902）

（一）

子恒、彦复贤世讲同启：徐某到郡，袖出手书。阅竟，愤气填膺，为之发指。细询錬甫，备悉种种。官吏贪横，怨气四塞，天骄凭陵，日甚一日。我辈手无斧柯，仰天浩叹而已。贤昆仲怡二堂，奉母课子，足不入城。田庐足以供衣食，诗书足以养性灵。啸傲自得，乐何如也。鄙人衰朽余生，百无所营，视人世富贵宠辱如浮云。日检残编，借以遮目。间作小诗，消磨岁月。惟返忆昔日交游，独深惆怅。而念及时艰，潸然涕下。相距百里，恨不能与贤昆仲握手纵谭，一纾怨愤耳。今春拙作若干首，录寄一粲。秋虫春鸟，聊以自鸣。例之古人，则吾岂敢。手此即询侍祺，诸惟心印，不尽所言。世愚丈王尚辰拜白。闰三月廿四日。令郎辈读书均吉。①

袁昶一通（1846—1900）

（一）

《报笺》：

彦复尊兄足下：不佞近时患头风目眩之症，又厌苦世网，不乐为吏，常忽忽不自得，久不能握管作贞石文字矣。先武壮公伟绩炜行石表，自当求当代老于文学者为之。如李莼客侍御、张廉卿山长，其文足以不朽。仆则非其人，不敢承也。弟昶肃复。②

【按】吴保初请袁昶为吴长庆作石表，袁氏婉拒，并荐李慈铭、张裕钊为之。

周家禄三通（1846—1909）

（一）

《与吴彦复（保初）》：

苻娄书计达，事竟不行，相与叹慨。足下行止未定，拙稿不急之务，此时雅不欲奉累。承示惶悚，即当遵行。何时北征，若在扬州度岁，弟岁杪旋里，

---

① 刘凤桥，徐晓飞. 清及近现代名人书法与辨伪［M］. 沈阳：万卷出版公司，2004：25.
② 吴保初. 师友绪余一卷［M］. 木活字本. 光绪二十五年：38.

当奉诣作三日之谈，否则当迟君于沪上耳。①

(二)

《与吴彦复》：

前函知足下不乐闻，然考诸往古，桥公善谑，亦在于生前；征诸近今，仲则要言，麇骔于身后。区区私心，怀欲陈之久矣。及我之存，而使足下生报秣陵之书，弟亦亲闻季布之诺，不亦善乎？然则弟方欣然，君何戚焉？②

(三)

《伤怀集》异峰屡起，烟云缭之，奇境也。然峡中哀猿，时闻肝肠断绝之声，亦用情之道矣。此集流传，异日恐不免为盛德之累，故玩其辞而不教扬其波。读竟上缴，愿姑阁之，何如？家禄顿首。彦复仁兄有道。重九后三日。风雨苦念，小诗道意，乞正之。十三日。禄又顿首。③

朱铭盘七通（1852—1893）

(一)

彦复老兄足下：在都相见日久，得审足下见待之情尤真挚，思之令人感忘。此非先师之教与足下性情之厚，何以至此。□□以四月廿九日到营，一切如旧。现惟偷闲读书，为自强之谋。亦愿足下屏去交游，专意学业，不胜大愿。移家以念甚。此颂侍安。铭盘顿首。七月十六日。余事见与亮伯书，可取观之。④

(二)

《报笺》：

彦复驾部足下：承赐书，所以推奖者甚至。瀌落之士，何以得此于吾贤耶？京华既冠盖阗咽之区，巾卷纷纭之域，以璞玉之资追琢其间，故当为清时胡辇之器。徒如下走操毫秉栐，与世文章之士相追逐，甚匪所期于足下也。旅顺地至寒僻，鲜缨绥之夫，日与问答，以是日无好坏可说。昼日六时，以一时理军书，余都可读书写字，日以不废。傥案头有《等慈寺碑》者，幸见惠一种。鄙书颇粗劣，顷所寄屏帖等，愿督教之。后有属书，便可寄委。有安吉县人吴君俊卿，字仓硕，刻印宗汉法，冠绝当时。渠往为潘伯寅尚书刻甚多，论者以为

---

① 周家禄. 寿恺堂集三十卷补编一卷：卷二十九 [M] //《清代诗文集汇编》编纂委员会. 清代诗文集汇编：第七六二册. 影印本. 上海：上海古籍出版社，2010：197.
② 周家禄. 寿恺堂集三十卷补编一卷：卷二十九 [M] //《清代诗文集汇编》编纂委员会. 清代诗文集汇编：第七六二册. 影印本. 上海：上海古籍出版社，2010：200.
③ 1912 诗信一批 [EB/OL]. 北京弘艺国际拍卖有限公司，2015-09-18.
④ 刘凤桥，徐晓飞. 清及近现代名人书法与辨伪 [M]. 沈阳：万卷出版公司，2004：13.

超过赵㧑叔矣。足下即欲觅此人刻者,可寄上海也。有佳著,幸垂示,尤大愿。此间连日大雨,庐舍为冲倒者不可枚举。若南土,虽此雨数旬,亦无妨耳。铭盘顿首白。①

【按】"可寄上海也",原稿作"可寄上海友人,索得渠仿帖观之。上海纸铺书店多可有,每字不过番钱半枚,不甚贵也。""铭盘顿首白",原稿作"肃勒,即叩元安。制铭盘顿首。初六日。亮伯见时问之。季熴处不复别启。"②

(三)

前书未发间,小亭兄回,得尊函并石刀等事。鄙刻本无学□□□闻,前书所推吴君仓硕宝刀目下无双。来石既佳甚,自不宜为鄙刀所污,愚意仍乞属吴刻为妙。如必欲得鄙刻者,当为奏刀一二方,以副委命。并非自诿,实因对此佳石,不能掩其天良,率尔操觚之故,此意图当允也。小亭云得廉师近在都为世兄送考,附去一函,幸为饬送其世兄尊氏手收。顷闻廉师欲回湖北,已驰书至保定询问,甚念。足下□为饬送此函也。再颂元安。小弟制盘顿首。京中有大帖架坚固者,惠我二三□实坚不□□□□不坚矣。季熴先生赐各件,均甚感。其赐姬人首饰,尤副所乏。再启者,畾书乃通人□□□□技,只可自娱,不足远被。鄙意欲得足下究心金石,可以□通训诂,为强学门迳〔径〕,此固弟所扼腕不能者也,何如?幸督教之。□□□履平兄刻诗,弟与仲明□□□□□刻资。此节幸示复。足下有钱,亦量出若干,此亦贤人君子推奖文宿之美□也,何如?弟□□。③

【按】廉师,即张裕钊。

(四)

铭盘启奉:属季熴所致书并帖、帖架等事,感谢无已。履平诗刻又得助钱,甚好。足见喜爱风雅,敬礼耆贤,诚为未易及之美德。铭盘六月所生子又殇去,现已将妇远挈来此。仲明提军为造屋数间,亦可僦居。出有朋友之歔,入有家

---

① 吴保初. 师友绪余一卷[M]. 木活字本. 光绪二十五年:30-31.
② 1849致吴保初信札二通[EB/OL]. 北京弘艺国际拍卖有限公司,2015-09-18.
③ 1849致吴保初信札二通[EB/OL]. 北京弘艺国际拍卖有限公司,2015-09-18.

人之乐，聊足排遣。然中年忧乐，百端相桀，其视英年雄概进取千里者，真欲睦乎其后也。秋间腰肋为寒所侵，痛卧三十余日，今始能起坐。石印必为多刻数事，以答嘉贶。廉师之返鄂，想以年高不乐久外之故，抑别有他馆，尚望赐示。亮伯函件，乞饬转致。阅电录，足下事适俱未中，暂戢翼诚不足介意。愿益宏远大之向学，幸甚。书启彦复仁兄足下。制铭盘顿首。廿二。①

【按】录自红五行笺草稿。履平，邱心坦之字。

（五）

彦复驾部左右：正月书后，得初五日惠书，喜慰无已。季师计已到京，必能日相晤语，晤时幸以鄙意问安也。铭盘所处既僻，事又甚简，颇得读书。倾五月后便弃去他业，专力举业干禄之学，亦悉吾贤垂情于此也。去年寄来数石，天暖必为刻致数方，勿念。陈、王二书，幸便见寄。亮伯小楷甚好，如足下治小楷，亦可与为磋劘，必能佳也。仲明、玉斋及静丈处所属之语都说过。铭盘今年五月服阕，倾冬间便入都，为家眷所绕绾，颇亦不易耳。此请撰安。制铭盘顿首。亮伯见时问安。初九。②

【按】红五行素笺，三页。"石"，初作"日"，后点去。"勿"，初作"忽"，后点去。仲明，张光前之字。

胡祖舜（1885—1948），一名恢汉，字玉斋。湖北嘉鱼人。

张曾扬（1842—1920），字筱帆、小帆、抑仲，号渊静。河北南皮人。张之洞族侄曾孙。同治七年（1868年）进士。官至浙江巡抚。因秋瑾案调补江苏巡抚、山西巡抚，均未就任，并奏请开阙③。晚年徙居天津，抑郁而终。

（六）

铭盘启：春间伏承惠教，比即叩答复。闻回里奉迎堂上鱼轩，诵慕无已。季昆兄来，知已氏都下，近移寓何所，尚未得审闻，颇念切不置。铭盘运况颠倒，去年六月既殇一，不及目之见，今年春季内子又夭一（医药不绝）。三日之昭，心绪恶劣，无复人理。而家中顷料量之事，方日盛无等。舍弟去年既断弦，

---

① ＊0754 朱铭盘 致吴保初信札［EB/OL］．雅昌艺术网，2015-12-19．
② ＊0755 朱铭盘 致吴保初信札［EB/OL］．雅昌艺术网，2015-12-19．
③ 李细珠．清末民间舆论与官府作为之互动关系——以张曾敫与秋瑾案为例［J］．近代史研究，2004（2）：1-44，315．

今年又须续娶。其他考试来往之事，更相煎迫。贫固不足言，要事纷扰，心绪不能专力诗书，则为切己之害。足下积大之休，留心举业，百百亟愿。乃启彦复驾部足下。铭盘顿首。初三日。堂上师母大人尊前敬询大安，敢不别启。①

【按】六行朱笺，三页。"家"，初作"里"，后点去。

（七）

……师母大人修一函，属往刘献夫观察处，派一不上不下之差。师母仁厚为怀，因常蒙垂落，□感其如此之宠念名人之后。至于奔走贱役之间，不能糊口，叹息累日。恐静丈之书不能甚详，故再加此，希尚生于……足下方盛年英特，而来书且复□秋愿之声，其视我何如也。自六月一日起，每日课文六首，试帖六首。日写卷折各一，开月又写整殿卷三本，如此而得不大去儌幸也。特不知兄何如耳。足下□齿闻已请吴仓石刻石印，既有吴刻，则拙刻只可置之九等之下。每念相索之勤，亦思为数石以答□命。而天良不泯，摩挲莹质，欲奏刀而汗颜者数数矣。□事端婴虑，意念枯槁，不可复言兴会。恐足下见督之深，不敢不辩，亦□……又启者，云骑尉戴光复，浙江人。高祖嘉庆朝传胪。曾祖翰林，官至双巡抚。祖诸生。父拔贡，团练殉难。的是世家子弟。其人乃武壮师升提督入都时，兵部郎中傅公（钟麟）子莼所荐，铭盘稔知之。彼先人盖与傅公有世交也，可惜少不读书不识字。武壮师虽携回，而特惜其如此，再三慨叹，姑予一至小之差（在正营号房等处），每关得银三四两而已。武壮师之意，盖欲徐徐提挈之。其才既不足胜稍大之差，而事会相错，沉滞至今。此等人处处有之，不足惜，特感其为名族之子，流宕如此耳。今渠求静安丈一函，转祈足下，仰乞堂上婉词陈请，为提挈之。幸甚□。又颂侍安，且顿首。②

【按】朱笺六页。

刘汝翼，字献夫。安徽庐江人。监生。刘秉璋之侄。同治元年入吴长庆幕。官至直隶候补道。

傅钟麟（1840—?），字子莼。浙江山阴人。同治四年（1865 年）进士。官兵部主事、郎中。

---

① ＊0756 朱铭盘 致吴保初信札 [EB/OL]. 雅昌艺术网，2015-12-19.
② ＊0753 朱铭盘 致吴保初信札 [EB/OL]. 雅昌艺术网，2015-12-19.

鲍心增一通（1852—1920）

（一）

《覆札》：

彦复足下：昨暮归，读悉尊示。长安行乐处耳，我辈居此，岂合时宜？足下之归，虽由志趣超卓，亦天遣静尝。暗淡沉潜中之滋味也，岂偶然乎？然则足下他年之建树宏远，将于此行卜之。他人谓此为退著耳，岂知送者自厓而返，而君自此远矣，岂特寻常进步而已哉！梅香奇绝，无不自清寒澈〔彻〕骨中来，窃愿执事之高自期许也。再足下近事，古人时时有之，在今日诚为绝调，非复人间曲矣。然私意弭节黄浦之时，必不以一字示人。假令四座惊叹，播诸报章，殊非盛德之事，执事必不使之然也。奉教日浅，狂论滋多，伏希鉴恕。心增顿首。①

【按】此函作于吴保初辞官、并于报章发表《陈时事疏》后，当作于光绪二十四年或二十五年。

鲍心增（1852—1920），字川如，号润漪。江苏镇江人。清光绪十二年（1886年）进士。曾官吏部主事、军机章京。

张謇七通（1853—1926）

（一）

张謇《致吴彦复函（一）》：

手告令人恻然不怿，家庭冰蘗，人世网罗，真可慨叹！然不可谓非不善处之有以致之也。辛苦谁谅，抑有可悲矣！《毛诗》一部，聊副雅命。念子之瘁，庸有已时？道希极艰厄，无能为力，怀歉无已。唯兴居自玉。彦复老弟。謇顿首。②

【按】似作于文廷式被谴后。

---

① 吴保初. 师友绪余一卷 [M]. 木活字本. 光绪二十五年：54.
② 李明勋，尤世玮. 张謇全集：第三册（函电下）[M]. 上海：上海辞书出版社，2012：1579.

（二）

张謇《致吴彦复函（二）》：

三兄仅一子，体又单弱，舍拍拉马五本外，无他学。家中亦尚不须此子谋生，故其觅馆与否，弟绝不知。弟未便代三兄作主，或俟舍侄请命于父再复。彦复仁弟世大人安。弟謇顿首。①

【按】三兄，即张詧，子亮祖。

（三）

张謇《致吴彦复函（三）》：

匆遽不能尽言为歉，彦升讯奉览。心存之为幸。下走颇忧老弟为人所累，境地不佳，犹余事也。能移江宁自佳，愿熟审之。临行不尽偻偻。彦复老弟足下。謇顿首。十一月十三日。②

（四）

张謇《致吴彦复函（四）》：

甚思一谈，何时可暇？冕伯、颖生是否同寓？寓所望示。三下钟前尚须去南头，如能谈，五六下钟最好。彦复老弟。謇顿首。③

（五）

张謇《致吴彦复函（五）》：

别筹百元，送应所乏。厂例：薪水每月上旬支取。正月所支，当此行之用，体中平复为念。彦复老弟。謇顿首。正月十八日。④

（六）

《来札》：

朋好之乐，无踰〔逾〕京师。志愿乖违，不能北去，怆恨何如！颇闻足下近状，许君男似尚未生子，旅费足用否？走为乡里兴蚕桑、设纺厂，役役三数载，挠败之者百端，乃亦几有败势。顾返诸寸心，亦无所憾，孰令吾生今日耶？

---

① 李明勋，尤世玮．张謇全集：第三册（函电下）[M]．上海：上海辞书出版社，2012：1580．

② 李明勋，尤世玮．张謇全集：第三册（函电下）[M]．上海：上海辞书出版社，2012：1580．

③ 李明勋，尤世玮．张謇全集：第三册（函电下）[M]．上海：上海辞书出版社，2012：1580．

④ 李明勋，尤世玮．张謇全集：第三册（函电下）[M]．上海：上海辞书出版社，2012：1580．

有怀百端，不能具悉。令门人潘伟人走叩起居，可从问走大概。伏维君遂老弟珍卫万万。謇顿首。①

（七）

昨复计达，有事须亟访，定初十左右至沪。从者可于此时往会，或先到，则留一住址于法界首善里通州大生厂账房。彦复仁世弟足下。謇顿首。廿八日。②

【按】"到"，初作"去"，后圈去。

陈三立二通（1853—1937）

（一）

鉴泉兄赁宅，究可让作小学堂否？乞催取为荷。弟日来亦沾染时证，病卧不能起坐，顷乃可举骨节酸病之手写此纸耳。彦复仁兄诗家。三立顿首。中国乡试考官入场日。③

【按】金石笺一页。双钩"鹤寿"，左下署"元章监制"。鉴泉，吴学廉之字。

（二）

新归，亟欲聆海上异闻，惜重伯顷已去，不及共狂言胡说也。两绝何兀傲乃尔，《门存韵》特凄瑟感人，为用意之作矣。余晤谈复上。君遂仁兄。立顿首。十五日。④

【按】八行朱笺，二页。

曾广钧（1866—1929），字重伯，号䬵庵、伋安。湖南衡阳人。祖曾国藩，父曾纪鸿长子。光绪十五年（1889年）进士。曾知广西武鸣府。

---

① 吴保初. 师友绪余一卷［M］. 木活字本. 光绪二十五年：40.
② 刘凤桥，徐晓飞. 清及近现代名人书法与辨伪［M］. 沈阳：万卷出版公司，2004：14.
③ 1314 陈三立致吴保初信札 镜心［EB/OL］. 雅昌艺术网，2017-06-04.
④ ＊0760 陈三立、陈同礼 致吴保初信札［EB/OL］. 雅昌艺术网，2015-12-19.

黄绍箕一通（1854—1908）

（一）

惠笔敬领谢谢！尊处两联，屡思奉缴，而为奴辈误装入箧中，容稍暇检上，必不敢久假不归也。弟所得廉翁书联二又条幅四张，亦均在藏箧，所见他处廉翁手迹似有更胜者，故心常未厌。去年得一联又下柳门一联，尚存敝寓，兹均奉览。润兄属件日内当即涂呈，舍弟尚未到统，希转致。肃请彦复仁兄大人侍安，弟箕顿首。①

严复一通（1854—1921）

（一）

叔雅、彦复足下：比者未获畅聆高论，初七日申刻，在清和一陈凤云家洗盏候谈，望惠来勿却，至祷。此颂钧安。弟严复顿首。初五。②

宋伯鲁一通（1854—1932）

（一）

多日不出门，而今夕适两处□邀，均以乡谊，情不可却（一在泰和馆，一在□仙）。尊处又同时，恐不克赴。祇〔只〕得心领，容访谢也。尊札书法既古雅，而赫蹏〔蹄〕封简尤为可爱，何佳妙如此。若能为我费心仿旧一番，则感几宜何似耶！多日不见，深以为念。天寒不欲出，□上眠一日，过午始起之，则略从事书画，便了一日。久不奉话，辄以饥渴，承台与人违命，极有罪也。谅谅！彦复我兄大人君遂。弟□鲁顿首。十九。尊札批幅去套殊精妙，千万为我摹一副为祷，当作画以报之。弟鲁又及。③

聂缉椝一通（1855—1911）

（一）

《和徐绮华〈无题〉四绝原韵》："高楼歌管月黄昏，吴屧微颓晕酒痕。一启横波缘底事，添香红袖沐新恩。""千金不惜买花钱，曾订三生杜牧缘。寄语香巢新燕子，竹西风啸惹情牵。""巧因缘变恶因缘，莲叶田田剧可怜。人面桃花今犹在，仍他蜂蝶度芳年。""陌上花开别有春，红楼韵事已成尘。恨无十万

---

① 韩戾军. 碑学兴盛的见证［J］. 书法，2008（9）：34-35.
② 刘凤桥，徐晓飞. 清及近现代名人书法与辨伪［M］. 沈阳：万卷出版公司，2004：16.
③ 刘凤桥. 章士钊师友翰墨［M］. 沈阳：万卷出版公司，2005：91.

金铃护,故剑行看是路人。"《睡起》:"四海苍茫独立时,高天厚地怅何之。柳节偏把春愁绾,一梦惊回日已迟。"《迢洪泽湖》:"烟波渺渺水雪铺,淮上遥山有若无。万点芦花舟似叶,漫天风雪迢洪湖。"《登浮山》:"独上浮山第一峰,烟波万顷夕阳红。此生自分江湖老,徘徊风雪感慨中。"录呈缨公教政。仲芳未定草。①

聂缉椝(1855—1911),字仲芳。湖南衡山人。历官上海制造局总办、浙江按察使、安徽巡抚、浙江巡抚等。

文廷式一通(1856—1904)

(一)

天阴人倦,欲得剧谈宣郁,能过我乎?乙盦已到,或可同诣晋升栈,指天画地,亦大快事。此上彦复仁兄侍史。廷式顿首。②

陈衍一通(1856—1937)

(一)

赭山不能云,逭暑苦无计。夜谋月湖宿,晨鼓渡江枻。有路入万荷,有台亘水际。稍觉窗棂闲,新翠欲染袂。晚来隔江雨,欲至旋开霁。终分雨余气,烟水黯摇曳。风萤升复沉,云月出还闭。露坐遂到明,俯仰是何世。君家鸳湖上,无业供王税。一官典属国,廿载京华滞。未办买山钱,尚阻墓门誓。我家东海头,六月足啖荔。处处听松风,謖謖李司隶。飘转堕江湖,春申又夏汭。台澎既陆沉,衡湘舞妖蜺。万方正多难,行作虫沙继。问君欲何之,吾亦从子逝。

《乙盦招游月湖夜话达曙》再录。君遂诗人正之。衍。③

【按】此诗陈衍《石遗室诗集》卷第三系于戊戌④,略有异文。

江云龙十二通(1858—1904)

(一)

两日不见,相思无极。庚馀准廿六出都,弟儳廿五日邀君与峙青同在陶然

---

① 刘凤桥,徐晓飞.清及近现代名人书法与辨伪[M].沈阳:万卷出版公司,2004:17.
② 刘凤桥,徐晓飞.清及近现代名人书法与辨伪[M].沈阳:万卷出版公司,2004:18.
③ 刘凤桥,徐晓飞.清及近现代名人书法与辨伪[M].沈阳:万卷出版公司,2004:68.
④ 陈衍.石遗室诗集:卷三[M].刻本.武昌:侯官陈氏,光绪三十一年:2.

亭作饯。我三人共作主人，何如？因伊归期太促，不如分饯也。弟此日适值坐班，务望君与峙青先临，弟随后即到。昨新得书画数件，望移玉一鉴，并将《庙堂碑》携来为叩。彦复先生有道。弟云龙顿首。①

【按】庚余，李经钰字。峙青，疑为黄书霖。

（二）

《报书》：

彦复先生足下：月尾接奉手书，文辞斐厚，恻然生感。每顾生平无长可为朋友推重，独多为友朋不弃，殊堪自慰。弟拟九月朔日赴旅顺，顺候曼君，即由沪到广东。天寒木落，游子怀乡，年底抵家，他非所愿。学殖荒落，今不补昔。急欲觅同志张君子开收心地汗马之功，焉能更向风尘仆仆耶？斜街人物，燕京麟角，足下当不至失之交臂。然学问一道，各有心得。自证之力，多于师友。反朴〔璞〕归真，颠扑不破。纵情豪上，驰骤文场。虽足下破俗儒面孔，然非士君子真立脚之地。仆非甘作腐头巾语者，当世人豪，颇观其大略，抑志为此。大成小成，皆所不计，终吾身焉已矣。文章一道，得其本原，乃为大乐；涸其性真，强趋时范。足下诚不愿为此，仆亦不愿以此质足下。昌黎《答李生书》虽非文字究竟语，然为文之道，颇得其脉络。神而明之，存乎其人。甘苦必自尝之，乃能大获。足下消息颇真，慎勿分今古文为二事，幸甚幸甚。子恭丈、绍春兄学质俱在，凝重一边。思之佩服，常晤面足补身心。足下机神不滞，最近此道。逐处得益，久乃大成。读书应世，两事一理。如求着力，则宁多读书少应事耳。倚装书此，藉〔借〕答高谊。祈为道为学自重，云龙顿首启。②

【按】吴保初光绪二十四年（1898年）所作《论阴挠新法之害下》，有"今之所谓儒者，儒其语言而已，群瞽然尊之曰：儒也，儒也，彼亦自忘其无耻，忘其不知不学，而腼然自命曰：儒也，儒也。儒者，岂若是之儡悖罢软无用哉？"③之语。是书云："虽足下破俗儒面孔，然非士君子真立脚之地"，当指此。

---

① 刘凤桥，徐晓飞. 清及近现代名人书法与辨伪 [M]. 沈阳：万卷出版公司，2004：22.
② 吴保初. 师友绪余一卷 [M]. 木活字本. 光绪二十五年：24-25.
③ 吴保初. 北山楼文 [M] // 吴保初. 北山楼集：卷三. 陈诗，辑. 铅印本. 民国二十七年：23-24.

（三）

《语录》：

读书如吃饭然，一日不吃，必胸中那一处受了病；三四日不吃，其病必更深也。然任你多大饭量，亦不能将后日之饭作一日吃了。即勉强多吃些子，其明日必减却饭量也。每日衹〔只〕按顿吃去，菁华常运于胸中，其渣滓自有时脱去也。①

（四）

《寄书》：

彦复足下：揖别倏数月，五月初到扬州，闰五月办续弦事，今又一月矣。念我故人，远住京华，不禁人间天上之感。弟此行出京，成人间野鹤，不妄拜一客，绝口不谈当世事。新人和淑婉婉，有故家风。夜夜为讲《孝经》一章，家人说家常话，乃得圣经确旨。今日讲学论治，君子都坐在不肯说家常话耳。刚说不谈当世事，又谈及之，罪过罪过！夜课余暇，日研《易经》。忽悟古人忧患作易之旨，间赘以浅言，计将脱稿。予自勉为寡过之学，终身以之，不敢蹈东莱博议故事也。阮家文选楼荒，书籍荡然，目击忾叹。先生旧得文选楼图章，能慨赠我乎？入夏以来，苦久雨，得乍晴，溽暑特甚，间作小画消遣。过夏拟携新妇回里谒墓，傥资斧不给，仍寄新妇岳家。弟即只身归，稍稍措办，即携子女来扬就母教。即此家庭事，一生行之不尽，何敢复言天下事哉！圣天子切下求贤之诏，当有应世伟人出而澈〔彻〕底澄清之，措天下太平。吾为盛世鸡犬，亦复何憾！昨与内人言，欲措天下太平，舍《孝经》无别术，为之点头。存此言为当代豪杰之验，吾复何言。云龙白。②

（五）

《谢饷食物小启》：

岁聿云暮，归与未能。君遂刑部以糟肉咸鱼见饷，谢谢。管城子无食肉相，对此汗颜；楚大夫闻啜醨言，为之心醉。一骑飞到，不动麈红；双鲤剖时，如披尺素。快与公瑾交，饮我醇醪；惭读古人书，遗之糟粕。问秋何事，起张翰莼鲈之思；买山无钱，动东坡花猪之兴。稚子恒饥，贫儿暴富。责逋者门外常如鹄立，问君子庭中胡有貆悬。势必槌碎周报之台，塞破杜陵之屋矣。观我朵颐，资公捧腹。云龙再拜上。③

---

① 吴保初. 师友绪余一卷 [M]. 木活字本. 光绪二十五年：25.
② 吴保初. 师友绪余一卷 [M]. 木活字本. 光绪二十五年：26-27.
③ 吴保初. 师友绪余一卷 [M]. 木活字本. 光绪二十五年：27-28.

（六）

《覆札》：

君遂先生足下：伻来，探袖出白粲粲物，夺人目睛。君肯分金，我歌得宝。虽皋陶面如削瓜，不能不作胡卢笑矣。晚凉能来嗷粗粝否？云龙顿首。①

（七）

《报书》：

七月间读手教，知侍养园居，天伦至乐，家庭内肫肫一孺子，今日见吾彦复真面目也。潜心《阳明集》，味道亲切。朱陆异同，暂且搁过。吾自认吾江潜之，君自认君吴彦复可耳。讲学宜祛其名而落其实。学不讲，如惩羹废食，废食不可也；学盛讲，如扬汤止沸，扬汤尤不可也。此事默修默证，手不可放过有用书，眼不可放过有用人。与子言孝，与臣言忠，言满天下无口过；反身而诚，强恕而行，行满天下无怨恶。孔孟要义在求仁，求仁发端在孝弟，孝弟机括在良知良能。阳明从千丝万缕中理出，千辛万苦中得来，不可徒认作口头语。天下事皆吾分内事，歧视之不得；吾性分中透出天下事，隔绝之尤不得也。不必乱谈内圣外王的空廓话，不必胡挂崇正黜邪的空招牌，时时体贴。天地间皆一片生机，吾心中皆一片生理，不可先由吾心死了一点。天地间皆一段实理，吾身中皆一段实事，不可先由吾念假了一点。当下放平，万事万理皆有落脚处。一小器物未放平，即有蹉跌损破，矧言平天下耶？二明斋取意，不过聊借二人作今日出处大节，略不可执死看。论天下事势之来，有至难至重至大，必须为伊尹之任者；有至稳至干至净，必须为比干之死者，皆未可预定。于三代下取孔明、渊明，自具一番苦心，非敢妄援古人也。窃论今日时势，大臣有大臣体段，不可妄存为贫而仕、为亲而仕的心肠；小臣有小臣分谊，不可妄蹈愚好自用、贱好自专的道路。此各有卓然自立泰山不动的道理，岂咄嗟可取办临时耶？吾兄近日潜湛体道，脚根〔跟〕先能立定，钦羡无既。嗣有所得，仍祈示我。俾共勉之，偕至大道。学诚不外读书取友，京师取友，益慎益鲜，非吾兄何以广我矣。云龙顿首。②

【按】书云："潜心阳明集，味道亲切。"疑指吴保初《与江潜之书》"春间因检姚江书，穷一月力读之"③。

---

① 吴保初. 师友绪余一卷［M］. 木活字本. 光绪二十五年：28.
② 吴保初. 师友绪余一卷［M］. 木活字本. 光绪二十五年：28-30.
③ 吴保初. 北山楼文［M］//吴保初. 北山楼集：卷三. 陈诗，辑. 铅印本. 民国二十七年：27.

（八）

彦复世兄仁大人如握：前接由津来信，并银贰十四金，比寻该店来，将裱帖取回，并追还若干件，合算艮拾玖两有零，当面付讫。帖存弟处，因无便带呈也。比想安抵珂里，师母定占康健，不胜忭祝。弟壹是如恒，现命陈大回里，拟接敝眷来京。但措置不易，而敝眷又有不能不来之势，吾兄何以教我也？兄行十余日，浚田子俊向弟言，伊宋拓苏字两本，未蒙璧还。弟疑存祁君月处，比问君月，据云已交兄手。子俊两处落空，意颇皇遽。弟再三陈说，想系吾兄携去，或另有乖错。伊日日促弟寄字与君，询其下落，弟已力允，未遇便足。兹陈大有回里之行，因寄字与兄，究竟若何？请速来函，以释前途之惑。子开屡有字来，询君意颇眷眷，并念仲方也。弟现债务累累，加之接眷一举，雪上加霜。敝眷不来，则多路接济无名。且天涯孤子，不成事体。勉力为此，其难可知。现各处腾挪，都无可靠。向里人另做打算，不知明春能成行否耶？草此奉知，即请传安康宁。世小弟云龙顿首。子恒兄均此。①

【按】八行朱笺，三页。

（九）

彦复仁世兄大人左右：两接惠书，敬诵一一。来银百两，已交秀伯，并代取销号一纸缴上，可放心前券矣。苏帖主人问价甚昂，足下来京，将原物带来为是，且亦好说价也。师母恙已愈，大慰私忧。世嫂痼疾渐愈否？敝眷已于三月初三日来京，手头拮据，更形忙乱。借债《毛诗》以外，合旧债已及千矣，始草草安帖。现卜居潘家河沿，房屋可住，足下来京可下榻也。内人连年抱病，此番劳碌，更形憔悴。据医云是干血劳，现日日医治，难速见功。我两人贫病相似，何内眷亦不谋而合也？书生见厄，几有成例，言之一叹。乡居井底之言，君痛创之深，故发言最切。然龙居长安四年，学业只有退无进，何耶？学业进退，只判心之切浮，不在地之广狭。龙一向于切实处少理会，故此道时有出入。病后知痛，敬为知己告之。软红尘中人皆相继得主而去，出火青莲为之大快，龙誓不再种无明因矣。此复，敬请大安。世小弟云龙顿首。四月初五。师母前代名请安为叩。子恒兄均此不另。②

---

① ＊0759 江云龙 致吴保初信札 [EB/OL]. 雅昌艺术网，2015-12-19.
② 0757 江云龙 致吴保初信札 [EB/OL]. 雅昌艺术网，2015-12-19.

【按】八行朱笺，三页。

（十）

顷为友画扇（石一、蕙一、水铫一），题四句云："石峣易缺，蕙馨易折，饮水乐饥，永此朝夕"，可以言志也。君肙扇书成，君太耽逸，拙扇一柄，乞楷书可消抵耳。此上君遂先生足下。弟云龙顿首。午后能过我，再观城南马戏否？①

（十一）

扇子书刘诚意《两鬼诗》苦不足，又益以昌黎《两鸟诗》，共计三千余字，可云奇制。望足下亲来领取，即来吃早饭，并有要事相托也。此上君遂足下。云龙顿首。初一。后孙公围。吴老爷。②

【按】后孙公围在北京。

（十二）

清风入袖，白云在天。先生《和陶》，诗境似之。把臂东坡，仆何人斯，能赞一辞耶？浣诵再四，恍得神解。文王昌歜，嗜之者不知更有几人耳。此发君遂一笑。云龙顿首。③

陈同礼二通（1858—1904）

（一）

许久不晤，渴想无似。顷奉示，并收到石章五方。我辈本因懒而求人，不意懒更有甚于我辈者。一笑。余容趋谈。此请彦复仁兄大人著安。弟礼顿首。④

（二）

连日不晤，渴念渴念。绍宅田黄石章昨已去函转询。据来书云，刻下不欲出售，特此奉闻。敬请彦复仁兄大人安。弟陈同礼顿首。十一日。⑤

【按】八行朱笺，一页。

---

① *0758 江云龙 致吴保初信札 [EB/OL]. 雅昌艺术网，2015-12-19.
② *0758 江云龙 致吴保初信札 [EB/OL]. 雅昌艺术网，2015-12-19.
③ *0758 江云龙 致吴保初信札 [EB/OL]. 雅昌艺术网，2015-12-19.
④ 刘凤桥，徐晓飞. 清及近现代名人书法与辨伪 [M]. 沈阳：万卷出版公司，2004：41.
⑤ *0760 陈三立、陈同礼 致吴保初信札 [EB/OL]. 雅昌艺术网，2015-12-19.

沈汝瑾一通（1858—1917）

（一）

日前不得一谈，甚歉然，极思把晤。请公于廿五日五钟惠顾江南村一叙。坐无俗客，千祈勿却，为祷为感。（前奉恳陈鸥民观察字条，望速挥为感。）彦复吾兄有道。弟□□顿首。廿四。①

袁世凯三通（1859—1916）

（一）

彦复仁仲世大人阁下：抵京来，因事须谒商诸老，忙苦殊甚，未暇走谒，方有歉念。枉顾失迓，尤切怅憾。顷承宠召，极思往晤。奈因十一叩觐，即须赴吏部友人之约，商酌一切，实不刃分身前往，惭何如之！容俟走谢。倘老仲明晚有暇，可否移玉义盛局〔居〕一聚，如何？此复，即请台安。世小兄凯顿首。②

【按】红八行素笺，一页。据"抵京来，因事须谒商诸老"，知时吴保初在京师。

（二）

顷回寓，又奉续招，感歉交深。时已夜深，未便再往。拟明午抽暇，在聚宝堂粗备蔬酌，恭候光临，藉〔借〕抒积忱，玉盼。此请彦复仁仲世大人时安，弟凯顿首。③

【按】红八行素笺，一页。

（三）

彦复二弟世大人阁下：数月聚首，快饮教言，甚为欣慰。迩来金飙送爽，即维起居曼福，凡百吉羊为颂。弟因有事赴津，明晨即发，约两旬可以言旋，匆匆不及走辞。兹送上银桂百株，聊佐秋夕南楼之兴，务乞哂收勿却，幸甚。

---

① 刘凤桥，徐晓飞．清及近现代名人书法与辨伪［M］．沈阳：万卷出版公司，2004：22.
② 5017 袁世凯 致吴保初信札（二通二页）、吴长庆 致蒋一桂七言诗（一通一页）［EB/OL］．雅昌艺术网，2019-06-23.
③ 5017 袁世凯 致吴保初信札（二通二页）、吴长庆 致蒋一桂七言诗（一通一页）［EB/OL］．雅昌艺术网，2019-06-23.

匆布，敬请勋安，不备。世愚兄袁世凯顿首。八月十一日。①

陈澹然二通（1859—1930）

（一）

《论皖中人士札》：

君遂察：自入京来，所见吾乡人士，当以方剑华、江潜之为朝阳鸣凤。余则萧兰异烈，鲜可与谭性命者。剑华气太冷，叔度之俦终不能有所建树。潜之浩泊而闳毅，淮南一军继起者寡矣，此君其代兴者乎？书此以为左券，愿以告天下有人才之责者。晦僧狂言。②

（二）

大著兴寄高迈，启廓鄙人者尤伟。日来儗草苦急，少间当酬君志。□□久旷，不获似叔度汪洋千顷耳。君遂老来才台下执。澹然顿首复上。③

汪康年二通（1860—1911）

（一）

今日海上诸同志集于敝馆，议近日时事，务请吾兄即临为荷。此请彦复仁兄大人台安。弟康年顿首。十五日。④

（二）

昨夜苓溪之约，未得留与君谈，甚怅。今晚准六钟，奉约六马路陈寓（在印局对过）一谈，务希蚤临（恕速）为盼。此上彦复吾兄先生。弟康年顿首。初八日。⑤

陈范一通（1860—1913）

（一）

属以微疾，劳君注念，日前亲赐存问，而方君漱六亦一再临慰。频年辟世海滨，以朋友为性命。然风义如二公，正未易得也。亦元兄与家兄百觫在京为至交，嗣以琴争益笃。此次闻其将至春申，满拟倾吐胸鬲。不料彼彼惠临，适弟寒热交作，值伊行色匆匆，竟陵不能以直，为愧弥甚矣。秋高气爽，作何消

---

① 1255 袁世凯 撰并书 袁世凯书札 [EB/OL]. 雅昌艺术网，2017-11-26.
② 吴保初. 师友绪余一卷 [M]. 木活字本. 光绪二十五年：39.
③ 刘凤桥，徐晓飞. 清及近现代名人书法与辨伪 [M]. 沈阳：万卷出版公司，2004：25.
④ 程道德. 中国近现代文化名人遗墨：上册 [M]. 北京：中国方正出版社，2007：38.
⑤ 方继孝. 吴保初旧藏友人墨迹 [J]. 收藏家，2006（5）：30.

遣？明日如能头眩稍愈，当走谈也。手告彦复吾兄同志。弟范顿首。子言兄均此。《天演论》共只售七十本，其洋即当送交。①

【按】"益"，初作"因"字，后圈去。"家兄"，即陈鼎。

陈鼎（1854—1904），原名瞻鼎，字刚侯，号伯商。湖南衡山人。光绪六年（1880年）进士，选庶吉士，授编修。二十六年（1900年）因戊戌事被革职监禁，二十九年（1903年）因大赦获释。蔡元培、张元济、吴士鉴诸人之师。著有《校邠庐抗议别论》《黝曜室诗存》。

郑孝胥一通（1860—1938）

（一）

置兹愠喜傲然自足；时有语嘿〔默〕邈不可追。葆初仁兄大雅之属。孝胥集陶诗。②

杨士琦一通（1862—1918）

（一）

彦复仁兄大人阁下：新岁如意，至以为慰。顷奉手翰，衹〔只〕悉壹是。遂送上正、二月分〔份〕亏元贰百两，至祈检收。弟行色匆匆，未及走拜为歉，竢返沪再聆清谭。专此希复，衹〔只〕请台安，惟照不备。愚弟杨士琦顿。正月初三倚装。计附票元贰百两正。③

【按】八行朱笺，一页。

夏曾佑一通（1863—1924）

（一）

扇面送上，祈转交陈君。拙诗无堪道者，录《灵芬馆》诗二首。此上：君遂先生。制曾佑顿首。

---

① 刘凤桥，徐晓飞. 清及近现代名人书法与辨伪 [M]. 沈阳：万卷出版公司，2004：26.
② 1194 郑孝胥（1860~1938）隶书 八言联 [EB/OL]. 卓克艺术网，2018-05-04.
③ 文-怀-沙旧藏：李鸿章与袁世凯的重要心腹、光绪举人 杨士琦 致彦复毛笔书札一通一页（文怀沙亲笔题签，提及新岁的一些问候，以及送上正、二月票元二百两，请检收等）HXTX86359 [EB/OL]. 孔夫子拍卖网，2018-11-23.

吴大人。①

【按】《夏曾佑集》编者杨琥注云："1902年夏，夏曾佑丁母忧居上海，据夏氏日记，同年9月结识吴保初，此后来往密切，故此函约作于壬寅至甲辰即1902年至1904年。"

陈浏六通（1863—1929）

（一）

陈浏《笺庐江吴保初兵部》：

（兵部为武壮次子，改官刑部时，字曰君遂，挂冠后自号北山，世所称吴瘿者也。）

彦复足下：两龙，赝鼎也。厥色在嘉道时，云万历者，恶克允哉？鼠窃漏脂，所遇纷觏，未云可宝。突紫类猪肝者，既无题识，复不见旧，始以十笏左右，挽〔浼〕君代咨。人弃我取，此焉故智。归熟审之政，亦翩然易图。沧海巫山，水云在望，蜀龙已边，吴虎归君。思楼直得魏狗焉，抑亦可以不必矣。我既厌置之，又极之于其所往，君亦安庸姑容之耶？盗骊既驾，奚用蹇卫？灌莽既夷，修竹乃见。足下明达者，亮以仆为知言也。赤质绿章，伊尚之尤，白龙青凤，实茹之桀，取舍之际，宜知所裁。翳尚最狡，退军良难，拔一返四，权枸在我。但使北宫有不挠之见，养由无忘归之名。假其不听纵操，则悉师以出，反其旄倪，而我不折一矢焉。时不过三月，匪云久淹岁时，似亦足以箝〔钳〕之矣。戾〔启〕此大噱。浏再拜。②

【按】此书《师友绪余》亦收录，题作《论骨董书》③，文字略有异。"云万历者"作"彼万万者"，"沧海巫山，水云在望"作"曾经沧海难为水，除却巫山不是云"，"思楼"作"我"，"君亦安庸姑容之耶"作"劝君亦安庸姑容之"。

---

① 方继孝. 旧墨记：世纪学人的墨迹与往事 [M]. 北京：北京图书馆出版社，2005：47.
② 陈浏. 浦雅堂骈文 [M] // 李兴盛，齐书深，赵桂荣. 陈浏集：外十六种. 哈尔滨：黑龙江人民出版社，2001：22-23.
③ 吴保初. 师友绪余一卷 [M]. 木活字本. 光绪二十五年：44-45.

（二）

陈浏《笺庐江吴保初刑部二》：

君遂足下：某者、某者，皆外国教士也。君知其人乎？君今久住海上，耳熟能详，无俟鄙人哓哓而亦当能记前言之不谬矣。君初震于若辈之高谈大眽，而乌觉其为土饭尘羹哉？彼其之子食人唾余，闻所未闻，轩然眉耸，夫岂不谓鸷鸟累百，只有正平；扪虱而谈，莫如景略。及至过辽东而鄙弃白豕，出井底而贱恶蛙声。物罕则见珍，食多则生厌也。彼时方且疑我之妒贤嫉能，工谗善谤，君实如粤女之不知有雪，胡姬之不知有海耳。拾牙慧者矜其臭腐，咬矢橛者决非良犬。曷足道哉？其师言伪行丑，亦非端士。不言将护，伊人尚可免枵腹之忧；昌言集会，孺子真如坐针毡之上。又况假重名以敛多财，不顾株累者之惨遭脔割；赚厚贿以饱私橐，何恤受绐者之退有后言。抱薪救火，此之谓也。析骸以爨，亶其然乎。①

（三）

陈浏《笺庐江吴保初刑部三》：

北山足下：江海一别，忽忽三年。龌龊小儒，恣意狂谆。枯木朽株，发难于帷幄之地；黄口乳臭，披猖于朝堂之上。乱民揭竿而起，则黄巾满山；骄兵露刃相向，则赤眉横额。时浏方丁外艰，扶榇南下，负土营葬，罔所闻知。次儿颇者，才十有四龄，只身津校，飞书告变，行李抛散，策蹇还京。浏已登商轮，旋复折回。海道既其梗阻，计惟遵陆而北。爰经过润州，直抵清淮，借一肥仆，赁二瘦驴，了无鞍镫。走圩堤之上，稍一倾侧，时虞仆跌。途次则露行夜宿，日出则炎歊灼肌。马粪盈尺，是为午餐之所；拳〔蜷〕缩就枕，乃在霉湿之地。山石荦确，井水带泥，而同行伴侣，悉类猾贼，努目直视，情势汹汹。赖有祥符王君曾俊曾宰曹县，颇与狎习，加之将护，幸而解免，不至暴动。越四五日，雇有一车，疲骡敝帷，差堪共载。讵意勤王之师，先有捉官之举，强夺径去，咄咄而已。于是索冠玄袿，往谒主者，遽遭呵斥，束手无计。其人亦匪党也。王君让我以薄笨肥仆，枕我之股际，赤伞布空，汗出如浆。时亦易驴以骑，更番取睡。大雨淋头，自午至酉，饥肠雷鸣，殆非人境。溯当足下旅沪之日，贱子乞言之初，仗策望乎军门，赤牍藏于怀内，谓可依倚父执（聂士成，字功亭）。弗虑伏莽，恶知中道邂逅。阴风惨厉，丹旐在眼，英灵何之？宁不悲哉！盖功亭提军之死于乱也久矣。齐鲁辖境，旹孽肃清，大府声威，震铄全国

---

① 陈浏.浦雅堂骈文［M］//李兴盛，齐书深，赵桂荣.陈浏集：外十六种.哈尔滨：黑龙江人民出版社，2001：25-26.

316

矣。一入燕郊，风云变色。鼓铸剑戟之声，不绝于耳；儿童跳踉之态，真可齿冷。枋国者不知治本，在下者妄兴妖异。以豚咋虎，如汤沃雪，有不当之辄靡涣然冰消者乎？王君之父守坤，实守河间，郡城之中，蕉苻敛迹，厥所仅见者也。固安小邑，群盗如毛，帕首靴刀，填衢塞巷。道遇乡人捆载宵征，始知都下寓庐（在东江米巷），早化劫灰。妇孺逃避，未悉何向。私冀老母平安，不敢多存奢愿。举箸而未克下咽，泪枯而但有血痕。至可恨者，邻里眷口络绎于途，轮如流水，不见诸雏。更可叹者，虎毛壮士，前敌旌旗，乃舆爱妾，北〔背〕房而驰。朝衣狼藉于东市，则大臣引颈；街卒箕踞于城门，则执冰而嬉。凶器挟于白昼，灞棘直等儿戏。往寻故宅，久成瓦砾之场；堆巷尸体，不胜犬豕之虐。惟我一家，凡十四口，姑妇子女，转徙城外（薛家湾）。猝得见面，大喜过望。颇儿亦在其中，尤出意表者也。王君过从，手加于额矣。时则炮响隆隆，近夜辄发飞弹向天，自欺欺人。神州陆沉，孰能援拯？浏以庚子七月六日入京，已历一月程期。再十余日，两宫蒙尘，奸民大扰。毡包橐裹，夷队续续而至，亦以抄掠为事。痛定思痛，念之可羞。堂堂禹域，而彰其鬼蜮之丑；节制之师，而俱蹈狗鼠之行。巧者榜略富人，鄙者无微不至。宙合之广，万国之多，殆无有似人者矣。宫府梦呓，士夫盲从，毒遍区宇，祸延后裔，吾与吾子能毋悲哽。已矣，已矣！且食蛤蜊可耳。①

（四）

陈浏《笺庐江吴保初刑部四》：

北山足下，昔者下走厌弃帖括，而有用世之志，稍喜诗歌，爱慕从军之乐。先德见招，梗于伦夫，迫守严命，厥贡成均，颇习名家之言，兼知四国之事。课最伊始，为鼠子所龁，海舸一载，扬帆沧海。斯土僻在蛮乡，士夫工于牟利。褒衣博带者握算而持筹，玉堂金马者蝇营而狗苟。矧夫刬抉奸弊，杜绝苞苴。信赏必罚，令行禁止。治事半年之间，岁入增至倍蓰，自国初以来所未有也。倪循是精进，广浚渊泉，继长增高，何止千亿。横海艨艟，观成于眉睫；满眼琳琅，取之无尽藏，顾不休欤。若者依附清流，行同俎侩，日受凌逼，无可容身，因而计偕入都，夤缘戚畹。鹃啼太苦，独步上于津桥；龙漦流出，竟倾覆其神器。唐之季僟，逊厥宠贵。宋之吕卿，相与狼狈者也。蔽屣脱矣，初服遂矣。一夫作难，石破天惊，旧官葊道，鞠为茂草。一则王公失路，乞怜于家奴之小儿；一则保傅尊显，慁伏于太尉之足下。彼其黄标紫标之富，貂冕蝉冕之

---

① 陈浏. 浦雅堂骈文 [M]//李兴盛，齐书深，赵桂荣. 陈浏集：外十六种. 哈尔滨：黑龙江人民出版社，2001：26-27.

尊，莫不委诸豺虎，侪彼蝼蚁。有田沃美而不能归来，亡国俘虏又何如速死。自作孽不可活，此之谓也。吾与吾子抚念前尘，怆怀故国，临风悲啸，惟有涕零。①

(五)

陈浏《笺庐江吴保初刑部五》：

瘿足下：下走钓游之乡，先德驻节之地也。洪杨之役，两军以性命相搏，丘垄所在，子姓敢敝屣视之。皖程膺专阃而鬻天堑，蜀程踵贱役（包衣端方）以堕名城。上而王公贵人（蕉也），下而士夫子衿（仇伦），隧巷无父之婴儿（徐伦），空门佞佛之酒秃，莫不居卢龙为奇货，掷神州于彼族。下走法律壮戈矛，楮墨作橹盾，单骑直入，凌厉无前。战苦云深，须鬓皆白。九洑永生柳之三洲卧榻，岂容鼾睡；津镇浦信等之五路坛坫，于焉折冲。天方小丑，立褫其都府之官；侍从清班，终夺其鸥鸟之席。口诛笔伐，御史台（吴煦）之斧钺森严；月黑浪高，龙江关之魑魅丧胆。项城河间，有类乎二五。狐妖阿紫，不胜其埋掎（庄伦）。败而后亡，差强于拱让。一介不取，谥之曰大愚。金帛不足以蛊其心志，弹丸不足以怵其神明。成则事业，败则文章。面目依然，能见祖宗于地下；心肝何在，请照鬼物于水中。谨白。②

(六)

明午宠召，亟应趋陪。奈因舍弟患暑，恐至爽约。先以笺闻知，不罪我也。浏白。彦复足下。浏顿首顿首。③

陈诗五通（1864—1943）

(一)

夫子大人函丈：一上书又累月矣，非敢疏也，不欲以浮泛无当之言辄陈清听耳。今天下大势亟亟矣，公虽不在仕途，犹能进调和之策，以拯时屯。倪虑言之未必能用，则荐贤尤不容缓。有人于穆公之侧，旦旦而聒之，终得一当遵明诏而实行立宪。上下交孚，宇内举安。不仅公一身一家翔洽太和，薄海黔黎皆受其赐。安石一言，苍生属望，愿公黾勉图之。即诗不言，料公亦思之熟矣。诗今居沪不乐，意公居津门亦必不乐，此心境为之，固不在寻常区区之饥饱也。

---

① 陈浏. 浦雅堂骈文［M］//李兴盛，齐书深，赵桂荣. 陈浏集：外十六种. 哈尔滨：黑龙江人民出版社，2001：31.
② 陈浏. 浦雅堂骈文［M］//李兴盛，齐书深，赵桂荣. 陈浏集：外十六种. 哈尔滨：黑龙江人民出版社，2001：34.
③ 刘凤桥，徐晓飞. 清及近现代名人书法与辨伪［M］. 沈阳：万卷出版公司，2004：28.

今时不乐已如此，岁月如流，此后世变不可测，其愁苦更应增若干倍耶？言之兴慨邑邑，几不能尽其辞。言止于此，欲强续之，又无言。诗话已付印，端阳当可竣，再寄奉谈乘数则呈阅，冀用作埽愁之帚，以遣幽忧。昨者黄公北行，仓猝〔促〕未具启。特肃布臆，祇叩箸安。门下士陈诗顿首上。四月廿夜。①

【按】录自红十行笺草稿，无标题。

（二）

夫子大人函丈：月晦大示，敬悉。沍寒时届，坚冰将塞川，亟欲北来，方筹行计，但恐嘉言炳蔚，游夏莫能赞助高深耳。诗半生闲逸，已成厌世之人。宁能折腰来啖官厨粟，为希富贵长子孙之谋。一勺清泉，我行我素，区区素志，当亦我公所夙知也。比商之居停，尚苦挽留，拟俟款到，告假两月，北来晋谒。世变万态，颇以箕颍为桃源。古人云："士当身名俱泰"，此语殊耐人思。公是名贤，宁耽尘鞅。五湖一舸，宜善自谋。取不伤廉，无损高洁。依人非长策，愿公三思。沪上不乏寄食区，似一枝尚易谋耳（此宜一言当可就）。童公翛然长往，每念斯人，实有遐心。奥叟衰年，自为益甚，一语不合，盛气凌人，令人畏而引避耳。肃叩起居。门人诗顿首上。十月十七日。②

【按】录自素笺草稿，无标题。

（三）

夫子大人函丈：尊恙乃外症，无甚大碍。惟尊体内虚，是以久未瘥，可宜格外珍摄。外敷药品，内用饮食调养（清汤最宜人，能补血。煨汤之品，以猪鸭二者为宜。不宜食红烧煎炒之品，能助痰火，且不养人。又鸡鱼虾诸腥物，皆宜忌食，即蘑菇、香芦、笋干皆是发物，并不宜食也），自易告痊。比者心为物役，又以境牵，不能多陈，惟起居慎卫万万。门人诗顿首上。四月六日。寂叟前为刻大什一本，乞仍赐一二部，以此间存者，早已为友人假去不归也。③

【按】录自红八行笺草稿，无标题。

---

① ＊1260 陈诗 撰并书 陈诗书札［EB/OL］．雅昌艺术网，2017-11-26.
② 5235 陈诗 信札三通 镜心［EB/OL］．雅昌艺术网，2017-04-28.
③ 5236 陈诗 信札三通 镜心［EB/OL］．雅昌艺术网，2017-04-28.

（四）

张次珊参政，江夏词人也。素未谋面，仅闻声相知而已。昨今两日亲来，坚邀偕彊叟同移至彼寓（三元巷，前云中和里，乃记误耳）。今日三人同游山，此亦甚乐。诗性嗜野趣，此尤十年尘嚣中所罕遘，遂亦未便固辞。今日移寓、游山，二事甚忙，明日再诣谒。此上北山先生函丈。门下士诗顿首。初五早。①

【按】录自花笺草稿，无标题。未署年月。"乐"，下有"颇"字，后点去。

张仲炘，字慕京，号次珊。湖北江夏人。光绪三年（1877年）进士。官至通政司参议。

（五）

夫子大人函丈：诗十三日赴苏阻雨，十九乃回沪。笔墨填委，近始少暇，略述游踪，上尘清听。是日乘沪宁快车，绝不震撼，仅三时半到苏。沿途原野风景，湖光山色，都觉可人。菽麦芃芃，弥望无少隙地，始识苏、松二郡之赋重民勤也。到苏城一入委巷，则处处瓦砾堆积，高与屋齐。兵燹而还，几五十年。苏又为财赋大邦，而民力凋敝如此，可慨也。（曩曾游杭，入其城尚不至如此。）至于衢市之不洁，蝇蚋往往触人面，此犹内地之常态，更无论已。彊叟僦居吴氏听枫园，古木阴翳，怪石纵横。有屋（稍稍敞矣）十数椽（房租月仅十六元），庭宇清旷，隐居习静最宜。苏城路政不及沪，而人家屋宇大都修敞整洁，胜于沪屋之逼仄多矣。苏城园亭以汪甘卿家为最，园乃新筑，颇宏敞。登小阜可望城外远山。园中花木布置，亦井井有条，楚楚有致。其得宜处，在适于新旧之间，迥殊于众也。城中道路曲折，诗不识涂〔途〕径，日日乘肩舆诣人，殊闷损。一出城外，至新辟马路（此乃自辟之马路，非青阳地租界也），则庐舍栉比，管弦呕哑，车乘便捷，有沪渎风矣。归途时方分秧，新秧照水，远视一碧，有家山风味。惜胸怀伊郁，哦诗不成，无以纪游耳。肃叩午安。门人诗顿首上。端阳前一日。叔雅先生近恙，当以就痊，殊以为念。②

【按】红十九行笺，一页。"视"，初作"望"，后点去。五月初四日。

---

① 5236 陈诗 信札三通 镜心 [EB/OL]．雅昌艺术网，2017-04-28．
② #信札##微拍卖#两个庐江人 [EB/OL]．种芸山馆，2018-01-25．

寿富五通（1865—1900）

（一）

《报笺》：

彦复老弟执事：读来札，不胜悒悒。无米之炊，人人束手。所言送家属减仆御，言之易易，为之甚难。以兄愚见，诸所难事，皆在此心。心苟能敛，不须吃力，事无不济。若不先求之心，即子身在京，仍是拮据。老弟虽贫，尚非赤手，于此中甘苦未能深尝。请观京官，视老弟如天人者，正自不少，彼亦爱居爱处，当亦有道矣。伏愿展眉省虑，先求之心，当有脱然涣然时也。妄言不罪。富顿首。①

（二）

《论〈戴存庄遗文〉札》：

存庄先生诗集，拜读一过。避难诸作深挚，直入少陵之室，但不可以迹象求之耳。余亦雅洁有法，可传也。《草茅一得》二本，体近读史兵法，目睹时事，立论较纸上谈兵者不同，但惜非全本，然亦可传。吾弟能念及乡先辈遗文代传之，寔〔实〕为盛德。使其书不足传，苟不至粗恶不堪，犹当存乡先辈心血，况本足传耶？刊时千万不可妄为删定，致乱本来面目，首尾不全，无害也。富白。②

【按】是札言吴保初欲刊戴钧衡之诗集。

（三）

《覆札》：

大作淋漓顿挫，大有气致，此读苏文之效也。何来札谦谦自贬太甚，谨拜谢珍袭，以为拙作之光。抑更有言者，宋人嗜芹，逢人必告芹之美，且将献其君，闻者取而尝之，则螫于口而不胜其苦。今天下易牙比比，望勿取其憎而甘为宋人也。富顿首顿首。③

（四）

《论〈知新报〉札》：

连日细读，且喜且惧。喜风气之已开，自强有兆；惧当途不谅，或夭折之，

---

① 吴保初. 师友绪余一卷［M］. 木活字本. 光绪二十五年：17.
② 吴保初. 师友绪余一卷［M］. 木活字本. 光绪二十五年：17.
③ 吴保初. 师友绪余一卷［M］. 木活字本. 光绪二十五年：18-21.

则又徒成虚话；更惧读者不察，为行劫之举，则大乱将生，外人乘之，是欲延命而反速之死也。总之，若九重赫然以为天下率，则二者之忧自无。吁，吾安得伏蒲而陈之哉！册收到，谢谢。当散之以副盛意。但此启不痛不痒，恐未能得力，思为雷霆之声以震动之，端节后当起草也。明年有暇，思立一馆，若能有四五人如卓如者，则不愁不为好报馆。此启望勿再印，节费且可舍其小而图其大也。富顿首。①

【按】光绪二十三年正月廿一日，康有为与何廷光所创办之《知新报》于澳门出版，故作函时间不早于正月廿一日。

（五）

昨始闻之，正念我卓如今午能来一谈否？能往访卓如更好。若能约卓如到会，更妙不可言矣。银鱼谢谢。彦复我弟。兄寿富顿首。②

【按】花笺一页。

骆成骧二通（1865—1926）

（一）

示悉，药方遗康附去。弟自别来，下痢百余次，刻尚未已，转羡批鳞者之疥癣微疴也。初九日（三钟），张香谷约公在云升便聚，务乞早临，嘱为代约。所事容查确再报。君遂道兄。小弟骧顿首上。③

（二）

十三日六钟，在韵秀晚飱〔饭〕。务乞光临，勿却，至祷。座皆熟人也。此请彦复仁兄大人居安。小弟骧顿首。

送西直门英宅，刑部吴老爷。④

蒋智由一通（1865—1929）

（一）

奉上红酒两瓶，以为舟中消遣之资。春台只惠同行也。此上彦公。蒋智由

---

① 吴保初. 师友绪余一卷［M］. 木活字本. 光绪二十五年：18-22.
② 1912 诗信一批［EB/OL］. 北京弘艺国际拍卖有限公司，2015-09-18.
③ 刘凤桥，徐晓飞. 清及近现代名人书法与辨伪［M］. 沈阳：万卷出版公司，2004：30.
④ 刘凤桥，徐晓飞. 清及近现代名人书法与辨伪［M］. 沈阳：万卷出版公司，2004：30.

顿首。廿五日。春公均此。①

罗振玉二通（1866—1940）

（一）

罗振玉《致吴保初书（一）》：

彦公有道鉴：弟今晚赴扬，匆匆不及走辞。前言佐伯君下榻尊处互习语言一节，已承定议，但何时至尊处，乞示为荷。此请道安。弟振玉顿首。②

【按】原函无标题，据称谓拟目。此函未署年月日。编者王贵忱、王大文署作函地点为上海。萧文立《罗雪堂述丛稿》云："案此信当作于居沪办《农学报》及东文学社时。吴保初字彦复，佐伯名理一郎，时为东文学社教习。"③

（二）

罗振玉《致吴保初书（二）》：

君遂先生有道：奉示敬悉。洋银三十元照收（舍亲尚有求益之意，弟赠宋铁泉数枚，了此事矣），其余各泉尚希早日退还，因都中泉值高于津沽，可就近售之也。沈贵承代荐一事，感感。近得何嘉泉？范君处之差布、中布、壮布，诸君定为赝品者，千祈属范君送来一看。费神至感。此请道安。弟玉顿首。十七日。弟欲得一三件，求之不得，公能为弟留意否？又启。④

【按】此函未署年月。编者王贵忱、王大文署作函地点为天津。

丁惠康七通（1868—1909）

（一）

秋虽好，亦颇望南米之来。此贱子闻之津人者，若贤昆仲决计办理，则请以一信寄我，一信寄恒裕，同时并发，消息灵通。弟六月杪仍回津门，恒裕旧业仅存门面，故亟愿谋新。京都情形，二人最熟，至香港采办，公昆仲好为之，

---

① 方继孝. 吴保初旧藏友人墨迹［J］. 收藏家，2006（5）：30.
② 王贵忱，王大文. 可居室藏书翰：罗振玉［M］. 广州：广东人民出版社，2017：46.
③ 萧文立. 罗雪堂述丛稿：下册［M］. 沈阳：万卷出版公司，2012：640-641.
④ 王贵忱，王大文. 可居室藏书翰：罗振玉［M］. 广州：广东人民出版社，2017：48-50.

鄙人亦蒙幸福矣。此请禽安。惺顿首。旧六月廿四日。①

【按】录自红八行笺草稿。

(二)

南皮遗诗付石印，字多讹，顷仍读之，增我百感。闻段书亦茫无头绪，此于掌故大有关系，不仅一人身后之名，且佞以执笔，亦可畏也。津人节翁仁兄风义人，望留意。吾在孙宅教读（讲《曲礼》《孟子》），月修三十元，并闻。惺顿首。□□夜。②

【按】笺纸图案为灵芝松枝，右上书"芝龄松寿延长生"。

(三)

昨入城闲眺，至凤堂，知台从有事未出。适斜日将沉，未及趋谒。今午后准至小宴，胡回富宝堂小宴，祈纡尊先至凤处坐候，弟一到即行奉邀。在座只林绍勤一人，务乞勿却为盼。此请彦复二兄大人撰安。弟名正肃。初七巧日。③

【按】花笺一页。中上书"独立秋风"，并署"舍文斋制"。

(四)

上午在下关闻清甥私出，竟夕未归，甚为焦念。下晚弟匆匆目公回局，未及走询。兹特函问消息如何，已寻得或自归否？即希示知为盼，专此即颂侍安。彦复二兄大人□□。弟康顿首。十七。④

【按】汉瓦当笺一页。上书"汉长乐未央□瓦当"，下署"吉源仿块"。

(五)

彦复吾兄：前奉书后，忽接家书，惊悉幼子（今年五岁，兀弄异常，人均

---

① 3780 吴保初丁惠康等信札一批 [EB/OL]. 雅昌艺术网, 2019-12-01.
② 3780 吴保初丁惠康等信札一批 [EB/OL]. 雅昌艺术网, 2019-12-01.
③ 3780 吴保初丁惠康等信札一批 [EB/OL]. 雅昌艺术网, 2019-12-01.
④ 3780 吴保初丁惠康等信札一批 [EB/OL]. 雅昌艺术网, 2019-12-01.

以大器期之，不罔其秀而不实也）于前月冬节殇化。哀痛之余，遂不能再作书奉候左右。嗟乎！何吾两人之遭际，迺〔乃〕出一辙，而仆之家愁，后之于公迺〔乃〕加甚焉。家书言幼子生母病卧床蓐十余日，水浆不入口，至今存亡尚未可知。家国至此，何所惭忘，先欲削发入空门矣。连日以来，泪未曾干，万念摧伤，均为感触。遥想足下，弥复相同，楚囚相对，讵复成好气象耶？近始发愤读《齐物论》，渐能达观。恐公哀情未减，则请以仆为比例。顷知人有毅力者，彼苍虽欲虐待之，亦无可为何矣。草草。心绪万千，布颂卫安，所哀不尽。惠康再拜。腊月十八。①

【按】花笺三页。

（六）

君遂吾兄足下：君之行矣，如有所失，大义所在，不敢以私情留也。天意人事之交迫，吾侪亦复反聊赖乎？今夜叙别之约，务乞惠临。记前人诗词云："劝君更进一杯酒""别时容易见时难"，为怅悒者久之，当有未尽之意，俟面罄一切。此颂行安。愚弟康顿首。七月廿八。②

【按】红七行"当两斋言事笺"，一页。"别时容易见时难"，初作"见时容易别时难"。

（七）

北山主人：大稿收到，古雅可宝，得未曾有，即转交蛰庵矣。闻兄储古泉甚富，能否将心爱者拓赠？不胜感泐。二笺并付文报局，妥否？即颂养安，不尽。康再拜。二月晦夜。③

【按】花笺一页。

---

① 清末四公子丁惠康致吴保初同一上款［EB/OL］.种芸山馆，2020-01-04.
② 清末四公子、藏书世家、持静斋主人丁惠康致另一位清末四公子吴保初［EB/OL］.种芸山馆，2017-04-20.
③ 19 丁惠康信札［EB/OL］.北京德宝国际拍卖有限公司，2007-07-21.

英华一通（1867—1926）

（一）

未出土时先有节，到凌云处亦虚心。北山廙主正。敛之英华。①

姚梓芳一通（1871—1951）

（一）

君遂先生足下：寻春之事，日来想有。比遇臣东邻之子，其稚齿者尤为烟视媚行。闻已遣人道意，未识肯为夫子妾否？昔岁许我印章，已而竟负诺责。师丹善忘，老人容或有之，足下齿犹未也。倘遴不见与，异日必获幼舆折齿之报。足下幸熟思之，无贻后悔可也。一笑。弟芳叩。君直来函云，足下许结吴苍硕代刻印章数块，如已刻成，请即寄去，并嘱先为道谢。又及。仲芳兄统此致候。再，弟春间曾求季直书直幅四条，晤时希为恳其速藻。②

【按】"曾求"，"曾"下有"托"字，后圈去。"足下许结吴苍硕代刻印章数块"，"足下"，下有"曾"字，后圈去；"许"，下有"代"字，后圈去。

陈衡恪二通（1876—1923）

（一）

陈衡恪《致吴保初函（一）》：

昨夕太原掌馆将长班送坊，今日作罢论矣。焚琴煮鹤，令人闷损。拟约公吃小馆，观剧，何如？示下。致公遂丈早安。侄师曾顿首。廿九。③

【按】此函未署年月。

（二）

陈衡恪《致吴保初函（二）》：

折篚奉到，朴拙古雅，自是本色，非描头画角者所能到也。行楷能如此，可免拾人牙慧之诮。鄙人近日亦极力自树旗帜，终不能摆脱一切，深自诋恶。

---

① 刘凤桥，徐晓飞. 清及近现代名人书法与辨伪 [M]. 沈阳：万卷出版公司，2004：33.
② 刘凤桥，徐晓飞. 清及近现代名人书法与辨伪 [M]. 沈阳：万卷出版公司，2004：36.
③ 朱良志，邓锋. 陈师曾全集：诗文卷 [M]. 南昌：江西美术出版社，2016：169.

执事幸进教之。季公登第，颇［为］欣跃。中卷在高阳相公手，亦深意得人也。尊篆稍暇即涂奉清拂，余走谭不次。君遂世丈有道。衡顿首。十二。①

【按】此函未署年月。"为"，据《清及近现代名人书法与辨伪》补②。函中"季公登第"指光绪二十年张謇高中状元事。《张謇日记》光绪二十年四月二十四日记云："五更，乾清门外听宣，以一甲一名引见。"③ 故此函应不早于四月廿四日。

袁克文三通（1890—1931）

（一）

京门一别，倏已春莫，近想起居曼福为颂。侄僻居田野，乏善是言，惟堂上康胜，堪自喜耳。迩来报载津潮颇急，吾叔近况何若，至以为念。地山师久不通书，想金屋燕好，恐无暇他事也，晤时为道想。近影一幅，祈惠存。颛肃，即请婴公世丈道安。嫣娘道候。克文谨上。④

（二）

念一趁快车归彰，匆匆未克走别为怅。年内拟不入都，明春当再图快晤也。亮伯竟去官，可惜猛士行望，属人代为一录。徐小淑字卷奉上，聊代润资，即幸彭夫人哂存。子言南行否？颛肃，敬承婴丈起居。克文顿首。廿三。⑤

（三）

叠上芜辞，未蒙惠答为怅。家大人近诗二首，录乞赐和。颛肃，即候婴丈起居。克文顿首。十五。⑥

吴学廉一通（？—1931）

子恒妹丈、彦复二兄大人苫次：日前接到宁函，惊悉姻伯母大人病终不起，弃养归真。闻信之余，莫名骇怆。贤昆仲孝思素笃，猝丁大故，哀痛自越寻常。弟念姻伯母上寿已臻，福全德备，子孙豫顺，晚岁康强。矧以执事色养多年，

---

① 朱良志，邓锋. 陈师曾全集：诗文卷［M］. 南昌：江西美术出版社，2016：169.
② 刘凤桥，徐晓飞. 清及近现代名人书法与辨伪［M］. 沈阳：万卷出版公司，2004：42.
③ 李明勋，尤世玮. 张謇日记［M］. 上海：上海辞书出版社，2017：379.
④ 刘凤桥，徐晓飞. 清及近现代名人书法与辨伪［M］. 沈阳：万卷出版公司，2004：49.
⑤ ＊1355 袁克文致吴保初信札 镜心［EB/OL］. 雅昌艺术网，2017-06-04.
⑥ 1864 1899 等年作 罗振玉、袁克文 等 致吴保初信札一批［EB/OL］. 雅昌艺术网，2014-12-15.

欢承永日。近复躬侍汤药，心力交疲。为子之心怀，固有加无已；而在天之灵爽，实遗憾皆除。祈贤昆仲勉节哀思，抑情就礼，以襄大事而妥慈灵。远道冀怀，尤为驰仰。灵輀何日发引，尚乞便中示知。道远天寒，更宜保卫，切切。廉暂羁淮上，交卸有期。公务匆忙，未得及时躬趋奠叩，罪仄殊深。先令舍弟率儿子叩奠，谨上挽幛一轴，奠敬百金，略献菲忱，尚希鉴纳。一俟交卸后晋省，再当补行之礼。手泐奉唁孝履，诸惟珍重，不宣。学廉顿首。九月廿五。①

【按】蓝六行笺，五页。

吴学廉（？—1931），字鉴泉。安徽庐江人。吴赞诚长子，李鸿章侄婿。光绪十七年（1891 年）举人。曾官江苏淮扬海兵备道、淮安关监督。有园林鉴园。著有《皖北治水弭灾条议》《清诰授资政大夫署福建巡抚光禄寺卿春帆府君行述》等。

涂景涛一通

（一）

《观吴夫人舞剑歌》：吴人有妇字莫邪，金容火色光丹蛇。投之爪发成灵宝，敬从夫子进官家。香云夫人亦吴女，行神如龙气如虎。相士当时数将家，北山会见即心许。两心相应奏同心，美人名士本知音。旌信由来如白水，感诚何至须黄金。岂但修容并修德，南威西子无颜色。清虚忽下月中仙，人间可望不可即。我从吴子见如君，神通绝大真天人。宝气彩县三尺水，阳文光被十方尘。步光流彩各神异，往来向背还相刺。阶下如观大将坛，庭前云是天女戏。髻垂堕马手不龟，古来妙手今见之。年来少作开口笑，观斯喜步少陵诗。涂景涛集《麻姑坛记》，录呈瘿公诗宗教正。②

张云路一通

（一）

彦复老棣台亲家世大人执事：奉手教，知金屋既定，将为燕玉之谋，甚善甚善。所需《毛诗》一部，兹汇由楸轩转交，到希察入。前鉴泉到津谒傅相，值路在坐，垂问执事近状，意颇殷殷。晤时可一通笺候，勿过吝金玉也。毓渠

---

① 清末名门、庐江世家吴学廉致吴保初［EB/OL］. 种芸山馆，2020-01-04.
② 刘凤桥，徐晓飞. 清及近现代名人书法与辨伪［M］. 沈阳：万卷出版公司，2004：39.

马查无其事，仅于前年冬借小院黄白两马，却无枣骝，人言固未可信也。张楪臣久未见面，俟晤时定为一询。云路近状如昨，上月下旬小病十余日，刻已全愈。适舍四弟送敝眷来津，住屋本极湫隘，骤添上下十余口，颇费经营，近始大定。专肃奉复，祇请元安，并贺星喜。姻世小兄张云路顿首。四月十二。四舍弟附候。①

【按】"张楪臣"，下有"日来"二字，后点去。

乔树枏（1850—1917），字孟仙、茂轩，号损庵。四川华阳人。光绪二年（1876年）举人。历任刑部主事、御史、学部左丞等。戊戌事后，曾为同乡刘光第与杨锐收敛遗体。

张莲芬（1851—1915），一名毓藁。浙江余杭人。历任永定河道、天津道、山东盐运使等。

黄中慧二通

（一）

联文谨当遵书，画虎涂雅，不免听笑方家耳。皆适有友以家藏竹叶亭生隶对见赠，敢以斡遗，聊为索书之谢（□□□□□）。霏霖辁绵，所怀不遂，行将同病相怜也。前乞书条子，请落下款，更觉脱俗矣。君遂有衍。岫北再拜。②

（二）

《来札》：

君遂足下：近闻合肥太师有庆俄之役，首相为伻，欧美恒举，我华则亘古希睹，弟故亟欲从行。弟本菲材，而时郁浩志，倘能浼允，未始非造就人材之一，务祈代白隐曲。家大人已请杨艺翁推毂，事在必成，故又重足下说项。弟并不要保举，不要薪水，但求苟免川资，时聆太夫子台诲，则所获已无算矣。且弟所堪自信者，"胆识"二字足以横行，不但好骑剑、谙韬钤而已。文字之末，久已荒落，幸勿道也。吾知相公忠国爱才，纵于无可设法之中，亦不忍难我此行，以绝天下志士自强之路，况其权出于己，厥欲又不甚奢者哉！足下知我有素，弟即不相属，亦必为我力俟成之，矧又亲履蹈足下阶前尺地，今复布以此书，则固知足下之必善为我辞，更无庸下走醇醇再四也已。此事果偕，上

---

① 刘凤桥，徐晓飞. 清及近现代名人书法与辨伪 [M]. 沈阳：万卷出版公司，2004：39.
② 刘凤桥，徐晓飞. 清及近现代名人书法与辨伪 [M]. 沈阳：万卷出版公司，2004：41.

足以曲全国体，中足以宏作士气，下足以博我见闻，慰我恒素，裨我自进之怀。其所以为相公驰驱，抚剑左右，备其不虞，匡其所略，弥其精智之所未周。凡所有益于相公者，未始无万一。然今日言之，又近于私，亦不足道也。足下但择其可言者言之，行否听之相公，勿令鄙人有所千古之遗憾焉。则足下之知我与否，相公之爱才与否，胥将于是卜之。笔破墨冻，不复成字，然我固非文人也。中慧白。倘有辱我者，当为相公按剑死争，此出使第一要义。①

吴学庄一通

（一）

"……西京；晋世文苑，足俪邺都。然而魏时话言，必以元封为称首；宋来美谈，以建安为口实。何哉？岂非崇文之盛世，招才之嘉会哉？嗟夫！此古人所以贵乎时也。赞曰：才难然乎，性各异禀，一朝综文，千年凝锦。余采徘徊，遗风籍甚。无曰纷杂，皎然可品。夫心术之动远矣，文情之变深矣，源奥而派生，根盛而颖峻，是以文之英蕤，有秀有隐。隐也者，文外之重旨也；秀也者，篇中之独拔也。隐以复意为工，秀以卓绝为巧。斯乃旧章之懿绩，才情之嘉会也。夫隐之为体，义主文外，秘响傍通，伏采潜发，譬爻之变互体，用藏〔藏〕之韫珠玉也。故互体变爻，而化成四象；珠玉在水，而澜表方圆。'凉飙动秋草，边马有归心。'气寒而事伤，此羁旅之怨曲也。凡文集胜篇，不盈十一，篇章秀句，裁可一二。并思而自逢，非研虑之所果也。或有雕削取巧，虽美非秀矣。故自然会妙，譬卉木之耀英华；润色取美，譬缯帛之染朱绿。朱绿染缯，深而繁鲜；英华曜树，浅而炜烨。秀句所以照文苑，盖以此也。赞曰：深文隐曜，余味曲包。辞生互体，有似变爻。言之秀矣，万虑一交。动心惊耳，逸响笙匏。"右书《文心雕龙》（《才略》《隐秀》）二篇，善臣仁兄大人两正。乙酉小春仲威吴学庄偶作于莫回循斋。②

朱家磐一通

（一）

彦公左右：经年未见，逆旅一话而别，殊弥怅惘。迩来眠食若何？嫣娘诗兴酒兴，当更与春俱丽。弟羁留洹水，蒙府主及豹岑公子皆不鄙弃。前年在津曾呈拙稿，久未掷下。自惭才逊子言，不足当公一钩之顾。然结习未忘，尚欲

---

① 吴保初. 师友绪余一卷 [M]. 木活字本. 光绪二十五年：33-34.
② 刘凤桥，徐晓飞. 清及近现代名人书法与辨伪 [M]. 沈阳：万卷出版公司，2004：72.

索还恙稿,以证近作。乞公矜我,邮寄来彰(拙稿或即交原送信人亦可),是所切盼。我公近日所事何如?祈示行以释远系。泐此,敬颂著安,不宣。世小弟朱家磐顿首。二月晦日。嫣娘致声问好。附上七绝一首,并希颖〔颖〕末。"坡老经年欲一见,更从逆旅拜朝云。道来钟阜联吟事,尊酒评论客已醺。"桑公初稿。①

佚名一通

(一)

春莫无聊,山游十日,刻甫临来,为热风所扑,肢骨作痛,日来才见清可。前示亦未及复,尤歉然也。刻拟传诣尊斋,藉〔借〕图畅叙,相遇于涂,废然而返。谂悉执事邻馆观剧,可否于散时过我,以罄旬日渴怀,至盼至祷。季公场□得意否?润丈大考何如?侄制泛顿上。君遂世丈大人左右。初四。②

【按】红四行笺,二页。

佚名二通

(一)

"断云一片洞庭帆,玉破鳘鱼霜破柑。好作新诗寄桑苎,乘虹秋色满东南。泛泛五湖霜气清,漫漫不辨水天形。何须织女支机石,且戏常娥称客星。""天〔山〕清气爽九秋〔天〕,黄菊红萸满泛船。千里结言宁有后,群贤毕至猥居前。杜郎闲客今焉是,太守风流古所传。"彦复二兄正字。弟学□。③

【按】花笺一页。所书二诗为宋米芾之《吴江垂虹亭作》《重九会郡楼》。

(二)

"五丈原头刁斗声,秋风又到亚夫营。昔如埋剑常思出,今作闲云不计程。盛事何由观北伐,后人谁可继西平。眼昏不禁〔奈〕陈编得,挑尽残灯不肯

---

① 吴保初上款:民国时期合肥名士 朱家磐致吴保初信札 一通两页(朱与袁克文过从甚密,信中即提到"豹岑公子")HXTX790 [EB/OL]. 孔夫子拍卖网, 2016-09-1; 1912 诗信一批 [EB/OL]. 北京弘艺国际拍卖有限公司, 2015-09-18.
② LOT 0761 佚名 致吴保初信札 [EB/OL]. 艺狐在线, 2015-12-19.
③ 3780 吴保初丁惠康等信札一批 [EB/OL]. 雅昌艺术网, 2019-12-01.

明。""往岁淮边虏未归，诸生合疏论危机。人材衰靡方当虑，士气峥嵘未可非。万事不如公论久，诸贤莫与众心违。还朝此段宜先及，岂独遗经赖发挥。""骨相元知薄，功名敢自期？病侵强健日，闲过圣明时。形胜轮台地，飞腾瀚海师。江湖虽万里，犹拟缀声诗。"节录陆剑南律诗三首，以应彦复二兄大人雅命，即正。弟学□。①

【按】花笺一页。

佚名一通

（一）

北山先生侍者：两次过津，适侍者有西河之恸，不能多所慰藉，至歉。庄现兼唐山路矿学堂总办，每月须到堂大半月，仍返部办。乃月初过津一日，即赴唐山，拟返津再奉诲。□□□□内人病促（今痊矣），匆匆由唐山直返都，不获一握手，至憾。累改□汤捷南，拟延为地理教习，月薪八十余两。吾请其商之地公，不知地公意云何？拟乞其一劝驾也。叔雅月前殇其爱子，……尊从偕寂园下访，失迓，至歉。□□遇寂公、叔雅约今日聚宝堂晤见，适以本日晚车赴津，上午有发缄、沐浴、检装诸琐事，不克如约。月底过津，奉造深谈，以补前过。地山有他约，亦不克晤。日前为督卿题图，拟请曾蛰公削正，匆匆未遇。已敦迫□上诗录，乞正。归津乞为嫣娘诵之也。北山先生侍者，寂、叔二公统此。敬叩。十二。②

【按】六行朱笺，二页。

方尔谦扇面一面（1871—1936）

（一）

不笑不足以为道，下士闻道大笑之。但觉一念生欢喜，低头捧腹不可支，格格作声无已时。众见我笑，谓我怪奇。忍笑不得，翻成涕洟。我生大笑能几回，如何令我中心悲。中心悲，大笑止，乱以他语挺身起。笑亦不可得言矣，悲亦不可得言矣。《大笑》一首，写赠吴瘿。无隅。③

---

① 3780 吴保初丁惠康等信札一批［EB/OL］. 雅昌艺术网，2019-12-01.
② 3780 吴保初丁惠康等信札一批［EB/OL］. 雅昌艺术网，2019-12-01.
③ 刘凤桥，徐晓飞. 清及近现代名人书法与辨伪［M］. 沈阳：万卷出版公司，2004：73.

【按】此为方尔谦赠吴保初诗扇。

孙宝瑄扇面一面（1874—1924）

(一)

欲寻芳草去，竟日踏春风。忽听铃声语，王孙顾盼雄。
小院静无人，但闻歌声缓。歌声何处来，天机自流转。
清影可怜甚，依稀即是君。此影无灭时，化作千百身。
录咏物新诗三首，以奉璎庐一粲。忘山。①

【按】此为孙宝瑄赠吴保初诗扇。据方继孝《吴保初旧藏友人墨迹》，此面与方尔谦赠吴保初之《大笑》诗为同一扇②。

刘师培扇面一副（1884—1919）

(一)

平生壮气凌湖海，卧对西风感鬓丝。谏草耻留青史迹，骚心潜付美人知。更无大地容真隐，为写新愁入小诗。好待尘寰炊黍熟，劫灰影里辨残棋。
彦复先生正。师培。③

【按】此为刘师培赠吴保初之团扇。"辨"初作"证"，后点去。团扇正面书"君遂仁棣大人法鉴，□□作于津门。"④

其他

(一)

沈曾植《致汪康年函（十八）》：

印章收到，费神谢谢。所事商之彦复，前途意指似不甚谐，渠愿他处执柯，穰兄未有成言，弟亦不复细问矣。祉耆仁弟足下。制植顿首。初九日。⑤

---

① 刘凤桥，徐晓飞. 清及近现代名人书法与辨伪 [M]. 沈阳：万卷出版公司，2004：73.
② 方继孝. 吴保初旧藏友人墨迹 [J]. 收藏家，2006（5）：33.
③ 刘凤桥，徐晓飞. 清及近现代名人书法与辨伪 [M]. 沈阳：万卷出版公司，2004：81.
④ 方继孝. 吴保初旧藏友人墨迹 [J]. 收藏家，2006（5）：32.
⑤ 上海图书馆. 汪康年师友书札：第一册 [M]. 上海：上海古籍出版社，1986：1147.

（二）

汪大燮《致汪康年函（七十八）》：

穰卿吾兄如握：……又都门售报甚不得法，吴彦复以二元五角趸买多报，以一两八钱售于人，以致杨叔峤等处常有人问报价（已看者），意谓诸君赚钱。叔峤恨极，夏虎臣亦然，大率不愿再经手。恶人有倾陷之心，善士有疑忌之意，不得谓非谋之不臧矣。务望通盘筹画，弗急目前，弗贪小利，至嘱至嘱。……又百字电报本能寄三五册，亦感甚。①

【按】据称谓拟目。

（三）

张謇《致汪康年函（十一）》：

叔韫旋沪，必已晤谈，节盫于兄动膝及往来之人，知之甚悉，言之颇详，何故？日本书籍总目顷已收到，已否付价？祈示。西政务处识昏语乱，而意侈大，亦有所闻耶？彦复太夫人去沪，能同归否？穰卿同岁。謇顿首。六月十二日。②

【按】据称谓拟目。

（四）

袁克文《致彭嫣书》：

彭夫人哂存。子言南行否？颛肃敬承婴丈起居。克文顿首。廿三。③

（五）

袁克文《致彭嫣书》：

《啸竹精舍》："烹茶檐下坐，竹影压精庐。不去窗前草，非关乐读书。"《登楼》："楼小能容膝，高檐老树齐。开轩平北斗，翻觉太行低。"《落花》："落花窗外舞，疑是雪飞时。刚欲呼童扫，风来去不知。"《榆钱》："榆钱童子掠，野鸟尽高飞。燕雀知人意，枝头尚未归。"《次均子希静泉游养寿园联句》："曾来此地作劳人，四面林泉气象新。墙外太行横若障，门前洹水喜为邻。风烟

---

① 上海图书馆．汪康年师友书札：第一册［M］．上海：上海古籍出版社，1986：755-756．
② 上海图书馆．汪康年师友书札：第二册［M］．上海：上海古籍出版社，1986：1806．
③ 1476 清 罗振玉等名贤书札［EB/OL］．雅昌艺术网，2001-11-04．

万里苍茫绕,波浪千层激荡频。寄语长安诸旧侣,素衣早浣帝京尘。"上作为家大人次女家塾教习均,未知嫣娘肯赐和否?陈小石制军和句有:"两字范郭曾慑敌,一家坡颖自为邻。"尚里文注。①

【按】花笺二页。一署"愿花长好月长圆。少农画声伯题。"一署"殷勤谢红叶,好去到人间。少农画声伯题。"子希,史济道字。静泉,权效苏字。陈小石,陈夔龙。

附录三:挽诗挽联与友朋题赠补辑

一、挽诗挽联

陈诗《挽吴北山师(师卒于癸丑正月十六日)》:

逝川尼父叹,达人会其微。修名惧不立,独往甘俗嗤。先生隐吴市,心迹我所知。挥金结贤豪,笃古尚文辞。烽火逼蓟门,国基杌陧危。鸠合英俊流,同会江之湄。(谓光绪庚子六月在沪渎味莼园大会事。)依稀留片影,当时丛谤疑。哀友唐浏阳,抵书张南皮。(此书曾载于《中外日报》。先生诗云:"一觉十年还自笑,祇将重谤博微名。"即指此也。)十年守寂寞,泌水能疗饥。宿迁公所生,嵇阮不并时。沪渎公所归,江湖有余思。任天传学派,夭寿视等夷。丰碑照墓门(先生墓在静安寺第六泉旁),寒食过客窥。②

陈浏《哭吴北山》:

江北有二士,定山与北山。两世托交亲,拜母礼孔娴。携手云霄上,玉京朝仙班。辽村(即海王村)盛文史,高躅夙可攀。古谊相敦勉,交道非等闲。甲午国事坏,眼中斗触蛮。君心至愤激,批鳞掌血殷。毒龙撄其锋,欲以活孤鲧。上书不见采,朝堂所神奸。弃官走江海,亡命时往还。垂老依诸侯,世途弥险艰。佳儿不永年,洒襟渍泪斑。亲旧骤零落,烦忧谁与删。初闻病风痹,舌蹇腰脚顽。二女既返国,彩衣纷斒〔斑〕斓。私幸茹甘旨,不复愁衰孱。天

---

① *1356 袁克文致彭嫣信札 镜心[EB/OL]. 雅昌艺术网,2017-06-04.
② 陈诗. 鹤柴诗存:卷三[M]//徐成志,王思豪,编校. 陈诗诗集. 合肥:黄山书社,2010:130-131.

心至不仁，贤者逢若患。至竟舍我去，奔马离天闲。翳我始缔交，青丝纡华纶。今我经世变，两鬓如霜菅。平生何亲厚，酬唱杂笑讪。死别太匆匆，缘乃一面悭。我来迟须臾，君已辞尘寰。不能一握手，永诀归华鬟。二十有六年，年光随潺湲。后死独我在，彳亍杨柳湾。俯瞰四泉河，河水仍湾环。嵯峨孤园峰，雪后呈螺鬟。芦茅十余里，仄径偏萦弯。江乡忧陆沉，即在弹指间。我欲排高阖，虎豹守九阙。君病乃不起，使我擢心颜。丰碑隐墓门，黑月窥兽镮。悲来不可止，涕下空潸潸。①

陈浏《追忆吴北山》：

式好无犹垂卅载，与君三世说交情。愿为夫妇为兄弟，知是他生第几生。②

李详《挽吴彦复》：

先朝恩命贯初终，任子为郎往事空。党锢传参厨顾列，月泉社以品题雄。挥金乐箸无遗憾，毁壁文成叹最工（彦复有《悼妹文》，不减黄鲁直《毁壁》）。三集倾谈今久别，顿因感逝付衰翁。（余识彦复于江宁陈吏部宅，再见于蒯礼翁坐上，又晤于秦淮酒肆，有张子开同集。）③

袁克文《哭吴北山丈》：

铮铮此谏官，违志早弹冠。梦老田钱帐〔账〕，魂凄李杜坛。庭虚伤伯道，世乱事刘安。挂剑人何晚，哀诗入念酸。④

陈三立《挽吴彦复》：

为郎一疏壮当年，遽绝朝端溷市廛。意气空能问屠狗，吟篇自许诉幽蝉。已迷王谢争墩处（前三岁，与君同游半山亭），应喻唐虞易篑前。天壤寄痴寄孤愤，终留佳话到彭嫣（彭嫣，沪渎名校书，委身事君七载）。⑤

【按】"朝端"，《散原精舍诗文集》作"朝班"⑥。

黄宗仰《挽吴北山二首》：

贾逵有姊记相依，天女维摩总悟微。共议储材与学社，不闻咏絮解诗围。

---

① 哭吴北山 [N]. 时报，1913-03-21（14）.
② 陈浏. 京兆集：国史楼诗 [M] //李兴盛，齐书深，赵桂荣. 陈浏集：外十六种. 哈尔滨：黑龙江人民出版社，2001：128.
③ 审言. 挽吴彦复 [N]. 亚细亚日报，1913-03-16（7）.
④ 抱存. 哭吴北山丈 [N]. 亚细亚日报，1913-03-20（7）.
⑤ 伯严. 挽吴彦复 [N]. 亚细亚日报，1913-03-22（7）.
⑥ 李开军，校点. 散原精舍诗文集：上 [M]. 增订本. 上海：上海古籍出版社，2014：351.

为龙未逐孟东野，化鹤应如丁令威。惆怅人间新甲子，屡惊风雨霣芳菲。

颇闻啸傲寄沧州，未免佯狂类楚囚。避面如无情可诉，同心本在气相求。十年作别成千古，万世留名渺九州。有女如男浑不弱，中郎文集当贻谋。①

悲庵《挽吴彦复》：

京尘十丈宛离忧，小劫人天又几秋。江左风流余数子，南皮瓜李忆清游。支离宿疾心先死，肮脏遗言不首邱。紫姹红嫣春已晚，凄凉燕子有空楼。②

孙诒棫《挽吴彦复法部（癸丑）》：

孟博志天下，直道乃时牾。封章不得达，飘然拂衣去。（清光绪时，君官刑部，屡上书言时政，格不得达，遂弃官而归。）憔悴走江淮，深情托豪素。诗名满九州，几人识真趣。伊昔春申浦，风尘感相遇。江城八九月，黄菊灿清露。谈论见庄生，身世悲贾傅。孤心共欣赏，酬唱复新句。（戊申秋，余自济阴归，遇君沪上，过从旬日，谈论甚相契。）如何久为别，萧怀郁无豫。斯人竟莫留，天地惨云雾。遗恨沉屈原，促龄伤管辂。宁惟吾道穷，国事更畸语。谏草犹盈箧（君有《批鳞草》），山川已非故。明时曾莫觌，苍昊果胡妒。子荆阻千里，荒茫迷哭处。素车徒入梦，黄垆忍回顾。凄凄春雨寒，黯黯白云莫。赏音日寂寥，望空泪如注。③

孙景贤《悼吴君遂》：

诗人死后一坏〔抔〕土，要傍渔山老画师。没世声名真不值，怜君魂气果安之。是非尼跖初无定，兴覆胥员各有辞。梅福旧游谁健在，赋心笛语独含悲。（君曾卜居海上梅福里，遗属勿归葬。）④

方尔谦《挽吴彦复联》：

心死已多年，地北天南都郁郁；魂归又何处，嫣红姹紫太匆匆。⑤

二、友朋题赠

周家禄

《武昌赠吴刑部（保初）》：

已苦江湖逐断蓬，更惊风雨唳孤鸿。投湘乍悔臣言直，陟蔡真疑我道穷。

---

① 乌目山僧. 挽吴北山二首［N］. 佛学丛报，1913-06-01（1）.
② 悲庵. 挽吴彦复［N］. 铁路协会会报，1913（10）：155.
③ 胡珠生，点校. 孙诒棫诗集［M］//温州市图书馆《温州历史文献集刊》编辑部. 温州历史文献集刊：第三辑，南京：南京大学出版社，2013：57.
④ 孙景贤. 悼吴君遂［J］. 华国，1926，3（2）：100.
⑤ 劳祖德. 郑孝胥日记：第四册［M］. 北京：中华书局，2013：2129.

差喜定文逢敬礼，不图并世得杨雄。弦歌三径俱堪老，何必栖栖陌路中。①

【按】光绪二十五年八月，吴保初赴武昌谒张之洞。

《寄调吴彦复（保初）》二首：
淮南桂树空招隐，冶父龙湫枉乞身。天为苍生起贤辅，尚书先有姓雷人。未睹明妃睹画图，汉江常忆湛清瞩。他年曹部寻韦陟，莫遣惊鸿避老夫。②
《题吴（保初）沪江别墅》：
紫燕惊飞出画楼，黄鹂娇啭对芳洲。桃花自结青青子，何必连山作远愁。③

【按】以上三首《江汉集》系于丁酉至壬寅。

丁惠康
《口号答君遂》：
有七不堪牛呼马，得一知己夔怜蚿。吾停坐废迺〔乃〕天意，且复隐守田园。惺庵未定稿。④

【按】"废"，下有"知"字，后圈去。

《同彦复彭嫣赴南淀观马赛有感》：
略拟湖亭设水嬉，万人空巷迳〔径〕成蹊。新桩袯服夸身手，喷雾染尘迸乱蹄。老去心情余见猎，少年意气等闲鸡。君看独立苍茫日，乘兴犹能一拊髀。惠康。⑤

【按】红十三行"当两斋言事笺"，一页。

---

① 周家禄. 寿恺堂集三十卷补编一卷：卷十三 [M] //《清代诗文集汇编》编纂委员会. 清代诗文集汇编：第七六二册. 影印本. 上海：上海古籍出版社，2010：107.
② 周家禄. 寿恺堂集三十卷补编一卷：卷十三 [M] //《清代诗文集汇编》编纂委员会. 清代诗文集汇编：第七六二册. 影印本. 上海：上海古籍出版社，2010：107.
③ 周家禄. 寿恺堂集三十卷补编一卷：卷十三 [M] //《清代诗文集汇编》编纂委员会. 清代诗文集汇编：第七六二册. 影印本. 上海：上海古籍出版社，2010：107.
④ 0214 致吴保初 信札 十页 纸本 [EB/OL]. 雅昌艺术网，2016-06-04.
⑤ *1249 丁惠康 撰并书 丁惠康书札 [EB/OL]. 雅昌艺术网，2017-11-26.

黄中慧

《赠诗》：

吾友延陵子，大志常不羁。丈夫长城巩，渔仲良产肥。赏奇欢不已，近昔匪所希。屈贾胥摧剧，曹刘在指挥。嗟哉贫贱子，坐驰金璧晖。人能罔究习，七略徒芬菲。晨眺庆乔蔚，夕慨魁标媺。枯木感时脱，嘉卉涉冬痱。今世毕如兹，每念良可欷。所期况不至，斯愿重相违。溟朔鹏弭翼，井眉蠊迺诽。牛涔鲤不尺，鲲池鳐长翚。人谓两不是，余言无一非。自古玩所习，何为诮与讥。诚瞻登海市，旋共朝露晞。倘能麋量腹，胡事厨入韦。但期褐蔽肘，奚欣昼锦衣。熊经技莫述，蛙咒奚足徽。愿言从偓佺，顾漱〔潄〕且忘机。①

江云龙

《贺纳姬诗》：

白晳鬣鬣微有须，郎君颜色万人殊。福来消受康成婢，神往遭逢汉水姝。鸳浪猜疑人打鸭，凤巢安稳自将雏。蘼芜采罢比縑素，手爪思量如不如。②

夏曾佑

《题彦复扇》：

伤今惜往忧来日，颠倒荒江觉梦均。偶逐图书成一往，又闻风雨感深春。徘回〔徊〕光岳成残局，狼籍〔藉〕江关作酒人。往事已非朋好在，□□□□□□。③

黄宗仰

《赠君遂》：

朱云血棒韩公喝，震触天庭铁石人。帘影沉垂风雨晦，青门瓜事老淞滨。④

陈浏

《解嘲寄北山吴二》：

我饶可语韩陵石，君得毗陵解语花。两袖清风人莫笑，宦囊如此足还家。⑤

【按】吴保初为吴长庆次子，故称吴二。"毗陵解语花"指彭嫣，嫣为毗陵人。

---

① 吴保初. 师友绪余一卷 [M]. 木活字本. 光绪二十五年：33.
② 吴保初. 师友绪余一卷 [M]. 木活字本. 光绪二十五年：25.
③ 杨琥. 夏曾佑集：上册 [M]. 上海：上海古籍出版社，2011：435.
④ 乌目山僧. 赠君遂 [N]. 新民丛报，1902-09-16.
⑤ 陈宁，校注. 斗杯堂诗集 [M] //陈雨前. 中国古陶瓷文献校注：下. 长沙：岳麓书社，2015：1109.

《再寄北山》：

红颜一去六年余，多谢悭翁报素书。人愿千金聘频果，几回欲嫁又踟蹰。①

《定窑压手大杯歌》：

彭嫣善哭亦善骂，歌声直欲摩青空。手携吴瘿入京国，定山款之朵园中。斗杯堂前杯山积，墨绿金紫青黄红。一一取视不称意，独有定窑清双瞳。定窑四杯压君手，鱼纹藻纹雕镂工。各容绍兴一斤酒，曰明曰宋将毋同。宋窑闪黄作牙色，浆胎粉汁腻且融。杯底粉浆特秾丽，素痕回绕姿无穷。明窑磁胎亦杂出，粉光依约青濛濛。印池较多酒盏少，康雍以后难为功。君嫣君嫣具双眼，压手大杯欺碧筒。倾壶引满抬素腕，一饮而尽何其雄。座上骎骎两豪士，主人定山客瘿公。瘿公不能尽此酒，乃以属之定山翁。此杯流传自赵宋，六百余载何匆匆。此杯来自氐羌内，经过泾洮逾汧潼。定知呜咽陇头水，洒入长年忧祸丛。元明两朝一瞥瞬，寥天哀厉生悲风。瘿公定山且莫悲，听嫣高唱大江东。②

【按】朵园，陈浏居所。陈浏《海王村游记》云："朵园为刘侍御（治平）之家园，余寓居经年易其名为寂园者也。"③

《题北山楼小红盉》：

雍正积红华以腴，天然缺口此双盉。广陵一去无消息，剩与王云伴大苏。④

《题吴北山诗幅》：

君昔卜居阜成门，我日城东驱疲车。今我小筑阜成门，而君不知其所如。三世（谓尊公武壮及令子炎世）交期至亲厚，堆眼惟有数纸书。龙拿虎跃不可再，把酒吟讽增欷歔〔唏嘘〕。⑤

《与吴二同游厂甸》：

缕缕微风吹鬓鸦，乐昌破镜出豪家。游蜂浪蝶不知数，围住一丛深色花。⑥

---

① 陈宁，校注. 斗杯堂诗集［M］//陈雨前. 中国古陶瓷文献校注：下. 长沙：岳麓书社，2015：1110.
② 陈宁，校注. 斗杯堂诗集［M］//陈雨前. 中国古陶瓷文献校注：下. 长沙：岳麓书社，2015：1122.
③ 寂叟. 海王村游记［M］//孙殿起. 琉璃厂小志［M］. 上海：上海书店，2011：380.
④ 陈宁，校注. 斗杯堂诗集［M］//陈雨前. 中国古陶瓷文献校注：下. 长沙：岳麓书社，2015：1182.
⑤ 陈浏. 京兆集：国史楼诗［M］//李兴盛，齐书深，赵桂荣. 陈浏集：外十六种. 哈尔滨：黑龙江人民出版社，2001：111.
⑥ 孙殿起. 琉璃厂小志［M］. 上海：上海书店，2011：68.

江浦寂园叟《忆北山瘿次郎》：

为虮为虱不堪论，两鬼双山若弟昆。愿得重携吴瘿手，年年岁岁海王村。①

姚永概

《赠吴彦复（葆初）》：

吾家坟墓大凹山，与子分占东西间。山巅出云散四宇，飞洒南北何由还。十年遇子丞相府，绿鬓朱颜各华妍。飘零海上再相逢，吾衰甚矣君何取？②

沈宗畸

《喜晤吴北山，得读陈剑潭所撰〈彭嫣小传〉，辄书其后》：

忧来痛哭狂来笑（北山句），乞与佳人一世愁。眼底尘尘无俊物，故应抵首北山楼。

才人老去不妨颠，艳说因缘觊自天（北山有《天觊因缘记》）。我亦喜心和泪道（"喜心和泪说彭嫣"陈伯严句），白头今始见彭嫣。③

陈诗

《即景呈彦复师》：

树树梨花皎似云，翠微迢递日初曛。分明一管兰亭笔，书到羊欣白练裙。④

《天门引三首为彦复师作》：

疾风振大野，阴霾蔽八荒。长星亘东南，明月失辉光。中夜起长叹，烈士空感伤。手无金仆姑，何以落天狼。

天门高峨峨，紫皇不可见。虎豹何森严，琼花媚深殿。抽笔草绿章，修辞若雷电。畴能饰太平，直道怵时彦。从古多伟人，卑居在曹掾。

挂冠神武门，嬴骖从此逝。燕山多雨雪，行行复且止。萧条易水上，金台览遗址。归来梅已花，开樽饫双鲤。一笑卧林泉，终为苍生起。⑤

《彦复师许贻印章因呈绝句》：

紫府仙人瘦鹤书，昆冈萧索泣昆吾。袖中东海云千片，贻我花时泛五湖。

---

① 孙殿起.琉璃厂小志［M］.上海：上海书店，2011：247-248.
② 姚永概.慎宜轩诗集：卷四［M］//徐成志，点校.晚清桐城三家诗.合肥：黄山书社，2013：633.
③ 沈宗畸〔畸〕.喜晤吴北山得读陈剑潭所撰彭嫣小传辄书其后［N］.民意日报，1920-04-03（5）.
④ 陈诗.尊瓠室诗：卷三［M］//徐成志，王思豪，编校.陈诗诗集.合肥：黄山书社，2010：30.
⑤ 陈诗.尊瓠室诗：卷三［M］//徐成志，王思豪，编校.陈诗诗集.合肥：黄山书社，2010：30.

(师工铁笔。诗时将作吴淞游。)①

《北山楼雪后呈彦复师》：

山馆晓无温，相惊夜来雪。凛然天地闭，池冰忽已结。风高群木瘦，日黯远山灭。庭梅纷著花，浩歌酒初热。②

《酒楼醉歌呈吴北山先生》：

荡荡无由得广场，醉来天地一低昂。嗣宗广武空余叹，华子中年已健忘。笳鼓似闻喧大漠，图书终欲证扶桑。吴丝清角谁堪听，不是逢秋也断肠。③

《奉寄北山先生津门》：

海水黏天雪未干，丁沽迢递朔风寒。微闻大隐追方朔，已见苍生问谢安。北阙谏书辞悱侧，南州冠盖日凋残。赏音犹剩柯亭竹，得并瑚琏一例看。④

《得北山先生津门书赋此奉寄》：

消瘦真成鹤，疏顽却似猿。无门绝忧患，至道想羲轩。了了惊风物，悠悠接话言。山川间南北，蓬梗梦飞翻。⑤

《癭庐先生书来，谓将有狐裘之遗，赋此奉答德谊，且述羁况》：

元冥驱雪渐纵横，瘦骨荒江独苦撑。忽拜田文惠袭讯，顿思列子御风行。箜篌竞唱公无渡，疢疾原非药可平。祇〔只〕恨送穷文草就，夜敲冰水注茶铛。诗。⑥

《庚申寒食谒吴北山师墓》：

里居梅福爱其名（光绪己亥岁暮，先生赁居梅福里，迄壬寅冬乃去），台奏通天志竟成（两宫西狩迴〔回〕銮，先生曾上疏请太后归政）。第六泉边寻旧碣，淡烟疏柳又清明。⑦

《中元节后重谒吴比部彦复师墓感赋（师葬静安寺侧万阙公墓）》：

秋风浩荡中元节，歇浦荒凉第六泉（泉畔筑成马路，泉中小蛇甚多）。皖雅

---

① 陈诗. 尊瓠室诗：卷三 [M] //徐成志，王思豪，编校. 陈诗诗集. 合肥：黄山书社，2010：33.
② 陈诗. 据梧集 [M] //徐成志，王思豪，编校. 陈诗诗集. 合肥：黄山书社，2010：54.
③ 陈诗. 尊瓠室诗：卷一 [M] //徐成志，王思豪，编校. 陈诗诗集. 合肥：黄山书社，2010：74.
④ 陈诗. 尊瓠室诗：卷一 [M] //徐成志，王思豪，编校. 陈诗诗集. 合肥：黄山书社，2010：77.
⑤ 陈诗. 尊瓠室诗：卷一 [M] //徐成志，王思豪，编校. 陈诗诗集. 合肥：黄山书社，2010：81.
⑥ 信札 微拍卖 陈诗 [EB/OL]. 种芸山馆，2017-04-08.
⑦ 陈诗. 鹤柴诗存：卷四 [M] //徐成志，王思豪，编校. 陈诗诗集. 合肥：黄山书社，2010：162.

书成重拜墓,白头弟子纂遗编。(《皖雅》所录合肥童茂倩断句及庐江马敬斋诗,皆出于先生所辑《师友绪余》中。先生性喜诗人,官京曹日,武昌张廉卿先生裕钊赠联云:"山木蔼盈室,诗人亦叩门。"先生寓沪尝悬斋中,武昌友人刘禺生曩谒先生尝见之。近谈及,因并纪此。)①

庞树柏

《赠君遂》:

耿耿忠怀莫见明,封章不达拂衣行。欲将痛哭回天地,千古同心有贾生。②

《奉和平等阁主感事四诗原韵,录呈主人暨彦复郢正》四首:

樱花如雪渐抽簪,端藉东君护养深。剪紫揉红真不负,好花难得是同心。(其一言日本之爱国也。)

细草余花色已陈,双眉辛苦度芳春。看朱成碧寻常事,真个无愁是解人。(其二言政府之安闲也。)

留春无计费相思,叶底残香蛱蝶疑。可奈卷帘人未起,夜来风雨几曾知。(其三言外交之失策也。)

堕粉零脂变绿阴,年芳如梦久消沉。忆从廿四番风过,和病和愁直到今。(其四言内政之无望也。)③

吴闿生

《次韵赠吴彦复》:

凤兮衰德谁从问,麟也非时固不祥。独有梨涡双颊好,未妨尘海一身藏。攀阶旧悔撄鳞气,闭户新钞辟蠹方。莫便醇醪拼纵饮,伤春此恨正茫茫。④

徐仲可

《江南好·江行次吴彦复韵》:

春又晚,昨日是清明。山色南来风北走,江潮东去月西行,无数短长亭。⑤

赵炳麟

《咏杜根为吴君遂比部作》:

---

① 陈诗. 凤台山馆诗钞:卷八 [M] //徐成志,王思豪,编校. 陈诗诗集. 合肥:黄山书社, 2010: 311-312.
② 剑门病侠. 赠君遂 [N]. 新民丛报, 1902-08-04.
③ 剑门病侠. 奉和平等阁主感事四诗原韵录呈主人暨彦复郢正 [N]. 时报, 1904-08-30 (6).
④ 辟蠹〔彊〕. 次韵赠吴彦复 [J]. 文艺丛录, 1911 (1): 162.
⑤ 徐仲可. 江南好·江行次吴彦复韵 [N]. 民国日报, 1917-02-13 (12).

亮节惊人杜颖川，元初一表共流传。縑囊盛出今何在，牢落宜城十五年。①

其他

髡奴《读吴君遂保初比部诗》：

疏狂我亦轻侪辈，夔铄人谁是此翁。夭矫神龙见首尾，权丫老柏入层空。胸蟠奇气人争妒，仕有直声遇不穷。我读公诗神益王，夜阑吟寂剑光红。②

张謇《题吴保初先世潞河话别图卷》二首：

早世朝官尚不耽，关心吴稻转江南。北人水利（明天启中，左忠毅言北人不知水利）今犹昔，潞水何人继客谈？

京师画手说咸同，高韵无如秦艺翁。传得乞身山泽适，长河短艖不帆风。③

【按】《张謇诗集》系于民国十一年壬戌至十二年癸亥。

附录四：诗文集补辑与编年未详诗词

一、诗文集补辑

（一）诗

1.《夜坐》

宵漏沉沉欲起迟，天涯孤绪短桀知。频飘黄叶增离绪，更暑秋风减鬓丝。有梦□成□人□□，无憀自语夜深时。年来歌哭都无奈，□□还应伏酒卮。④

【按】"起"，初作"睡"，后圈去。《北山楼集·简札墨迹》陈诗识云："吴北山师书法夙嗜褚河南，得其神似。偶检旧簏，得缄札诗稿数纸，乃光

---

① 赵炳麟. 赵柏岩集：柏严诗存［M］. 沈云龙. 近代中国史料丛刊：第三十一辑，台北：文海出版社，1969：164.
② 髡奴. 读吴君遂保初比部诗［J］. 安徽通俗公报，1910（1-30）：148.
③ 徐乃为，校点. 张謇诗集：下册［M］. 上海：上海古籍出版社，2014：473.
④ 吴保初. 简札墨迹［M］//吴保初. 北山楼集：卷三. 陈诗，辑. 铅印本. 民国二十七年：3.

绪己亥客武昌及丁未客天津之手笔。爰付石印，以公同好。"① 故此诗当作于光绪二十五年（1899年）或光绪三十三年（1907年）。又据"秋风"，当作于秋季。

2.《酬饶舍人》三首
万木萧疏变征声，西风恻恻未忘情。舍人赠我琼瑶什，一忆前尘百感生。
曾趋薇省曳明珰，载笔应同雁鹜行。重话开天当日事，不关流滞也堪伤。
戎马关山愁日晚，扁舟江上又秋残。年来歌哭都无赖，庾信文章未忍看。②

【按】录自《选报》第三期（光绪二十七年十月二十一日出版），署名囚龛。

3.《除夕》
放怀经世意何如，风云寒宵欲岁除。谁识江湖不归事，杜门深巷读黄书。③

【按】录自《选报》第十二期（光绪二十八年三月初一日出版），署名囚龛，疑作于光绪二十七年除夕十二月廿九日。

4.《题公侠幽囚图，时适读〈噶苏士传〉》
谁钦国，匈牙利。谁钦人，噶苏士。系狱布打凡三年，奥人卒复匈人权。吁嗟吾国无人焉，运遘阳九民迍邅。卓哉男儿不偶世，有志爱国天终于怜。呜呼噫嚱！二十世纪逢此贤。④

【按】录自《选报》第十九期（光绪二十八年五月十一日出版），署名囚龛。

5.《为陈四仲骞题其先世玉堂补竹图》二首
京华一笑十年留，卷上题诗半昔游。料得西湖吟眺处，路人多说白杭州。

---

① 吴保初. 简札墨迹［M］//吴保初. 北山楼集：卷三. 陈诗，辑. 铅印本. 民国二十七年：1.
② 囚龛. 酬饶舍人［N］. 选报，1901（3）：29.
③ 囚龛. 除夕［N］. 选报，1902（12）：30.
④ 囚龛. 题公侠幽囚图时适读噶苏士传［N］. 选报，1902（19）：30.

粥粥盈廷惟肉食，清风终在竹林中。玉堂册府都灰烬，忍见铜驼卧棘丛。①

【按】录自《选报》第十六期（光绪二十八年四月十一日出版），署名囚龛。诗下有陈诗与蒋智由之同作，署名"子言"、"愿云"。陈三立亦有题诗《为陈仲骞孝廉题先世竹香编修玉堂补竹图》②。

6.《京师纪事》四首
乍向南朝问金粉，又来北地看胭脂，胭脂夺去君知否？睡眼朦胧一皱眉。
杼柚东南转已空，眼看西北更奇穷，赀〔资〕生愈菲民逾贱，日在洪钧淘汰中。
少诵诗书慕北方，悲歌慷慨溢篇章，我来偏访椎埋客，一例驯愚若豕羊。
围哄终宵声作作，横陈一榻雾濛濛，销〔消〕沉一国雄飞气，祗〔只〕在鸦鸣鹊噪中。③

【按】录自《觉民》第九至十期合订本（光绪二十七年），署名君遂。

7.《和平等阁主人感事诗》四首：
明妆初卸脱华簪，月满瑶阶花雾深。倚遍雕阑空怅望，十洲芳草尽红心。
晋阳曾说玉横陈，不道伤春便送春。忍见落红满庭砌，晓风残月正愁人。
巫峡荒荒入梦思，目成姹女总堪疑。丝丝谁似灵和柳，摇落当年不自知。
啄残朱果叶成阴，帘影重垂午梦沉。一自云旗下王母，恨烟颦雨到如今。④

【按】录自《时报》（光绪三十年七月十六日出版），署北山楼主人君遂。

8.《高楼曲》
高楼女郎郎莫寻，一笑倾郎千黄金。黄金千斛何足惜，朔风萧萧拔群木。

---

① 囚龛. 为陈四仲骞题其先世玉堂补竹图 [N]. 选报, 1902（16）：30.
② 陈三立. 散原精舍诗续集卷上 [M] //李开军, 校点. 散原精舍诗文集：上. 增订本. 上海：上海古籍出版社, 2014：59-60.
③ 君遂. 京师纪事 [J]. 觉民, 1904（9/10）：74.
④ 北山楼主人君遂. 和平等阁主人感事诗 [N]. 时报, 1904-08-16（7）.

君不见，塞上寒鸦厌人肉。①

【按】录自袁祖光《绿天香雪簃诗话》，袁氏评云："偷白诗而遗其面貌，是谓好手段。"②

9.《答周彦升》
局促真如鸟被囚，横流无计释幽忧。丈夫饿死寻常事，何必千金卖自由。③

【按】末云："录呈一笑。"④ 吴弱男《见闻录》云："我伯父有鸦片烟癖，不为袁所见重。袁遇余父较亲切，以二弟称之。袁尝函余父干涉余姊妹入教会学校，谓将'学坏'，示意劝余父入京，谓当月致千元，余父不愿，却之。余父作诗曾有'丈夫饿死寻常事，何必千金卖自由'语，即指此而言。"⑤

（二）文

……智育：哲学：动植、原理，形上；科学：电力、汽化，形下。体育：却病、永年、御侮、兴业。民权：义务、权力。宗教：佛平等、□一□专制、孔一君专制、宗教性质。风俗。世界主义：无种界、无国界。民族主义：有种界、黄白问题。国家主义：有国界；政治思想：共和、立宪、专制；法律思想：公法、国法。家族主义：男女平权、婚姻自主。个人主义：独立、游学、□□、□□□、内外界之风潮；自由、思想自由、言论自由、行己自由。时局：瓜分问题、亡国瘀痛。

【按】此为《哭告国人书》之梗概。"风俗"，下有"多神时代、一神

---

① 吴忱，杨焄，点校.绿天香雪簃诗话：卷七[M]//张寅彭.清诗话三编：第十册.上海：上海古籍出版社，2014：7393.
② 吴忱，杨焄，点校.绿天香雪簃诗话：卷七[M]//张寅彭.清诗话三编：第十册.上海：上海古籍出版社，2014：7393.
③ 吴保初《答周彦升》，转引自夏冬波.吴保初书法来源探微[J].书画世界，2021（3）：29.
④ 吴保初《答周彦升》，转引自夏冬波.吴保初书法来源探微[J].书画世界，2021（3）：29.
⑤ 吴弱男.见闻录[M]//上海市政协文史资料委员会.上海文史资料存稿汇编：政治军事.上海：上海古籍出版社，2001：679.

时代"，后圈去。

《哭告国人书》

呜呼痛哉！今日中国尚得谓之为国哉？今日之中国尚得□有人哉？国与民□而□□之国也，何国矣？吾闻之，国者积民而成，无此非所以为国。抑或者大盗移国，而以试观地球之上，号为国者十余，岂有一无国民之国哉？彼犹太、埃及、印度、波兰及其他等国，咸是之故。今则或削或亡，百无有一存焉者矣。《语》曰："前车覆，后车戒。""前事不忘，后事之师。"吾独不解吾国人胡乐蹈彼国之覆辙，而师彼□□□□亡国为也？虽然，吾知诸君必驳我曰："吾中国土地且二万万方里也，人民且四万万众，乌得曰无国民？"噫！彼蚩蚩横目，犷若鹿豕，除饮食男女无所知识，除做官发财别无思想。为士且然，故自有识者观之，非满地虫沙，即为人之牛马。然别彼蠢蠢噩噩者，本与一群下等动物无以异耳，安得命之曰人哉？欧米诸国之号为人者，必及乎人格而后可谓之人、（人格者，言有为人之资格，异于彼等动物也）人格。天下有不能之事，学焉而后能之，故有一学即有一科。如天文、地理、声光、电仪、汽力、□算、农、工、商、兵、政治、法律，皆治科学者所有事也。（西人近时人格更高，非兼通数国语言文字者为不及格，故语言文字亦列科学。）知识有普通之知识，有特别之知识。普通知识，国中人之所必须有者；特别知识，间亦常人所不能遽到者。但知识以学而愈浚，知识愈浚而愈学。虽以之通天地绝鬼神可也，天下尚有不能臻之境哉？故法皇拿破仑有言，此"不能"二字，为我法国字典之所无。不然，彼西人岂真全知全能之圣人哉？亦曰"学"而已矣。起视吾国，愿我国四万万人承其所谓哲学、科学、普通知识与特别之知识□在也。人人之须扩其知识以研学问，而讲彼之所谓智育也。体育者何？欲人之自强其躯体耳。一却病可以永年，二御侮乃能兴业。夫禽兽鳞介，皆有爪牙毛羽自卫其身，况人为裸虫之一。不知体育，则阴阳寒暑……一当知民族主义者，须有种界。民族者，国民特立之性质。今世界之上，亚黄、欧白、奥红、非黑之外，复有所盎格鲁撒逊种及斯那夫族。彼红种已为白人，或灭殆尽，黑种亦仅为人奴隶牛马，以延残喘，而独吾黄人得且为奥非之续。而西人潜恐一旦教育盛兴，民智浚发，为白人患，犹且视我为黄祸。乌知我黄人之祸，已近在眉睫耶？《传》曰："毋滋他族，实逼处此。"又曰："非我族类，其心必异。"非种不锄，嘉禾不生。灌莽既夷，修竹乃见。凡一国之中，在上之优种，而得劣种为之民，虽不以平等相视，然彼劣种犹可进化，渐而为优。若一国之中，在下之优种，而为劣种所刬制，又不以平等相待，久之其优种亦必与之同化，渐降而为劣，有固然者。

若使更与他优种相遇，彼此□同受其敝，莫相振救，以抵于亡而已。是知明太祖虽为专制之罪魁，然其逐元之功，要不可没，亦不得不谓豪杰。往者金田之役，流血数千里，伏尸三千万，此□为两湖与两广之恶斗耳。中兴将帅不□种族□□□□自戕同族，而满廷遂坐收渔人之利。虽以李文忠之忠，为外交之巨手，犹不免为德故相俾士马克之所讥……①

【按】行文增补删改较多，以部分文字模糊，未悉录。"十余"，初作"数十余"；"及其他等国"，初作"以及其他等国"；"乐蹈彼国之覆辙，而师彼□□□□亡国为也"，初作"独欲师彼亡国为也"；"商"下原有"矿"字，后圈去；"兼通数国语言文字"，"数"旁有"四"字；"法国字典之所无"，初作"法国字典上之所无者"；"亚黄"，初作"亚洲为黄人"；"而为劣种所制"，初作"而为在上之劣种所制"；"渐降而为劣"，初作"渐变而为劣"；"敝"，初作"弊"。

二、未编年诗词

（一）诗

1.《奉赠先祖墓志及神道碑诗帖遗集，作小诗一章，聊以代柬》四首

【按】其四注云："予以任子袭职，十年浪走，伏处里间，养母读书，亦自乐也。友人促驾者接踵而至，兄其谓我何。"据此当不早于光绪二十四年（1898年）。

2.《海上》（雪浪嵯峨万里秋）②

【按】孙文光点校本按语云："此诗据吴芹《近代名人诗选》辑补，写作时间约为1905年左右。"③经查检，是诗《北山楼集一卷师友绪余一卷》（光绪二十五年活字本）已收录，故当不迟于光绪二十五年（1899年）。光

---

① 1959吴保初文稿《哭告国人书》《批麟草》二种（清）吴保初著［EB/OL］. 雅昌艺术网，2014-05-05.
② 吴保初. 北山楼集：七言绝句［M］//吴保初. 北山楼集一卷. 木活字本. 光绪二十五年：14.
③ 孙文光，点校. 北山楼集［M］. 合肥：黄山书社，1990：75.

绪二十三年（1897年）吴保初挂冠南归，有诗《海上》（远山为黛玉为肤），疑为同时之作。

3.《怀人》八首

【按】题下注云："羁迹逆旅，北风凄其。岁暮怀人，百感交集。眷山河以哀咳，复抚膺于逝者。作怀人诗。"① 所怀乃章炳麟、康有为、蔡元培、西村时彦、梁启超、刘师培、朱铭盘、郑孝胥等八人。诗自梁启超《饮冰室诗话》录出，此条刊于光绪三十年八月十五日之《新民丛报》。诗话云："君遂顷以《怀人》诗八章见寄，殆去岁作也。"② 故此诗当不迟于光绪二十九年（1903年）。

4.《题迦因传》（万书堆里垂垂老）

【按】梁启超此条《饮冰室诗话》刊载于《新民丛报》，出版于光绪三十一年二月十五日。诗话云："十年不见吴君遂，一昨书丛狼藉中。忽一刺飞来，相见之欢可知也。相将小饮，席间出示近稿十数纸，读之增欷。顾靳不我畀，惟以别纸《题迦因传》一首见遗，录以记此因果。诗云：……《迦因传》者，近人所译泰西说部，文学与《茶花女》相埒者也。"③ 包天笑《钏影楼回忆录》云："彦复先生对人和蔼，每喜奖借后进。他曾经送我一部《北山诗集》，其时我的《迦因小传》正再版，也送了他一册，他还做了诗呢，起初我不知道，后来读梁任公的《饮冰室诗话》，却载有一则，今录如下：……任公说这话，那是过宠了，我们何能与畏庐先生的《茶花女》相埒呢？不过彦复何以对此而发牢骚。有人说：那个时候，彦复的如夫人彭嫣，正是下堂求去，他不免借他人的酒杯，浇自己的块垒，而任公也知之，所云'因果'者，乃以掩扬出之耳。"④

---

① 孙文光，点校. 北山楼集 [M]. 合肥：黄山书社，1990：74.
② 饮冰. 饮冰室诗话 [N]. 新民丛报，1904-09-24（12）.
③ 饮冰. 饮冰室诗话 [N]. 新民丛报，1905-03-20（12）.
④ 包天笑. 钏影楼回忆录 [M]. 香港：大华出版社，1971：226-227.

5.《飞头獠》

【按】袁祖光《绿天香雪簃诗话》云："所谓飞头獠者，头将飞，先一日颈有痕帀如红缕，及夜状如病，头忽飞去，须臾飞还，腹自实，其觉如梦。"①

6.《炼刀》
7.《印娘》

【按】袁祖光《绿天香雪簃诗话》云："盖邕宜以西，野女居石洞，白皙皾〔皎〕好，椎结裸跣，皮若犊鼻，垂腰盖膝，群雌无雄。遇男子辄负去，倾洞求合，惊死者掩之，生者复还故处。泄其真气，寿至百岁。缘崖走壁，其行如风。腹有玉印文，类符玺，是即唐蒙《博物志》所谓'日南有野女，群行不见夫。其状晶且白，裸袒无衣襦'者也。"②又称《飞头獠》《炼刀》《印娘》三首"吴瘿公敩邝海雪《赤雅》诸作，奇丽可喜。"③

8.《赠彭嫣（名香云）》
9.《寄王威子（名悄悄）》
10.《偶书》

（二）词

1.《木兰花慢（悼亡姬许君男）》
2.《长相思》
3.《祝英台近（伤春）》
4.《绿意代简（寄扬州）》
5.《尉迟杯（题孙师郑铨部先德子潇先生双红豆图）》

【按】是词曾载于《国粹学报》（分类合订本）1906年第2卷第5期，

---

① 吴忱，杨焄，点校.绿天香雪簃诗话：卷七［M］//张寅彭.清诗话三编：第十册.上海：上海古籍出版社，2014：7402.
② 吴忱，杨焄，点校.绿天香雪簃诗话：卷七［M］//张寅彭.清诗话三编：第十册.上海：上海古籍出版社，2014：7402.
③ 吴忱，杨焄，点校.绿天香雪簃诗话：卷七［M］//张寅彭.清诗话三编：第十册.上海：上海古籍出版社，2014：7402.

题《尉迟杯（题孙师郑铨部先德子潇先生〈双红豆图〉）》①，署瘿公。后为倦鹤《今词选》辑录，题《尉迟杯（孙子潇先生〈双红豆图〉为师郑题）》②，署吴保初。当不迟于光绪三十二年。

6.《蝶恋花》

【按】是词曾载于《国粹学报》（分类合订本）1906年第2卷第5期，题《蝶恋花》③，署瘿公。当不迟于光绪三十二年。

附录五：相关资料选辑

一、杂事

先生藏有古碑。

徐珂《清稗类钞·鉴赏类》"吴彦复得古碑"条：光绪中叶，合肥吴彦复主政保初得一碑，为浙江萧山涝湖村农在陇畔掘得者，中有韵语云："有妫之后，疆圻是拓。益者三友，泽云其落。外观有耀，其绶若若。大康失位，仲丁以托。中冓启羞，汪洋肆恶。时逢犬马，化为一鹤。"④

先生藏有香瓷盘。

徐珂《清稗类钞·鉴赏类》"吴彦复藏香瓷盘"条：香瓷种类不一，凡泥浆胎骨者，发香较多，瓷胎亦偶一有之。要必略磨底足，露出胎骨，而后香气喷溢。且香瓷最不易得。有土胎香者，有泥浆胎香者，有瓷胎香者，此自然之香也；有藏香胎者，有沉香胎者，有各种香胎者，此人工之香也，实皆希〔稀〕世之珍。有梳头油香者，则古宫奁具也。吴彦复曾藏一盘，径五寸。吴卒，遂不知所在。⑤

---

① 瘿公. 尉迟杯·题孙师郑铨部先德子潇先生双红豆图 [J]. 国粹学报（分类合订本），1906，2（5）：139.
② 倦鹤. 今词选 [N]. 民国日报，1916-02-25（12）.
③ 瘿公. 蝶恋花 [J]. 国粹学报（分类合订本），1906，2（5）：139.
④ 徐珂. 清稗类钞：第九册 [M]. 北京：中华书局，1984：4451.
⑤ 徐珂. 清稗类钞：第九册 [M]. 北京：中华书局，1984：4494.

【按】陈浏《匋雅》云:"婴公比部,昔唯以石雄于世,藏瓷甚不多,而品格殊妙。"①

先生藏有翠玉插屏与倪瓒白玉镇纸。

陈浏《海王村游记》:彦复有翠玉插屏,高及尺,宽半之,苍润古旧,华而不俗。余曰:取以压纸,则佳也。彦复又有白玉镇纸,长尺许,上蟠一螭,有云林清閟款识,较之余赠颖生女公子之镇纸,尤精美。②

先生藏有昌化石。

陈浏《海王村游记》:彦复昔以田黄、田白、鸡血石雄于时,俯视酸寒,千夫皆废;仅遇昌硕及彼佛二人,遂化为乌有,联军拳匪,不如是之酷也!今者:绝代佳人,幽栖空谷,望而不见,搔首踟蹰,红颜耶?红豆耶?非劳燕之分飞,若尹邢之相避,岂彦复之艳福,予以角者去其齿耶?胡熊掌与鱼之不能合并也?嗟夫!璇宫贵主,牵萝薜于荒崖,钟鼎王孙,乞壶浆于行路,吁其备矣!伤如之何?菽园淑孺人,所以日进其酱纹之青田豆瓣之寿山于红豆馆主,而不能辄止也!③

陈浏《钵庵忆语》:彦复田白以宝珍斋所售之二方为最精,大者四面各寸许,高三寸许,肌理细腻,在玻璃罩中,若甘皇后之坐鲛绡帐中也。彦复之夫人手制锦囊什袭宝藏之,并绣隶书"田白"二字于锦囊之上。其一方亦相若,盖希〔稀〕世珍也。昌硕干没彦复之佳石极多,兹二石亦不得免焉。昌硕能小诗,而性贪鄙,与佛某并为风雅蟊贼。坐使彦复失其秘玩,余亦不能再见,乌得不恨其为人?④

【按】陈浏《寂园说印》记云:"佛为某大臣之介弟,甲第连云。"⑤
陈浏《得吴昌硕大令俊卿乞哀书》其五云:"佛尼音布(瘿书所谓佛道也,道者道员也)费调停,诗梦斋头梦易醒。风雅之中有蟊贼,略同萧翼赚

---

① 陈浏. 匋雅:卷上 [M]//全国图书馆文献缩微复制中心. 中国古代陶瓷文献辑录:第一册. 北京:全国图书馆文献缩微复制中心,2003:273.
② 寂叟. 海王村游记 [M]//孙殿起. 琉璃厂小志. 上海:上海书店,2011:364.
③ 寂叟. 海王村游记 [M]//孙殿起. 琉璃厂小志. 上海:上海书店,2011:365-366.
④ 陈孝威. 钵庵忆语 [M]//肖亚男,整理. 近现代"忆语"汇编. 南京:凤凰出版社,2018:234.
⑤ 江浦寂园陈浏. 寂园说印 [N]. 金刚钻,1934,1(6):2.

兰亭。"①

叶赫那拉·佛尼音布（1863—1937），字鹤汀，号诗梦，辛亥后更名潜。满洲正蓝旗人。大学士瑞麟第三子，慈禧之侄，礼部尚书怀塔布之弟。琴坛耆宿，嗜收藏。著有《诗梦斋琴谱》②。

陈浏曾以藏盂易先生之田黄。

陈浏《钵庵忆语》：梧冈之伙王某，目微斜，今早死矣。先后售余田黄数十方，内有三方红如血珀，而有一面晕出黄肝色，似玉之有皮者，亦为数十年来所罕觏。又有一方为庐江吴彦复武部（保初）所得。余彼时配成玻璃檀罩甚夥，每罩或九方，或十二方，非换取彦复所得之一方，不能合格。乃以彦复所喜乾隆篆款之豆青双螭小方盂交易。③

陈浏《寂园说印》：梧冈之伙王姓，……又有一方为庐江吴彦复武部（保初）所得。……非换取彦复所得之一方，不能满其数。乃以雍正款天然缺口之小红盂互易而退。……甲午庚子，迭遭世变，红盂固犹在彦复行箧也，而余之田黄，已皆不知所往矣。④

先生藏有张裕钊致吴长庆手札数册。

陈浏《海王村游记》：武昌张先生，以书法散文雄于世，著有《濂亭文集》；彦复所藏先生致武壮公手札数册，甚精。公奖掖〈伤〉寒畯，挥金百万；先生笺奏，多为门下士丐泉刀于幕府，故其文不载集中，其实委婉曲折，能使鄙夫祛吝，悭者解囊，而况于豪侠之士乎哉！为南菁书院募金一篇，尤可传也。先生赠余墨迹数事，已皆于庚子亡去。⑤

先生曾与陈浏、黄思永品评瓷器。

陈浏《匋雅》：红有百余种。就抹红一种而论，有柿红、枣红、橘红之别。就橘红一种而论，又有广橘、福橘、瓯橘之殊。深浅显晦，细入毫芒，巧历之所不能算也。琴归生谓寂者曰："君与北山甖公品评瓷器，争妍斗丽，细入毫芒，无非本其好色之天性，而益发挥之耳。"曰："然哉。然哉。天地之道，一

---

① 陈浏. 江关后集：微觉楼诗[M]//李兴盛，齐书深，赵桂荣. 陈浏集：外十六种. 哈尔滨：黑龙江人民出版社，2001：310.
② 参见杨元铮. 琴家叶诗梦年谱[J]. 中国音乐学，2015（2）：35-46.
③ 陈孝威. 钵庵忆语[M]//肖亚男，整理. 近现代"忆语"汇编. 南京：凤凰出版社，2018：213-214.
④ 江浦寂园陈浏. 寂园说印[N]. 金刚钻，1934，1（6）：1.
⑤ 寂叟. 海王村游记[M]//孙殿起. 琉璃厂小志. 上海：上海书店，2011：384.

生二，二生四，纵横变化，无有穷竟，参伍错综，是成文理。文理之美者，宜莫画若也。故一切形形色色，惟画师为能状其微妙，惟文人为能阐其精深。画师而不通文学者，直命之曰'匠'而已矣。有道之士，所夷然不屑者也。"瘿公曰："岂独吾土为然哉，欧美大画家，亦多善属文者。琴归初不研究瓷学，近则造精诣微，为当代所希。"①

黄思永（1842—1914），字慎之，号亦瓢、琴归室主人。安徽休宁人。光绪六年（1880年）一甲第一名。二十六年（1900年）于京师创办工艺局。嗜收藏。

先生擅篆刻。

陈浏《海王村游记》："瘿（彦复之单字，又号曰君遂也）、嫣二君刻印，皆有清刚隽上之气；瘿于博大处见之，嫣于妩媚中求之，斯为时贤所不能及也。"②"彦复姬人彭嫣，有拳勇，哀丝豪竹，对酒当歌，自一时之隽也；及入北山楼中，号称红豆馆主，乃折节读书，能为小诗词，善草书，尤工篆刻，而以不见昌硕所刻红昌化为大恨。其实昌硕铁笔，虽神明于规矩之中，足以推倒一世，而究不若彦复之天姿秀发，气魄雄厚，尤有睥睨千秋之概。若十二红颜者，不能与嫣共事北山，北山薄幸耶？红颜薄命耶？抑嫣之眼福不如悄悄也？"③"彦复刻石，结构笔意，大半出于昌硕；而昌硕天分较低，胸襟学术，乃迥不相侔。"④"彦复许为余刻石，红豆馆亦颇肯奏刀；微昌硕与彼佛，则孺人未由致殷勤于嫣，余又安能得彦复之手迹，如此其多且美耶？昌硕不为余刻石，功过相准，殆过当矣。"⑤"武昌张先生之次子，谓彦复曰：而翁楷法，得力于汉隶独多，此与赵悲翁（之谦）之以汉碑隋碣为篆刻者，无以复异。今彦复与嫣之凿印，又似出入于张先生楷法之中，何其沉博绝丽也耶？嫣学玄宰，亦颇得其三昧也。彦复之兄轻车都尉（保德）善刻边款，乃弟自以为不及。彦复钩摹六朝小楷，为余题名，俨然名士风流。"⑥

彭嫣、王姹亦擅篆刻。

陈浏《海王村游记》："作字一染卷折毒，刓石一沾厂派，则俗胎入骨，终

---

① 陈浏. 匋雅：卷上［M］//全国图书馆文献缩微复制中心. 中国古代陶瓷文献辑录：第一册. 北京：全国图书馆文献缩微复制中心，2003：245-246.
② 寂叟. 海王村游记［M］//孙殿起. 琉璃厂小志. 上海：上海书店，2011：364.
③ 寂叟. 海王村游记［M］//孙殿起. 琉璃厂小志. 上海：上海书店，2011：365.
④ 寂叟. 海王村游记［M］//孙殿起. 琉璃厂小志. 上海：上海书店，2011：365.
⑤ 寂叟. 海王村游记［M］//孙殿起. 琉璃厂小志. 上海：上海书店，2011：366.
⑥ 寂叟. 海王村游记［M］//孙殿起. 琉璃厂小志. 上海：上海书店，2011：367.

身不医。嫣刊石能佳者，正以平生不知卷折为何物也。悄悄能作隶，刻石亦浑成可喜。""曼君刻印，兀傲有奇气。……又其名刺，为君女公子所书，渊雅多古意，亦未中卷折毒者。嫣之凿石，殆亦如朱女之写名刺也。"①

先生曾教李珊宝作诗。

徐珂《清稗类钞·文学类》"李珊宝能作五言绝句"条：常州之金匮有乡曰荡口，古名鹅湖，与苏州之元和接壤。其地多美妇人，佣于上海之女间者，皆若辈也。俗谓之曰娘姨，间有处女，则称大姐。光绪辛丑冬，余理斋尝偕张叔文过周琴娟校书妆阁，见琴娟之大姐李珊宝，以其美且慧而屈于佣也，讶之，语叔文曰："珊宝且若是，宜君之濩落无所遇也。"女佣之美者多矣，而珊宝尤美，秾纤得衷，修短合度，肩若削成，腰如约素，延颈秀顶〔项〕，皓质呈露，云鬟峨峨，修眉联娟，丹唇外朗，皓齿内鲜，明眸善睐，靥辅承权，瑰姿艳逸，仪静体闲，柔情绰态，媚于语言，芳泽无加，铅华弗御，嫣然一笑，诚足以惑阳城，迷下蔡，而何有于沪？珊宝至沪一年矣，有凤慧，尝从琴娟之客吴彦复主政保初习诗，能作五言绝句矣。其《梅花》诗曰："不觉东风到，梅花昨夜开。月中疏影见，疑有美人来。"诗固不佳，而出于娟娟此豸之手，不已难能而可贵耶？且珊宝在乡时，惟常日力作，头戴笠，跣双足，蹀躞阡陌间。薄暮负鉏归，过村塾，辄就塾师闲话。师为其族祖也，教以识字，《神童诗》、《千家诗》，渐已上口成诵矣。故彦复教之作诗，不及一载，而能斐然成章也。叔文曰："古云才难，观于此，夫岂其然？"自是而理斋、叔文遂时与唱和矣。②

二、吴炎世

《仲穆剩稿》庐江吴炎世公穆（原字仲穆）

1.《遣闷（癸卯）》：

日暮欲何之，孤愁不自持。猗傩羡苌楚，无室复无知。

2.《寒宵兀坐，追忆伯兄伯毅，怆然感赋》

一窗灯影一天霜，谁识愁人坐夜长。欲向池塘寻旧梦，田荆零落不成行。

3.《甲辰元旦客金陵有感（时闻日俄战耗）》

爆竹声中梦不成，才知春信到江城。市人那解东风恶，犹自家家庆太平。③

《丁未秋七月，道出朝鲜，谒先大父武壮公祠》：

---

① 寂叟. 海王村游记 [M] //孙殿起. 琉璃厂小志. 上海：上海书店，2011：367.
② 徐珂. 清稗类钞：第八册 [M]. 北京：中华书局，1984：3961-3962.
③ 吴炎世. 仲穆剩稿 [M] //吴保初. 北山楼集：卷二. 铅印本. 民国二十七年：1.

莲华斜抱汉城开，遥忆元戎小队来。梦里旌旗飘落日，禁中宫阙长荒苔。
残民转壑鸡豚少，万骑屯云鼓角哀。往事功名谁更说，一回追念一回灰。

百战山河指顾收，只今汉水尽东流。十年专阃迟杨仆，五月征蛮哭武侯。
画阁功臣谁甲第，回天事业总荒丘。我来吊古怀先德，几树垂杨绕郭秋。

薄伐王师忆渡辽，迎恩门外肃弓刀。勋名表海余威重，日月孤忠远戍劳。
共说风流谈大易，肯将家门斗丰貂。南山一望天方醉，浪打空城万马号。

细雨斜风祟礼门，不愁风雨满层城。降王底事还行酒，钩党翻劳苦用兵。
天宝君臣忘社稷，景阳箫鼓奏春明。国亡心死真堪痛，独有铜山泪暗倾。

蜻蜓娇小亦能雄，东岛苍凉落照中。宁有藩封夷郡县，更无豪杰实关东。
荆州诸将论羊祜，回纥遗民哭令公。自是好花容易散，不须飘泊怨东风。

荒祠十丈草离离，校射台高歇鼓鼙。传檄不难收属国，和戎毕竟失藩篱。
海棠春睡偏无主，杨柳新栽又几围。历历东风停节处，有人下马读羊碑。

汉城无恙夕阳斜，狼藉京尘苦忆家。入世便应求将相，归田何自种桑麻。
天涯一剑存知己，古国千年付落花。忙里不妨寻乐处，坐看大地莽风沙。

有酒逢秋愁更长，城头无语立苍茫。衣冠新旧关时代，书卷飘零忆草堂。
乱世只应工粉饰，盛年已自厌风霜。平原客散多萧瑟，独向沧溟学楚狂。①

【按】王逸塘《今传是楼诗话》云："诸诗述德抒怀，情文并茂，可谓绰有父风。"② 原稿见《武壮公祠序手稿》③。

《沈阳访锦庵济舟留别》：
北风吹雪夜飞沙，沺〔沈〕阳门外且停车。九州丧乱存知己，一剑飘零愧将家。木叶声乾迟岁月，江乡味美忆鱼虾。各言别后相思苦，落尽尊前蜡烛花。④

【按】王逸塘《今传是楼诗话》云："'飘零'句身世凄感，诚非少年

---

① 张寅彭，李剑冰，校点. 今传是楼诗话 [M] //张寅彭. 民国诗话丛编：第三册. 上海：上海书店出版社，2002：403-404.
② 张寅彭，李剑冰，校点. 今传是楼诗话 [M] //张寅彭. 民国诗话丛编：第三册. 上海：上海书店出版社，2002：404.
③ *0752 吴炎世 武壮公祠序手稿四页 [EB/OL]. 雅昌艺术网，2015-12-19.
④ 张寅彭，李剑冰，校点. 今传是楼诗话 [M] //张寅彭. 民国诗话丛编：第三册. 上海：上海书店出版社，2002：404.

人所宜，诗却清新可喜。"①

三、黄裳
《紫蓬山房诗钞》合肥黄裳撰

1.《边词和韵（庚午初春）》
戎机西陇报平安，蜡炬成灰未探看。久客不知残雪夜，乌啼云散曙光寒。

2.《春景》
垂杨集暮鸦，双燕向谁家。一春常苦雨，风落小园花。

3.《立秋日雨后作》
高阁临风自可愁，梧桐一叶乍惊秋。菡萏着花新雨后，蜻蜓点水小池头。

4.《秋日即事和韵》
郭外秋波凉，征人在异乡。倚栏疏竹影，钟阜挂斜阳。

5.《庚午长至有感，时寓秣陵二十八年矣》
风雪洒帘钩，羁怀无限愁。秣陵生白发，静夜拥棉裘。

【按】"羁怀无限愁"，陈诗《尊瓠室诗话》作"烟波无限愁"②。

6.《辛未正月见新月》
徘徊小阁东，霜露古今同。孤客心惆怅，举首月半弓。

7.《金陵太平门外春景》
钟山胜迹翠微烟，玄武湖壖瀑似泉。万树榴花红数里，飞飞蛱蝶绿阴边。

8.《答和可孙元韵》
建业霜寒曙色开，黄梅吐蕊雁声哀。园林红叶纷纷下，惯受清风不染埃。

9.《（附）客意大利作》（大外孙）章可（受之，长沙）
南欧终岁有花开，虽美非家亦可哀。一日征车七百里，格城（德境）北望满尘埃。

10.《（附）初至长沙》（二外孙）章用（俊之）
久处他乡由性僻，避兵吾土着先鞭。街头小立无人识，倾耳吴音入楚天。③

---

① 张寅彭，李剑冰，校点. 今传是楼诗话 [M]//张寅彭. 民国诗话丛编：第三册. 上海：上海书店出版社，2002：404.
② 林建福，校点. 尊瓠室诗话：卷三 [M]//张寅彭. 民国诗话丛编：第二册. 上海：上海书店出版社，2002：130.
③ 黄裳. 紫蓬山房诗钞 [M]//吴保初. 北山楼集：卷二. 铅印本. 民国二十七年：1.

陈诗《吴师母黄太夫人七秩寿序》

盖闻贞固者，历风霜而如旧；淡定者，处屯难而不惊。是以中庸首重至德，老氏善说长生。乐道秉常，敦任著誉，如我吴师母黄太夫人，既其人焉。太夫人系出合肥翰苑之家，于归庐江骠骑之族。事嫡姑则馈膳维虔，与吾师则琴瑟静好。吾师北山先生，早入秋曹，偕居京邸。太仓俸薄，典衣饰而无违；孟公客多，治盘餐而必洁。笃生二女，聊慰晨昏。旅处十年，言旋桑梓。买郑家诗婢，冀索丁男；现净域昙华，泽延嗣胄。喜先绪之克绍，抚犹子若所生。宗悫长风，料量行李；毛义捧檄，抱蕴经纶。不谓绮岁早凋，文园善病。扶持敝榻，寒暑再更。怆恻孤鸾，讴思同穴。此昔贤之至行，亦晚景所伤怀。况烽火照庐，沧桑多难，易叶幽人贞吉，书称洪范康宁。阅世芸芸，履道坦坦，非有德者，其孰能之？兹逢丙子初春，为太夫人七秩大庆。有文孙业馨世讲，年垂弱冠，温情秉礼，诗书成家。市百果以为笾，具八珍而作馔。一觞献寿，众宾跻堂。诗夙居门下，黍荷教泽，质惭散木，迹阻遐方。粗有所知，愿献一言以为颂。①

刘西尧《攀峰与穿雾——刘西尧回忆录》

章士钊在北洋政府任职时，父亲当了教育部、司法部秘书上行走，实际上是给章士钊及其夫人吴弱男跑跑腿。吴弱男的父亲是清朝的名人，早死，叫什么名字我忘记了。我们在南京时，到过他的家，是很大的一个院子，吴弱男的母亲一直守寡，她很有钱，但是穿粗布衣服，吃长素，说是赎罪，因为是她的命不好，把丈夫克死了。我们兄弟随父母亲去看她时，她总要给我们每人十元银洋，当时十块银洋是很值钱的。②

四、彭嫣

吴闿生《彭嫣传》

彭嫣，吴瘿公彦复妾也。父博徒，家所有尽索之博中。嫣七岁能歌，挂乐籍。及笄，靡曼弁其曹。己巳春，瘿公游沪上，独意倾倒嫣。时嫣病，屏绝宾客，即瘿公召，辄来。一夕歌罢，喀血盈瓯，达官某在席方敖忽嫚视，更强属之，坐客皆色动。明日，瘿公诣嫣谢，为营医药。既愈，嫣叹曰："吾视天下无如公者，请从公老。"奉身归吴氏。瘿公有狂直名，数上书言事，不中，发怒，

---

① 陈诗. 吴师母黄太夫人七秩寿序 [J]. 艺文：文录, 1936, 1 (1): 5.
② 刘西尧. 攀峰与穿雾——刘西尧回忆录 [M]. 武汉：武汉大学出版社, 2000: 8.

自劾去。贵人大官咸畏恶,不与通往来。方郁郁无所合,既得嫣,大喜,以为人世间所希〔稀〕有奇也,欢欣慰荐殊甚。惟嫣亦有持操,癭公故贫约,能节缩衣食相砥砺,书画皆可喜。癭公既自得甚,生平道嫣不去口,闻者或哂笑之。癭公曰:"吾弃于时,微嫣无知我者。"余闻而悲之。嗟乎!士之奇伟不谀于世俗者,类有崛峍不可平之气。既顿扼无所肆,至不得已以求慊于私暱〔昵〕之间。其乐也,郁而无俚之至也。此信陵君之病酒,而司马长卿所为荡意于卓氏者与?余知癭公者,为次其传如此。(蒋治亭云:"奇气盘郁,精深微妙。")①

【按】此文《北江先生文集》系于宣统元年(1909年)己酉。

陈澹然《彭嫣小传》

彭嫣,吴癭公妾也。父武进人,故博徒,不事生产业,罄其家所有以供博。母又蚤死。嫣七岁能歌,为乐伶以活父,靡曼倾一时。及笄,香容盛从前,色艺擅沪上。己巳春,癭公遇之广坐中。微歌一曲,抚掌独绝。其后嫣病,屏绝宾客,每癭公召必来。一夕甫歌罢,遽呕血盈瓯。时逢官某素贱其耳,独嫚视若无睹,更强属之,坐客皆色动。明日癭公诣嫣所,慰之,为营医药。既痊,嫣载其意,叹曰:"吾视天下,无如公者,请从公以山林老。"遂奉身归吴氏,时六月六日也。癭公既得嫣大喜,自为《天贶因缘记》纪其事。癭公文章名节在天下,天下士多慕向愿纳交者,壹若不屑意,于嫣绸缪独至。闲居涉秋,每凉夜月明,清风在树,癭公辄与嫣散步黄浦江岸。歌唐宋诗词,与浦潮声相应荅,见者以为仙也。然嫣尤有奇秉,善剑,工击刺术。癭公故贫者,能节衣缩食,心砥砺廉隅相勖。书画皆超拔不凡,其志意非北里人也。余尝睹其眉宇间有英爽气,稽识异之。及闻其剑术,益信。古所谓使侠者,嫣殆其人欤!

昨所上诗,"何从谏"改"谁从问","黎"改"梨","恰宜苏海"改"未妨人海",要之均不工耳。②

陈澹然《彭嫣别传》

彭嫣者,字香云,常州武进彭氏女也。父尝陷贼,自拔归,老而穷。母蚤没。幼为伶吴越间,年十五,辄诵南北曲四百阕,艳姿妙舞,抗节云霄,而尤精剑术,矫捷若飞。稍长,游沪读书,旋著声北里,当时所传金菊仙者也。菊

---

① 吴闿生. 北江先生文集:卷三 [M]. 刻本. 北京:文学社,民国十三年:28-29.
② 0765 彭嫣小传 横批 纸本 [EB/OL]. 雅昌艺术网,2015-12-19.

仙名既高，获金养其父。久之脱身独处层楼上，出则驱骏马，拥幰车，揽辔绝街衢，访贤豪不得。庐江吴保初者，字彦复，故广东提督谥武壮公仲子也，家世忠孝。公既平粤捻，独喜养奇才；定朝鲜之难，翕然为海内外所推。今通州张謇、项城袁世凯，皆公所养士也。彦复性肫挚，年十五，尝割臂肉疗公疾。弱冠以主事官刑曹，持大狱迕长官，不悔。姿态清绝，工诗歌，精篆刻，一时名流争与之交。丁酉上书斥国政，部长大惧，争遏之。彦复叹曰："是戋戋者，乃羁我耶！"明日拂袖去，浪迹江海间。其明年，戊戌变政，孝钦显皇后再临朝。庚子拳寇哄京师，长江变作，两宫狩西安，海内汹汹鸷钩党，则漫游沪上，挥金结客为豪。辛丑，銮辂返京师，再入都，上书政务处，请还政，被遏不得达。则复游沪上，恣声色，所至车马纷阗，倾一市。乙巳夏五月，大宴诸名士。闻菊仙名招之，座客争索曲。菊仙哀歌激楚，乃咯血，彦复止焉。翼日菊仙病大作，门巷萧寥，而彦复独至，见厥状悯之，奔走求医，病乃愈。菊仙憬然悟，键户谢客，独约彦复为清谭。语及家国状，菊仙辄流涕不及私，如是者半月。海上名姬，夙重声价，有私适客者，院中人或嗾父母讼诸官。菊仙忧之，阴牒长官，杜其变，左右及彦复皆不知也。一日屏人白其志，彦复叹曰："吾妻悍，不克归，旅居惧弗给，子其能处此耶？"菊仙嫣然不复道。当是时，海上两京卿，争出万金求菊仙，院中皆大喜。菊仙笑曰："吾所欲者丈夫耳，乌用是巨金为哉！"一日偕彦复出，饮酣，从容请曰："君客况，妾所知也。今时方六月，客遗妾金数千，至八月且万，请待此益君可乎？"彦复感其诚，笑曰："吾所欲者知己耳，他奚爱焉？"菊仙毅然曰："君若此，复何待？"竟同车归，客所遗数千金置弗顾。院中大骇，闻其已牒长官也，归其装。菊仙既归，年二十四，时六月六日也，彦复自为《天贶因缘记》纪其事。定情之夕，索为词，遂谱《满庭芳》为宠赟。菊仙大喜，曼声谱其词，手琵琶侑酒为乐。浙中朱祖谋、江西陈三立壮其事，咸为诗词称之，诸名士作者尤众。菊仙既归，复彭氏，更名嫣，师三立为诗弟子。彦复以书法篆刻授之，嗜金石词章尤挚，盖自是嫣名遂播公卿间。而彦复贫益甚，海内人士被武壮泽，无过而问者，嫣则举橐装磬之。初甲午之役，世凯为朝鲜驻使，弃而归，屏居不乐。彦复说枢府召之，世凯由是起。及镇天津，养士名天下，虽武壮下卒，乞彦复书来谒，辄擢将校，拥巨金，彦复兄弟独不至。彦复既获嫣，游日本，归益困，始渡海赴之。宗人长纯少长武壮家，世凯练兵，彦复荐之，擢镇将。及是彦复至，纯独蛩语谋倾之。世凯间叩其状，彦复狂笑曰："吾乞食来耳！"世凯笑廪之，瞻〔赡〕其子游学东瀛，独留彦复不使去。彦复怏怏不乐，自署曰"瘿公"。嫣则旦夕欢笑慰解之。居三年，貌益泽，尝曰："吾得嫣，始知天壤间有生人之乐。"已而嫣病棘，群

361

医引避莫可何。彦复方窘甚，则聘东医，许千金，复谢去。彦复惶遽，流涕乞之，病已，卒如约。丁未，世凯入枢垣，代帅杨士骧，独以故人厚彦复，置幕府，岁入数千金。彦复病，嫣刲臂肉疗之。彦复言嫣性亢烈，读西人侠烈事辄悲。久之，忽泣诀，固诘，不肯道，终莫测其所怀云。

赞曰：吾自甲午出国门，别彦复十五年。丁未过津，再入都访之。索观丁酉书，渊懿浩落，乃类汉人，海外所传批鳞草者也。语次，闻嫣名，请出见，观其貌，翩若惊鸿。使诵定情词，音节慷慨。悲夫！甲午来，天下世变多矣。吾与彦复不相见，见辄纵横上下，闻者或惊诧以为狂。嫣独重其言，以为非妄。信乎！天下奇女子也。嗟乎！士伸知已，得姬如此，万户侯乌足道哉！

好事近（彭嫣词为北山楼主人作）

眠雨茂陵秋，曾赋上林游猎，谁乞金茎澄露。疗琴心消渴。　相哀几辈赖云鬟，高楼句愁绝。肯伴鸱夷一〔舸〕，胜双清珰札。（朱祖谋）①

沈宗畸《彭嫣传》

南野按：传为老友桐城陈〔剑〕潭澹然撰，传彭嫣并传北山，不刊之名作也。朱古微同年有题词一阕，附录于下。为北山楼主人作彭嫣词，调寄《好事近》云：眠雨茂陵秋，曾赋上林游猎，谁乞金茎澄露。疗琴心消渴。　相哀几辈赖云鬟，高楼夠〔够〕愁绝。肯伴鸱夷一舸，胜双清档〔珰〕札。

南野又按：此词所谓"双清档〔珰〕札"者，指郑苏戡纳金月梅，不数年月梅下堂去也。又义宁陈散原有《过天津戏赠彦复》诗云："酸儒不值一文钱，来访瘿公涨海边。执袂擎杯无杂语，喜心和泪说彭嫣。"又云："彭嫣不独怜才耳，谁识彭嫣万劫心。吾友堂堂终付汝，弥天四海为沉吟。"江浦陈亮伯亦有《怀彦复》诗云："走马天桥又一时，采鸾何处说相思。酒阑灯炧浑无事，自看彭嫣理鬓然〔丝〕。"彦复又字瘿公，同时名辈均有赠彭嫣诗。吴辟疆亦有《彭嫣传》，吾曾手录一通，今不知夹置何处矣。犹忆宣统元年，吾挈姬人莳纕小住津门，往访彦复，姬人与嫣娘一见如故。吾将返旆都门，嫣娘写小纨扇为赠，字写北碑，不类女子手笔。吾赋二绝句答谢，中有"我亦喜心和泪说，白头今始见彭嫣"之句，诗载《南楼集》中。②

【按】沈氏传记首录陈澹然《彭嫣别传》，后加按语。此处仅录其按语。

---

① 陈澹然. 彭嫣别传 [M] //汪石庵. 香艳集. 上海：广益书局，1913：1-4.
② 沈宗畸. 便佳簃杂钞（三十七）[J]. 青鹤，1936，4（5）：4-5.

徐珂《清稗类钞·娼妓类》"金菊仙为吴彦复所眷"条：

彭香云，武进人，稍长，游沪，著声北里，当时所传金菊仙者是也。所居为层楼，出则驱骏马，拥幰车，揽辔绝街衢，访贤豪不得。久之，得庐江吴公子。公子名保初，字彦复，武壮公长庆仲子也。光绪乙巳夏五月，大宴诸名士于沪上之酒楼，闻菊仙名，招之。座客争索曲，菊仙哀歌激楚，乃咯血。翼日，病大作，门巷萧条，而彦复至，悯之，奔走求医。病愈，菊仙键户谢客，独约彦复为清谭，语及家国状，菊仙辄流涕，如是者半月。海上名姬凤重身价，有私适客者，院中人或嗾父母讼诸官。菊仙忧之，阴牒长官，杜其变，左右及彦复皆不知也。一日，屏人白其志，彦复叹曰："吾妻悍，不克归，旅居惧弗给，子其能处此耶？"菊仙嫣然不复道。当是时，菊仙年已二十四，海上两巨公争出万金求菊仙，菊仙笑曰："吾所欲者，大丈夫耳，乌用此巨金！"一日，偕彦复出，饮酣，从容请曰："君客况，妾所知，今方六月，客遗妾金已数千，至八月，且万，请以此益君。"彦复笑曰："吾所欲者知己耳，他奚爱焉！"菊仙毅然曰："君若此，复何待！"竟同车归，客遗置弗顾，时六月六日也。彦复自为《天贶因缘记》纪其事。菊仙既嫁，复彭氏，更名嫣。彦复以书法篆刻授之，自是嫣名遂播公卿间。而彦复贫益甚，海内人士被武壮泽，无过问者，嫣之囊装罄矣。久之，彦复走天津，怏怏不乐，自署曰癯〔癭〕公，嫣则旦夕歌笑慰解之。居三年，貌益泽，尝曰："吾得嫣，始知天壤间有生人之乐。"已而彦复病，嫣割臂肉疗之。陈伯严尝赠彦复以诗云："酸儒不值一文钱，来访癯〔癭〕公涨海边。执袂擎杯无杂语，喜心和泪说彭嫣。彭嫣不独怜才耳，谁识彭嫣万劫心。吾友堂堂终付汝，弥天四海为沉吟。"①

孙玉声《退醒庐余墨》"才妓"条：

上海自昔为烟花薮，甚于春秋时之女闾三百。然太半脂庸粉俗，红妓多而才妓殊寥若晨星。以余所知，数十年来，仅有三人，一为苏韵兰，……一为李苹香，……一为金菊仙，毗陵段家桥人。母族氏彭，闺名嫣。自幼颖慧，读书之外，兼习技击。初名"白菊花"，学艺于女梨园，工文武老生剧，在苏台奏技，名重一时。嗣至沪张榜，乃易名"金菊仙"，度京昆乱弹各曲，大小嗓无一不工。胸中多至四百余支，兼精各种音律，吹弹皆特擅胜场。而有时偶作小诗，亦殊饶有思致。字则喜习十七帖，龙蛇飞舞，不类女郎。嗣见赏于名士吴癭公，桃叶迎归，居柝津有年。诗与字更日有精进，名动公卿。陈三立先生，为之作

---

① 徐珂. 清稗类钞：第十一册［M］. 北京：中华书局，1984：5240-5241.

《彭嫣传》行世。后癯公撄疾，尝封臂肉以进，而疾终不起。以己身男女无所出，迫不得已，含悲下堂，从名老画师石道人游。居六桥三竺间，亲炙多平，绘山水深入堂奥。无何，道人又因病谢世，乃与群弟子为之治丧葬而归。执教鞭于扬中县之某小学校，刻已年逾五旬，人犹健在。有时归宁母家，依姊氏以居也。①

【按】陈三立《彭嫣传》未见，陈澹然撰有《彭嫣别传》，疑孙氏误记。

---

① 李婉清，整理. 退醒庐余墨［M］//熊月之. 稀见上海史志资料丛书：第二册. 上海：上海书店出版社，2012：351—352.

主要参考文献

一、诗文集与论著

[1] 吴保初. 未焚草不分卷［M］. 木活字本. 1898（清光绪二十四年）.

[2] 吴保初. 北山楼集一卷；师友绪余一卷［M］. 木活字本. 1899（清光绪二十五年）.

[3] 吴保初. 北山楼集三卷［M］. 陈诗，辑. 铅印本. 1938（民国二十七年）.

[4] 孙文光. 北山楼集［M］//安徽古籍丛书编审委员会. 安徽古籍丛书萃编. 合肥：黄山书社，1990.

[5] 周家禄. 奥簃朝鲜三种［M］. 刻本. 庐江：吴氏，1899（清光绪二十五年）.

[6] 李经达. 滋树室遗集［M］. 刻本. 1904（清光绪三十年）.

[7] 郑孝胥. 海藏楼诗集［M］. 增订本. 上海：上海古籍出版社，2013.

[8] 谢作拳. 黄绍箕集［M］. 北京：中华书局，2018.

[9] 聂世美. 偶斋诗草［M］. 上海：上海古籍出版社，2012.

[10] 徐成志，王思豪. 陈诗诗集［M］. 合肥：黄山书社，2010.

[11] 陈诗. 庐州诗苑［M］. 铅印本. 庐江：陈氏，1926（民国十五年）.

[12] 茅海建. 戊戌变法的另面："张之洞档案"阅读笔记［M］. 上海：上海古籍出版社，2018.

[13] 汪叔子. 文廷式集［M］. 增订本. 北京：中华书局，2018.

[14] 孙文光. 皖雅初集［M］. 合肥：黄山书社，2017.

[15] 汪辟疆. 汪辟疆文集［M］. 上海：上海古籍出版社，1988.

[16] 王培军. 光宣诗坛点将录笺证［M］. 北京：中华书局，2008.

[17] 范当世. 范伯子诗文集［M］. 修订本. 上海：上海古籍出版社，2015.

[18] 段晓华. 八指头陀诗文集［M］. 上海：上海古籍出版社，2016.

[19] 李开军. 散原精舍诗文集［M］. 增订本. 上海：上海古籍出版社，2014.

[20] 李兴盛. 陈浏集：外十六种［M］. 哈尔滨：黑龙江人民出版社，2001.

[21] 汪茂荣. 睫闇诗钞［M］. 合肥：黄山书社，2009.

[22] 姚永概. 慎宜轩诗集［M］//徐成志. 晚清桐城三家诗. 合肥：黄山书社，2013.

[23] 陈步. 陈石遗集［M］. 福州：福建人民出版社，2001.

[24] 胡珠生. 宋恕集［M］. 北京：中华书局，1993.

[25] 汤志钧. 乘桴新获：从戊戌到辛亥［M］. 北京：北京师范大学出版社，2018.

[26] 杨琥. 夏曾佑集［M］. 上海：上海古籍出版社，2011.

[27] 中国国民党中央委员会党史委员会. 张维翰先生文集［M］. 台北：中国国民党中央委员会党史委员会，1986.

[28] 钱仲联. 沈曾植集校注［M］. 北京：中华书局，2001.

[29] 沈曾植. 沈曾植著作集［M］. 上海：复旦大学出版社，2019.

[30] 徐乃为. 张謇诗集［M］. 上海：上海古籍出版社，2014.

[31] 汤志钧. 章太炎政论选集［M］. 北京：中华书局，1977.

[32] 中华书局编辑部. 唐才常集［M］. 增订本. 北京：中华书局，2013.

[33] 章士钊. 柳文指要［M］. 北京：中华书局，1971.

[34] 蔡元培，陈独秀. 蔡元培自述；实庵自传［M］. 北京：中华书局，2015.

[35] 王栻. 严复集［M］. 北京：中华书局，1986.

[36] 顾廷龙，戴逸. 李鸿章全集［M］. 合肥：安徽教育出版社，2008.

[37] 张本义. 罗雪堂合集［M］. 杭州：西泠印社出版社，2005.

[38] 赵德馨. 张之洞全集［M］. 武汉：武汉出版社，2008.

[39] 李明勋，尤世玮. 张謇全集［M］. 上海：上海辞书出版社，2012.

[40] 骆宝善，刘路生. 袁世凯全集［M］. 开封：河南大学出版社，2013.

[41] 中国蔡元培研究会. 蔡元培全集［M］. 杭州：浙江教育出版社，1997-1998.

[42] 梁启超. 饮冰室合集［M］. 北京：中华书局，2015.

[43] 张元济. 张元济全集［M］. 北京：商务印书馆，2007-2010.

[44] 邹涛. 吴昌硕全集［M］. 上海：上海书画出版社，2017-2018.

［45］朱良志，邓锋. 陈师曾全集：诗文卷［M］. 南昌：江西美术出版社，2016.

［46］方廷楷. 习静斋诗话［M］//贾文昭. 皖人诗话八种. 合肥：黄山书社，2014.

［47］李家孚. 合肥诗话［M］//贾文昭. 皖人诗话八种. 合肥：黄山书社，2014.

［48］吴学昭. 吴宓诗话［M］. 北京：商务印书馆，2005.

［49］陈诗. 江介隽谈录［M］//王培军，庄际虹. 校辑近代诗话九种. 上海：上海古籍出版社，2013.

［50］何震彝. 鞮芬室诗话［M］//王培军，庄际虹. 校辑近代诗话九种. 上海：上海古籍出版社，2013.

［51］陈声聪. 兼于阁诗话［M］. 上海：上海古籍出版社，1985.

二、史志笔记与年谱传记

［1］秦国经. 中国第一历史档案馆藏清代官员履历档案全编［M］. 影印本. 上海：华东师范大学出版社，1997.

［2］中国第一历史档案馆. 光绪朝上谕档［M］//光绪宣统两朝上谕档. 影印本. 桂林：广西师范大学出版社，1996.

［3］中国第一历史档案馆. 光绪朝朱批奏折［M］. 北京：中华书局，1995.

［4］中国第一历史档案馆. 光绪帝起居注［M］. 桂林：广西师范大学出版社，2007.

［5］清历朝实录馆臣. 德宗景皇帝实录［M］//中华书局. 清实录. 影印本. 北京：中华书局，2008.

［6］王钟翰. 清史列传［M］. 北京：中华书局，1987.

［7］闵尔昌. 碑传集补［M］//陈金林，齐德生，郭曼曼. 清代碑传全集. 上海：上海古籍出版社，1987.

［8］徐珂. 清稗类钞［M］. 北京：中华书局，1984.

［9］王森然. 近代二十家评传［M］. 上海：上海书店出版社，1934.

［10］冯自由. 革命逸史［M］. 北京：中华书局，1981.

［11］邹鲁. 中国国民党史稿［M］. 长沙：商务印书馆，1938.

［12］中华民国史事纪要编辑委员会. 中华民国史事纪要：初稿［M］. 台北：中华民国史料研究中心，1977.

［13］杜迈之，刘泱泱，李龙如. 自立会史料集［M］. 长沙：岳麓书

社，1983.

［14］黄云，林之望，汪宗沂. 续修庐州府志［M］. 刻本. 庐州：庐州府署，1885（清光绪十一年）.

［15］钱鏐. 庐江县志［M］. 木活字本. 庐江：庐江县署，1885（清光绪十一年）.

［16］今古庐江编纂委员会. 今古庐江［M］. 合肥：黄山书社，2013.

［17］孙殿起. 琉璃厂小志［M］. 上海：上海书店，2011.

［18］汪诒年. 汪穰卿先生传记［M］. 北京：中华书局，2007.

［19］吴弱男. 见闻录［M］//上海市政协文史资料委员会. 上海文史资料存稿汇编：政治军事. 上海：上海古籍出版社，2001.

［20］汪石庵. 香艳集［M］. 上海：广益书局，1913.

［21］野史氏. 袁世凯轶事续录［M］. 上海：文艺编译社，1916.

［22］王鸿猷. 南楼随笔［M］. 上海：新文化书社，1935.

［23］黄浚. 花随人圣庵摭忆［M］. 北京：中华书局，2008.

［24］徐一士. 一士类稿［M］. 北京：中华书局，2007.

［25］张慧剑. 辰子说林［M］. 上海：上海书店出版社，1997.

［26］陈无我. 老上海三十年见闻录［M］. 上海：上海书店出版社，1997.

［27］刘体智. 异辞录［M］. 北京：中华书局，1988.

［28］金梁. 光宣小记［M］. 上海：上海书店出版社，1998.

［29］袁克文. 辛丙秘苑［M］. 上海：上海书店出版社，2000.

［30］高拜石. 古春风楼琐记：第1集［M］. 台北：台湾新生报社，1979.

［31］庞俊. 养晴室遗集［M］. 成都：巴蜀书社，2013.

［32］柴小梵. 梵天庐丛录［M］. 北京：故宫出版社，2013.

［33］汤志钧. 章太炎年谱长编［M］. 增订本. 北京：中华书局，2013.

［34］许全胜. 沈曾植年谱长编［M］. 北京：中华书局，2007.

［35］丁文江，赵丰田. 梁启超年谱长编［M］. 上海：上海人民出版社，2009.

三、日记与书札

［1］李明勋，尤世玮. 张謇日记［M］. 上海：上海辞书出版社，2017.

［2］劳祖德. 郑孝胥日记［M］. 北京：中华书局，2013.

［3］童杨. 孙宝瑄日记［M］. 北京：中华书局，2015.

［4］蒋维乔. 蒋维乔日记［M］. 影印本. 北京：中华书局，2014.

［5］汪家熔. 蒋维乔日记：1896—1914［M］. 北京：商务印书馆，2019.

［6］姚永概. 慎宜轩日记［M］. 合肥：黄山书社，2010.

［7］方继孝. 旧墨记：世纪学人的墨迹与往事［M］. 北京：北京图书馆出版社，2005.

［8］嘉兴博物馆. 函绵尺素：嘉兴博物馆藏文物·沈曾植往来信札［M］. 北京：中华书局，2012.

［9］上海图书馆. 汪康年师友书札［M］. 上海：上海古籍出版社，1986.

［10］张树年，张人凤. 张元济书札［M］. 增订本. 北京：商务印书馆，1997.

［11］刘凤桥，徐晓飞. 清及近现代名人书法与辨伪［M］. 沈阳：万卷出版公司，2004.

［12］刘凤桥. 章士钊师友翰墨［M］. 沈阳：万卷出版公司，2005.

［13］王贵忱，王大文. 可居室藏书翰：罗振玉［M］. 广州：广东人民出版社，2017.

［14］程道德. 中国近现代文化名人遗墨［M］. 北京：中国方正出版社，2007.

［16］上海图书馆. 中国尺牍文献：下册［M］. 上海：上海古籍出版社，2013.

四、期刊报纸

［1］孙文光. 吴保初和他的《北山楼集》［J］. 江淮论坛，1990（1）.

［2］艾俊川. 从强学会到《时务报》：《师友绪余》中的梁启超［J］. 中国出版史研究，2021（1）.

［3］胡泊，邵庄霖，戴立强.《严复致熊季廉等手札》及考略（续）［J］. 辽宁省博物馆馆刊，2015（0）.

［4］方继孝. 吴保初旧藏友人墨迹［J］. 收藏家，2006（5）.

［5］韩戾军. 碑学兴盛的见证［J］. 书法，2008（9）.

［6］孙宏云. 高田早苗与清末中日教育交流［J］. 史林，2012（6）.

［7］吴业新. 回忆姑父章士钊和姑母吴弱男［J］. 江淮文史，1997（1）.

［8］闾小波. 变法维新时期学会、社团补遗［J］. 文献，1996（1）.

［9］丁放. 晚清政治风云中的吴保初［J］. 安徽史学，1995（1）.

［10］蔚篁. 吴昌硕密友吴保初［J］. 上海滩，1992（3）.

［11］凤文学. 一疏惊天劾大珰积感吟诗每有神：读吴保初的两首诗［J］.

学语文，1991（3）.

[12] 童岭. 今人少识吴保初［J］. 读书杂志，2004（10）.

[13] 范泓. 吴保初上疏［J］. 同舟共进，2011（1）.

[14] 胡珠生. 自立会历史新探［J］. 历史研究，1988（5）.

[15] 桑兵. 论庚子中国议会［J］. 近代史研究，1997（2）.

[16] 林辉锋. 强学会成立时间考证补：兼谈强学会与强学书局的关系［J］. 中山大学学报（社会科学版），2011，51（6）.

[17] 夏晓虹. 中国女学会考论［J］. 北京大学学报：哲学社会科学版，2017，54（3）.

[18] 夏冬波. 吴长庆与袁世凯［J］. 江淮文史，2006（3）.

[19] 张华腾. 吴长庆与袁世凯关系述论［J］. 安徽史学，2010（4）.

[20] 叶渡，魏三纲. 新发现的《吴长庆闵泳翊等笔谈卷》［J］. 首都博物馆丛刊，1994（0）.

[21] 夏冬波，余斌. 关于淮军名将吴长庆的三个问题［J］. 巢湖学院学报，2013，15（4）.

[22] 康晓倩. 20世纪初女性翻译文学家杰出人物述略［J］. 兰台世界，2012（19）.

[23] 夏冬波. 吴氏三兄妹［J］. 江淮文史，2005（6）.

[24] 王珣，叶宋敏. 皖籍留日女性吴氏姐妹与清末民国初年中日女子教育［J］. 文教资料，2018（7）.

[25] 郭延礼，郭蓁. 中国近代三位女性戏剧翻译家：吴弱男、薛琪瑛和沈性仁［J］. 东方翻译，2010（3）.

[26] 吴竞. 对章太炎在东吴大学时"赴学寻问"的江苏巡抚的考辨［J］. 苏州大学学报：哲学社会科学版，1981（4）.

[27] 可居. 泉家袁寒云轶闻二三事［J］. 中国钱币，1992（4）.

[28] 杨天石. 何震揭发章太炎［J］. 近代史研究，1994（2）.

[29] 章念驰. 太炎先生寓沪记［J］. 档案与史学，1996（4）.

[30] 杨萌芽. 都下雅集：陈衍等宋诗派成员清末在京师的文学活动［J］. 中州学刊，2008（3）.

[31] 陆胤. 民国二年的"癸丑修禊"：兼论梁启超与旧文人的离合［J］. 现代中文学刊，2010（4）.

[32] 孙风华. 章太炎"三入牢狱"前后的抗争［J］. 文史春秋，2011（11）.

[33] 程道德，佟鸿举. 严复致吴彦复书札［J］. 收藏，2011（10）.

[34] 龚鹏程. 读晚清诗札记：陈三立、郑孝胥［J］. 诗书画，2013（1）.

[35] 朱琪. 吴昌硕对近代印坛的影响［J］. 中国书法，2014（23）.

[36] 夏冬波. 吴昌硕与吴保初交游考述［J］. 书法研究，2018（2）.

[37] 夏冬波. 吴昌硕五首山水题画诗及衍流［J］. 艺术论坛：荣宝斋，2019（1）.

[38] 夏冬波. 吴昌硕为吴保初刻印探秘［J］. 书画世界，2019（1）.

[39] 夏冬波. 吴昌硕的"捐纳"和"议叙"［J］. 书法赏评，2019（3）.

[40] 夏冬波. 吴昌硕与陈诗交游考［N］. 美术报，2019-05-18（13）.

[41] 许宏泉. 学人翰墨：陈诗［J］. 艺术品，2014（7）.

[42] 史哲文. 论晚清民国耆宿陈诗主要交游与诗风嬗变［J］. 临沂大学学报，2018，40（6）.

[43] 孙浩宇. 清末《盛京时报》刊载日人汉诗考［J］. 社会科学战线，2016（11）.

[44] 张孝周. 清末四公子：吴保初［N］. 皖江晚报，2010-07-23（A19）.

[45] 夏冬波. 吴保初与张謇的文墨交游［N］. 市场星报，2019-07-05（14）.

[46] 夏冬波. 吴保初及其"北山楼文房"印章［N］. 市场星报，2018-09-03（15）.

[47] 夏冬波. 吴炎世、吴弱男、吴亚男庐江吴氏三兄妹［N］. 江淮时报，2011-10-11（6）.

[48] 夏冬波. 同盟会女会员吴弱男［N］. 安徽日报，2005-08-26（2）.

[49] 汪德生. 章士钊、郑孝胥：庐江吴氏俩快婿［N］. 江淮时报，2006-1-27（7）.

后 记

是谱之成，承蒙诸位师友之指点帮助。我的导师张然先生博学多闻，钦佩无已。在搜集资料与研究方向方面，为我提出诸多建议。审阅谱稿后，又帮我点出种种从未意识到的问题，为我提供更为恰当的处理方式。衷心感谢先生的悉心指导与耐心包容。

感谢陈一平先生为我指明研究方向，为本书所存在的问题提供解决方案，感激不尽。感谢孙雪霞教授、延娟芹教授，为我指出细节上的不当之处。感谢何诗海教授、张巍教授与闵定庆教授费心审阅谱稿，并给予诸多建议与指点。所获甚多，谨致谢忱。

吴保初先生之相关文献尚有部分未能得见，容俟异日补述。吴氏之行谊，远非本谱所能俱详。而其思想，更待深入挖掘。本人之学识与闻见有限，亦有疏漏与不当之处，敬请各位读者批评指正，深为感谢。

壬寅仲春刘文珠谨记于广州华南师范大学